杨宽著作集

杨宽史学讲义六种

杨宽 著 贾鹏涛 整理

上海人民出版社

本书由上海文化发展基金会资助出版

出版说明

　　杨宽(1914—2005)，字宽正，上海青浦人。1936年毕业于光华大学国文学系，师从吕思勉、蒋维乔、钱基博等。1936年参与上海市立博物馆筹建工作，1946年任上海市立博物馆馆长兼光华大学历史系教授，1953年任复旦大学历史系教授，1959年调任上海社会科学院历史所副所长，1970年又调回复旦大学历史系工作。1984年赴美国迈阿密定居至逝世。历任上海市文物保管委员会主任秘书、古物整理处处长，上海博物馆副馆长，中国先秦史学会第一至第三届副理事长。

　　杨宽先生是我国著名的历史学家，治学涉及墨子、古史传说、西周史、战国史、科技史和制度史等诸多领域。先生少年时有志于学，高中时代已发表多篇有分量的论文，专注于墨学研究及先秦史料考辨。在"古史辨"运动后期，发表《中国上古史导论》，提出神话分化说，补充发展了顾颉刚的"层累造成说"，被顾颉刚、童书业誉为"古史辨派"的生力军和集"疑古"的古史学大成之人。日本著名历史学家贝冢茂树评价"从疑古派中出现了像杨宽先生这样的人物,在充分摄取释古派的方法和成果的同时,正积极开拓一个可以推动现代古史研究前进途径,可以称为'新释古派'的新境地"。稍后其学术兴趣由上古史转向战国史,潜居故乡青浦撰写《战国史料编年辑证》,为日后铸就《战国史》这一断代史经典奠定了基础。20世纪50年代,开始探索中国古代冶铁技术发展史、西周的社会结构和礼制,著有《西周史》、《古史新探》;80年代应日本学界邀请讲学,完成《中国古代陵寝制度史研究》、《中国古代都城制度史研究》姊妹篇。杨宽先生生平出版专著十余部,发表论文360余篇,取得了卓越的学术成果。

杨宽先生也是中国博物馆事业的先驱。他参与筹建了上海市博物馆,并长期担任上海市博物馆馆长,为上海博物馆的筹建、发展作出了不可磨灭的贡献;对保护国宝毛公鼎与阻止著名的山西浑源李峪村出土铜器盗运出口作出了巨大贡献。另外,杨宽先生还参与了修订《辞海》古代史条目、编绘《中国历史地图集》先秦部分、标点《宋史》等工作。

杨宽先生与上海人民出版社结缘始于1955年版《战国史》,自此以后,主要著作几乎皆由我社出版。先生生前已有计划,集中各种著述在我社出版《杨宽著作集》。如今,《杨宽著作集》由我社分批出版,不仅完成了先生遗愿,也可以使读者更为全面地认识杨宽先生的学术成就。

上海人民出版社

2016年7月

整理说明

《杨宽史学讲义六种》包括《先秦史讲义》《尚书讲义》《春秋史讲义》《史学研究法讲义》《中国古器物学讲义》《历史教学法纲目讲义》六种。《先秦史》讲义为杨宽先生自编,供复旦大学学生上课使用,封面题有"复旦大学历史系中国古代史教研室 一九七八年五月"。此讲义购自孔夫子网。在上海图书馆名人手稿馆所藏杨宽先生手稿中,杨宽先生对此讲义前三章的内容有修改,其中第二章的部分内容全部重写。此次出版的《先秦史》讲义,为编者结合修改内容予以整理。杨宽先生手稿中还保存有《尚书讲义》和《春秋史讲义》两种,亦为给复旦大学学生上课时的讲义。《史学研究法讲义》《中国古器物学讲义》《历史教学法纲目讲义》,为杨宽先生 1937 年 9 月至 1938 年夏在广东省立勷勤大学授课时的讲义,藏于广东省立中山图书馆。《尚书讲义》和《春秋史讲义》为杨宽先生讲述,学生记录,其余四种为油印本。在六种讲义中,《先秦史讲义》《尚书讲义》内容完整,而《春秋史讲义》《史学研究法讲义》《中国古器物学讲义》

《历史教学法钢目讲义》仅存部分内容。六各讲义均为首次整理出版,有一定的史料价值。藉此讲义,可丰富我们对杨宽先生史学面相的认知,亦对于系统了解杨宽先生的学术经历和毕生研究成果有着重要的意义。

贾鹏涛

2020 年 8 月

目　录

先秦史讲义

先秦史讲义目录

第一章　原始社会

　　我们伟大的祖国,是世界文明发达最早的国家之一,是人类主要发祥地之一。从很早的古代起,我们中华民族的祖先就劳动、生息、繁殖在这块广大的领土之上。我国悠久的历史,不仅可以从文字的记载上溯到四五千年以前,还可以从地下发掘的材料上溯到一百几十万年前的猿人时代,从最古的人类——猿人出现起直到阶级社会形成为止,人类过着原始共产的社会生活,这个历史阶段称为原始社会。可以分为原始群时期和氏族公社时期。而氏族公社制社会又可以分为母系氏族公社和父系氏族公社两个递进阶段。与此同时,人类自身经历了猿人、古人、新人到现代人的发展进程。

第一节　原始群时期

一、劳动创造了人——中国猿人的出现

　　关于人类的起源,剥削阶级为了麻痹人民,曾制造出形形式式的神(或上帝)创造人的胡说。关于中华民族的来源,帝国主义者为了

侵略我国,又曾散布种种"中国人种西来说"及"中国文化西来说"的论调。

达尔文1859年发表《物种起源》,1871年又发表《人类起源》,提出了进化论,认为人类是由一种类人猿进化而成。恩格斯在1876年《劳动在从猿到人转变过程中的作用》一文中提出了"劳动创造了人本身"的科学论断,精辟地指出了集体劳动是促使古猿发生质变、进化到人的关键。近百年来大量人类化石的发现,给这个科学真理提供了不可争辩的证据。

距今约一二千万年前,在我国南方地区——云南开远已发现曾经栖息着一种森林古猿,由于自然条件的变化,它们成群结队离开森林来到平地草原。在长期同自然界的斗争中,它们实现了手脚分工,直立行走,这就完成了从猿到人具有决定意义的一步。通过长期的生活实践,古猿在从事各种萌芽状态的劳动过程中开始制造出最简单、最粗笨的工具(石器和木棒),这样,猿的手就变成了人的手,手的大拇指强壮起来,能和其他四指对握,可以灵活地从事生产劳动。制造工具和使用工具从事社会的劳动生产,是人区别于动物的根本标志,是人类征服自然、改造自然的历史开端。同时由于对自然界斗争和劳动中协作的需要,他们的发音器在使用过程中得到改造,开始能够发出音节分明的语言。同时,集体劳动和相互对话,需要头脑接受和思考,就促使大脑逐渐发达,发生飞跃质变,使猿脑变成人脑,具有思维和推理能力,能够自觉地进行有目的、有计划的活动。这种"自觉的能动性是人类的特点"(毛泽东:《论持久战》)。从此,古猿就转变为人类,"随着完全形成的人的出现而产生了新的因素——社会"(恩格斯:《劳动在从猿到人转变过程中的作用》),揭开了人类社会历史的篇章,进入了原始社会的原始群时期,亦即我国古代传说中的三皇(有巢氏、燧人氏、伏羲氏)时代。

距今一百七十万年前的云南元谋猿人、陕西的蓝田猿人(八十万年前)、北京猿人(五十万年前)等人类化石的发现,具体说明我国是人类主要发祥地之一。特别是北京猿人化石及其丰富的文化遗物的发现,对于原始人类及其经济生活的研究,具有特别重要的意义。北京猿人(中国猿人北京种的简称)于 1918 年在北京周口店龙骨山的山洞里发现,1929 年 12 月 2 日我国考古工作者发现了第一个完整的头盖骨,1966 年又发现了较完整的头盖骨,先后找到了四十个个体的人类化石,九十多种哺乳动物的化石,数以万计的石器和用火的遗迹。

就北京猿人的体质特征来说,是人类的原始型。他鼻子宽扁,颧骨高突,面部前伸而无下颏,牙齿粗大,左右眉脊非常粗壮,显然具有类人猿的特征;头骨显著低平,没有现代人那样高起,前额低平,中矢脊隆起显著亦与现代人不同。由于长期手足分工、直立行走,特别是由于学会制造工具并使用工具从事生产劳动,手首先是劳动的产物,因而除了它的内部结构有差异外(骨壁还较厚,骨腔还较小),基本上已和现代人一样,下肢骨虽具现代人的形式,但却具有较多的原始性质。至于头骨和脑量则远较现代人原始。蓝田猿人脑量 780 毫升,北京猿人脑量已增加到 1 095 毫升,但比现代人平均脑容量 1 400 毫升还相差较大。北京猿人在体质形态上的这种不平衡发展,具体证明了恩格斯"劳动创造了人本身"这个论断科学性。北京猿人大腿骨全长约 40 厘米,估计其身高有五尺(152 厘米),相当于现代华北人的中等身材。特别是北京猿人的上门齿,和他以后的丁村人(古人)、山顶洞人(新人)一样,其舌面具有明显的铲形,这不仅说明他们之间有血缘上的关系,而且清楚地表明中国猿人是我们中华民族的祖先,在这样有力的科学证据面前,所有帝国主义者及其御用文人捏造的"中国人种西来说",就原形毕露了。

二、原始的生产和生活

人类是结成原始的群体脱离动物界的。根据北京猿人所留下的资料,猿人的原始群体为四十来个不同年龄和性别的人们所构成。这种原始人们的共同体——原始群,是人类社会最原始的社会组织,是生产和生活的单位,"每个人以社会一员的资格,同其他社会成员协力,结成一定的生产关系,从事生产活动,以解决人类物质生活问题"(毛泽东:《实践论》)。因此,原始的人类,并不是什么彼此孤立而实行个人生活与经营的鲁滨逊。丰富的考古学资料证明了马克思主义的科学论断,生产从来就是在社会中和通过社会来进行的,人们对自然界的积极改造和对于人类社会历史的推动,从一开始就是集体的过程。群体的劳动和协作,是原始群存在的必要条件。正如古文献所说:"凡人之性,爪牙不足以自守卫,肌肤不足以扞寒暑,筋骨不足以从利辟害,勇敢不足以却猛禁悍,然且犹栽万物,制禽兽,服狡虫,寒暑燥湿弗能害,不唯先有其备而以群聚耶"(《吕氏春秋·恃君览》)? 荀卿在其《王制篇》里更论证了人类群体力量的伟大和人类区别于动物的特征,他说:"人力不若牛,走不若马,而牛马为用,何也?曰:人能群,彼不能群也"。北京猿人正是依靠了群体的劳动和智慧,不仅能使用天然的工具,而且能创造性地制作生产工具,掌握和利用了两种征服自然的武器——石器和火,表明他们在极其艰苦的条件下,集体地同自然界的斗争中已经有了一定的办法。在长期的劳动实践中,人们已学会了打制石器的方法,制造和使用的打制石器主要为石片、石器,有着一定的类型,大致可分为尖状器、刮削器、砍砸器等简单类别,还有打截的兽骨和鹿角制成的简单工具和生活用具,从事原始的采集和狩猎,过着极为原始的生活。他们不知道做衣服,也不会盖房子,而是住在天然的山洞里,洞中遗存厚达六米的灰烬堆积,有被烧过的朴树子和各种动物的骨骼,表明北京猿人已经懂得使用和管理火,他们已由神话传说中的"构木为巢"的有巢氏时代进入"钻燧取火"的燧人氏时代了。

使用火与制造工具同样为人类独有的特征。火的使用使人类第一次掌握自然力量为人类服务,是中国猿人对于人类所作出的重大贡献。人们从此就是这样地保存和使用火,得以"炮生为熟",开始改变了"茹毛饮血"的生活习俗。熟食有助于人类体质的变化和发展,照明与取暖有助于扩大人们生产和生活的领域,火的威力又可大大地提高了人们对自然作斗争的能力。中国猿人就是这样依靠石器工具和火这两种武器同自然界作了胜利的斗争,表现了原始人类的集体智慧和力量。必须指出,在这人类社会最古老的年代里,社会生产力是极端低下的,正如恩格斯在《反杜林论》中论述人类历史刚开始的蒙昧状况时所指出的那样,"他们还是半动物性的、野蛮的,在自然力量面前还无能为力,还意识不到他们自己的力量;所以他们像动物一样贫乏,而且在生产上也未必比动物高明"。这一历史时期,人们的生活条件是极为原始的,要使生活上的需要获得满足,都是相当困难的,连他们的婴儿所需要的少量食物,也必须紧紧地依靠群体来共同维持。自然界的灾害严重地威胁着人们的生存,在四十个左右北京猿人中,死于十四岁以下者约占三分之一,其生活之艰难,就其寿命之短、死亡率之高可以想见。

因此，在这样生产力极端低下的情况下，在北京猿人的原始群体中，所有制形态是最原始的，全部是集体的、公有的；劳动是集体的，没有任何的社会分工，一切劳动所获得都是在集体中平均分配；人们过着没有阶级、没有剥削的原始共产主义生活。在群居生活中，人们婚姻关系显然存在着从动物界带来的痕迹，而处于不受任何习俗限制的杂婚状态。正如古代传说中所指出的那样，"昔太古尝无君矣，其民生群处，知母不知有父，无亲戚、兄弟、夫妇、男女之别，无上下长幼之道"（《吕氏春秋·恃君览》）。根据北京猿人脑膜上语言区部位隆起的现象分析，他们已有简单的语言，作为他们交流思想的工具。语言是在集体劳动中产生出来，帮助了中国猿人从动物界划分出来，结成社会，发展思维，组织劳动生产。中国猿人依靠群体力量，在与自然界斗争中不断取得胜利，改造自然，并在斗争中逐步改造人类本身，创造了远古的文化和历史。

三、原始人群向氏族社会过渡

中国猿人，经历了一两百万年的发展之后，进入到"古人"阶段，同时，社会组织形态，正在由原始群向着氏族公社制社会过渡。根据一二十万年前马坝人（广东韶关马坝乡发现）、丁村人（山西襄汾丁村发现）、长阳人（湖北长阳钟家湾）、河套人（内蒙古自治区河套一带）等"古人"的化石来看，其体质形态显然较"猿人"进步而更加接近于现代人类：头骨比猿人薄，前额也较猿人高，上颌骨已不如猿人显著地向前突出，牙齿不像猿人那样粗大，股骨也没有猿人那样厚。

在漫长岁月的劳动实践中，"古人"制造的工具较"猿人"已有相当的进步。相当于考古学上旧石器时代的中期，以丁村人制造和使用的石器工具作为代表，其石器工具有了明显的用途和类型，与猿人一器多用的原始性质有明显不同。尽管这时的石器仍以打制石片、石器为主，但大都器形较为粗大，经过第二步加工的占较多的百分比；最为突出的是具有特色的三棱尖状器和石球，前者可以用作标枪的头，后者也是狩猎所用的投掷武器。石球和标枪等投掷石器的使用，使得集体围猎的收获大为增加。山西阳高许家窑遗址，出土石球两千多个，野马骨骼成堆，说明当时人们已广泛使用石球进行狩猎，取得了较大的收获。古代传说上古之世，"民食果蓏蚌蛤，腥臊恶臭而伤腹胃，民多疾病。"因而燧人氏"钻燧取火，以化腥臊"（《韩非子·五蠹》）。古人开始发明了人工取火的方法，包括打击法和钻木、摩擦等取火方法，相当于传说中燧人氏阶段。人工取火的发明是原始人类向自然作斗争中取得的一大胜利。如果我们把猿人使用和控制天然火作为历史发展上的一面里程碑来看，那么"古人"发明人工取火，又是人类历史发展上的一个大的转折点。对此，恩格斯曾经给予了很高的评价，他说："就世界性的解放作用而言，摩擦生火还是超过了蒸汽机，因为摩擦生火第一次使人支配了一种自然力，从而最终把人同动物界分开"。

由于石器工具的进步和火的发明，人类的生产斗争发展了一步，物质生活也向前迈进了一步。丁村人和河套人居住的草原、森林和河流湖沼，给他们提供了水生和陆生动物的生活资料来源。在水洞沟和萨拉乌苏河的河套人遗址里，发现动物化石有四十五种之多，说明当时狩猎或渔猎生产有了发展。随着谋取生活资料方式多样化，生产斗争的进一步发展，便引起原始群中按年龄和性别进行劳动分工，年龄相近、体力相若的人们经常在一块劳动，妇女们更多的是从事采集和操持内部生活事务,而男人则多从事狩猎或渔猎。随着生产技术提高、生产力的发展,人们要求有一个比较稳定、持久而较大的团体,以便更好地组织各种生产活动。同时,人们在长期的生活实践中逐渐认识到杂乱通婚的不良影响,因此在男女两性间婚姻关系上开始排斥原始的杂婚状态而进步到按班辈结合的血缘群婚,婚姻也就排除了与亲生子女之间的性关系,而由同辈的一群姊妹和一群兄弟相互结合。由是便初步形成以一个始祖母为中心,即以女姓为中心的血缘家族。母系氏族在这一时期逐渐萌芽了。

血缘群婚是从原始群向母系氏族制社会过渡的重要环节,也就是从"古人"发展为"新人"的重要关键。古代所说高辛氏"从女配盘瓠","经三年,生子一十二人,六男六女,盘瓠死后,固自相夫妻"(《后汉书·南蛮传》),就是这种血缘群婚的反映。

第二节　氏族公社制社会的形成和发展

一、氏族社会的形成

随着血缘进一步变为族外婚(或称亚血婚姻),母系氏族就开始形成。族外群婚制,就是一个民族的一群兄弟出嫁给另一个氏族的一群姊妹,夫方必须从妻方住,子女只认识生母而不知道生父,因而氏族成员只能按照母系血缘组成。正如恩格斯所说:"自一切兄弟和姊妹间,甚至母方最远的旁系亲属间的性交关系的禁例一经确立,上述的集团便转化为氏族了"(《家庭、私有财产和国家的起源》)。与之相伴随的便是人类自身由"古人"而发展成为"新人"。距今大约四五万年前,我国原始社会历史便开始进入了母系氏族公社制时期,已经发现的柳江人(广西柳江通天岩发现)、峙峪人(山西朔县峙峪村发现)、左镇人(台湾台南发现)、山顶洞人(北京周口店龙骨山的山顶洞基地)等"新人"化石,就属于这个历史时期。

以山顶洞人的情况为例,说明生活在这个历史时期的人们,其体质形态基本上与现代人相同:头颅高度逐渐增大,额部日益丰满,眉骨趋向薄平,有明显的中部脊和突出的下颏,脑量为1 300—1 500毫升,在现代人脑量变异范围之内。他们住的山洞,可容十几人或几十人。洞口处的"上室",是公共住室,在洞的深处的"下室",是公共墓地。洞的周围是他们狩猎、捕鱼采集的生活基地。

山顶洞人相当于考古学上旧石器时代的晚期,他们制造工具的技术超越了前人,磨制与钻孔的发明,是崭新的技术成就,被广泛应用于生产和生活领域。在长82毫米、直径3.3毫米的骨针身上钻出窄小的针眼一事,最能说明当时人们的劳动智慧和技术水平。骨针的制作和应用,表明:人们能"结绳而作网罟,以佃为渔",渔猎经济有了发展;人们可以把动物皮毛缝制衣着而不再赤身露体,穿衣在当时来说,也是人们对自然界作斗争的一种手段。因此,考古发现当时狡猾的狐狸,凶猛的虎豹,近水中长达一米以上的青鱼和大河、海湾的河蚌、海蚶等陆生和水生动物,都是山顶洞人生活资料的重要来源。可见当时人们渔猎的经验已比较丰富,对自然界作斗争的本领已大大提高,人们活动的领域和生活资料的来源是越来越广阔了。

随着物质生活的增长,人们的精神生活和思想意识也有了新的进展。山顶洞人把砾石、兽骨、兽牙、贝壳等作为原料加以磨制、钻孔和串联起来,制作出种类繁多、数量丰富的装饰品,活着时佩戴在头部和胸前装饰自己,死后随着石器工具一并陪葬,表明山顶洞人已有审美和爱美的观念,已经产生了灵魂不灭的原始宗教信仰。山顶洞人对"下室"墓地上死者的安排,正是他们"上室"生者生活的写照。

在山顶洞人早期的氏族公社里,氏族是社会的基本单位和生产单位。在实行族外群婚,人们只知有母而不知有父的情况下,氏族乃为同一母亲系统下的后代所组成。男子主要从事渔猎,女子主要从事采集,而采集比渔猎在获得生活资料方面显然占有优越的地位,因此,妇女在社会中深受人们的尊重。由于生产是共同的劳动来进行,同样,消费也必须公社内部平均直接分配。男女老少生前共同劳动,死后埋在公共墓地里,都有石器和装饰品随葬,并在死者身上一律撒上赤铁矿粉末,以寄托对于死者的怀念之情,反映了氏族成员之间的平等关系和氏族制下共同遵守的氏族习惯。

社会在发展,历史在前进,人们在漫长的岁月里,通过集体的劳动,不断地改造着自然,推动着社会生产力的发展,推动着母系氏族社会逐步走向繁荣阶段;并且,在改造客观世界的同时,也改造了人类自身而进化为现代人。

二、各地区氏族部落社会生产力的不平衡发展

母系氏族社会形成之后,经历了相当长的发展过程,距今大约六七千年前达到了它的繁荣阶段。若干的近亲氏族结合为胞族,若干胞族组成为部落,有些部落也开始结成不巩固的部落联盟。氏族或部落间的结合,一般为了适应共同对自然界斗争的需要,以族外群婚作为彼此结合纽带。根据古代传说,黄帝等所谓"五帝"时代,在这母系氏族社会繁荣阶段,在我国辽阔的土地上分布着很多的大小氏族、部落和部落联盟:在黄河的中上游主要有姬姓的黄帝部落和姜姓的炎帝部落;而黄帝为有熊氏氏族的领袖,这个部落是由以动物为图腾的熊、罴、貅、貔、虎等近亲胞族所构成;在今晋、冀、豫交界地区有九黎部落,酋长名蚩尤;今豫南一带有以龙为图腾的风姓太昊氏部落;山东一带有以鸟为图腾的少昊氏部落;江汉流域有三苗部落,江淮河济间还有高阳氏和高辛氏的领袖颛顼、帝喾所领导的部落等等。

由于我国幅员广阔,各地区自然条件不同,各地氏族部落的经济生活和文化不可避免地出现差异,各有其特点。他们因地制宜,就地取材,创造性地发展了本地区的原始文化。就考古发掘结果来看,各地新石器时代早期属于母系氏族性质和遗址,就具有不同特点的文化体系,如在黄河中游及其支流渭河、汾河、伊水、洛水流域有仰韶文化,以1921年发现于河南渑池仰韶村得名;黄河上游及其支流洮河、大夏河、湟水流域有马家窑文化以1923年首先发现于甘肃临洮马家窑得名;由东北黑龙江经内蒙、宁夏直至新疆广大地区有细石器文化;在今山东西南部及江淮间有早期的大汶口文化;长江下游有早期青莲岗文化;所有各个地区的原始文化,后来通过相互影响,不断融合,为此后我国创建统一的多民族国家,创造中华民族灿烂文化,作出了贡献。

居住在长城以北广大北方地区的母系氏族部落,人们使用的是细小的石器工具,采用石髓、玛瑙和燧石等石料制成,磨制石器、骨器和陶器在数量上一般较少,陶器手制,质量粗,器形也较简单。这种文化的特征,考古学者称之为细石器文化。细石器中有较多精致的石镞,说明他们在狩猎中已多使用弓箭。弓箭的发明是当代狩猎工具的一大进步。由于自然条件的原因,一般是经营畜牧或狩猎,少有农业或者决然不知农耕。只是在沿着长城一带,以自然条件较好,且与长城以南经营农业的仰韶文化氏族部落发生直接或间接的交往的原故,农业成为这一带氏族部落社会的主要经济而兼营畜牧和狩猎,如河北赤峰、辽宁锦西以及往西到青海西宁一带的氏族部落的情况就是如此。

黄河流域的氏族部落社会,尽管有马家窑文化、仰韶文化和早期大汶口文化反映了地区间发展的不平衡,但总的说来,黄河流域的氏族部落社会生产力的发展水平和人们的生活面貌大体上是一致的。其特色是原始的锄耕农业为主,同原始的畜牧业与彩色陶器的生产有机地并较为繁荣地结合在一起,使黄河流域成为我国古代文化的摇篮,展现出我国母系氏族社会发展阶段的繁荣面貌。

长江中下游地区的氏族部落与黄河流域发生了较为密切的交往和相互影响,一般说来生产力发展水平较黄河流域落后,以长江下游南北创造的早期青莲岗文化的氏族社会来说,人们主要从事锄耕农业种植水稻,但渔猎经济仍占有相当重要地位;人们居住在湖沼河流纵横的土墩或台地上,村落遗址远没有黄河流域地区的大,由于地理条件的多样,反映在生产发展和村落景观方面富于地区的特色。至于其他广大南方地区原始氏族部落社会,人们适应着地区的特点,靠山吃山,靠水吃水,凭着集体的智慧和劳动,向大自然索取衣食之源,为争取美好的未来,推动祖国历史前进,进行着艰巨而顽强的斗争。

三、黄河流域母系氏族社会的发展与繁荣

历史进入母系氏族社会之后,生产上最重要的成就,就是发明了原始的农业。传说"古之人民皆食禽兽肉,至于神农,人民众多,禽兽不足",于是神农"因天之时,分地之利,制耒耜,教民农作"。(《白虎通·号》)当时人们需要稳定的生活资料来源,原来的狩猎和采集经济是不能保证的。农业的发明,就可以帮助解决狩猎和采集的不足,并提供比较稳定的生活资料。神农发明农业传说就反映了这点。其实,农业是当时妇女们经过长期采集野生植物果实的实践,从中逐步摸索出人工栽培规律而发明的,这是妇女对人类社会的重大贡献。到母系氏族社会的繁荣阶段,农业已逐渐发展为社会生产的主要部门,在人们经济生活中占有首要的地位。妇女承担着主要的劳动并组织领导了全氏族成员从事着原始的农业生产,用作主要的生活资料。比较原始的耕作方法是火耕,用石斧或砍伐器砍倒树木,经暴晒后,用火焚烧成灰,使土质松软而具有一定肥力,然后用尖木棒和小手锄加以播种。后来进一步采用耜耕……人们已开始有一些剩余生产物的储备①,这可以从当时人们普遍用粟和稻随葬和以窖穴储藏粮食得到证实。在西安丰坡村仰韶文化氏族居住遗址中就发现有二百多个地窖,早期有四十三个,晚期较多,而且晚期的窖穴容积均较大。115号地窖(底径1.66米,深0.52米)里已经腐朽的谷子就达数斗之多。除谷物种植外,半坡遗址的陶缸里留有白菜或芥菜种子,与古代关于烈山氏"能殖百谷百蔬"(《国语·鲁语上》)的传说相印合,说明当时人们已能种植蔬菜作为副食以丰富人们生活的需要。

在原始农业发展的同时,纺织手工业也有显著进步,妇女们采取野麻纤维,用陶、石纺捻成线,织成服装。西安半坡村和华县泉护村出土陶器上都有麻布印痕,每平方原有经纬各十根左右。相传"伯余之初作衣也,缘麻索缕,手经指挂,其成犹网罗"(《淮南子·氾论训》),就反映了这种原始纺织业的情况。原始农业的发展,人们获得了比较稳定的生活资料来源,创造了定居生活、社会分工和生产的进一步发展的物质条件。伴随着农业的发展,家畜饲养业也逐渐发展

---

① "耕"字后有一段文字,底本模糊不可辨识。——编者注

起来,家畜的饲养已设有圈栏,人们从很早起驯养狗到这时就养有较多了,少量的牛、羊、鸡开始反映了当时以农业为主的综合经济的特点。但是这时饲养家畜的能力还不够高,例如西安半坡村仰韶文化遗址中,绝大部分猪都是幼时杀掉的。渔猎是仅次于农业的生产活动,在人们经济生活中仍占有重要的地位。已发现有大量骨、角等原料制成的渔猎工具,如带刺鱼钩、鱼叉、网坠、箭头、石矛和石球绊索,表明渔猎生产水平已大大提高,按自然分工的原则,渔猎主要由男子承担,男子是森林的主人。

在农副业生产发展的基础上,人们开始过着比较稳定的定居生活,建设起许多大小不等的村落。人们"因丘陵掘穴而处"(《墨子·节用》),"筑土构木,以为宫室"(《淮南子·氾论训》)。当时黄河流域每个氏族,已都建有方形或圆形半地穴房屋组成的村落,西安半坡遗址和临潼姜寨遗址都是这种村落典型。半坡村仰韶文化遗址范围约五万平方米,由居住区、陶窑场和墓葬区三个部分组成,估计这是一个约有四五百人口的村落。

居住区周围有一条深、宽各五六米的壕沟,中间有一座一百多平方米的方形大屋,是氏族的公共住宅和公共活动场所,周围有四十六座小屋,多数有十六到二十平方米,是供已婚妇女住,以适应族外婚的需要。墓葬区是氏族公共墓地,排列比较整齐。适应着定居村落生活日益发展的需要,原始的手工业也发展起来,其中尤以陶器的生产,在母系氏族社会繁荣阶段,已经成为最为普遍和最有特色的手工业部门。陶器的制作和原始农业的发明同样久远,是妇女的又一重大发明。陶器最初为手制,这时开始由手制发展为轮制,仰韶文化已出现有用初级陶轮(慢轮)制作的陶器。每个氏族的陶窑坊上常有几座窑集合在一起,例如半坡遗址的陶窑坊上共有六座陶窑,以备各窑之间协作。适应定居生活的日常需要,人们生产的以表里磨光、带有彩绘为特征彩色陶器,种类繁多,风格多样,一些精美陶器在磨光之后,画彩之前,还要加上一层浆,我们称为"陶衣"。"陶衣"往往红色或白色。仰韶文物的彩陶,使用红、黑、白三种矿物质作为颜料,用毛笔画成各种彩色图案。

随着社会生产力的进步,母系氏族公社制度得到了充分的发展。重大问题要由全体成员参加的氏族会议作出决定。氏族酋长领袖由民主选举产生,社会秩序依靠传统习惯来维持。正如古代神农之世"刑政不用而治"(《商君书·画策》),"神农无制令而民从"(《淮南子·氾论训》)。每个氏族有图腾信仰,认为某种生物和他们有特殊关系而加以崇拜,禁止杀伤,还常以图腾作为他们的族徽或名称。我国古代有些姓就是从图腾崇拜演变而来。例如古代传说神农因生于姜水而姓姜,其实"姜"字从"羊"从"女",就因崇拜作为图腾而得名。

在这母系氏族社会繁荣阶段,对偶婚是一种不稳定的对偶夫妇关系,它是从群婚向单偶婚(一夫一妻制)过渡的环节。对偶婚的男女分别属于不同血缘的氏族,死后也分别埋葬在本氏族的墓地,婚生子女留在女方氏族,族籍以女系血统计算。

随着氏族人口的增长,以女姓为中心的母系大家族便在氏族内部形成起来。这种母系大家族包括若干对偶家庭所组成,成员间有着更为紧密的经济联系,成为一个家庭经济单位。在陕西华县横阵村仰韶文化遗址地上发现长方形大坑中又套以小方坑的埋葬形式,各小葬坑埋葬的人数不等,最多为12具,随葬品的数量和种类差别不大,正是这种母系大家族组成的反映。

综合以上所述,在母系氏族社会繁荣阶段,在氏族社会内部已经产生和正在发生的情况,预示着随着社会生产力和男女分工的发展,随着对偶家庭和母系大家族财产的积累以及对偶婚向着一夫一妻制转变,母系氏族社会必将为父系氏族社会所替代。

四、黄河流域及长江流域的父系氏族社会

大约在五千年以前,我国黄河及长江流域的氏族部落,先后进入了父系氏族社会。这个转变进程,我们在黄河下游及江淮间大汶口文化遗址中可以看得很清楚。

自从母系氏族社会形成之后,按照自然分工的原则,男子从事狩猎活动以及对家畜饲养和照管,女人承担了农业和手制陶器的主要劳动,因而在社会生活中妇女具有突出的作用,享有崇高的地位。随着生产力的发展,农业生产由火耕到耜耕,和陶器制造由手制到轮制,根据体力和劳动的需要,在男女两性间便逐步完成了新的分工。大汶口文化遗存给这种劳动分工的转变过程提供了具体的说明:在山东泰安早期墓葬中,十一座随葬农业生产工具的为男性七座,女性四座;随葬纺轮的九座中,女性为八座,男性仅一座。晚期随葬农业生产工具共七座墓葬中,男性六座,女性仅一座。在江苏新沂花厅村和山东宁阳堡头的墓葬中,女墓都随葬石纺轮和装饰品而没有农业生产工具,男墓都有农业生产工具和鱼镖而决然没有纺轮。这种随葬工具的变化,反映了男女两性在社会生产中的地位和作用的深刻变化,男子逐步代替了妇女成为社会主要生产部门的劳动者,而妇女则逐渐退居次要地位,主要从事纺织缝纫等家内劳动。随着男子在社会生产中居于主要地位,领导和组织集体生产以及掌管公共财产的权力,就从妇女转到男子手中。与此同时,男子凭借他们的社会地

位和权力,改变婚姻制度,实行男婚女嫁,以一夫一妻制代替了对偶婚,世系的继承也就由女系转变为男系。于是,父权制代替了母权制,父系大家族代替了母系大家族,这样就进入了父系氏族公社制社会。

由于我国各地区自然条件差异,氏族部落风俗习惯的不同,在父系氏族阶段也出现了具有地方特色的原始文化。以黄河中下游为中心有龙山文化(以 1928 年首次发现于山东章丘龙山镇而得名),距今四千年左右;在黄河上游甘肃、青海地区有齐家文化(以 1923 年首次发现于甘肃广通齐家坪而得名),距今三千七百年左右;在今山东西南部及江淮间有晚期大汶口文化,分布于太湖周围的浙江、苏南有良渚文化(以 1936 年首次发现于杭州良渚而得名),距今四千七百年左右。至于分布于河南、湖北之间江汉平原的屈江岭文化(以 1955 年首次发现于湖北京山屈家岭而得名),距今四千二百年左右,则属于母系氏族公社晚期到父系公社早期。

在父系氏族社会里,由于男子在各个社会生产部门占据了主导地位,大大地推进了社会生产和经济的发展,呈现了一个以农业生产为主体的自然经济的新发展局面。这时制作工具技术有了进步,石器都经磨光;粗糙打制石器几乎绝迹。粗耕农业有了发展。翻地农具除了石耜、骨耜增多以外,还创制了双齿木耒(河南三门峡庙底沟早期龙山文化遗址的一个窖穴中发现双齿木耒的痕迹)。种耕农具在旱地和水田耕作中,已有不同特点。收割工具石镰、蚌镰已较广使用。由于耕作技术的进步,黄河流域粟类谷物和长江流域水稻作物的产量都较前有显著的增长。具体反映为:一、各个氏族居住遗址都发现有大量储存粮食的窖穴和大量稻谷的遗留。说明粮食已有剩余。值得注意的是，人们已开始用剩余的粮食酿酒，陶器中已有陶鬶、陶盉、陶尊、陶壶、陶杯等各式专用酒器出现。二、人们过着巩固而繁荣的定居村落生活。村落面积和村落分布密度均较过去为大，以龙山文化所反映社会情况为例，村落小的有 600 平方米，大的可达 360 000 平方米，相当于今天华北中型村庄的面积；从河南浚县大赍店起至淇门镇五十里的淇河沿岸，就有村落遗址十一处之多，而现在则不过有十五个村庄。

在这个历史时期，为了发展农业生产，为了保护定居的村落生活和人民生命财产的安全，人们普遍开始了治山治水的事业，中原地区黄河洪水泛滥，常常造成严重灾害，长久以来为人们严重关切，因此这时在部落和部落联盟领袖的领导下，就集中全民力量与洪水进行着长期而艰巨的斗争。古代传闻"当尧之时，水逆行，泛滥于中国"，"草木畅茂，禽兽繁殖，五谷不登"，"蛇龙居之，民无所定，下者为巢，上者为营窟"（《孟子·滕文公上、下》），尧命共工指挥治水工作，共工采取"壅防百川，堕高堙庳"，即水来土堰的办法，结果失败。继而崇伯鲧又"称遂共工之过"，而"九载绩用弗成"（《国语·周语下》）。直到舜继尧为部落联盟领袖之后，禹吸取了前人失败的教训，用疏导的方法，"身执耒臿以为民先，股无胈，胫不生毛"（《韩非子·五蠹》），动员了全部落联盟全部的力量，与洪水搏斗了十三年，"披九山，通九泽，决九河，定九州"，才战胜了自然灾害，变水患为水利。大禹领导人民治水，对当时社会经济的发展产生了巨大的作用，因而千载不朽地为人们所传诵，古代诗集《诗经》中诗人以诗歌加以称颂，直到春秋年间还有人盛赞大禹治水说："美哉禹功！明德远矣！微禹，吾其鱼乎！"（《左传·昭公二年》刘定公语）

治水事业的成功,保证了农业生产的发展和村落生活的繁荣。在农业发展的基础上,以养猪为主的畜牧业有了显著的发展,在各地区父系氏族部落中六畜普遍地成群饲养。基于自然条件的差异,黄河中下游龙山文化氏族在饲养的六畜中有黄牛和马,黄河上游齐家文化的氏族饲养羊群较多,长江以南良渚文化的氏族饲养了较多的水牛。三门峡庙底沟龙山文化遗址二十六个废坑中的家畜骨骼,比同地仰韶文化遗址一百六十八个废坑的总和还要多,反映了父系氏族社会畜牧业较母系氏族社会有了较大幅度的增长。家畜的增长,为人们提供了较多的畜力、肉类和皮毛,也提供了重要祭品。并且在这发展的基础上开始出现了第一次的社会大分工,即开始出现了畜牧业与农业的分离,出现了氏族或部落间生产的分工,正如古代传闻所说:"尧之治天下也,……其导万民也,水处者渔,山处者木,谷处者牧,陆处者农",并开始了在氏族或部落间"得以所有易所无,以所工易所拙"(《淮南子·齐俗训》)的物物交换。

伴随着农业和畜牧业的发展,以男人为主要劳动力的手工业生产也取得了巨大的进展。制陶工业是当时手工业的一个重要部门。快轮制陶技术已普遍使用,烧窑技术也有进步,烹煮、饮食用的高足、圆足、三足的陶器,类型很多。殷周时代一些青铜器就是继续这些类型而加以发展的。龙山文化的山东沿海地区,还能烧造胎薄如蛋壳、表里磨光、漆黑发光的黑陶。人们已能适当掌握陶窑的火候,在烧成末期封闭窑顶和窑门,并在窑顶以上徐徐加水,使之渗入窑中,产生浓烟,从而把陶器熏黑,成为漆黑发光的黑陶(参见周仁等:《我国黄河流域新石器时代和殷周时代制陶工艺的科学总结》,见《考古学报》1964 年第 1 期)。南方良渚文化的氏族,竹编工艺已有较大的发展,吴兴钱山漾的遗址就出土有二百多件竹编器物。同时纺织业也有进步，钱山漾遗址中出土有苎麻织成的平纹细麻布，比过去疏朗的粗麻质量提高了。还值得注意的是，玉、骨、象牙等雕刻工艺品的出现，龙山文化和良渚文化遗址都曾发现成批的玉石、玛瑙的雕刻工艺品，泰安大汶口的晚期遗址中除了出土各种玉器如铲、臂环、指环、笄、坠饰以外，还发现了象牙，雕刻品如象牙梳、象牙琮、象牙筒等，象牙筒用整段象牙制成，有了满身透雕的花纹。有的牙骨雕刻上还镶嵌有绿松石。

到父系氏族社会的最后阶段，人们不仅已用冷锻法对天然金属——红铜加工，而且开始从矿石中提炼出红铜加以热锻和铸造，创造了冶金技术。在甘肃武威皇娘娘台、临夏大河庄和秦魏家等齐家文化遗址中，都曾发现红铜制的小刀、锥、凿等工具及环形、片状的装饰品，都是用冷锻或草范铸造的方法制成的。这在考古学上就进入金石并用时代。

这时手工业生产的全部发展情况表明，在氏族内部已经出现一部分专门从事手工业生产的工匠，手工业展现了从农业分离开来的趋势，开始出现了社会的第二次大分工；并在这分工的发展的过程中，促进了社会生产和剩余产品的增长，促进了商品生产和交换关系的扩大，促进了私有财产和父系大家族与个体家庭的发展。一句话，促进了社会生产力和生产关系的矛盾。特别是冶金技术的发明，具有划时代的意义，它说明当时生产工具开始变革，正从石器逐步过渡到金属工具。尽管这时红铜工具还很小很软，不能代替石器的作用，但是随着此后冶铁技术的进步，金属工具时代的来临，生产力的进一步发展，必然会引起生产关系的变革，必然会导致奴隶制度的产生和原始公社制的解体。

第三节　私有制、阶级的出现和原始公社制的解体

一、父家长制家庭和私有制的产生

父系氏族社会末期,由于社会生产力的发展,生产资料和生物资料的迅速增长,人们除了维持生活需要外,有了剩余。剩余物资的出现,便为私有制的产生提供了物质条件。氏族部落首领、氏族酋长以及父系大家族和族长,利用担任公职的便利条件,在对外分配和对外交换的过程中,开始把剩余物资占为私有,于是在公社内部就产生了部分的私有制。社会分开的发展,交换的发展,逐步加速了私有制的形成过程。

早在原始群到母系氏族社会的初期,在生产力极端低下情况下,不可能有多少剩余生产物的,人们是根本不知道私有制为何物。至母系氏族社会繁荣阶段,尽管当时社会生产有了较大的发展,但属于个人所有的财产仍极有限。如半坡村仰韶文化的七十一座墓葬,总共才有三百零八件随葬品,最主要的是日用陶器,共二十七件,其次是装饰品。遗址出土了石、骨、蚌、陶等工具五千多件,但墓葬中仅发现陶错和蚌刀各一件;遗址出土的猪骨不少,但作为随葬品的却一块也没有发现。可见当时随身带的所有财物,不超出日常简单的生活用具和装饰品的范围。所有生产工具和饲养的家畜都属于公有财产性质,至于随身带的一些装饰品和生活用具,显然在当时也还没有具备真正私有财产的意义。待到父系氏族社会发展阶段,由于生产力的发展,生产资料和生活资料有剩余,私人占有财产的现象就产生,私有财产也就出现。在晚期的大汶口文化遗址中,生产工具已变成

私有财富,大墓都随葬有石斧等生产工具,而小墓则缺乏生产工具;同时各种陶器也已成为私人积聚财富的工具,有些墓中就陪葬有大量陶器,例如曲阜西夏侯 1 号墓就有陶器一百九十件,大汶口 10 号墓就有陶器九十三件;还有许多雕刻很精美的玉、骨、象牙等工艺品成为私人财产,被陪葬入墓中。值得注意的是,这时猪已成一种重要动物。在大汶口一百三十个墓中,有三分之一有猪骨随葬,有的用半只猪架,有的用下颌骨,最多用完整的猪头。其中四十三座墓共出土九十六个猪头,其中最多的一座有十四个猪头。

以上事实告诉了我们,此时个人所有财产已扩展到家畜、生产工具等生产资料领域中来了。随着社会第一次大分工的出现,"家畜的饲养和畜群的繁殖,创造了前所未有的财富,并产生了全新的社会关系",开始以家畜作为"各种可以让渡财产的主要要素"(以上见《资本论》第 1 卷第 75 页),家畜是当时的主要动产。马克思和恩格斯所说:"真正的私有制,只是随着动产的出现才出现的"(《德意志意识形态》,《马克思恩格斯选集》第 1 卷第 68、69 页)。家畜既是生活资料,也是一种生产资料,它在数量上可以无限繁殖,提供人们以更多的使用价值和交换价值;它是"较诸以前所知道的一切财产种类的总计为更有价值的一项财产"。"所以,家畜的占有,对于人类心灵启示了最早的一种财产观念"(以上见莫尔根《古代社会》第 638 页)。由此可见,在龙山文化、齐家文化父系和晚期大汶口文化的氏族墓葬中普遍用猪骨随葬,并以之作为衡量私有财富的标志不是偶然的。在邳县大墩子父系氏族墓葬中还发现有陶制房屋模型,房屋四壁和屋顶均刻有狗的形象,可知这时房屋也作为了私有财产,还用狗来保护其私有财产的安全。这一切都说明了进入父系氏族社会的发展阶段,原始公社生产资料公有制正在开始向私有制转化。

家庭的产生是和私有制的出现有着密切的和直接的联系。历史进入父系氏族社会后,前一历史时期作为母系大家族和对偶家庭特点的单人葬和成年男女分别合葬的习俗已经逐步消失。如今普遍存在的则是一夫一妻合葬和少数为一男二女合葬的埋葬制度,例如临夏秦魏家齐家文化遗址采用的成年男女合葬式,均为男右女左,男性仰卧直肢,女性屈肢侧向男人;武威皇娘娘台遗址发现一男二女合葬,男性仰卧正中,女性两侧屈肢向着男人。这些情况表明,随着父权制的确立,男人在社会中居于主导地位,在家庭中取得了支配权力;而妇女则处于屈从和依附的地位,女子出嫁,妇随夫处,成为了家庭中的管家婆,沦为丈夫的奴婢和生育子女的工具。由于男子为一家之主,其财产必须由其子女直接继承,子女的族籍是按父亲的系统来计算的。而祖先崇拜便逐步取代图腾崇拜而普遍盛行。

父系大家族是父系氏族社会的基本经济单位。它是以父系为中心,以血缘为纽带,以共产制经济生活为基础,联结组成的共同体,也就是由一个父家长的几代后裔,包括许多一夫一妻个体家庭所组成,因而一般称这种共同体为家庭公社。这种父系大家族的结构,在邳县刘林遗址墓葬所反映的情况得到证实。在这个氏族的公共墓地内,划分有六个墓群,最多的墓群有47座墓葬,少的有21座;墓群之间有一定的距离。表明一个墓群乃为一个大家族成员死后的葬地,而家族之间既有区别但又保持着氏族范围的内在联系。在父系大家族中,族长拥有支配全体成员的权力和全家族的财产的所有权,因而家族内部生活中民主和平等的气氛日益消失,开始出现奴隶制的萌芽。

随着社会生产的发展以及由此而出现的两次社会大分工的进展,社会物质财富迅速增长,以财产的私有制为基础的个体家庭经济也相应地发展起来。由于个体经济的发展,原来血缘纽带逐渐松弛,有的离开故土而移往正在开垦的新地,有的和没有血缘关系的家庭相互杂居,因而出现不同氏族人们组成杂居村落。这种杂居村落又以一定地域的共同的经济利益结合成共同体。就在历史上产生一种新的社会组织,即农村公社。这是以地域关系、比邻关系代替了血缘关系。农村公社的特征,在于它的二重性,同时存在着公社所有制和私有制。村社的土地已分两部分,一部分由村社成员集体耕作,其收获以供公共开发,包括祭祀、战争、治水、救济等等。一部分平均分配于各个家庭,由各户独自耕作和收获。我国奴隶制时代的井田制,就是从这种村社的土地制度变质发展而成。战国年间孟轲根据古史传说,对井田制提供了一个简略的图形,他说:"万里而井,井九百亩,其中为公田,八家皆私百亩,同养公田。公事毕,然后敢治私事。"所谓"公田"即村社中集体耕作的田地,所谓"私田"即平均分配供给各户耕作的田地,领取"私田"的村社成员有助耕"公田"的义务,必须先"公"后"私","公事毕,然后敢治私事"。原来村社的制度确有这种传统的规矩的。孟轲又说井田制的组织生活是:"死徙无出乡,乡田同井,出入相友,守望相助,疾病相扶持,则百姓亲睦"(《孟子·滕文公上》),原来村社的组织生活确是有这种互助性质的。然而,农村公社的出现,毕竟是社会生产力和生产关系矛盾发展的必然结果。在村社里,就耕地的分配而言,尽管有平均分配和定期调整的原则,每个家庭分得相等数量和质量的土地,但毕竟不可能永远平均,村社成员之间贫富的差别必然越来越大。因此,农村公社的出现,正是原始社会生产资料公有制向私有制过渡的阶段。

二、氏族贵族的形成和奴隶制的出现

自从私有制出现之后,随着私有财产的滋长,在氏族社会内部家族之间、个体家庭之间便开始出现了贫富分化和财产不均的现象,如泰安大汶口遗址属于大汶口文化中期的两组墓葬(每一组为一个家族),一组七墓,随葬品比较丰富,最多的达 77 件,最少的 19 件,包括陶器、玉石器、骨角牙器、猪头等;另一组四墓,随葬品则甚为贫乏,陶器总共只有 10 件,其中一墓有纺轮三件,另一墓有骨牙器和獐牙等四件,别无他物。说明母系氏族早期已出现贫富不均,属于大汶口晚期的一百三十个墓中出土有陶器 1 005 件,其中二十五个墓①出土陶器达 565 件,占一半以上,而其中六座大墓有陶器 370 件,又占二十五个墓的总数的 65% 以上,说明财富已逐渐集中到少数人手中。这种在氏族成员间和家族之间财产上的差别,反映当时在劳动产品的分配上的已不平等,严重破坏着人们之间原有的平等关系,冲击着氏族社会共产制经济生活和民主制度。正如恩格斯所指出:"同一氏族内部的财产差别,把利益的一致变为氏族成员之间的对抗。"(《家庭、私有制及国家的起源》)这种对抗,正在父系氏族社会逐渐发展起来。如山东宁阳堡头龙山文化氏族墓地,发现有的墓坑很大,长三四米,宽二三米,葬以木椁,椁底还涂抹朱红颜色随葬品竟多达 160 余件,包括精美的彩陶,乌亮的黑陶和洁泽的白陶,以及其他如雕刻透花的骨器和象牙制器等;而另一些墓葬,却完全没有或少有随葬品。穷者与富者适成鲜明的对比。在武威皇娘娘台齐家文化的一男二女合葬

---

① "墓"下底本误重一"墓"字,今删。——编者注

墓中,女的颈部、腰部和肘部都佩戴有铜铲和石璧、穿孔绿松石珠子之类的装饰品,表明死者生前是过着一夫多妻的富裕生活。临夏秦魏家一座墓中,就有多达六十八块猪颌骨随葬。这些事实说明,社会财富已迅速集聚于氏族内部少数富有者的手中,而使社会内部贫富两极分化,贫者与富者之间的对抗发展到了相当的程度。这些社会上特别的富裕者和过着一夫多妻生活的人,事实上已成为具有特殊社会地位和享有特权的氏族贵族了,并在氏族内部成为一种独特的特权阶级。

在氏族贵族形成的同时,使用奴隶进行剥削的方法被使用了。由于农业、畜牧业和手工业生产的发展,每个人的劳动生产成果除了供给自己以外可以有剩余,因此部落战争中俘虏的人口就不再杀掉,可以作为奴隶使用。这是在父系制公社内部产生的一种家长奴隶制。最早的奴隶往往是部落战争中虏获的人口,而妇女是最早沦为奴隶的,男俘一般是杀掉。现在为了从他们身上榨取剩余劳动,便把俘虏留了下来,把他们作为会说话的工具而为氏族贵族(或宗族长)所占有的财产,对他们握有生杀之权。邯郸涧沟龙山文化遗址有一个废井中,发现有五层人骨架,男女老少都有,有的身首分离,有的作挣扎状。这些被砍头和活埋的人,当是作为人牲用于祭祀而惨遭杀害的奴隶或战俘。在青海乐都柳湾齐家文化墓葬中,有三座用奴隶殉葬的墓,其中 M_{93} 墓主人骨架上的填土中有一屈肢特征的老年女性骨架,与 M_{322} 墓主骨架上填土中埋有一只羊的现象相同,说明死者是作为牲畜一般用以殉葬的奴隶;M_{314} 墓主男性仰身直肢卧于棺中,身上撒有朱砂,一青年女奴侧身屈肢面向主人卧于棺外,一条腿骨还被压在棺下,表明家内奴隶已经出现。这种家长奴隶制的出现,就是社会组织第一次分裂为阶级:自由人和奴隶、剥削者和被剥削者。这样,就在瓦解的原始公社制内部,孕育着奴隶制生产方式的胚胎。

奴隶制起初虽然仅限于俘虏,但已经开辟了奴役同部落人甚至同氏族人的前景。在贫富两极分化和财产差别悬殊的基础上而在氏族贵族与公社成员之间形成的对抗过程中,原来作为社会公仆的氏族酋长(宗族长)、部落和部落联盟的领袖们,逐渐把社会赋予管理公共事务的职权,变为他们一家一族直接剥削广大公社成员的特权,他们利用氏族部落之间商品交换的机会从中夺取财富,他们把农村公社原有的"公田"占为私有,把"公田"上村社成员集体劳动的成果占为私有,使村社成员成为他们奴役和剥削的对象,使农村公社成为他们奴役的"集体"而被保留下来。与此同时,奴隶被大量使用于各种生产劳动中,正在逐渐成为生产劳动的主要担当者。因此,在前一阶段上刚刚产生并且是零散现象的奴隶制,现在成为社会制度的一个本质的组成部分。为了对外掠夺奴隶,扩大领土和财富,部落间真正的战争也就发生了,并且是有增无已地激烈地进行着。这些事实,反映了社会正在发生着本质的变化,表明原始社会已走到了它的尽头,已经走到文明时代的门槛了。到这时,氏族贵族们就需要建立这样一个机构,它可以保障他们的财产私有制,保障他们对奴隶和贫穷人剥削的权利,使统治者和被统治者的关系合法化,使社会划分阶级的结构永久化。这样,国家机构就应运产生了。

三、由"禅让"到"世袭"制表示氏族民主制解体与国家的产生

国家作为阶级统治的工具,它是在氏族制度的废墟上建立起来的。我国古代传说的由"禅让制"变为"世袭制",就是从氏族部落领

袖的民主选举变为君王的世袭制,也就是在氏族制度的废墟上建立了国家。还在母系氏族社会繁荣阶段,氏族组织还是很有活力的,自然长成的氏族民主制还是处在它的全盛时期。从母权制社会进入父权制社会,根据考古学所提供的材料,即在原来仰韶文化分布范围的基础上出现了更大范围的龙山文化遗址的分布,说明原有的部落不断地巩固和扩大,而黄河流域各地区的部落正在以新的联盟形式逐渐趋向融合为统一的部族了。相传黄帝族与炎帝族这两个黄土地带的部落,由于共同对付九黎族之故,开始结成了具有军事民主主义形式的部落联盟。之所以赋予联盟以军事民主主义形式,乃因部落间的战争已成为人民的职守,已成为联盟机关的正常职能的原故。至帝尧时代,在黄、炎两族结成的联盟作为基础上,又与东方夷族(以今山东为中心的太皞族和少皞族)结合为更大地域范围的部落联盟,这就是后来历史上所说的华夏族的前身。这一包括整个黄河中下游范围较大的夷、夏部落联盟,所以能够结合起来,很可能是与防治黄河水患和灌溉的需要密切关联,特别是长期地同三苗族进行激烈的战争有着直接的联系。这个联盟机关,从尧、舜直到大禹的年代,对外一直是十分重视对三苗的战争;对内一直致力于防治水患的斗争。在联盟内部,各氏族、部落仍然完全保持着它们的独立性,按民主制度选举自己的首长。联盟机关领袖、职位的分配,一般是通过联盟最高领袖提名经部落长老议事会加以认可,由参加联盟的氏族、部落领袖人物中选拔。古代传说尧舜"咨四岳"就是举行部落长老议事会;禹、皋陶、契、后稷、伯夷、夔、龙、倕、益、彭祖等联盟内部的氏族或部落领袖,从尧担任联盟领袖时就被陆续举用,等到舜被提名于部落长老议事会而"居官相事",就由禹为司空,弃为后稷(即农官),契为司徒,参预联盟机关工作,从这里我们可以看出,联盟中的氏族贵族,事实上已有担任公职的特殊权利。由于部落战争和治水事业日益扩大并取得巨大的胜利,如禹征三苗三年克之,以及大禹治水十三年取得的胜利,就不断地提高了联盟领袖以及下级氏族、部落首长在人民群众中的威信,加强了他们的权力。相传"禹朝诸侯之君会稽之上,防风之君后至,而禹斩之"(《韩非子·饰邪》)。随着联盟显贵地位的加强,军事民主主义制度就逐渐瓦解。因而在联盟内部,过去由氏族贵族独占公职的习惯,便转变为氏族贵族中个别家族(或宗族)的世袭独占和直接继承的特权。由禅让制到世袭制的变化,在《史记·五帝本纪》《夏本纪》中留下了较为完整的历史记录。据记载,夷夏部落联盟机关设置,尧时在平阳(今山西临汾西南),舜时为蒲板(今山西永济西),禹时为平阳,或安邑(今山西夏县北),或阳翟(今河南禹县)。联盟领袖设置是采取两头制,即一正一副,选举产生。尧时为尧(夏族)和舜(夷族);舜时为舜和禹(夏族);禹时为禹和皋陶(夷族);继为禹和益(夷族)。禹死后,按传统制度要从夏族贵族中选人递补为副,可是禹之子启杀益而世袭了禹的权位,成为联盟的唯一领袖。这一由禅让到世袭制的变化有着重大的意义,它表明氏族制度已经无可挽回地遭到了破坏,联盟军事民主主义制度正遇到了严重的挑战。因此,不可避免地在联盟内部出现一场严重的斗争,导致了联盟组织的严重分裂,引起了联盟中维护氏族传统的旧势力的疯狂反抗:首先是来自东方夷族诸部落的反抗,其次是来自夏族内部有扈氏氏族贵族的反对,有扈氏不服,启伐之,大战于甘,有扈氏的反抗被消灭,整个氏族"降为牧竖",沦为畜牧奴隶;姬姓的周族贵族不窋,在太康的年代,也率领其部落族众,离开联盟"而奔戎狄之间"。启死之后，夷族有穷氏首领后羿就夺取启子太康、仲康的王位，接着贵族的伯明氏的寒浞杀死羿而取得王位，寒浞又派他的儿子杀死仲康之子相，相之子少康依靠同姓部落有虞氏帮助，攻灭寒浞，才重建夏代，史称"少康中兴"。从"太康灭国"到"少康中兴"，中间经历了三代的斗争，夷族部落的反抗才最后被镇下去，夏后氏姒姓贵族家族的世袭统治才最后巩固地确立起来。从这个禅让制转变为世袭制的过程，即氏族制度瓦解和国家建立的全部过程，我们可以看出："整个氏族制度在转化为自己的对立物，它从一个自由处理自己事务的部落组织转变为掠夺和压迫邻人的组织，而它的各机关也相应地从人民意志的工具转变为旨在反对自己人民的一个独立的统治和压迫的机关了。"联盟军事民主主义制度瓦解了，联盟领袖的权力转化为世袭王权，而联盟机关也就逐渐转变为国家权力机关，它以暴力来使这种霸占权力的行为神圣化，以暴力建立了夏后氏贵族掌权的奴隶制王朝，以暴力扫除了来自旧传统和旧势力的反抗，我国古代历史就是这样从原始社会进入了阶级社会。

第二章　奴隶社会

第一节　奴隶制社会的初期(夏至商之盘庚)

一、阶级对立和夏王朝的出现

如上章所述,我国原始社会末期,社会内部发生了深刻的变化,产生了剧烈的矛盾和斗争。首先是由于奴隶主和奴隶两个对立阶级的形成,引起了激烈的阶级矛盾和斗争。其次是在广大地域范围内,由于社会经济发展不平衡,引起了代表民族制传统的旧势力和代表奴隶制生产关系的新兴势力之间的矛盾和斗争。奴隶主贵族为了加强他们阶级的斗争力量,巩固他们阶级的统治力量,就开始组成国家政权。我国历史上第一个奴隶制王朝——夏代王朝就建立起来了。它建立的确切年代,如果从所谓的"少康中兴"开始。它在黄河流域的统治,大约有四百年左右,即从公元前 21 世纪到公元前 17、18 世纪。

关于夏王朝的历史,在先秦文献中仅有零星片断的记载。早在春秋年间就已经有人感到夏史有文献不足征信的困难。至西汉初年，司马迁撰《史记》时，更感到古代传闻乖异难以论次；并说："五帝，三代之记，尚矣。自殷以前，诸侯不可得而谱。周以来，乃颇可著"（《史记·三代世表序》）。他根据《尚书》、谱牒等资料撰写了一篇《夏本纪》，列为《史记》一百三十篇的第二篇，大部篇幅抄录《尚书》的《禹贡》，所记夏代史迹还不到五百字，但不能否认夏代的存在。

夏王朝的统治中心，在今河南、山西、陕西三省交接的地区，沿黄河中游的两岸。根据《古本竹书纪年》，禹居阳城（今河南登封东）、太康居斟鄩（今登封西北）、相居帝丘（今河南濮阳南）、杼居原（今河南济源西北），又迁老丘（今河南开封东）、胤甲居西河（今河南内黄西），桀又居斟鄩。尽管不断的迁都，都不出于黄河中游的两岸。在今山西南部汾水以东翼城一带，西周初年称为"夏虚"，用作□的封地，说明汾水流域原来也是夏王朝统治的主要地区。相传夏桀之国，左边是黄河、济水，右边是华山，伊阙（今河南龙门）在其南，羊肠（今山西平顺东南）在其北（《史记·孙子吴起列传》）。可知夏代末年的主要统治地区，在今河南西部、山西南部和陕西东边。

夏王朝具有古代东方国家专制主义的特色，由国王掌握全国大权。根据《尚书·立政》，西周人讲到夏代政权掌管三方面的大事，即"宅乃事，宅乃牧，宅乃准"。虽然"三宅"内容不很清楚，但夏朝的统治已具规模，可以想见。根据《尚书·甘誓》，启与有扈氏"大战于甘，乃召六卿"（《墨子·明鬼下》引禹誓作"乃命左右六人"），启在宣誓中称呼"六卿"为"六事之人"，可知夏王朝已分设"六卿"或"左右六人"，分掌六种重要政务。掌管水利土木工程的"司空"，当是六卿之一。据说东方商部族领袖神冥曾担任夏朝的司空，相传冥"勤其官而水死"(《国语·鲁语上》)。专门设置高级官员掌管公共的水利土木工程,正是古代东方国家的特色之一。

当时国家机构的主要职能,就是使用军队和司法机构,对内残酷压迫奴隶和广大村社人民(即庶人),对外从事征服和掠夺周围部族或方国。夏王朝在初年曾不断用兵征服有扈氏。《墨子·明鬼下》引《夏书·禹誓》说,禹与有扈氏大战于甘,禹宣誓说:"且尔卿大夫庶人,予非尔田野、葆(宝)士之欲也,予共(恭)行天之罚也。"实际上"恭行天之罚"是骗人的话,征服的目的就在于"田野、葆士之欲","葆士"之中包括卿大夫和庶人在内,也就是要占有被征服者的全部土地和人力。《尚书·甘誓》还说启在宣誓中说到"弗用命戮于社,予则帑戮汝"。"戮"是死后作为祭社的牺牲,"帑"是说家属没入官府罚作奴隶,说明罚作奴隶是当时流行的一种处罚办法。夏王朝还曾长期进行征服东夷的斗争,例如相曾征服淮夷、畎夷、凤夷及黄夷等,杼曾"征于东海",不降曾"伐九夷"(见于《后汉书·东夷传》及所引《古本竹书纪年》)。他们征服东夷的目的,也该和征服有扈氏相同。

二、奴隶社会初期的经济和阶级关系

在夏王朝统治的奴隶制社会初期,冶金技术有了进步,已开始冶铸青铜器,历史进入了考古学上的青铜时代,古籍中有关于禹铸九鼎、夏启铸鼎和夏人以铜作为兵器等等传说,具体反映这方面的成就。

这时农业生产有着新发展。尽管由于青铜本身的质地和产量的限制,青铜工具仍不能代替木石器与骨器、蚌器,耒、耜、石刀、石镰仍是当时主要的耕作工具;但毕竟由于人们在这河流冲积的黄土平原上,有效地利用疏松肥沃的土地,利用大禹以来治水的经验建成了完善的沟洫灌溉系统,使农作物的产量有了提高。由于粮食产量的提高,酿酒手工业有了发展。传说大禹时仪狄发明了酿酒,到少康时又发明酿制秫酒。杜康是传说中酒的发明者,杜康就是少康。《说文解字·巾部》说:"古者少康初作箕、帚、秫酒。少康,杜康也。"而酗酒竟至成了夏朝奴隶主贵族的普遍恶习,酿造业之盛由此可见。

在夏王朝统治区内,各氏族部落或部族之间,农业、畜牧业和手工业的社会分工,也较前越来越显著,如任姓的薛(今山东滕县东南)善于造车,其部落领袖奚仲还作了夏朝的车正,以管理这种手工业的生产;昆吾(今河南濮阳西南)己姓,不但以善于炼铜著称,而且精于制造陶器,由于取得夏王的信任而委以诸侯之长,号称"夏伯"。

随着奴隶制的确立,生产进一步的发展基础上,社会分工日益扩大,从事艺术和科学的知识分子开始出现。正是这一社会大分工,成为了文明社会的基础,体现了奴隶社会里城市和乡村,脑力劳动和体力劳动之间的对立。为奴隶主阶级服务的专门从事脑力劳动的知识阶层,在奴隶们生产实践经验的基础上创制了奴隶社会的科学文化。传说占日、占月、占星、算术、历史、音乐、文字等等在夏代都已发明。《左传》所引《夏书》记录了当时发生于房宿位置上的一次日食,还描述了当时人们鸣鼓奔走的景象[①]这是世界上最早的日食记录。春秋战国年间把一种进步历法称为"夏时"或"夏正",并把《夏小正》的著作托始于夏代,至少可以说明,夏代已开始有历法的制订,为农业生产服务。传说启时创制了"九韶"乐舞及孔甲时又有"东音"的制作,则又从一个侧面反映了奴隶制的文化为奴隶主贵族腐朽生活服务的

---

① 《左传·昭公十七年》引《夏书》曰:"辰不集于房,瞽奏鼓,啬夫驰,庶人走"。

阶级本质。

在夏代，由于经常发动掠夺战争，奴隶数量当有显著的增加。奴隶们被当作牲畜一样作为各级奴隶主的私有财产，从事家内劳役，并集中地被使用于各类手工业劳动。而社会生产的主要部门农业生产，显然还是普遍依靠广大村社成员（庶人）来进行的，还是通过井田制来对村社成员进行剥削的。这时村社组织上已成为奴隶主贵族奴役的"小集体"，村社成员已转变为奴隶性质。相传少康逃到有虞氏，有虞氏"邑诸纶（虞的邑名），有田一成，有众一旅"（《左传·哀公元年》）。"成"就是井田制的一个单位名称，方一里为井，方十里为成。一"旅"是"众"五百人，当是指耕作于井田上的众人。这时众人从名义上是公社土地上，实际上是奴隶主贵族所有土地上取得份地从事生产，受到了名义上称为"贡"的剥削。《孟子》所说的"夏后氏五十而贡"、"贡者校数岁之中以为常"，名义上称为"贡"的一种剥削。

三、奴隶和平民的反抗斗争与商王朝的建立

从夏代奴隶制国家建立时起，奴隶和奴隶主、平民和贵族之间的阶级斗争，在夏王朝统治的四百年间始终是没有间断过；特别是到了夏朝末代国王夏桀统治的年代，发展到了极其尖锐的程度，夏代王朝的黑暗统治终于在激风暴雨的阶级斗争中归于灭亡。

相传夏末以夏桀为代表的奴隶主贵族阶级，"残贼海内，赋敛无度，万民甚苦"（《韩诗外传》卷十），极其贪婪残暴地剥削压迫奴隶和平民。现存公元前1世纪山东武梁祠汉代画像石刻上所刻夏桀骑在奴隶背上的浮雕，就是这种残酷的阶级压迫的历史传闻。根据《书·汤誓》的记载，"夏王率遏众力，率割夏邑，有众率怠弗协，曰：'时日曷

丧？予及女皆亡！'"表明当时在奴隶主贵族阶级的残酷剥削和压迫下,奴隶和平民十分痛恨、诅咒夏桀,将与奴隶主贵族阶级斗争到底,势不两立。与此同时,夏桀所代表的奴隶主阶级对臣属的部落或部族加强了控制和掠夺,出兵讨伐反抗奴隶制掠夺的有缗氏(今山东金乡),结果激起了东方夷族各部更大规模的反抗斗争,而商部族的领袖成汤得以乘机扩大实力,先攻灭葛(今河南宁陵北),又攻取韦(今河南滑县东)、雇(今山东鄄城东北)、昆吾(今河南许昌东)等国。最后成汤西向伐桀,两军会战于鸣条(今河南封丘东),结果商军大胜,放桀于南巢(今安徽寿县东南),灭亡了夏王朝。古史传说"汤武革命,顺乎天而应乎人",就正是指当时阶级斗争的历史而说的。

商族是黄河下游兴起的部族,原为东方很古老的部落之一,和夏族有同样悠久的历史。传说契是商族的祖先,其母有娀氏女简狄吞食玄鸟卵有感而生。玄鸟就是燕子,在神话中就是凤鸟。《诗·商颂·玄鸟》有云:"天命玄鸟,降而生商",《诗·商颂·长发》又说:"有娀方将,帝立子生商",《离骚》说:"望瑶台之偃蹇兮,见有娀之佚女。……凤皇既受诒兮,恐高辛之先我",所说的都是这个神话。商族自称曰"商","殷"是灭商的周族带有敌忾的称呼。"商"字,甲骨文,像凤鸟头冠置于座上,证诸《商颂》所云,知商族乃为以玄鸟为图腾的氏族部落发展而来,契是最早的部落领袖。传说契为舜的司徒,与大禹、后稷等同为我国原始社会历史上黄河流域夷夏部落联盟的领袖人物。在夏后氏奴隶主贵族统治期间,商族就一直是夏王朝的东方诸族之一。

大约自契至于上甲微,相传八代,农业和畜牧业繁荣地发展起来,相传相土(契之孙)作乘马,冥(相土三世孙)治水而死,王亥(冥之子)又作服牛。这时商族似已进入以男性为中心的父系氏族社会,部落领地日益扩大,中心在今山东泰山和河南商丘一带,西部或及于济水西岸,东面达到海滨,如《诗·商颂·长发》所说:"相土烈烈,海外有截"。在此时或稍后,商族已成为夏王朝东方部落方国之长。到上甲微(王亥之子)时,商族部落组织似已逐步转变成为阶级压迫的机构。上甲微借助河伯部族的力量,伐有易氏(今河北容城东南)大胜,势力伸向今河北中部,以上甲微又相传七代到汤,国力逐渐强盛。汤建都于亳(今山东曹县南),先后攻助葛、韦、雇、昆吾等国,奠定了灭夏的胜利基础。

成汤灭夏,建立了以子姓贵族为中心的奴隶制商王朝。史称诸侯之来归商汤者有三千之多,正如《诗·商颂·殷武》所说:"昔有成汤,自彼氐羌,莫敢不来享,莫敢不来王,曰商是常"。所有原夏王朝所属部落方国,均并入商帝国的版图,连西方的氐羌也成为商朝的势力范围,向商王朝称臣纳贡。

四、平民的反抗斗争与盘庚迁殷及其改革

根据现有资料,商王朝自成汤灭夏桀建立了奴隶主贵族阶级专政之后,和夏代王朝一样具有古代东方专制主义特征的国家权力有了加强,统治秩序一时也相当稳固,远近的部落方国也都向帝国称臣纳贡。大概在成汤之后,奴隶主阶级,特别是王室贵族逐渐腐化,他们日益集中大量财富,加紧掠夺村社公有土地和对村社农民加紧剥削,使村社农民日益贫困。政治的腐败和村社经济的破败,商代奴隶制王朝便开始出现了政治经济的危机。根据《书·盘庚》所记,奴隶制危机延续至于阳甲、盘庚的年代发展到了极其尖锐的境地。有权势的奴隶主贵族"总于货宝,生生自庸",大量掠夺土地和财富,迫使

广大平民"荡析离居,罔有定极",横遭高利贷盘剥,沦为债务奴隶。贵族们奢淫不绝,社会风气极为败坏。与此同时,从沃甲末年由于王位继承制度开始的宫廷内部争夺政权的斗争,造成自中丁以至阳甲九世的混乱局面,首都成了腐朽势力的老巢,罪恶的渊薮。由于多年的政治和社会的动荡,形成了"诸侯莫来朝"的衰落境况。以盘庚为首的子姓贵族集团,为了维护王朝的统治,挽救危机,摆脱腐朽势力控制的王都,欲迁居新邑,实行改革,"绍复先王之大业,底绥四方"。然而,盘庚迁都的计划一经提出,不可避免地与某些有权势的贵族们的利益发生了严重的矛盾和对抗;并且,在他们的影响下,广大的平民也起来反对,于是一场严重的反迁都的浪潮,便"若火之燎于原,不可向迩"。盘庚以极大的毅力和自信,提出了"试以汝迁,永建乃家"的政策措施,满足平民重建家园的愿望,争取到了广大平民的拥护和支持。与此同时,盘庚在抑制某些权势的贵族所采取的高压政策也取得了成功,迁都的计划终于得以实现,改革的目的也终于达到。

盘庚自耿迁殷①之后,离开了旧都,摆脱了腐朽势力的控制,实现了政治上的稳定,并以政权的力量,整刷了社会风气而"去奢即俭";在经济上给破产了的平民群众在新邑重新分配土地,使他们安居下来,赢得了生产的恢复和发展,从而加强王国的军事力量,巩固了商王朝子姓王室贵族的世袭统治。所以,《史记》在记盘庚的功绩时说:"百姓安宁,殷道复兴,诸侯来朝"。到武王灭殷之后,又记载周公旦问"殷民之所欲,殷之遗老对曰:'欲复盘庚之政'",可知司马迁

---

① 案盘庚迁殷是商代史上一次重大政治事件,但围绕着迁都的原因,自什么地点迁都等问题,汉唐以来就众说纷纭,莫衷一是。此处盘庚自何地迁于何地暂从《尚书》孔《疏》所引郑玄说,而没有从《古本竹书纪年》"自奄迁于北蒙,曰殷"之说。

所谓"百姓思盘庚"一语,是信而有征的。

总之,盘庚迁殷,是商代历史上的一次重大政治事件。盘庚迁殷以后所实行的改革,为商代历史后期所谓"武丁时代"的强大,为我国奴隶社会从盘庚迄于武丁开始了它的全盛时期奠定了基础,给商代历史和整个奴隶社会的历史发展反映了明显的阶段划分。就商代的历史而言,以盘庚迁殷作为分段,划分为前期和后期,盘庚迁殷至纣之灭,共经历了八代十二王,二百七十三年。

商代帝国自盘庚迁殷以及小辛、小乙两代的经营,统治逐渐巩固,武装力量也日益强大起来,从武丁时代所发动的频繁战争和这些战争基本上是胜利的事实,表明商王朝自中丁以来诸侯莫来朝的积弱现象完全改观。

武丁时代对帝国周边的部落方国的战争活动是极其频繁的。从甲骨卜辞所提供的资料看来,除了如"土方征于我东鄙,𢦠二邑,舌方亦侵我西郡田"这样少量而细小的方国入侵外,而大量的记载是帝国对落后的部落或部族发动的掠夺战争和征服活动。当时帝国对外战争主要是在西北方,战争的规模,最大的一次就动员兵力一万三千,这是对羌人发动的极为残酷的掠夺战争。战争在时间上有延续至半年或三年之久者,如"高宗代鬼方,三年克之"。每次战争多有杀伤,并多有俘获,一次俘获俘虏竟达三万,一次杀戮俘虏就达到二千六百五十人。通过每一次的胜利战争,如众多的甲骨卜辞所记"获羌""来羌""以羌""来马""来牛""取羊""入龟",表明俘虏和贡纳源源而来流向王都。残酷的事实,却成了奴隶主阶级夸耀的资料,他们誉武丁为殷之贤王,殷之盛天子。然而从众多的甲骨卜辞所记史实看来,俘虏转化为奴隶,是商帝国奴隶的主要来源,可是,武丁时代大量由掳掠而来的奴隶,除了如"命多羌垦田"(《粹》1222)极少的记载,即很少用于生产外,大量的是为王室提供宫廷劳役和贵族们的游猎活动;而大量掠夺来的贡纳和财富,似乎一般地为王室贵族所拥有和消耗掉。特别应当指出的是,众多的俘虏和奴隶,都如同牲畜一样作为人祭人殉的牺牲,如"贞趾来羌,用自成汤、大丁、大甲、大庚、小乙"(《京津》628),"三百羌用于丁"(《续》2、16、3)与社会的生产似乎是无足轻重。总之,这些事实,充分地表明了奴隶制极其野蛮和残酷的本质。

武丁时代据说有五十九年,由于连年战争基本上是胜利的原故,扩大了商代帝国统治疆域及其势力范围,在渭水上游的周族,可能就是在武丁时被征服而臣属于商的。关于商帝国疆域,自成汤建国时起,特别是经过了武丁一代的征伐活动到底扩大到什么范围,由于史料方面的原因很难作出具体的说明。甲骨文只留下了关于"东土""南土""西土""北土"这些地域上的概念;西汉年间贾捐之所说的"地东不过江黄,西不过氐羌,南不过蛮荆,北不过朔方"(《汉书·贾捐之列传》),也不过是一个轮廓上的描绘。根据甲骨文和近年来考古发现的材料,大致可以确知:"商"(或称大邑商)是帝国的国都,政治、经济的中心;帝国所辖版图,似已北到今河北省中部,东至海滨,西及今陕西省渭水下游,南及淮水南北;至于其势力所及,范围当为扩大,似已达到长城内外和大江南北。

第二节　奴隶制社会的全盛时期(商朝后期至西周灭亡)

一、维护奴隶制统治的国家机器与宗法、分封制

武丁以后的商代后期到西周王朝灭亡整整五百年间,是我国奴

隶社会的全盛时期。如上所述，从武丁开始的大规模军事征服活动，扩大了商王朝统治疆域和势力范围。紧接着西周王朝的建立，奴隶制帝国的版图又在商代的基础上更加扩大，成为了规模空前广袤的强盛的奴隶制国家。在这个发展的过程中，商、周奴隶制国家机器愈来愈强化，各种统治制度也一步步地趋于完善。国家机器，宗法制、分封制等制度，以及与之相适应的观念形态，统称之为建立在奴隶制经济基础之上的上层建筑，在古代统称之曰"礼"。根据春秋时人所说："殷因于复礼，所损益可知也；周因于殷礼，所损益可知也。"(《论语·为政》)表明夏、商、周三个递进的奴隶制王朝所推行的各种制度，国家政权组织，是有其继承和损益，只不过至西周而更为系统，更加完善。因此，从古代起，人们就习惯地把我国奴隶社会的上层建筑概以"周礼"之名。而且，以这一整套制度在西周初年周公旦执政期间完善地确立的原故，所以，也就有了周公制礼的说法。

根据现有资料及近人研究的成果，关于商、周奴隶制国家机器，大致可以分为两个大的官僚系统，即卿事寮和太史寮。矢令彝铭云："王令周公子明保(即伯禽)，尹三事四方，受卿事寮"，可知卿事(即卿士)是商、周王朝最高的行政长官，统管三司(即三事)和四方诸侯。三司或三事大夫，即司徒、司马、司空。见于西周金文。司徒(家嗣土)掌管土地和劳役；司马(嗣马)掌管军事；司空(嗣工)管理百工和工程建筑。在三司之外，有掌管刑事的司寇。太史寮主管贞卜、祭祀、典册、出纳王命等宫廷行政和宗教事务，这一官僚组织，在商代有巫、卜、史、作册等职官，其名称在西周都基本上因袭下来并加以系统化。西周时这些常在王之左右的职官有太史、太祝、太卜、太宰、太宗、太士，合称六卿；前三者位于王之左，后三者位于王之右，合称为三左三右。以"国之大事，在祀与戎"（《左传·成公十三年》），故卿事寮与太史寮事实上为平行的官僚机构。至于其他见于记载的官吏名称甚多，如：师（军旅统帅，如殷之师盘，周之师尚父），马亚、射亚（当为亚级军官），趣马、走马、膳夫，左右虎臣、作册内史、御史、内史尹、小臣、小藉臣等等，然其隶属关系，至今确甚难以知悉。

在诸侯国中，西周时有诸监和命卿的设置。至于诸侯王国的官制，以春秋时代的情况推断，似与周王室之制大同而小异。韩宣子聘鲁时所说："周礼尽在鲁矣"（《左传·昭公二年》），看来是确有根据的。

军队、刑法和监狱是国家机器的重要组成，而军队更是重要支柱。商、周王朝在建立庞大的官僚结构的同时也建立了强大的武装力量，并以先进的青铜武器戈、矛、刀、镞等装备起来。军队是按宗族来编制，王室和贵族的宗族子弟是军队的核心力量，即以所谓"王族"、"子族"组成王室的亲军。贵族子弟和低级贵族阶层充任各级军官和甲士，成为军队中的骨干。平民是军队的主要成分，大都充当步兵（徒兵）。军队有师旅的编制，甲骨文有"王作三自，右、中、左"（《粹》597），"戍马，左、右、中"（《前》3、31、2），此马、步军六师之制似为后来西周王朝所继承，以常见于金文，确知西六师常驻于宗周镐京，并常用之以讨不庭。除西六师常驻西土外，西周还在初建的过程中营建了成周洛邑，作为东方最大的政治和军事中心。此外，更建立了若干的军事据点和设施，如殷、成自、噩自、牧自、□自等，用以加强奴隶制统治。在这些军事据点，屯驻重兵，据周金所记，周初成王东征东夷和南夷的军事行动中，殷八师和成周八师就曾当作主力部队来运用。商周奴隶制国家军队的兵种，除了步兵、马队和弓箭手外，战车日益成为作战的主力。据载周武王灭殷时就有"兵车三百乘,虎贲三千人,甲士四万五千人",周武王就是凭借了这支战斗力强的战车部队,在牧野以少胜众的决战中,显示了它的优越作用。

《左传·昭公六年》有云:"夏有乱政而作禹刑,商有乱政而作汤刑,周有乱政而九刑",其详已不可考,但刑法和监狱则是从奴隶制国家建立时起,就是作为对广大的奴隶和平民进行统治的暴力工具。见于《盘庚》有"劓、殄灭之刑",帝辛时"乃重刑辟,有炮烙之法"(《史记·殷本纪》)。刑罚之残酷,正如韩非所说:"殷之法,弃灰于公道者断其手"(《韩非子·内储说上》)。从甲骨文某些象形字中亦粗略可见。如: 〔图〕(烄)字像一交径人带索投火上活活烧死之形,〔图〕(执)字像人梏手荷枷之形,〔图〕(圉)字像人带刑具坐牢之形,〔图〕字像索系子或女首反缚其手临以斧钺之形,〔图〕(劓)字像以刀割鼻之形。随着奴隶社会阶级斗争形势的发展,刑法的陈设,至西周更加系统而完密。相传西周初年周公旦制作九刑,此九篇刑书不可详闻之外,周穆王时所制甫刑,刑律分为墨、劓、刖、宫、大辟五刑,共有三千条之多,真可谓法如牛毛。在所谓"刑不上大夫,礼不下庶人"(《礼记·曲礼》)的情况下,这种残酷的法网,一方面反映了广大的奴隶和平民是处于何等悲惨的境遇;另一方面却也道破了西周奴隶主贵族阶级所宣传的所谓"明德慎罚""敬天保民",以及后来为奴隶制唱赞歌的儒家所一贯鼓吹的对奴隶们施行仁政的伪善本质。

在商、周王朝扩大其统治疆域和统治者部族军事移植的过程中,大抵在武丁的时代,封诸侯、建藩卫的分封制就已经出现了。据卜辞所见,武丁及其以后的商代,已有各种类型即侯、白、男、田的分封。

有诸帚之封,如帚娟、帚好;诸子之封,如子画、子奠、子宋;功臣之封,如侯虎、侯喜;部落方国之封,如周侯、井方白;其他诸侯之封,如雀男、雇白、田感等。

周武王灭商及其后周公旦和成王相继东征,彻底击败商朝奴隶主贵族残余势力,成立空前规模的奴隶制国家的过程中,前后进行过两次大规模的封建诸侯。周部族中姬、姜两姓贵族率领其部族武装和宗族人口,在他们各自的军事占领地区,接受了周王的封号建立起一个个的大小奴隶制王国,其确切数目,今不可确知。仅据春秋年间的传闻,说"武王克商,光有天下,其兄弟之国者十有五人,姬姓之国者四十人"(《左传·昭公二十八年》成鱄语)。又说:"周公吊二叔之不咸,故封建亲戚,以藩屏周,管、蔡、郕、霍、鲁、卫、毛、聃、郜、雍、曹、滕、毕、原、酆、郇,文之昭也;邘、晋、应、韩,武之穆也;凡、蒋、邢、茅、胙、祭,周公之胤也"(《左传·僖公二十四年》富辰语)。战国末荀子直云"周公成王时封建诸侯七十一国,姬姓独居五十三"(《儒效篇》)。随着周朝统治疆域的继续扩大,到西周中期以后,据说大小诸侯达一千八百之多。总之,正如荀子所说"周之子孙,苟不狂惑者,莫不为天下之显诸侯",就是说姬姓贵族,只要不是疯子或白痴,都作了王朝的显要侯王。根据记载,周初封国主要大国有如下述:

齐:姜姓贵族师尚父的封国,初封于吕(今河南南阳境内)。周公旦东征灭蒲姑后始封于齐,都营丘(今山东临淄)。

鲁:周公旦的封国,初封于鲁(今河南许昌)。周公东征,其子伯禽帅师践奄占领该地后受封,都曲阜(今山东曲阜)。

卫:周武王弟康叔的封国,周公东征平三监以武庚的叛乱后所封,所辖为原商朝畿内地,都朝歌(今河南淇县)。

晋:周成王幼弟叔虞的封国,成王灭唐(今山翼城西)后所封。其子燮父徙都晋水旁,始改国号曰晋。初都翼,也称绛(今山西翼城),后迁新田(今山西曲沃)。

燕:召公奭的封国,初封于今河南郾城县。武庚叛乱平定后迁至河北,初都易(今河北易县),后迁蓟(今北京市)。

吴:姬姓贵族周章的封国。相传殷末周部族向东扩展其势力时,周文王二兄太伯、仲雍率其宗族至长江流域荆蛮地区建国,号曰句吴。武王克殷后正式封仲雍后周章为诸侯,都吴(今江苏苏州)。据西周金文,成王东征淮夷时与吕伯为左右翼的吴伯,或即此南方的吴国。

在周初大封姬姜两姓贵族列为诸侯的同时,对新降附的原商朝王室贵族,对原臣属于商的各地区部落或部族中的贵族也一一加以封号,列为诸侯,继续统治其原有领地和臣民。如武王克商后封神农之后于焦(今安徽巢县),黄帝之后于祝(今山东肥城东南),帝尧之后于蓟(今北京市西南),帝舜之后于陈(今河南淮阳),大禹之后于杞(今河南杞县);周公东征武庚之后,封微子启(纣兄)于宋,都商丘(今河南商丘)。

周初的分封,主要具有军事移植的性质。如《大盂鼎铭》所说,周王以所谓"受天有大命","受民受疆土",宣布自己是天子,是全国最高的土地所有者即最大的奴隶主,所谓"普天之下莫非王土,率土之滨莫非王臣"(《诗·小雅·北山》)。他把全国土地除畿地外将之酬庸其子孙、功臣,使姬、姜两姓贵族在新占领地区立中作邑,封邦建国。随着各级奴隶主贵族权力的不断再分配,各诸侯国也如法炮制,将所分割的土地分别赏赐其子孙和亲信为卿大夫,而卿大夫也对其子孙及武士们进行土地的赏赐,使之建立世袭领地采邑,金文中称为

"乍采"。这种在贵族间进行的等级分封土地和奴隶、臣民的赏赐，即所谓的授民授疆土，是按一定的仪式来进行。隆重的册命仪式，是封者与受封者之间隶属关系和权利义务的象征。就这样，作为一种完善的分封制，便在西周初年分封诸侯的过程中，为了维护各级奴隶主贵族的世袭特权和权力的不断再分配而建立起来了。与此同时，作为商周奴隶制上层建筑的宗法制也在西周有体系地建立起来，而与分封制紧密地结合在一起，积极地为巩固奴隶制经济基础，为西周王朝的政治统治，为专制主义的周天子的最高权威起着重要的支柱作用。

　　所谓宗法，就是宗族之法。究其本源，它是父系氏族社会以血缘为纽带、以父家长为中心的财产继承法则及其观念形态祖先崇拜在奴隶社会阶段的遗留。原始社会末期，在私有制的形成和发展的过程中，产生了氏族宗法，当时的宗法关系，只不过是父家长对其家庭成员，宗族长对其宗族成员在公社制下进行事实上的统治与剥削的工具，表明在他们之间事实上存在的经济上和社会上的不平等。随着奴隶制社会的发生和发展，奴隶主贵族阶级，为了维护其阶级特权，为了贵族子孙繁衍而带来的权力再分配，于是作为维护统治阶级内部秩序的宗法制度，便在原有氏族宗法的基础上开始了它的形成和发展的进程。就甲骨卜辞所获得的资料，作为宗法制度核心的嫡长子继承制，在商代，经过了自中丁以后九世王位争乱之后，就已开始逐渐确立。武丁时已有"小王"即太子的设置，表明以前父死子继或兄终弟及的王位继承制，只不过作为残余而存在。从商王频繁祭祀祖先的活动中，可以确知，作为宗法制度主要内容的大宗、小宗的划分，嫡庶的差别，以及反映这种血缘关系上的观念形态，自武丁之后也都逐步产生并制度化起来。如武丁及其以后,以直系先王为"大示","示"即神主,祀之以"大示"之礼;而以旁系先王为"小示",祀之以"小示"之礼。合祭直系神主的宗庙称为大宗,旁系神主的宗庙称为小宗。周祭先妣,限于直系先王的正妻,而庶妻不与。据载帝乙长子微子启,以其生母不是王后,被认为是出身微贱,不能继承王位;而纣为少子,但以其生母为帝乙正妻,便以嫡长取得了王位的合法继承。正是所谓的"立嫡以长不以贤,立子以贵不以长"(《春秋公羊传·隐公元年》)。可见在宗法制度下,嫡庶、亲疏、贵贱的差别界限,是判若鸿沟,不可逾越。

历史进入西周,在所谓"周因于殷礼,所损益可知矣"的情况下,宗法制更加完善而严密,宗法制与分封制相结合,即族权与政权相结合,构成了一个完整的贵族专政体制。周天子自称是天之元子,嫡长子世袭王位而为天下的大宗,同姓诸侯都专奉之为宗子。并且通过族外婚姻与异姓诸侯结为甥舅,异姓诸侯也都奉戴周王为宗主,政治上的共主。在诸侯国里,国君又是大宗,同样按照嫡长子继承法则行事,嫡长子世袭君位,余子(即庶出之子)受赐采邑而在政权机构中为卿大夫,是为小宗。在采邑里,卿大夫的嫡长世袭为宋邑王,世袭为卿大夫,庶出子孙及宗族庶民均奉之为宗子。就这样,在西周王朝各级贵族之间,在政治上有君臣、上下之分,有等级隶属的关系;在宗法上则有尊卑、贵贱之别,有大宗统摄小宗,宗人服从宗子的宗宗之道。通过西周初年就建立起来的分封制和宗法制,造就了一个庞大的贵族集团和严密的统治网,加强了对广大奴隶和平民的阶级专政,政权和族权成为紧紧套在劳动人民身上的绳索和枷锁。也通过了分封制和宗法制,确定了各级奴隶主阶级在政治上和经济上的特权,从而形成了"王臣公,公臣大夫,大夫臣士"的等级制度和世卿世禄制度。为了反映和维护各级奴隶主的等级名分和世袭特权,还相应地建立和实行了一整套的道德规范和繁琐的礼节仪式。

二、井田制下的残酷剥削和压迫

在商、周,社会结构的基础,仍然和夏代一样是古老的,但已作为残存形态的农村公社。在这里是聚族而居,血缘纽带和宗法关系起着重要的作用。村社一方面是一定地域的人们的共同体,而另一方面也是以家长制为中心的宗族组织。这种村社组织结构,如我们在原始社会末期的历史中所指出,那存在于村社内部公有制和私有制的矛盾,并没有以土地的私有制最终战胜土地的公社所有制,而在青铜器时代一开始就较早地进入阶级社会之后以残余形态保留下来;而且,由于不同的地域和不同的历史发展上的原因,那曾经在夏、商、周氏族部落村社中的土地制度井田制,以及如孟子所说"夏后氏五十而贡,殷人七十而助,周人百亩而微"这样的土地关系上的差别,也连同村社本身一道保存下来。马克思曾经在论述古代东方村社在阶级社会中频繁地存在时说:"这种自给自足的共同体,是不断以同一的形态再生产,如偶然破坏,也会在同一地点,以同一名称再树立起来。它的简单生产有机体,给了我们解决这样一个秘密的钥匙:为什么亚细亚诸国不绝解散,不绝重建,王朝也不绝变更,但与此相反,亚细亚的社会,却是没有变化。社会的基本要素的结构,在政治风云的浪潮中,是依然依照旧样"。①以我国古代社会的历史来看,正是如此。夏、商、周三个奴隶制王朝相继更替,殷灭夏,周灭殷,在政治上是重

---

①　见马克思《资本论》第一卷,人民出版社 1956 年版,第 431—432 页。

大的变动,但我国奴隶社会历经夏、高、周,却一直是处在青铜时代,并没有在经济上引起村社存在的物质基础发生巨大的变革。因此,村社继续存在,它一方面作为专制主义王朝统治的社会基础;另一方面又成为古代社会经济停滞的顽强力量。村社的继续存在,除了上述经济方面的原因而外,也还有它政治方面的原因,那就是夏、商、周王朝的建立和更替,胜利的部族总是把被征服的部族作为部族奴隶,亦即作为奴隶制国家的奴隶;而新的王朝及其国家又总是保留下被征服者原有的村社组织,并通过其原有的氏族贵族、奴隶主阶级进行贡纳和赋役剥削,实行奴隶制的统治。

西周初年,周以小邦灭掉殷商大国,在这样特殊的政治条件下,对被征服的部族奴隶殷遗民如何进行统治,曾经在周初最高决策者进行过讨论,根据《说苑·贵德》的记载,当时按照太公吕望的看法,对于殷遗就应该"咸刘厥敌,使靡有拿";邵公主张"有罪者杀之,无罪者活之",而周公旦却提出"使各居其宅,田其田,无变旧新,唯仁是亲"的政策,最后是周武王同意了周公的意见。从这里,可以看到,奴隶主国家对于被统治的部族,□□□□□□□□□□□。不仅如此,周武王□□□□①迁徙和赏赐给诸侯,以便对他们更好地进行专政统治。因此,在西周王朝实行封建诸侯和周部族武装殖民的过程中,分殷民六族于鲁,"使帅其宗氏,辑其分族;将其类丑,以法则周公。用即命于周,是使之职事于鲁";分康叔的卫国以殷民七族,"皆启以商政,疆以周索";分唐叔以"怀姓九宗,职官五正",而"封于夏虚,启以夏政,疆以戎索"(以上见《左传·定公四年》)。就这样,在西周王

---

① □处为底本模糊不可辨识。——编者注

朝对被征服者的政策下,原殷遗民的村社结构、传统习俗和剥削关系都一并保存下来了。《1952年洛阳东郊发掘报告》对此也提供了实物证据,报告就残存的廿座殷遗民墓葬多保存殷俗时指出,"可见他们(案:此指周初迁来洛邑的殷民)畎田继居,自成聚落的情况"。[①]与此同时,周部族人口在新占领区封邦建国、立中作邑的过程中,村社结构仍按原样移植过来,《诗・崧高》《韩奕》所云:"王命申伯,式是南邦,因是谢人,以作尔庸。王命召伯,彻申伯土田。王命傅御,迁其私人","王锡韩侯,其追其貊,奄受北国,因以其伯。实墉实壑,实亩实藉",对此给我们提供了确实的证明。这些迁来的"私人"定居于国中,称为国人;居于野的原殷遗民及其他部族人口则称为野人。国野的区别,固然反映了西周时代统治者部族与被统治者部族之间的矛盾,但归根结蒂,奴隶主贵族阶级和村社农民(即平民)之间的阶级矛盾仍然是奴隶社会的根本矛盾。

农村公社(简称村社),在甲骨、金文中通常称为邑,邑落的意思。邑各有社,社为共同体存在的象征。在商周,全国土地为最高奴隶主所有,即奴隶制国家所有的情况下,一切村社继续存在的地方,古老的井田制仍然是村社的根本的土地制度,土地关系仍然保留了它古老的传统和形式。村社土地名义上属于公有,如《礼记・王制》所说"田里不鬻",土地是不能自由买卖的。但事实上是为以宗族领袖名义的奴隶主阶级所占有,并且还直接掌握着村社土地的调整与分配的大权。耕地按一定亩积划分为井井有条的田块,以份地的形式在村社农民中平均分配和使用。孟子在答毕战问井地时说:"方里而

---

① 《一九五二年秋季洛阳东郊发掘报告》,《考古学报》第九册。

井，井九百亩，其中为公田，八家皆私百亩，同养公田。公事毕，然后敢治私事”。就是说，在殷人的村社有公田和私田的划分，村社农民（甲骨文称为“众”或“众人”），领取私田（即份地）从事个体经营，但必须以无偿劳动优先助耕公田。至于周人的村社，如孟子所说：“周人百亩而彻”，又说：“请野九一而助，国中什一使自赋”，明白指出与殷人有别，村社里没有公田和私田的划分，村社农民（周金中称为庶民），领取份地进行个体生产，按什一税率对奴隶制国家自行提供军赋，担负兵役。此外，也如商族村社农民在商代助耕藉田那样，被征集到周天子和诸侯王所拥有的藉田上从事农业劳动。所以周诗有云：“雨我公田，遂及我私”，而孟子据此而说：“由是观之，虽周亦助也”，应当说是指这种助耕藉田而言的。

藉田，即王田，也有称为帝藉或王藉的。借郑玄诗“载芟”叙笺所说：“藉之言借也，借民力治之，故谓之藉田”。就其来源，它是原始社会末期公有地的残余形态，是古老的氏族贵族特殊份地的遗留。进入奴隶社会后，氏族部落联盟中的氏族贵族转化成为了最高的奴隶主贵族集团，他们凭借其政治上的特权，把原来属于公有的土地据为私有，并继续加以扩大，夏代的情况以史料缺如不甚了了，但确凿的材料证明，在商周，藉田已扩大到了相当的范围。王朝设有“嗣土”“藉臣”“小藉臣”等官吏管理。甲骨文有“帚姘乎黍于商”，“黍于冏”，“藉于娼”，“藉于隹”，周金及周诗有“藉农于諆田”和“大田”“甫田”等记载，可见商王或周天子所拥有的藉田并非一处；而且，据记载西周以来各诸侯国王在其国内也都占有藉田，在这里，国中远近的村社农民被征调来从事大规模的集体耕作。商周王朝藉田范围比较大，征集的劳动力比较多，耕种场面比较大，因而劳动收获也是比较多的。

见于甲骨卜辞有"辛丑贞，□□人三千藉"（粹 1229），"贞王氏众口黍于冏"（前 5、20、2），"王大命众人曰劦田，其受年，十一月"（《续》2、28、5），就是商王大规模征发村社农民（众人）以力役代耕藉田的基本情况。《周诗·载芟》《臣工》《丰年》《甫田》《大田》《噫嘻》等篇，对西周藉田上所谓"十千帷耦"，"千耦其耘"的大规模集体劳动场面，更是有着极其详尽而生动的描述。根据《臣工》和《大田》有"庤乃钱镈"、"以我覃耜"之语，可知当时被征调的村社农民（庶民），是自带较好的农具从事无偿劳动的。藉田上的收获物甚多，但都归周王所有，所以诗篇中便有"千斯仓、万斯箱"，便有"曾孙之稼，如茨如梁。曾孙之庾，如坻如京"的颂语。由于藉田上众多的劳动生产物是王和诸侯的重要衣食来源，所以，商王要亲自"观黍"、"省田"、"观藉"和"求年"；而周天子和诸侯王还每年按惯例耕于藉田，由周天子亲自导演一出所谓亲耕藉田礼的闹剧，并以所谓"上帝之粢盛于是乎出"（《国语·周语上》）等堂而皇之的宗教语言，来掩盖在他们的臣工、田畯等田官监督下对广大庶民进行直接剥削和压迫的阶级实质。

从甲骨卜辞中有"贞王令多羌圣田"（《粹》1222）的例证来看，在藉田上也有部分奴隶在监督下一体规模地从事农业劳动。奴隶们使用的是粗糙质劣的石器工具，使用后集体窖藏保存，殷墟考古出土大宗石器堆积，有一坑出土石器工具千件以上，而石刀竟占出土石器的绝大多数，为此提供了确凿的实物证明。

在商、周，奴隶的来源，主要是战俘和罪犯。战争的频繁进行，的确掳掠了大批俘虏，如商之武丁时代，最多的一次就俘虏过羌人至三万之多；在西周如小盂鼎所记伐鬼方的一次战役中，便俘虏人万三千八十一。但大量的战俘和罪犯都是被没入为奴而为王有或奴隶制国家所有。因此,在商、周村社及井田制继续存在的情况下,在村社农民成为社会主要生产部门——农业生产基础的情况下,奴隶主要从事于奴隶主贵族宫廷的劳役,以及从事于宫廷消费的手工业和畜牧业生产。此外,便是遭到奴隶主的残酷屠杀,作为牺牲用以祭祀和殉葬。在商代人殉、人祭之风极为盛行,如已发现的安阳侯家庄西北岗一大奴隶主墓葬,仅仅在南墓道里,就一层层、一排排地杀殉了近百个奴隶;四盘磨村的大墓附近,发现有排列得整齐的殉葬坑二十三个,计斩头人骨至三百多架。杀殉之风,在西周仍在继续。由于奴隶(无论是俘虏和罪犯)一般为最高的奴隶主商王或周天子所有,所以,如金文所载,周天子和他的王后都曾经大量地把他们赏赐其新旧贵族为家内奴隶,而奴隶主贵族们也自然就按所有者的意志,把奴隶当作牲畜出卖、赠与和赔偿转让给别人。曶鼎铭记录了买卖奴隶的事实,五名奴隶才抵得一匹马和一束丝的价格,可见奴隶的地位是何等的低下。

以上所述,就是在商周奴隶社会,农村公社及井田制的土地关系继续存在的情况下,阶级压迫和剥削的全部图景。通过对上述史实的了解,我们可以看到,村社如同它在夏代存在的情况那样,作为了商周奴隶制统治的社会基础,专制主义的商王或周天子是全国土地和臣民的所有者,是村社最高统一体的象征。村社农民虽然从村社领取份地从事个体的经营,他们与毫无权利的奴隶有着明显的差别。特别是作为统治部族的村社农民,其政治和社会地位与被统治者部族的人民又有所不同,比如西周的国人(即庶民),他们有参与政治和服兵役的义务。但从根本上来说,村社农民从来就不是土地的所有者,只不过是暂时的使用者,所以,他们事实上被剥夺了对生产资料土地的所有权,并且在人身上也是隶属于商王或周天子,而作为村社最高统一体人格化了的那个人的奴隶。这就是马克思所常说的东方的古代社会,就是他在论述古代东方社会时所说的"尽人皆是的奴隶制。"

三、奴隶们创造的繁荣的经济和文化

在奴隶社会里,广大的奴隶和村社农民(即平民)是社会物质财富和精神财富的创造者,是推动社会生产发展的基本力量。由于奴隶们(指奴隶和村社农民)的辛勤劳动,在夏代的基础上至于商周,社会生产如农业、畜牧业和手工业之间的分工展现出一个新的历史阶段,反映了奴隶制全盛时期繁荣的经济面貌;并以这种生产发展作为条件,以奴隶们的全部智慧和实践经验作为源泉,而奴隶制社会的科学文化在商周时期取得了巨大的进展。

农业和以往一样仍是社会生产的主要部门。以农业生产是社会生活资料的主要来源,特别是奴隶主阶级剥削收入的主要来源,所以,商周奴隶主贵族们对于农业的丰歉是极为关注的。卜辞中大量留下了商王"求禾"、"求麦"、"告麦"、"求雨"求四方风,求四土受年的记录,可以为证。

在商周,农业生产上所使用的工具,据现有考古及文献资料,可以确定仍是大量地使用石器工具,也有蚌器和骨器,如木耒、蚌铚,蚌镰,石铲,石镰,石刀等用于耕作,收获和草等用途。也有人根据《诗·周颂·臣工》"庤乃钱镈,奄观铚艾"之语,认为在西周钱(耕具)、镈(耨具)、铚(收获具)等工具,当为有金属锋刃之具无疑。①之

---

① 可参考徐中舒《试论周代田制及其社会性质》(《四川大学学报》1955 年第 2 期),杨宽《论西周时代的农业生产》(《学术月刊》1957 年第 2 期)。

所以是这样大量地使用石器工具，自然是以商周仍然是处在青铜时代的缘故。正如恩格斯指出的那样："铜、锡以及二者的合金——青铜是顶重要的金属；青铜可以制造有用的工具和武器，但是并不能排挤掉石器"（恩格斯《家庭私有制及国家之起源》）。

耒，甲骨，金文作 𣏟 或 耒，象手持耒形，它是木制的曲柄农具，下端有歧出而锐利的木叉，用以刺地。木叉之上，贯一小横木，耕时以手持耒，足踏于小横木上，推使木叉深入土中，谓之"推"；然后向后斜抑柄端以起土，谓之"发"。一推一发所起之土谓之"垡"。这种耕作方法，甲骨文的 枱（耤）字，象一人两手持耒并以足踏之以起土耕作，就是很形象的说明。见于《周诗·豳风·七月》所说的"三之日于耜，四之日举趾"，毛传解为"民无不举足而耕矣"，正是当时诗人对这种耕作方法的简单描写。耜字从耒从㠯，甲骨、金文作 㠯，象一安装在耒下端的半圆形金属犁锫，或石、蚌类的刀、铲。耒耜虽然还是简单的农具，但毕竟已是可以深耕的农具。甲骨文"物"字从牛从力，在商代似已开始了牛耕。耦耕的采用，在西周农业生产上应能发挥较大的耕作效率。关于耦耕的史实，《周诗》中有所记述。《淮南子·主术训》有云："一人蹠耒而耕，不过十亩"，而耦耕乃为两人协力的耕作方法，如程瑶田《耦耕义述》中所述，"必二人并二耜而耕之，合力同奋，刺土得势，土乃迸发，以终长亩不难也"。

三圃制、二圃制及三年轮种一次的休耕制，在西周不同地理条件的农村中采用着。三圃制是最进步的耕种方法，这种方法是把耕地分为菑、新、畲三个相等部分，按每年耕种三分之二、休耕三分之一，周而复始，轮流休耕，使地力得到合理而较好的利用。

在商周农业耕作技术和方法上不断取得进步的同时,根据现有的文献资料,可以确知,如周诗中的记载,当时广大的农业劳动者,在肥料的使用、除虫灭害,以及生产季节的掌握等等方面,的确积累了丰富的经验。《诗·良耜》有云:"其镈斯赵,以薅荼蓼。荼蓼朽止,黍稷茂止。获之挃挃,积之栗栗。其崇如墉,其比如栉"。诗人叙述了劳动人民耨除田中杂草,把蓼科植物作为绿肥使用,而使得庄稼长得茂盛,从而带来了巨大的收获,粮食聚集得像城墙般高大,一堆堆地排列着。尽管这样多的粮食均为奴隶主贵族囊括而去,但毕竟由此可见当时农业生产力是有了提高。《诗·大田》有"去其螟螣,及其蟊贼,无害我田穉",是我国三千年前农业劳动者与自然灾害展开不懈斗争的记录。周诗中谈到昆虫的就有四十多处,从这些记录中,表明当时的人们能从昆虫或其他动物的出现来观察节气的变化,并依其变化的规律来进行农业生产。《豳风·七月》较为完整地记录了动植物生长和活动的气候历与人们一年四季进行生产活动的密切关系,从而对于生产季节的掌握也就更加及时而主动。

由于生产工具和耕作技术有所改进,生产经验日益积累和农业地区逐渐扩大,所以,在商周奴隶制全盛时期,农业生产有了发展,粮食作物品种至西周有了增加,大豆是西周时代开始种植的品种。黍、稷、粱是广泛种植的优良品种,此在北方地区已开始种植。《周诗》中所见西周时主要的作物品种:黍、稷、麦、米、麻、菽、小豆,与《后汉书·礼仪志》所记东汉时作物品种,几乎完全一致。这就说明我国古代农作物的品种,从西周开始就已经齐备了。从《诗·唐风·鸨羽》所记"王事靡盬,不能艺稷黍,父母何怙"来看,稷黍是当时人们生活的主要粮食。

除农业生产取得进展外,在商周时代,处在官府的工奴手工业的确取得了光辉的成就。从殷墟及郑州殷代城市遗址的发掘初步了解,在商代已有各种专业性的手工业作坊,如青铜铸造,陶器制造,骨器磨制,以及皮革、酿造、织帛等等。不仅手工业种类很多,而且专业性分工也愈来愈细。手工业工场显然已具相当规模,工艺水平之高,已足为我们所称道。在当时,各种专业性手工业中,青铜器铸造具有代表性的意义。应当指出,我国冶铸青铜器,是大约在公元前四千年左右奴隶制的夏王朝开始的,较西方古埃及和古巴比伦帝国为晚,但奴隶们在极其艰苦的劳动中,创造了范铸和内热法(即以木炭和矿石一起置于炼锅燃烧)等独特的冶铸技术,使我国青铜铸造以较短的时间在古代世界居于领先的地位,以世界上无可媲美的青铜工艺和极其丰富多彩的青铜器,给我国古代历史闪耀出异样的光辉。

青铜器作坊一般的规模相当大,如在郑州(曾为商都)发现商代前期铸铜遗址,面积就在一千平方米左右;在安阳殷墟所见的商代后期铸铜遗址,面积更在一万平方米以上。至西周青铜手工业分布较商代更为广泛,各诸侯国都拥有数量不等的大小铜器作坊。总之,商周时期,青铜冶铸技术的广泛传播,影响及于长城以北与长江以南广大地区,促进了这些地区的部落或部族社会生产的发展。由于生产规模扩大和冶铸技术水平的进步,所以,……①的青铜器已数以万计,仅就殷墟出土的青铜器一项已有数千件之多。陕西出土西周末虢国墓群,出土铜器即达一八一件,其他工具、武器及车马佩饰等更是数以千计。这些出土的青铜器种类也特别纷繁,主要有:礼器如

---

① 底本模糊不可辨识。——编者注

鼎、𣪘、壶、鬲、甗、盂、簠、盨、匜、爵、觯、盘、斝、瓿、卣、盂、觥、罍、尊等；武器如戈、矛、钺、镞等；工具有刀、锥、凿、斧、锛、铲等；此外还有乐器如钟、磬及车马器等。出土的商周青铜器，一般都制作精美，气魄宏伟，就其造型和纹饰来说，堪称艺术瑰宝。殷代的司（或曰后）母戊鼎和西周的大盂鼎，可以作为商周青铜器的代表作品。司母戊鼎通耳高 133 厘米，宽 78 厘米，重 875 公斤，是世界上无与伦比的。

根据出土的青铜器化验结果，铜、锡合金的比例是：容器，铜约占 70％，锡约占 30％；工具和武器，锡的比例均较容器为大。这表明奴隶们能根据器物不同的性能要求，而具体掌握铜、锡的比例以铸造青铜器技术水平之高，显示了奴隶们的智慧和创造能力。在青铜冶铸技术高水平的情况下，对铁的认识和将陨铁锻打成熟铁加以应用，在商代已经开始了。1972 年在河北藁城商代墓葬出土一铁刃铜钺，经科学鉴定证明刃铁为陨铁经过锻打之后嵌铸而成，无疑这也是奴隶们智慧的结晶。

陶器制造，除了继承原始社会彩陶、黑陶生产技术而生产出各种色彩和类型的陶器外，在商代已制造了釉陶，成为我国瓷器的前身。此外，白陶的生产，别具匠心，土质细腻，色泽皎洁，造型及纹饰仿青铜器，艺术价值很高，与青铜器同为贵重器物，反映了当时制陶工艺的新发展，是我国陶瓷史上的光辉创作。

至于石器、玉器、建筑、纺织等手工业，在商周时期都有发展。特别是石器、玉器、骨器等雕刻艺术作品，在手工艺发展史上是占有较为重要的地位，如同青铜器的制作一样，表现了很高的技术和较高的艺术价值，而且也反映这一历史时期物质文化丰富而多彩的面貌。比如石器雕刻有石鬲、石鼎、石埙、石人、石虎、石龙、石牛、石鸟、石鸮、石蟾、石凫、石饕餮,石磬等,多为立体雕刻艺术品。1950年殷墟发现的大形虎纹石磬,是极为惹人注目,虎身条纹,张口露牙,非常雄健而生动,是我国古代极富艺术性的作品。玉器雕刻如玉鸟、玉鱼、玉蛙、玉虎、玉蝉等多种类型的雕刻品,一般都是小巧玲珑、形象逼真。尤其是这时期的镶嵌工艺具有较高的艺术水平。奴隶们以绿松石、野猪牙、贝和玉等材料镶嵌在青铜器上作为装饰,使整个青铜器又呈现出另一种美丽的纹饰,这就直接提高了青铜器工艺美术水平。这些镶嵌的工艺品,当我们今日在博物馆中看到的时候,辄为之赞羡不已。

农业和手工业的发展,要求更多地了解自然界并向自然界作斗争,因而关于自然科学的知识逐渐积累起来,天文、数学和力学在商周奴隶制时期也开始兴起来了。以商周是以农业为主的社会的原故,天文历法有了较大的进展。商代分一年为春秋,一年有十二个月。已知大小月,大月三十日,小月廿九日;并知置闰于岁末为十三月,祖甲以后置闰已开始不于年终。能测知星象,见于卜辞中的有鸟星、商星、火星、岁星。在日、月食方面,甲骨文中就保存了一批世界上最古老的记录。关于日食的记录,据文献记载,夏仲康时就留下了日食记录,中外学者均有具体时日的考证①,谓为可信。日食见于卜辞的,武丁时有三次,武乙时一次;月食见于武丁时……②小乙八年二月十五日,"甲午夕,日有食",食□为零点一分,这一记录即为小乙八年二月十六日乙未早上二时十七分。并认为"在短短一小时内,

---

① 据外国学者 G. Schlegel 和 Kühnert 考证为公元前 2165 年 5 月 7 日;我国学者董作宾考证为公元前 2137 年 10 月 22 日,为日全食。

② 底本模糊不可辨识。——编者注

一线浅薄的月食,他们就不曾忽略掉,正足见殷人测候人员的精细而且负责"。①关于气象方面,甲骨文提供的资料证明,在武丁时代气象的观测就是十分注意的事了。武丁时,卜风雨有卜今、明三日或五日的习惯;在卜旬之后附记一旬内的气象,是武丁时常见的;文武丁的时代,记录就更为详细了。西周以后,天文历法方面更加进步。人们已知用土圭测日景以定日至(冬至和夏至),这样就确立了一年中的分至和春夏秋冬四时。对星象的观测更加周密,此时大概已能测定二十八宿的位置,以观察太阳在这些赤道上面的星座中的位置,根据这些星的昏旦出没以定四季,从而掌握其运动的规律。

总之,商周奴隶制时代我国天文历法上所作出的成就和可靠的记录,确实反映了我国古代人民的伟大智慧和创造,成为了世界科学技术史上最珍贵的宝藏。

文字是文明社会的标志,同时也是社会文明的记录。就其起源来说,是来源于生产斗争和阶级斗争实践,并在人们的社会实践中逐渐创造和发展起来。在商周时期,我国历史上逐渐形成起来的汉字,已经历了它的前行阶段而基本成熟。有刻在石头上的石文,刻在陶器上的陶文,刻在铜器上的金文和刻在龟甲兽骨上的甲骨文等,而以甲骨文和金文为主。刻在甲骨文上的文字,绝大多数是当时的占卜记录,所以又称为"甲骨卜辞"。刻在铜器上的文字,以其一般刻在礼器钟鼎上,所以也有称为"钟鼎文"的。已经发现的甲骨文,字数在三千以上,就其文字的构造而言,乃为从象形图书(文字形成的最初阶段)经过缩写到具有象征性文字的发展过程。甲骨文中象形字是主

---

① 见《小屯乙编上辑》董作宾自序。

要的。如 ￫（牛）、□（羊）、￬（犬）、￭（豕）、￮（木）、￯（禾）、￰（水）、￱（火）、￲（月）等等。字形的书写，往往一字有多种的写法。除象形字外。形声字也有很多。据文字学家研究，甲骨文字实已六书（象形、形声、会意、假借、指示、转注）具备。这就意味着人类思维有了更高的发展，一切无可象之抽象思维，亦能获得具体的表现工具。所以，至西周金文就有近五百字的篇幅，而文字本身也由甲骨文进而发展成为篆体。正如毛泽东在《中国革命和中国共产党》这篇光辉著作中所指出："中国是世界文明发达最早的国家之一，中国已有了将近四千年的有文字可考的历史"。

文学艺术来源于奴隶们的创造，是劳动的产物。神话传说是我们所能见到的最早的文学。在古代社会的进程中，文学一开始就渗透了阶级意识，成为阶级斗争的工具。根据商周时期卜辞和金文的文体来看，形式僵化，千篇一律，其文章结构和思维逻辑虽不失其严密性，但在我国早期文学发展史上应如何作出评价，仍有待学术界加以研究。西周以来，文学本身在商代的基础上有了发展，出现了为统治阶级歌功颂德的韵文诗歌和叙事的散文，前者即今所存儒家奉为经典的《诗经》中的"雅""颂"部分，它们是创作于贵族并作为贵族庙堂乐章之用的诗篇，后者指的是在《尚书》中和金文中所记录的那些文诰。殆至夷、厉以后奴隶社会后期，奴隶主和奴隶、贵族与平民（即广大的村社农民）之间矛盾斗争日益发展，反映和暴露奴隶主贵族阶级没落、淫侈以及他们残酷压迫和剥削奴隶们的现实的诗篇，反映劳动人民勤劳朴实的阶级品质和生产斗争的诗篇，以及反映他们对于现实社会的愤懑和对美好生活的向往等思想感情的诗篇在民间普遍地创作出来了。据说这些来自民间的诗歌,经过采风而编集成了今《诗经》的"国风"部分。因此,《诗经》成为了我国古代诗歌的总汇,而为我国宝贵的最古的文学遗产。在官府采集和整理过程中,无疑,根据他们的政治需要和思想观点进行删改,删掉了不少的诗篇,所以仅存总数为三〇五篇。分"风""雅""颂"三个部分。"风"有《周南》《召南》等十三国风共一百六十篇,"雅"有《大雅》《小雅》共一百零五篇,"颂"有《周颂》《鲁颂》《商颂》共四十篇。《诗经》的内容相当丰富,以歌颂、表扬、诅咒、抨击、讽刺、暴露、对比等多样艺术表现形式,很全面地反映了奴隶制社会由盛而衰的时代面貌和社会生活的各个方面。《诗经》篇章的作者所代表的阶级和阶层也是各方面的,其中国风部分是特别引起人们的重视,它以充满思想激情和生活气息的诗歌内容,给人以现实的美的感受;以鲜明的阶级的爱与憎,给人以深刻的认识与体会。因此,《诗经》中的民间诗歌,是具有高度艺术价值的文学作品。二千年来,《诗经》在我国古代历史上广泛传播,为我国文学艺术的发展取之不尽的泉源,这完全不是偶然的。

综如以上所述,在商周奴隶制全盛时期,社会经济的各个部门都有了很大的发展,然而,必须指出,在商周社会以农业生产为主的自然经济支配的情况下,广大的农村,村社是一个简单的生产机体,农业与手工业是强固地结合在一起,构成了村社本身闭关自守的自然经济特色,《周诗·豳风·七月》与《东山》等描写了村社生产和生活"振古若兹"的变化规律,对此提供了生动的证明。至于处于官府的各种手工业,如颂鼎所记周孝王命颂"官嗣成周,储廿家,监嗣新造,贮用宫御",明显地说明它们具有为奴隶主贵族,为王室的消费服务的性质。因此,商周社会生产的目的,根本在于保证人们生活资料的取得,而不在于创造价值,在于消费而不在于交换,商品交换处于极其不发达的状态之中。虽然,在商周时期的都邑(即城市),有一些商业交换活动,但从事商业交换的商人也和手工业工匠一样乃为奴隶的身份,所谓"工商食官,皂隶食职"(《国语·晋语四》),"工商皂隶,不知迁业"(《左传·襄公九年》),就是指从事工商的是世代相传的专业奴隶,商业交换乃为贵族们的消费而采办特殊的产品,并非自由贸易。商业交换一般是"抱布贸丝"的物物交换形式。用作支付手段的不是金属货币,而是贝(以朋计算),是粟(以钟等单位计算),是币帛(以匹计算),是铜(以守计算)。由于商业交换不发达,所以城市是实足的奴隶主贵族统治者的营垒,真正意义上的经济制度的赘疣。

然而,随着商周奴隶制社会经济的发展,在西周晚期的史料中,确实出现有关大的都邑中商业市场的形成,专事牟利的商人和自由商业经营等记载,根据周宣王时兮甲盘铭的记载,当时成周和淮河流域"夷蛮"部落或部族之间已有商业的往来,并且在成周洛邑已有商业市场的形成,有市场管理的官吏设置。可是,由于整个社会在自然经济支配下,而城市的工商业又主要具有如上述的性质,这就不能不给社会经济的发展带来严重的制约。

四、商周奴隶制国家与各族人民的关系

我国古代社会的发展过程,也是我国境内各族人民不断发展和整合的过程。经历了夏、商、周三个奴隶制王朝在黄河流域相继建立期间,黄河流域古老的夏族、商族、周族以及其他少数族,便在统一的奴隶制政权下面逐渐融合,形成以夏、商、周族为核心的华夏族,这就是后来以之为基础的汉族的前身。

商、周奴隶制国家在黄河流域建立期间,在我国境内各个地区分

散居住着甚多的古老的部落或部族。它们的名号纷繁,因时因地域的不同,或以分合情况的不同而常常名称各异;也有的名号见于这一历史年代,而在另一历史年代则不及见。如果以《逸周书·伊尹》《朝献》《王会篇》所介绍的情况属实的话,那分布在商、周奴隶制王国周围的部落方国是很多的;而且,这些古老部落或所在地区与商、周王国、与黄河流域的华夏族,很早就发生了友好的交往和密切的联系。很可惜的是,关于这方面的情况,在古代文献中留下来的记忆确实不多,而奴隶制王国和一些较为强大的部落或部族之间,曾经发生过的战争记录,却一般地作为胜利者的"丰功"而留存下来。并且出于统治阶级的偏见,对于那些分散各地的部落或部族一概给以"蛮""夷""戎""狄"等歧视的称号。

在商、周时代,居住在山陕高原北部及内蒙古自治区河套一带的,先是商有鬼方、舌方和土方,西周时称为猃狁和诸戎诸狄。羌方是在商代居住陕甘黄土高原作为周族近邻的同盟部族之一;西周时的犬戎,走这个地区较为强大的部落或部族。与商帝国南部边疆紧邻的有芈蛮,西周时称为荆楚,亦即自西周中叶以后逐渐强大,并融合了江汉流域各族建立了奴隶制政权的楚国。在它的东西江淮间有群舒。秦岭以南汉水流域及巴山蜀水间有庸、蜀、微、卢、髳、彭、濮,它们曾经是周武王灭殷时和羌人一道为周族的同盟。在淮河流域商帝国东南有盂方、人方,西周时在这徐淮地区的为徐戎、东夷和淮夷,居住在长江以南广大地区的是古老的越族,曾经在北方奴隶制文明的影响下建立了奴隶制政权吴国,西周初接受王朝的封号而为南方诸侯之长。散布在北至黑龙江、松花江流域、南至长白山脉广大东北地区的有肃慎等原始的部落或部族。其中肃慎族很早就和周王朝建立了密切联系，曾向周武王献赠楛矢和砮石，成王东征胜利后，肃慎氏又来贺，成王使荣伯作"贿肃慎之命"，此后一直成为西周王朝的远方属国，奴隶制帝国的北土。

根据现有的文献资料，特别是解放以来考古学发现的大量事实表明，我国自古以来就是一个多民族共同开发、共同缔造的国家，各地区人民之间经济文化的交流和友好联系，始终是各族人民关系中的主流，各族间经济文化日益密切的交往，特别是黄河流域奴隶制文明，对当时尚处在落后状态的部落或部族在经济文化的发展，给以直接和间接的影响。通过各族人民之间的相互影响和相互促进，为以后我国统一的民族文化和统一的多民族国家的形成，创造了必要的条件。1973年在江西吴城商代遗址中，出土的青铜器、陶瓷器等器物五百余件，其中陶瓷器在原料采取和焙烧技术方面和中原地区有许多共同之处。尤其是陶瓷器的铭文中的许多字，与中原出土的商朝青铜器铭文及甲骨文字同属于一个体系。说明在商代，长江以南地区与中原地区在生产上和文化上有着密切的联系。据《史记》的记载，还在商代后期，周族的部分移民，在泰伯、仲雍的带领下到了江南，与土著居民越族友好共处，推进了该地区社会生产的发展，共同缔造了奴隶制文明，泰伯也成了句吴的君长。从所发现的越族遗物中，如某些陶器的形状与纹饰、青铜冶铸技术和占卜术等，可以明显地看到商、周文化的影响。在安徽屯溪和江苏丹徒的西周时代墓葬中，青铜器的纹饰，也有和中原传统纹饰不同的编织纹和北方少见的随葬器物，反映了南方土著文化所具有的不同特点。

相传周穆王西游会见西王母的故事，神话式地反映了我国西北各族人民和中原华夏族加强友好联系的共同愿望。见于《穆天子传》

中主人公周穆王在途经西北各地时，都和当地部落方国首领互赠礼物，进行经济和文化的交流。周穆王克服了犬戎的阻碍，击败了犬戎，打通了通向大西北的道路，开辟了华夏族和西北各族友好往来的新篇章。

通过以上所述情况的简单介绍，我们不难看出，我国古代之所以成为世界上最早的文明古国之一，是与当时各族人民的共同努力分不开的。正如斯大林所说："每一个民族，不论其大小，都有它自己的，只属于它而其他民族所没有的本质上的特点、特殊性，这些特点，便是每一个民族在世界文化共同宝库中所增添的贡献，补充了它，丰富了它"（《马克思主义与民族殖民地问题》）。

但是，随着商、周奴隶制社会的发展，奴隶主贵族阶级为了掠夺贡纳和奴隶，榨取更多的社会财富，以满足其日益扩大的消费欲壑，商周王朝的奴隶主阶级，不断地发动奴隶制的掠夺战争和扩张领土的征服活动。这是商周奴隶制国家与其周围部落或部族间的矛盾和战争成为不可避免的主要原因；而被掠夺和被征服的部落或部族，又总是不甘忍受压迫、剥削而不断进行反抗斗争，特别是一些部落或部族在由氏族制向着奴隶制转变的过程中，由这些部落或部族中的氏族贵族所发动的掠夺、扩张和骚扰，也是商周王朝和各部落方国频繁进行战争的种种原因。

在商代帝国后期的历史上，我们看到武丁时代，是一个频繁地进行掠夺和征服活动的战争年代，通过一些大规模的军事行动，其西北方上的主要劲敌鬼方遭到了沉重的打击，一部分被迫西移；土方和舌方也可能被消灭或赶跑了。羌方遭到的掠夺和残杀是十分显著的，大量的俘虏成了商帝国大量奴隶的来源。以商、周两族长期处于时而和平、时而战争状态的全部历程,对于我们去全面理解商、周奴隶制国家与其周围各部落或部族之间经常发生战争的原因,是有具体的帮助的。

从原始社会的历史谈起,西北泾渭流域,原是仰韶文化的中心地带,那还是母系氏族社会阶段,这里就是我国最早进入畜牧业和农业的地区之一。周族就是这个地区以农业见长的古老的部落,"周"字甲骨文作围、围、田等形,金文作𤲶,省口亦作围形,其义象田中有种植。就是证明。传说其始祖名弃,姬姓,其母姜嫄履大人迹于野有感而生。弃时,姬姜两姓氏族部落藉族外婚联系结成部落联盟,可能就进入了母系到父系氏族社会。如我们在原始社会历史中已经谈到过,周族先是黄、炎两族结成的部落联盟及其以后整个黄河流域更大范围的夷夏部落联盟的组成之一。及至古公亶父时代,因迫于鬼方的侵逼从豳地迁居岐山下的周原(今陕西岐山县境)。在这一带肥沃的土地上,周族开始建设了粗具规模的政权形式,此时显然已进入家长奴役制阶段。在这个时期,正当商朝武丁时代,商的国力很强,势力伸到西方,周族开始和商帝国接触,并在商之武力征服下而臣属于商。所以,见于武丁时代的甲骨文里常见到有"璞周"或"寇周"的记载,也有"令周侯"或"令周"的记载。总之,此后商、周的关系,总的情况是周人对商帝国时畔时服,或贡纳,或战争。在与商帝国发生长期接触和交往中,商代奴隶制的文明给周人以强烈的影响。因此,至商代末期,周族的力量日益强大起来,成为了商帝国来自西方的强大威胁,至帝乙时,周族在奴隶主贵族周文王姬昌的领导下便开始了翦商的军事行动,周人伐商的事实,也就见于文献记载了;并且终于在帝辛时,周人联合了西方反殷的各族力量覆灭了商代奴隶制王朝。

商周两族的这种关系,我们在检查商代帝国的历史时,同样的情况,在人方和孟方与商帝国的关系中也可以见到。居住在徐淮地区的人方和孟方,在武乙、文丁时还是商之属国,人方白、孟方白在甲骨文中是常见的;但到帝辛时,以商帝国经常用兵东南而爆发了大规模反掠夺的军事对抗,并促成了商帝国的灭亡。

西周王朝建立以后的年代里,周武王、成王、康王先后与鬼方、西戎进行长期的战争,曾经把它们逐出于泾洛之北,而西戎和□戎还不时入贡于周。直至周穆王伐畎戎之后,这些所谓荒服诸部,才又与西周王国长期处于敌对状态之中。周懿王时,这些荒服诸部,其中以猃狁为最强,因而给予周王国西北边疆及镐京以严重威胁,当时诗人曾谓:"靡室靡家,猃狁之故。不遑启居,猃狁之故"(《诗·小雅·采薇》)。幽王时,畎戎还曾一度侵入镐京,杀幽王于骊山下。

周初对外发动的战争,以基本上是胜利的原故,西周帝国的版图的确在商代的基础上更为扩大。周成王的东征淮夷、徐戎的胜利,巩固了帝国在东南地区的统治。昭王的年代,对于南方江淮流域大举用兵,并且征服了南夷、东夷"廿又六邦"。但由于"荆蛮"势力强大,昭王南征终于失败,传说他曾"丧六师于汉",而自己也在溃败时溺死于汉水之中。这是西周王朝在奴隶制扩张中第一次遇到的严重挫折。穆王时,西周王国实力,似乎难以抵抗徐戎向着中原地区进逼,穆王还曾经承认徐偃王为东方伯主的实力地位。尽管后来借楚之力,击败了徐戎嚣张一时的势焰,但徐戎、淮夷犹存,而此后南方荆楚却日益强大起来,与徐戎、淮夷一起,并为西周帝国南方强大的、经常的威胁,西周王朝基本上已由周初胜利扩张而转为防御了。历经共、夷、孝、懿、厉王而至周宣王的年代,于公元前827年,宣王曾大举征伐西戎和猃狁,命秦仲九征西戎,尹吉甫"薄伐猃狁",都取得了巨大的战果;并且通过从公元前826年到前810年的十余年间,如《周诗·采芑》《江汉》《常武》等篇所歌诵的对南方征讨"不庭"或"不庭方"的战争中,把荆蛮、徐戎和淮夷征服,江、汉、徐、淮从此正式并入西周帝国版图;并在东北边境的武力扩张中也取得了胜利。如《周诗·江汉》《崧高》《韩奕》等篇所记,在这些新占地区,即所谓的"南邦"和"北国",还封建了新的诸侯王国。但是,周宣王晚年的军事活动,也的确为这一位所谓"中兴"的英雄留下了灰色的记忆,对姜氏之戎的战争大败亏输,继又败于条戎、奔戎,并丧南国之师,以致宣王晚期,帝国无力防御北方和西方各戎族的入侵,终于导致宗周镐京为犬戎所据,促成了西周的灭亡。

五、奴隶和平民的阶级斗争与商周王朝相继覆亡

关于商王朝的历史,如前面所述,盘庚迁殷及迁都以后所实行的改革,使奴隶制统治危机暂时得到了缓和,奴隶社会获得了进一步巩固和发展,武丁统治的数十年间成为了商代帝国最为强盛的时期。然而自武丁之后,特别是祖甲晚年的腐化,反映了奴隶主贵族阶级日趋腐化和奴隶制国家官僚机构日趋腐败的起点。王室贵族"南距朝歌(今河南淇县),北据邯郸及沙丘,皆为高官别馆"(《史记·殷本纪》)。大小贵族沉湎于酒色淫乐,"靡明靡晦,式号式呼,俾昼作夜"(《诗·大雅·荡》)。周初的统治者,还曾经把商代奴隶主贵族阶级酗酒的普遍恶习视为亡国的一大原因而引为重视,并作酒诰以警戒其子孙,如《大盂鼎铭》就明确指出:"我闻殷坠命,唯殷边侯甸,粤殷正百辟,率肆于饮,故丧师"。奴隶主贵族阶级的日益腐败和奴隶制

国家经常发动的掠夺战争。加重了对自由的村社农民（即平民）和奴隶的残酷剥削和压迫，战争兵役的负担给劳动农民带来极大的灾难，生产遭到严重破坏，平民日益破产。奴隶和平民成批逃亡，到处流浪和不断地发动武装暴动。因此，甲骨卜辞中便常见卜问"丧众"（如"贞，我其丧众。"），以及商"王往逐众人"等镇压奴隶们武装暴动的记录。但奴隶们的革命斗争烈火是扑灭不了的，纣王的暴政，更是把商代末年社会内部的阶级斗争推向了顶点。据《史记·殷本纪》所记，纣王"好酒淫乐"，"以酒为池，县肉为林，使男女裸，相逐其间，为长夜之饮"，加重对自由的劳动农民的搜刮，"厚赋税以实鹿台之钱，而盈巨桥之粟"，因而"百姓怨望，而诸侯有畔者，于是纣乃重辟刑，有炮烙之法，……剖比干观其心，殷之大师少师，乃持其祭乐器奔周"，就连统治阶级内部的矛盾也激化起来。正如当时的王室贵族微子等所描述的情况那样，"小民方兴，相为敌仇"，"如蜩如螗，如沸如羹"（《书·微子》），奴隶和平民革命形势已经到来，严重地冲击着商代帝国的统治。无怪微子等奴隶主贵族哀叹地说："今殷其沦丧，若涉大水，其无津涯"。商代奴隶制社会内部矛盾的激烈发展，已经注定了它必然走向灭亡的命运。而另一方面，商代帝国长时期对周围部落方国发动的掠夺战争和征服活动，不断地引起这些部落方国反掠夺和反控制的斗争。至商末，西方以周族为核心的反殷联盟日益团结和强大起来，成为商帝国的敌对力量。帝乙、帝辛两代，东南的盂方和人方开展了大规模的反掠夺、反控制的斗争，经过了帝乙、帝辛多年的亲征，动员了"多田"与"多白"进行围剿。尽管在帝辛时最后征服了东夷，然而，实力已经消耗殆尽，各部落方国反掠夺反控制的斗争给予了商代帝国的统治以严重的打击，终于导致商帝国迅速覆灭。

因此,正是在商末帝辛时内外矛盾激化的形势下,据考证在公元前1076年,即周文王(姬昌)死后第四年的春初,他的嗣子周武王(姬发)率领了西方的部落方国,如庸、蜀、羌、髳、微、卢、彭、濮等反抗商王朝奴隶制掠夺的联盟武装大会于盟津(今河南孟津),据传说"不期而会盟津者,八百诸侯"(《史记·周本纪》)。接着过黄河,在牧野(今河南汲县)誓师。其誓词至今犹存,即《书·周书》中的《牧誓》。牧野一战,以纣师"前途倒戈"而周师以少胜众,遂直捣朝歌,纣王自焚身死,周武王率军胜利占领商都,宣告了商朝的灭亡和周期的建立。历史上称为"西周",首都为渭水流域的镐京,在周文王所作的丰邑之东,丰、镐都在今陕西西安市范围之内。

周武王领导的战争,是正义的战争,是在商王朝内外矛盾尖锐化的形势下发动的。它反映了被压迫、被奴役的商朝广大奴隶和平民推翻奴隶主贵族阶级统治的根本要求,反映了包括周族在内的为商王朝所征服的各部落方国要求摆脱商王朝的控制和掠夺的迫切愿望。所以,就这个意义来说,周灭殷的战争,是"武王领导的当时的人民解放战争"(毛泽东《别了! 司徒雷登》)。因此,它受到各部落或部族人民的拥护和支持;同样地也受到在商王朝直接统治下的奴隶和平民的拥护和支持,"前途倒戈"以迎周师的事实就说明了这一点。然而,必须指出:奴隶们要求解放的愿望并没有真正实现,胜利的成果,却最终地为周族中以姬、姜两姓奴隶主贵族为核心的奴隶主阶级所篡夺,成为了他们改朝换代的工具。战争一结束,旧的奴隶制王朝为新的奴隶制王朝所代替,广大的奴隶和平民依然戴上奴隶制的枷锁,商部族以及其他被战败的部落或部族,沦为被统治者部族,即周部族统治的奴隶。

　　武王克商，纣王自焚，西周王朝宣布建立。然而，正如周初文诰常常自称的那样，是以"小邦周"灭掉"大邦殷"的（见《书·召诰》《大诰》），而殷商奴隶主贵族残余势力尤甚强大，就连殷畿之地，也似乎并没有完全置于周族武装力量控制之下，所以，当时纣子武庚禄父接受了周王的封号，仍留在原殷之首都继续统治殷畿之地。周王室派了武王弟管叔鲜、蔡叔度、霍叔处率领周族的部分力量，居于殷畿一带加以监管，时人谓之"三监"①。至于东方齐、鲁、徐、淮广大地区，却还在原殷之同盟诸侯敌对势力手中。这一政治形势告诉我们，刚刚建立的西周王朝的稳定和巩固，是当时面临着的一个十分迫切而有待解决的大问题。如《史记·周本纪》及《逸周云·度邑》所云，"武王既封诸侯，征九牧之君，登汾阜（在殷郊），望商邑而永叹"。"还至于周，终夜扰劳不寝"，告周公旦曰："我未定天保，何寝能欲"。

　　"武王克殷二年，天下未宁而崩"（《史记·封禅书》）。周公旦以其卓越的政治远见和政治才能，继承周武王的遗志，以周初定天下，恐诸侯叛，辅年幼的成王姬诵，乃摄行政当国，登王座，代行政治，一时遭到了管叔、蔡叔、霍叔等的激烈反对，散流言说"周公将不利于孺子"（指成王）。这一周初统治集团内争夺政权的斗争，很快激化开来。三监联合了武庚禄父所代的商贵族残余势力发动了武装叛乱，而东方徐戎、熊盈、淮夷也并起策应。面对着这种严重的政治形势，周公旦采取了果敢决策，开始了整整三年的军事行动。以康叔及师尚父之师，打败了叛方的首脑部分，"遂诛管叔，杀武庚，放蔡叔。收

---

　　① 案三监之说，自来不一，如：一说周既灭殷，分其畿内为三国，即《诗经》中的邶、鄘、卫。邶，以封纣子武庚；鄘，管叔尹之；卫，蔡叔尹之；以监殷氏，谓之三监。一说自殷都以东为卫，管叔监之，殷都以西为鄘，蔡叔监之，殷都以北为邶，霍叔监之，是为三监。

殷余民,以封康叔于卫,封微子于宋,以奉殷祀"(《史记·鲁世家》)。
□即逾济灭蒲姑;伯禽则东出伐淮夷,徐戎,并践灭奄国。叛乱被镇
压下去了,原商朝奴隶主贵族残余势力的反抗被击溃了,周王朝的统
治力量始达于海,真正统一了黄河流域。这次战争规模之大,用兵之
久,征服之众,为历史上前所未见,据《逸周书·作雒》称,其所征熊盈
族就十有七国,孟子谓其灭国者有五十(见《孟子·滕文公下》)。总
之,周公领导的这次战争,取得了完全的胜利,西周王朝的统治初步
地得到了巩固。

　　接着,在周公执政期间,继续执行周武王制定的政策和策略,对
新占领地区第二次进行了大规模封诸侯建藩卫的工作——营建洛邑
以为王国东方最大的军事和政治中心,以完成武王的遗志。对占领
区旧王国遗民的统治采取了正确的政策,对此在《书·多士》《康诰》
等周初诰文,给我们提供了比较完整的资料。根据周公继承武王遗
志所执行的政策,殷遗民在不变更其原有的社会结构、传统习俗的情
况下,通过原来的氏族贵族、奴隶主进行统治,"疆以周索",使之"用
命于周"。对于那些迁来洛邑的原商朝贵族,商之多士,则分以田宅,
令其"宅尔邑,继而居","有服在百僚",成为新王朝的贵族。事实证
明,这些殷遗贵族,降附新王朝的显贵们,曾经对西周王朝统治和安
定作出了为周王所赞赏的努力,受到周王给予土地、臣民和奴隶的赏
赐①。对于国家政权的建设以及各种制度,在周旦执政期间,在旧王

――――――――

　　①　白川静《甲骨金文学论三集·释师》第五节中,指出了大批西周青铜器为殷遗
贵族的遗物,根据他的研究,小臣谜毁的遣和他部下小臣逑及班(见班毁),成鼎的矍侯,
舀鼎的舀,稽卣的稽,趴觯的趴,令毁的令,师虎毁的师虎,师酉毁的师酉,师匐毁的师匐
等,都是原商朝的贵族,在西周初成为了新王朝的显贵,他们为新王朝所作的努力,可参
见他们所铸的上述各铜器铭。

朝的基础上进行了改革和创新,完善地建立了宗法、分封与等级制和强化的国家机器。西周奴隶制王朝巩固地建立起来的事实表明,周公旦是我国古代社会历史上卓越的政治家。《尚书大传》曾经综述周公执政期间的大事说:"周公居摄,一年救乱,二年克殷,三年践庵,四年建侯卫,五年营成周,六年制礼作乐,七年致政。"通过周公旦七年执政期间执行的政策和措施之后,历经成王和康王两代,我国奴隶社会又进入了新的发展阶段,西周王国空前强大和统一,这就是历史上人们所称道的"成康之治"的时代。

西周社会,通过了"成康之治"的年代以后,奴隶制经济有了一定的发展的变化,作为贵族奴隶主权力中心的都邑和城市自由的工商业也得到了发展,奴隶制国家对外发动的奴隶制贡纳掠夺战争,也以西周初王国的强大不断取得胜利,而给西周社会奴隶制经济的发展注入了新的活力。然而,正如我们已经叙述的史实表明,昭王、穆王的对外扩张,终于在各部落或部族的武装反抗的情况下遭到了严重的挫折,并迫使西周王国由周初的胜利扩张转而为防御。以掠夺战争是非正义的原故,所以,在周穆王的时代,如《史记》及《国语》所说,"自是荒服者不至"。不仅如此,周穆王的时代,以其经常发动战争,横征暴敛,滥用民力,滥用民财,加深和扩大对奴隶和平民的剥削和压迫,使正在破产中的平民(即国人)和贵族的矛盾逐渐尖锐起来。周穆王颁布了密如牛毛的甫刑加以残酷镇压。因此,自穆王以后的西周后期,奴隶和平民的不满和反抗日益增长,阶级矛盾和阶级斗争便日趋激烈。《诗经》的"国风"中对于当时的阶级矛盾和斗争多有描述。《魏风·硕鼠》《伐檀》《小雅·苕之华》等篇反映了劳动人民对剥削者怨恨和愤怒的心声。他们强烈地抨击奴隶主贵族阶级不劳而获的不合理现象,《伐檀》篇愤激地问道:"不稼不穑,胡取禾三百廛兮?不狩不猎,胡瞻尔庭有县貆兮?彼君子兮,不素餐兮!"《硕鼠》篇"国人刺其君重敛,蚕食于民","贪而畏人,若大鼠也"。表示要坚决摆掉吸血鬼,"逝将去女,适彼乐土"。事实上奴隶们为了反抗奴隶主贵族的黑暗统治,一有机会就设法逃亡,《易·讼·九二》就记载有"三百户"逃亡的事实,可以为证。到厉王时,奴隶主贵族更加暴虐,他采用了卿士荣夷公的建议,把过去作为公有的山林川泽之利实行专利,把矿产、木材、禽兽、鱼鳖、食盐、牧场等山林川泽之利攫夺为其所私有,不准人民去经营为生。周厉王的这一政策措施,在当时直接侵害了领有采邑的奴隶主、城市新兴的自由工商业者,以及广大村社劳动农民的切身利益。因此,厉王的专利政策,普遍地为其臣民所不满,遭到了国人的坚决反对。由是怨声载道,谤言四起,而厉王却对之以高压手段,使卫巫监谤,"以告则杀之","国人莫敢言,道路以目"(《史记·周本纪》)。随着矛盾的尖锐发展,国人被迫在公元前842年举行了武装暴动,在这革命形势的影响下,以采邑主、奴隶主贵族共伯和为首在西周首都发动了政变,把厉王驱逐出镐京,厉王逃奔于彘(今山西霍县),暴动者建立了新的政权,拥立共伯和执政,号曰共和行政①。共和元年(公元前841年)是我国历史上有确切纪年的开始。

　　这次国人暴动是在西周历史上具有重大历史意义的革命行动。

---

　　① 案所云"共和行政",自来史料记载有三种传闻:一为《史记》所说"召公、周公二相行政,号曰共和";一为《汲冢纪年》和《鲁连子》所记"共伯和干王位","共国之伯名和,行天子政"。此说亦可见《史记·周本纪·索隐》《庄子·让王篇》《释文》《通鉴外纪》《通志·三王纪》《路史·发挥》二注、《史通·杂说篇》,苏辙《古史》五注等所引《竹书纪年》及《鲁连子》之文,且亦可见于《晋书·束晳传》;一为《史记正义》所引韦昭所云:"彘之乱,公卿相与和而修政事,号曰共和",此说亦可见于《左传·昭公廿六年》所记。

它不仅摧垮了周厉王的暴政,也大大地动摇了西周奴隶制的统治基础,促使奴隶制度走向没落和崩溃。以暴动发生在西周奴隶主贵族阶级统治的中心——镐京,所以也给予西周王朝统治体系以沉重的打击,使西周王朝从此走向衰落和分崩离析,我国奴隶社会的历史从它发展的顶端跌落下来,而西周王朝从此无可挽回地走向它的灭亡。

共和十四年之后,共伯和被迫退位,西周王室大贵族奴隶主集团以召穆公、周定公为首拥立了厉王太子靖(宣王)重新上台,延续了西周王朝,从此开始了所谓“宣王中兴”的时代。

所谓周宣王的“中兴”,根据史料看来,其内容大概有两个方面。一是所谓的“二相辅之修政,法文武成康之遗风”(《史记·周本纪》)。意即改变了周厉王所推行的“专利”政策,并实行了如周代奴隶主阶级的诗人所歌颂的“仁政”,即减轻赋税、整饬官纪等缓和社会矛盾的措施,西周王朝的统治秩序和社会经济,一度出现了良好发展的前景。另一是周宣王为了巩固奴隶制王朝的统治和扩大其奴隶制掠夺范围,发动了持续的对外战争,具体情况,前面已有叙述。通过对西戎和狁的战争北方边防一度获得巩固;对东国和南国征讨“不庭”的战争,的确也取得连续的胜利。但正如前面已经叙述的那样,宣王晚年所进行的战却不能不是以失败告终,以致后来帝国无力防御北方和西方各族的入侵。在这些年代里,由于长期战争灾难,给劳动人民带来了沉重的赋役负担;而宣王又为了补充兵员和财源,竭力挽救社会危机,“乃料民于太原”,检查人口户籍,严加控制,这就更加激化了西周奴隶主贵族阶级与奴隶和平民之间的阶级斗争。与此同时,王室实力的衰微,也进一步加剧了统治阶级内部的矛盾和分崩离析的局面,造成诸侯离散的恶果。

宣王死其子幽王继立,奴隶制王朝统治危机有增无已,西周畿地连续又遭受到空前的旱灾和地震的侵袭。尤其是幽王二年的地震,如《史记·周本纪》和《诗·小雅·十月之交》等所记,是"西周三川(指泾、渭、洛水)皆震","百川沸腾,山冢崒崩,高岸为谷,深谷为陵","无草不死,无木不萎",造成渭水流域一带严重饥馑。更主要的是幽王时政治更加腐败,赋役繁重,以至"民卒流亡","怨乱并兴",北方人口,大量被迫南迁江汉流域,王朝处于极度混乱和统治危机重重之中。所以,当着西北部落或部族袭来,便完全丧失了抵抗的力量,如《诗·大雅·召旻》所云:"昔我先王受命,有如召公,日辟国百里,今也日蹙国百里。于乎哀哉!"这正是西周王国急剧崩溃的真实写照。

幽王十一年,为了废申后和太子宜臼(即周平王),而宠立褒姒及其生子伯服的事件,掀起了王朝统治阶级内部的争吵和决裂,如召禹鼎铭所记,刚与周幽王以兵戎相见而败北的申侯,乘机勾结缯人、西戎和犬戎对镐京发动了大规模的武装袭击,幽王被杀于骊山之下,西周首都沦陷为犬戎所控制,并且遭到了戎人空前的劫掠,这是公元前771年的事。旧都既已不守,西畿之地又不保,以周平王为代表的西周奴隶主贵族残余力量,不能不在此窘迫的形势下,依附晋、郑诸侯王国的力量,在秦襄公的护送下东迁洛邑,重建新的政权。这个政权,在历史上称之为东周,而西周就这样宣告结束。从公元前770年开始,东周奴隶主阶级的政权便展开了它新的纪元,进入了我国历史上的春秋时代。

列宁指出:"全部历史充满着被压迫阶级不断企图推翻压迫的事实。在奴隶制历史上有过长达几十年的奴隶解放战争。⋯⋯这种内战贯串着全部阶级社会史"(《列宁全集》29卷438页)。就我国古代社会的全部历史来说正是如此。在我国"尽人皆是的奴隶制"社会中，富人和穷人，享有完全权利的人和毫无权利的人，剥削者和被剥削者之间的阶级斗争，就从来没有停止过，奴隶们也从未屈服于奴隶主贵族阶级残酷统治和暴力镇压。在一千七百年左右的漫长历史中，奴隶们前仆后继，向奴隶主贵族进行过许多英勇的斗争，正是这种长时期奴隶们对奴隶主贵族的阶级斗争，不断地、沉重地打击了奴隶主贵族阶级的统治，才使得夏、商、周奴隶制王朝一个个地走向灭亡，使奴隶制社会不断地推向前进。到春秋时期，被压迫阶级的斗争更加激烈，在阶级斗争风暴的冲击下，我国奴隶制最后瓦解，新的封建生产方式逐渐产生和发展起来，新兴的封建势力也就随之而逐渐成长、壮大并登上历史的舞台。

附：

编者按，本章"平民的反抗斗争与盘庚迁殷及其改革"至章末，杨宽先生有过较大的修订，今将修订稿附在后，使读者能够在比读中了解杨先生学术观点的因革。

四、盘庚迁殷及其发展生产的政策

商代曾六次迁都。汤之后，第十一个王仲丁迁都于嚣（即隞，今河南荥阳东北），第十三个王河亶甲迁都于相（今河南内黄东南），第十四个王祖乙迁都邢（即耿，今河南温县东），因邢被毁，又迁于庇（今山东郓县西北），第十八个王南庚又迁都于奄（今山东曲阜），到第二十个王盘庚又迁都于殷（今河南安阳西北五里小屯村）。商代共传十七世，共有三十一个王，约经历六百多年。自从盘庚迁殷，直到商代灭亡,没有迁都,共经历八世,十二个王,一共二七三年。

盘庚迁都于殷,是商代政治上一件大事。《尚书》上有《盘庚》三篇,是迁都前后盘庚对臣民的三次讲话。原来的中篇,是迁都前盘庚召集不愿迁的人所作的动员报告。从这个动员报告来看,所以要迁都,是由于"降大虐",由于有"灾",是为了"万民"取得"生生之路","永建乃家"。原来的下篇,是迁都后盘庚召集臣下的讲话。盘庚这篇讲话,还是反复阐明必须迁都的意义,说明迁都是由于人民"荡析离居,罔有定极",是为了"用永地于新邑",同时他告诫臣下在迁都以后"无总于货宝,生生自庸",就是不要积聚财宝,努力从事增殖生产的自厚。原来的上篇,是迁都后盘庚唤呼贵族出来,向群众传达他的话。

他强调迁居新邑是为了"绍复(继承恢复)先王之大业,底绥(安定)四方";告诫官员不要傲慢放纵,不要流言惑众,要勤奋努力,"施实德于民",并表示信赏必罚,今后如果不这样做,就要"罚及尔身,弗可悔"(参看顾颉刚、刘起釪:《〈盘庚〉三篇校释议论》,《历史学》1979年第1期)。

《盘庚》中说到先王"恪谨天命,兹犹不常宁。不常厥邑,于今五邦"。就是说,先王敬谨天命,不能经常安定,不能把国都固定在一起,至今已迁都五次。说明商代过去迁都五次,都是出于不得已。《书序》说:"祖乙圮于耿(即邢)",所谓"圮",前人解释是"为水所毁"(疏引郑玄说)。《盘庚》说到迁都由于人民"荡析离居"(旧注都以为形容人民遭受水灾的情况),可知盘庚也是因为奄常受水灾而要迁都。这时建都,必须靠近水流,因为有水流才便于发展农业生产,但同时又难于控制水流,常常发生水灾,这是当时生产斗争中的一个主要矛盾。后来盘庚迁都到殷，还是靠近洹水，洹水仍然既有水利，又有水害。卜辞中曾讲到"洹其盗（滔）"（《殷墟书契前编》第6卷第32页第5片），"洹其作兹邑（指殷）祸"（《殷墟书契续编》第4卷第28页第4片）。正因为洹水关系农业收成，关系国都安全，所以卜问它是否有祸，并加祭祀。自从盘庚迁都于殷以后，没有再迁都，看来对洹水基本上得到了控制，确实达到了盘庚迁都时所提出的要求。

盘庚在迁殷以后，勉励臣下要"施实德于民"，要做到"若网在纲，有条而不紊"。并且举出农业生产为例："若农服田力穑，乃亦有秋"；"惰农自安，不昏（读作暋，音敏）作劳，不服田亩，越其罔（无）有黍稷"。这个"农"当是指广大农村公社成员。这是说村社农民从事田间劳作，努力于农业生产，就可以得到好的秋收；如果懒惰而贪图安逸，不勉力劳作，不耕作于田亩，就没有黍稷的收成。盘庚在讲话中多出讲到"生生"，认为弄得"汝万民乃不生生"，这是必须责罚的"罪疾"；自称"朕不肩好货，敢共生生"，就是说他反对贪爱财货的行为，而勇于发展生产事业；还要求臣下"无总于货宝，生生自庸"，就是要求臣下不过分剥削人民积聚财宝，必须通过发展生产事业而积累财富。所谓"生生"，就是指发展农业生产。怎样达到"生生"的目的呢？必须听从他的话。盘庚说："各长于厥居，勉出乃力"，就是要臣下各自统属其所属的居邑，统率齐居民勉出其力，也就是统率所属村社农民听从商王的命令勉力从事农业生产。

十分清楚，盘庚迁都殷，不仅是为了避开灾难，安定人民生活，而且要改变臣下搜刮财富、"总于货宝"的腐败风习，勉力从事于发展农业生产的事业，从而继承先王之大业，达到安定四方的政治目的。盘庚这一政治措施，是取得一定成就的。所以《史记》记载盘庚的功绩是:"百姓安宁,殷道复兴,诸侯来朝"。到周武王灭殷之后,周公问"殷民之所欲",殷之遗老还是说:"欲复盘庚之政"。

第二节　奴隶制社会的全盛时期(商代后期到西周灭亡)

一、商代后期社会生产和文化的发展

商代历史以盘庚迁殷为界线,可划分为前期和后期。盘庚迁殷以后,社会生产和文化都有较大的发展。

这时农业生产的主要担当者是"众"或"众人",是被奴役的村社成员性质。他们接受国王或贵族的命令到指定地点从事农业生产。例如"王大令众人曰:劦田"(《殷墟书契前编》第 7 卷第 30 页第 2 片),"劦田"是协作耕田之意,又如"王往氏众黍于囧"(《卜辞通纂》473 片),"氏"通"致","黍"指种黍,"囧"是地名,这是说王派众人到囧地种黍。还有如"呼耤于陮"(《殷虚文字乙编》4057 片),"旃眔敊苗耤于姶"(同上 2882 和 6373 片),"耤"是耕作之意,"陮"和"姶"都是地名,这里没有说明被指派或率领到一定地点去耕作者是谁,也该是"众人"。"众人"也还有被派往某些方国去开垦荒地的,如"令众人于羊方褏田"(《殷虚文字甲编》3510 片),这是商代扩大耕田的一种重要措施(参看张政烺:《卜辞褏田及其相关诸问题》,《考古学报》1973 年第 1 期)。

"众人"除了主要担任农业劳动以外,还被迫从事狩猎、修路、建筑等苦役,也还被征发来当徒兵,从事防守或战争。"众人"也或称为"王众",因为"众人"已成为商王所有的财产。

这时有不少奴隶被使用于狩猎、畜牧和手工业生产的。战俘是当时奴隶的主要来源之一。特别是西方的羌人被掠夺来作为奴隶和

人牲的很多。卜辞中常有"获羌"的记载,把俘虏羌人看得和擒获野兽差不多。卜辞中还常有"来羌""以羌""氏(致)羌"的记载,这是将领、部族领袖把羌人进献给商王作奴隶或人牲。这些羌人常常被用于狩猎或畜牧,例如"乎(呼)多羌逐罜(獐)"(《殷虚书契续编》第4卷第24页第4片),这是命令羌人狩猎。还有所谓"多马羌"(《殷虚粹编》1554片),当是养马的羌人。根据人辞记录,羌人被作为牺牲来祭祀的数量很大。还有一种奴隶叫做"奚"的,也常被用来从事战争,也或被用作牺牲,也该是从奚族俘来的人。奚是个畜牧业发达的部族,常常把牛马进贡给商王的。

当时奴隶有称为"臣"或"多臣"的,常被用来从事战争。如"乎(呼)多臣伐舌方"(《殷虚书契前编》第6卷第31页第3片)。还有女奴称"妾"的。当时"妾"有两个意义,一指一般配偶,一指女奴。"妾"被用作牺牲的,也有沉入河中用来祭祀河神的。如"其燎于河,牢,沉妾"(《殷虚书契后编》卷上第23页第4片)。说明"河伯娶妇"原是奴隶制时代的风俗,这时已经开始。更有一种奴隶叫"刍"的,是专门从事畜牧的奴隶。

农业是商代最重要的生产部门。这时虽已有青铜农具如铜铲等,但大量使用的还是木、石或蚌壳制的农具。在殷墟王宫附近,曾发掘到三千多件石镰,大部分还没制作好,少数人已有使用痕迹,这是王室所有,迫使奴隶进行集体耕作时使用的工具的一部分。这时翻土的耕具是耒和耜。卜辞中的"耤"字,就像一人踏着耒翻土的样子。由于众人以及奴隶的集体耕作,商代农业已有发展。谷类已有黍(大黄米)、䅒(即稷小米)、麦、秾(麦)的一种、暨(有人认为是稻,有人认为是秬,也有人认为是豆)等种。农业产量也有提高,粮食中有相当一部分被用来酿酒。贵族中饮酒之风很盛,青铜器中精美的酒器特别多。同时已种植麻和桑,并发展养蚕业,不仅有平纹的绢,也还有提花菱纹绮,这是世界上最早的提花丝织品。

当时大批奴隶被适用于畜牧业。由于战争祭祀和殉葬的需要,六畜中马、牛、羊大量增加。每次祭祀所用的牲,少则几头,多则几十、几百甚至上千头。这时已有鹿和象的驯养,卜辞中"爲"字,就像一手牵象的样子。有时打仗还出动象队,《吕氏春秋·古乐》所说:"商人服象,为虐于东夷,周公遂以师逐之,至于江南",当时事实。

由于奴隶主贵族生活和举行礼仪的需要,青铜手工业特别发达,冶炼、铸造技术有高度发展。商代前期用大口尊形陶器作炼锅,这时已发展为专用的厚陶质炼锅。燃料用木炭,炼炉温度已在摄氏一千度以上,当已使用鼓风皮囊。造作时,先制作泥塑模型,雕刻好图案花纹和铭文,再翻制成陶范,分段切开。当铸造时,把青铜液灌注陶范中,待冷却后,拆除陶范,再加修饰,便制成青铜器。商代前期的青铜器,器形较薄,纹饰较为简陋。这时器制厚重,花纹很是细致,大都用几何形图案作底纹,上面浮雕着兽面形和鸟兽形图案。青铜器的种类繁多,大体上可以分为工具、兵器、烹饪器、食器、酒器、乐器等种。许多精美青铜器常是举行礼仪时应用,即所谓礼器。殷墟武官村出土的司母戊大方鼎,重达 875 公斤,是我国已出土的最大青铜器。还有些铜器全身雕成一种动物样子,如鸮卣、豕卣、象尊、小臣艅尊(全身像犀牛)等,造型生动,均有很高艺术水平。

特别值得注意的,这时已经能够对陨铁热锻加工。1972 年底河北藁城台西商代后期遗址出土了一件铁刃铜钺,在铜钺的刃部嵌有铁刃。经观察分析,这是用陨石中的铁经过热锻加工,制成厚仅 2 毫米、宽 60 毫米的薄片。1977 年北京市平谷县又发现一件商代铁刃铜钺，这说明这时人们不仅仅认识了铁，而且已能热锻加工。

商代的制陶业也有发展。白陶比原始社会末期的制作有显著进步，它用高岭土烧制而成，有的用印版拍印成青铜器图样的图案装饰。釉陶涂有一层石灰釉，质地坚硬，不易吸水，是后代青瓷器的萌芽。

商代的玉石牙骨的工艺也有高度水平。玉器除佩带的玉饰外，还有玉礼器如圭、璧、琮、璋之类。石雕中有不少大理石立体雕像，如抱膝的石人、石虎、石牛、石蛙、石鸮等。还有模仿铜器的石雕如石簋、石觯等。更有石雕乐器如石磬等。象牙雕刻，有雕成觚、鸮尊、鼎、卣等形制的工业品。骨器有日常品如骨锥、骨针、骨笄、骨梳等，也有艺术作品如雕花骨版等。奴隶主的骨器作坊，除用兽骨作原料外，竟然用人骨作原料，这是他们残酷的罪证。

漆器在商代已经开始制作，大都用黑红两色绘成与青铜器类似的纹饰，有的还嵌有绿松石。

由于经济的发展和政治上的需要，交通也有发展。水上交通有舟，陆上交通有车，有人力拖的车叫做"辇"，更有两马或四马牵引的马车，商王常常率领车队出发到猎区打仗，出发到边地从事战争。当时从国都到猎区和到某些边地当已建筑有通行马车的大道。

随着经济和交通的发展，商品交换也有进展。在殷墟和郑州出土的商代遗物中，有西北出产的绿松石，南方出产的海贝、海蚌等。原产在印度洋和海南岛附近的一种小海贝，已被用作货币，看作财宝。卜辞中"得""贮""宝"等字都从"贝"，"得"字就像一手取得贝的样子。商代贝以"朋"为单位，大约是十个贝一串。到商代晚期已使用铜贝（1953年殷墟大司空村出土铜贝三枚），商王和贵族常以贝赏赐臣下，如"王商（赏）作册般贝"（《般甗》），"子商（赏）小子省贝五朋"（《省卣》）。

随着奴隶制经济的发展，奴隶主阶级知识分子也就出现了。商代国家机构中除了行政官员以外，已有一批宗教官和史官，宗教官有称为"多卜"和"占"的，还有从事占卜的贞人，史官有称为"作册"的。他们是神权的掌管者，又是掌握科学文字知识的专业文化人。

文字是文明社会的标志。原始社会末期已出现刻划记号和图画文字，到商代文字已达到成熟阶段。字大约有3 500个，除象形字以外，会意、指事、形声、假借等方法等已普遍应用。这时除用刀笔刻甲骨文以外，常用毛笔写墨色、朱色的字。当时已有写字竹简编成的典册，甲骨文中"册"字，"典"字就像竹简编成典册的样子。后来周人也说："惟殷先人有册有典"（《书·多方》）。

由于发展农业的需要，天文历法在这时有了发展。卜辞中已有月食和气象变化的记录，还有观测恒星的记载。商代的历法，每年分春、秋两季，大月30日，小月29日，闰月放在年末，称为"十三月"。祖甲以后，闰月也有放在年中的。

人们对疾病的认识也有进步。卜辞中已提到"疾目""丧明""疾趾""龋"等等。

音乐在商代也有发展。打击乐器有铜制的钟、石制的磬和皮制的鼓。磬常常大小三个合成一组，说明这时音乐以三个音作为骨干而组成。吹奏乐器有大小不同的陶埙，早期有一个孔和一到三个孔，后期发展为五个孔，能发的音比较多。据测音结果，这时已有"标准音"和"半音"，音乐已有旋律。

这时都邑建设已有一定的布局结构。宫室宗庙的建筑已具规模。一般在夯土台基上建筑木架结构，奠定了我国传统建筑的基本格式。从殷墟宗庙宫寝台基上留存了石质或铜制柱础排列来看，宫殿的规模宏伟，有重门复室的复杂结构。

所有这些文明都是奴隶们创造的。它对我国后世文明的发展以及对世界文明的进步，都作出了重大贡献。

二、商代后期阶级矛盾的激化和商王朝的灭亡

商代后期，随着阶级矛盾的激化和对周围部族战争的频繁，国家机构不断强化，维护奴隶主贵族统治的宗法制度也逐渐形成。武丁时代对祖先的祭祀，把直系先王成为"大系"，旁系先王称为"小示"，合祭"大示"的宗庙叫"大宗"，合祭"小示"的宗庙叫"小宗"。这就是宗法制度中大宗和小宗的起源。武丁以后，逐渐形成一种轮流祭祀的祀典，叫做"衣"祭。被列入这种祀典的祖母，基本上只限于直系先王的配偶，而且直系先王配偶中也只有一个或几个正妻有资格受到祭祀。这样在祭祀中对直系先王的重视，并对其配偶作正庶的区别，这是宗法制度中区别嫡庶的起源。原来商代继承王位，大都是兄死之后，按弟的年龄长幼来继承，如果没有弟，才传给兄之子或弟之子，叫做"兄终弟及"。其中也有一些传给嫡子的，但以"兄终弟及"的占多数。但是武乙以后，商王四代都是父死子继，帝乙长子微子启因生母低贱而不能继承王位，少子纣因生母是正妻而得到继承，说明到商代末期，以区别嫡庶为核心的宗法制度已严格执行。这种嫡系继承制的确立，目的在于防止贵族发生内乱，从而巩固贵族组织及其统治权力。

商代把商王直接统治地区叫做"大邑商"，包括河南北部、河北南

部、山东西部、山西南部的黄河中游广大平原地带。在"大邑商"的四周,称为东土、南土、西土、北土,也称为四方。四方是分封诸侯的地区。在诸侯的封地之间和诸侯封地的外围,又散布有许多方国部落,有的服属于商朝,有的同商朝及其诸侯经常发生战争。处于敌对地位。

商朝在中央设有比较强大的国家机构,有称为"尹"和"卿士"的政务官,也有称为"多卜"和"占"宗教官,称为"作册"的史官,还有掌管事务的"小臣",掌管农事的"小耤臣",掌管"众人"的"小众人臣",掌管"多马羌"的"小多马羌臣",掌管手工业的"司土"。更有掌管军事的"师""马""亚""射"等武官;还有掌管狩猎的官叫"犬"。这时百官也称"百姓",因为只有贵族有姓,"众人"和奴隶是没有姓的。

商代开始实行分封制,分封的诸侯有侯、伯、甸(田)等称号。卜辞中有关"侯"和"伯"的记载很多,曾说到"从多田(甸)于多方(伯)正(征)盂方"(《殷虚文字甲编》2 395 片、2 416 片)。西周的《大盂鼎》也说到"殷边侯、田(甸)"。诸侯从商王那里分赏到土地和人民,而诸侯对商王负有一定的义务,如督率所属人为王室耕作,率领所属士兵为商王征伐,并随时向商王报告边境上敌对部族的动情,还必须经常向商王进贡本地特产和商王所需物资。当时诸侯和服从的部落向商王进贡的物品有鬯(香酒)、贝、珏、骨笄、舟以及龟、犬、马、牛、鹿、象、猴、奚、羌、美女等。同时还有对诸妇、诸子的分封。诸妇如同诸侯一样,对商王负有一定的义务,除督耕以外,也常率兵出征,例如妇好统率所征发的士兵出征,多到一万三千人。

商代中央直属的军队叫做"自",武丁、文丁时卜辞:"王作三自:右、中、左"(《殷契粹编》597 片)。"自"即屯聚的"屯","三自"即后世三军的起源。"自"的将官,常常连同他的名字称为"自某"。商代后期,战车已成为军队的主力,车上一般有甲士三人,一人居中驾御,一人在右持戈或矛,一人在左持弓箭,基本上和周代战车相同。战车后面和两旁跟着徒兵。王室的军队常由商王和贵族直接统帅,贵族子弟是军队的核心力量。商代军队是为奴隶主贵族服务,对内用来镇压"众人"和奴隶,对外用来征服和掠夺四周部族,以扩充奴隶的来源。

武丁时用兵重点在西北方面,曾多次征伐舌(读作"工")和土方(在今山西、陕西北部直到内蒙古河套以北),每次使用兵力三千到五千人。对于鬼方(今陕北、内蒙及其以北地区),武丁经过三年的出征,终于取得胜利。武丁还曾对羌大举用兵,一次命令妇好征发了一万三千人出征,足见战争规模之大。卜辞记载:"登妇好三千,登旅万,乎(呼)伐羌"(《库方二氏藏甲骨卜辞》310 片)。到禀辛、康丁两代,还曾继续对西北许多方国长期用兵。

到商代末年,商王用兵的重点在东南方面,主要是征伐东南沿海和江淮之间的夷族。帝乙曾两次大举出征人方(今山东与江苏之间沿海地区),由帝乙亲自指挥。帝乙在十年九月,从中原地区到达东南的攸国,与攸侯喜合兵,出征人方及林方,直到次年三月才胜利而归。帝乙在十五年又路经齐、顾等地出征人方。帝乙之子纣继续对东夷用兵,多次取得胜利,即所谓"纣克东夷"(《左传·昭公十一年》),"纣之百克"(《左传·宣公十二年》)。纣还从夷族得到大量附录补充自己的军队,即所谓"纣有亿兆夷人"(《左传·昭公二十四年》引《泰誓》)。商代末年这样长期对周围部族用兵,大量消耗自己人力和物力,加重了人民的负担,就促使国内阶级矛盾进一步尖锐化;同时对四周部落的战争,大量掠夺和损害四周部族的人力和财物,更促使商王朝奴隶主贵族和四周部族之间的矛盾尖锐化。

商代奴隶主贵族对待奴隶是极其残酷的,常常杀死大量奴隶用来殉葬和祭祀。不但墓中杀殉许多奴隶,如侯家庄西北岗大墓就杀殉有二百二十五人,而且建筑宫殿过程中也大量使用人牲,如小屯北地王家宫殿遗址中就发掘出人牲六百四十一人。卜辞中用人祭祀的记载俯拾即是,数量惊人,一次有用三百人到一千人的。商王朝在许多地方设有监狱,在边地设有囚禁异族战俘的监狱,监狱中常常发生战俘奴隶逃亡的事件。卜辞中奴隶逃亡和追捕奴隶的记载很多,逃亡和追捕的奴隶从几个、十几人到几十人不等。我们以畜牧奴隶为例,例如卜辞记载:"甲寅,允有来艰,左告曰:有亡刍自益,十人又二"(《殷虚书契菁华》第5页)。这是说,甲寅这天果然有祸乱,左这人来报告说,有十二个畜牧奴隶从益这个地方逃跑。又如"旬有二日,乙卯,允有来自光,氏(致)羌刍五十"(《殷契遗珠》620片)。这是说,过了十二天到乙卯那天,光果然派人来,并且送来捉到的羌族畜牧奴隶五十人。说明当时奴隶采用逃亡的办法来进行反抗斗争,很是普遍(参看胡厚宣《甲骨文所见殷代奴隶的压迫斗争》,《考古学报》1976年第1期)。

这时奴隶们已经采用破坏粮仓的办法来进行反抗斗争。例如"迄主六日戊戌,允有来艰,有寇在受,宰在△,其△耨,亦(衣)焚廪三"(《战后宁沪新获甲骨集》第2卷29片与31片,反面)。就是说,过了六天到戊戌那天,果然有祸乱,有寇族的奴隶在受那个地方,有宰奴在另一个地方,他们本来派去除草的,不料夜里焚烧了三个粮仓。与此同时,奴隶还有起来搞武力暴动的。例如"庚午卜,旁方其执作戎"(《甲骨文录》631 片)。"旁方"是武丁时期商的敌对方国，"执"是奴隶监狱，"作戎"是说使用武力作乱。这是向囚禁旁方俘虏奴隶的监狱是否发生了武力作乱？说明当时监禁的奴隶发生暴动，已是经常的事(参看齐文心《殷代的奴隶监狱和奴隶暴动》，《中国史研究》1979 年第 1 期)。

到殷纣王时，由于政治腐败，剥削压迫的加重，再加上朝廷内排斥一些有德的人，进用"暴德之人"和"逸德之人"(《书·立政》)，例如"比干何逆，而抑沉之？雷开何顺，而赐封之？"(《楚辞·天问》，王逸注："雷开，佞人也，阿顺于纣，乃赐之金玉而封之也")。因而弄得"百姓怨望，而诸侯有畔者"(《史记·殷本纪》)。"小民方兴，相为敌雠"(《书·微子》)。商代奴隶社会内部矛盾激化到这样程度，已经注定它走向灭亡的命运。贵族微子因而哀叹说："今殷其沦丧，若涉大水，其无津涯"。与此同时，商代奴隶主贵族长期对周围部落方国进行征服和掠夺战争，大量掠夺生口作为奴隶，激起了许多部落方国纷纷进行反抗斗争。商王朝终于在内部奴隶暴动和周围部落方国的反抗中复灭了。

三、周王朝的建立和宗法制、分封制的扩展

周原是西北的姬姓部落，自认为夏的后代，它和羌人中的姜姓部落世代通婚，结成部落联盟。相传始祖名弃，是有邰氏的女子姜嫄踏上了上帝的脚迹而生，善于种植稷(小米)和麦，因称后稷。后稷三传到公刘，迁居到豳(今陕西旬邑西南)，开垦荒地，发展生产。这时正当夏代末年。公刘九传到古公亶父，因受戎狄逼迫，迁居岐山之下的周原，发展农业，建筑住所和宗庙。"周"就是由此得名。古公亶父后来被尊为"太王"。太王传位给幼子季历，称为公季，正当商王武乙时

代。季历臣服于商,曾进贡北方戎狄部族(如西落鬼戎等),不断取得胜利,逐渐强大。商王文丁因此封季历为"牧师",职掌畜牧。后来周和商发生矛盾,季历被文丁杀死。季历之子昌继位,即周文王。周文王向西打败了犬戎,攻克了密须(今甘肃灵台西);向东又攻克了黎(今山西长治西南)和邘(今河南沁阳西北),还攻灭了比较强大的崇(今河南嵩县北),势力深入到商朝中西地区,积极准备灭商代。建都于丰(今陕西西安西南沣河西岸),这时周已成为商代西方最强大的奴隶制国家,制定了保护奴隶主利益的法律,规定"有亡荒阅"(《左传·昭公七年》),就是说,奴隶有逃亡就要大搜查,任何人不得私自留藏。

周文王去世,由其子发即位,即周武王。周武王即位的第二年就在盟津(一作孟津,今河南孟县南)会盟诸侯,检阅军队,准备伐商。盟津就是由此得名。再后二年一月,武王就率战车三百辆,虎贲(周王亲兵)三千人,甲士四万五千人,联合庸、蜀、羌、髳、微、卢、彭、濮等西南八族,从盟津渡河,直到牧野(今河南淇县南)。武王就在牧野举行了誓师大会(见《书·牧誓》)。商王纣匆忙调集大军七十万人到牧野应战。因为纣的军队中"亿兆亿人,离心离德"(《左传·昭公二十四年》),"纣师皆倒兵以战,以开武王"(《史记·周本纪》),武王取得了大胜,一下攻占了沫城(即朝歌,今河南淇县)。纣因兵败自焚而死。周武王在牧野一战所以能够取得决定性的胜利,是由于周武王这一行动正符合于广大人民"除害"的需要。周穆王时祭公谋父早就指出:这是由于商王纣"大恶于民,庶民弗忍,欣戴武王",武王起了"勤恤民隐而除其害"的作用(《国语·周语上》)。荀况也曾指出牧野之战,"鼓之,而纣卒易乡(向),遂乘殷人而诛纣"(《荀子·儒效》)。

周武王的得胜,主要是由于殷人倒戈,调头转向。从这次战争符合人民"除害"的需要来看,可以说这是"武王领导的人民解放战争"(毛泽东:《别了,司徒雷登》)。

武王克商以后,就建立周王朝,建都于镐(今西安西南泮河东岸)。这是以"小邦周"灭掉了"大邦殷",周的力量一下子还不可能控制商代原来统治的地区,也不可能控制商原有的贵族势力。因此武王不能不让纣子武庚(即禄父)留在沫(即朝歌)接受周王封号,并命令他的兄弟管叔(名鲜)、蔡叔(名度)、霍叔(名处)统率部分周族,在附近监督,称为"三监"。二年后武王去世,其子成王(名诵)年幼,由武王弟周公(名旦)摄政当国,登王位,引起了管叔及其群弟不满,他们流言说:周公"将不利于孺子"(《书·金縢》)。以武庚为代表的殷贵族,就乘机和管叔、蔡叔串通,并联合东方的奄(今山东曲阜)、薄姑(今山东博兴东南)、熊姓和盈姓(即嬴姓)之族十七国以及淮夷、徐戎等等,一起发动叛乱,图谋恢复商王朝。因此周公亲自统率大军东征,亲自作了东征的动员报告(见《书·大诰》)。经过三年的东征,终于取得完全胜利,杀了武庚和管叔,流放了蔡叔,灭亡许多东夷的小国,从而把殷贵族的势力镇压下去,巩固了周王朝在中原和东方地区的统治。一个巩固的周王朝,实际上是从周公东征以后才确立的。

周公在东征胜利以后,采取了一系列的措施来巩固周王朝的统治。主要有下列五个方面:

一、迁"殷顽民"。就是迫使殷贵族迁居到洛邑(今河南洛阳东),迁居后仍给以一定的田宅,或者给以适当的职司,使转变为新贵族而顺服。这就是周公告诫旧贵族所说的:"今尔惟时(是)宅尔邑,继尔居","尚永力畋尔田","尚尔事,有服在大僚"(《书·多方》)。

二、营建东都。就是在洛邑营建新都，以便加强对中原和东方的统治。因为原来周的都城丰、镐偏西，不便于控制中原和东方。同时把大量的殷贵族迁到洛邑，必须建设一个政治、军事中心来加强控制。从此西部丰、镐称为宗周，东部的洛邑称成周，都驻有重兵防守。

三、大规模分封诸侯。武王克商以后，即开始分封，而大规模的分封则在周公东征胜利以后。周王的子弟如文王之弟、文王之子、武王之子、周公之子，都先后得到了封地，成为大小诸侯。同时也还分封了一些有功的异姓贵族，其中以姜姓贵族较多，也还分封了一些其他各姓有传统势力的贵族，也分封了一些投降周朝的殷贵族。分封时，除给以一定范围的封地及其居民以外，有的还赏给已经降服的归贵族，赏给担任职官的贵族以及宝器、典册文物等等。

四、制定刑法。周公在分封其弟康叔在原商王所在的地方，建立卫国；同时又任命他兼为周王室的司寇，掌握对殷民的生杀大权。周公对康叔宣布了统治殷民的政策（见于《书·康诰》），周公主张适当采用原来商的法律来处罚（"师兹殷伐有伦"），以"义"为标准（"用其义刑、义杀"）；还主张继续按周文王制定的刑法来处罚，对违反宗法制度而不孝、不友、不慈的人，"刑兹无赦"。更主张对罪犯要看他们的一贯表现，如果小罪长期不改，故意作案，不可不杀；如果大罪出于偶然，能够改正，就可不杀。相传周公制作《九刑》，着重于对"贼""藏"（掩护贼的）"盗""奸"（使用盗的财的）四种人的处罚（《左传·文公十一年》《国语·鲁语上》）。周公这样的讲究刑罚，无非是为了防止奴隶和平民的反抗和原来旧贵族的反对，以便巩固周王朝的统治。

五、推行周礼。相传周公曾制礼作乐。实际上周王朝的典章制度，所谓"周礼"，是沿袭夏、商两代的制度而有所发展的。《论语·为政》说:"殷因于夏礼,所损益可知也;周因于殷礼,所损益可知也。"所谓周公制礼,当是到周公时,"周礼"已比较完善并加以推行。

西周时代政治上重要的制度是宗法制和分封制。当时把宗法制和分封制密切结合起来推行,就是把族权和政权相结合,构成一整套的奴隶主贵族层层统治的政治体制。宗法的"宗",原是宗庙之意。这时大小宗族都建有宗庙祭祀祖先,并作为举行重要典礼的场所。所有政治上和军事上的大事,都要到宗庙请示和报告,目的在于借此巩固宗族的团结,加强宗族的战斗力量。宗法制度的核心,就是嫡长子继承制。这种嫡长子继承制,自从周公归政周成王以后,世代遵守而没有改变。周王自称是天之元子,嫡长子世袭王位为天下大宗,同姓诸侯都尊奉为宗子;并通过族外婚制,与异姓诸侯结为甥舅,异姓诸侯也尊周王为天子,作为天下政治上的共主。周王朝就是通过宗法和姻亲的关系,以姬姓贵族为王,联合异姓贵族,组成贵族联合统治的政治体制。天子的众子或者分封为诸侯,君位也由嫡长子继承,对天子为小宗,在本国为大宗。诸侯既为国内同姓卿大夫尊奉为宗子,又为异姓卿大夫奉为本国政治上的共主。诸侯的庶子或者分封为卿大夫,也由嫡长子继承,对诸侯为小宗,在本家为大宗,世袭官职,掌握有统治采邑的权力。卿大夫也还分出"侧室"或"贰宗"。这些世袭的嫡长子称为"宗子"或"宗主",以族长身份世袭掌有一定范围的政权、兵权、族权和神权。就这样,在各级贵族之间,在政治上有君臣、上下之分,有等级从属关系;在宗法上则有尊卑、贵贱之别,有大宗统摄小宗,宗人服从宗子的关系。就这样,通过宗法制和分封制,确定了各级奴隶主贵族在政治上和经济上的特权,形成从天子、诸侯、卿大夫、士的等级从属关系,从而组成庞大的贵族集团和分布各地的统治网,加强了对庶人和奴隶的剥削和压迫。

在宗法制度下,有宗庙制度和族墓制度用来巩固贵族的团结,有姓氏、名字制度用作分别贵贱长幼的标志,有族外婚制和等级内婚制作为联接贵族关系和保持等级地位的手段,有嫡长子继承制用来巩固贵族的世袭特权,有宗子主管全族权力的制度以便集中权力,有家臣制度构成了政权机构。从天子、诸侯一直到卿大夫,都有一套从家臣发展形成的职官制度。

西周时代天子所属的重要职官,有大保和大师,都是辅佐天子的官。大保原是保养辅导的官,太师原是帮助天子统率大军的官。西周初年,召公曾任大保,吕尚、周公都曾担任太师。西周重要的官署有两个,一个叫卿事僚,掌管行政大事,其长官叫"卿事"或"卿士",就是执政大臣,如周厉王时荣夷公为卿士,周幽王时虢石父为卿士。另一个叫太史僚,担任秘书工作,其长官叫"太史"。天子给臣下的"册命"由史官起草、宣读和授予,国家的历法也由史官制定和公布,国家大事也由史官记录和保存。这时分掌国家大事的,还有司土(即司徒)掌管土地和征发徒众,司工(即司空)掌管公共的水利木工工程,司马掌管军需的征发和供应,司寇掌管刑狱警察。保持有古代东方国家专制主义的特色。

西周时代周天子所有的主要军队有三支,一支叫"西六自",驻屯在宗周地区,用于统治西方地区和征伐西方部族;一支叫"成周八自",驻屯在成周地区,用于统治中原地区和征伐南方部族;另一支叫"殷八自",驻屯在殷的旧地(即卫国),用来统治殷的归地和征伐东方部族(一说"殷八自"即"成周八自",是驻在成周的以殷人组成的军队)。这时军事上的出征,除了掠夺人口和财物以外,还要迫使被征服的部族进贡人力和物力。凡夷戎部族一经征服，便成为贡纳之"臣"，要定期进贡人口和财物，"进人"要押送到一定的军队驻防地点，贡纳财物也要送到一定的官署储藏。如果不服从这些规定，就要受到讨伐（见《兮甲盘》和《师寰簋》）。西周军队作为奴隶主国家的工具，是显而易见的。

诸侯在国内同样设有统治机构和设有各种官职可以征调贵族和"国人"组成的军队。诸侯可以世袭掌握国内的政权、兵权和神权。但是按礼，天子的命令叫做"王命"，诸侯必须听从，"犯王命必诛"。诸侯的重大事件，包括君位的继承，天子有权顾问，都必须听从"王命"办理。例如周宣王命令鲁武公立庶子为太子，结果因争夺君位发生内乱，周宣公因而出兵加以干预，"诸侯从是而不睦"（《国语·周语上》）。同时按礼，"大国三卿皆命于天子"，"次国三卿，二卿命于天子"（《礼记·王制》）。这种制度也是天子用来控制诸侯的，看来实行过。直到春秋时代，周天子号令不行，但是有时在形式上，诸侯的上卿还由天子任命，称为"命卿"和"王之守臣"。按礼，诸侯还必须定期向天子朝觐，述职纳贡。如果不这样做，就叫做"不王"和"不共（恭）王职"，天子可以用王师会同诸侯之师来讨伐。原来天子有权征调诸侯的军队帮他出征。到春秋初期，天子已无实力，但当晋国公室和别封的曲沃发生内讧时，周桓王还是多次以"王命"调集一些诸侯的军队，出兵干预。周桓王伐郑，也曾征调蔡、卫、陈、虢之师。原来诸侯对天子的贡赋有等级的规定，到春秋晚期郑国子产还说："昔天子颁贡，轻重以列，列尊贡重，周之制也"（《左传·昭公十三年》）。当时天子就是依据"周礼"的种种规定来控制诸侯的，诸侯也是依据"周礼"的种种规定来控制卿大夫的。

西周初年所分封的主要诸侯有下列各国：

卫国，开国君主是武王弟康叔，是周公平定了武庚叛乱之后分封的，建都朝歌，封地有商代的旧都周围地区。在今河南北部。

鲁国，开国君主是周公之子伯禽，是周公东征胜利之后分封的，建都曲阜（今山东曲阜），原是奄国之地，在今山东西南部。

齐国，开国君主是灭商有功的太师吕尚，也是周公东征胜利之后分封的，建都营丘（今山东临淄北），原为薄姑之地，在今山东东北部。

晋国，开国君主是成王幼弟唐叔虞，建都翼（今山西翼城东南），原为唐国之地，在今山西西南部。

燕国，开国君主是周的同姓贵族召公奭，建都蓟（今北京市），有今河北北部和辽宁西部。

宋国，开国君主是商王纣的庶兄微子启，建都商丘（今河南商丘），原为商的南方地区，有今河南东部和山东、江苏、安徽间地。

陈国，开国君主是舜的后裔陈胡公，建都宛丘（今河南淮阳），有今河南东部和安徽一部分地。

蔡国，周公东征胜利后，流放蔡叔度，改封其子蔡仲（名胡）于此，建都上蔡（今河南上蔡），在今河南南部。

吴国，姬姓贵族周章的封国。相传季历之兄太伯、仲雍率部分周人迁居到此。周克商后追封仲雍后裔周章为诸侯，建都吴（今江苏苏州）。

楚国是芈姓贵族建立的国家，在今湖北东部荆山一带，建都丹阳（今湖北秭归东南）。当时它的地位在诸侯之下。据说周成王在岐阳（岐山之阳）会盟诸侯，楚国担任"设望表"工作，鲜牟（东方夷族）担任"守燎"工作，都没有参与会盟（《国语·晋语八》）。

后来周宣王还曾分封其弟郑桓公(名友)于郑(今陕西华县),西周末年郑国东迁,建都新郑(今河南新郑),成为春秋初期强大诸侯之一。周宣王又曾分封姜姓贵族于申(今河南南阳北),成为西周末年强大诸侯之一。

四、周王朝的井田制和奴隶制经济的高度发展

西周时代的社会结构,表现为"国"与"野"的对立,也就是"乡"与"遂"对立的制度。不仅天子的王畿有这种制度,诸侯的封国同样有这种制度,例如"鲁人三郊三遂"(《书·费誓》),即是三乡三遂。

《周礼》虽是战国时代的著作,但书中所述乡遂制度,基本保存了西周时代的面目。《周礼》把周天子直接统治的王畿,划分为"国"与"野"两大区域。"国"以王城为中心,包括四郊以内所设的"六乡";"野"包括四郊以外所设的"六遂"。"六乡"的居民是"国人",具有国家公民性质,属于统治阶级"国人"的户籍编制是乡党关系,保持有聚族而居的习俗,保留有村社平分份地的制度,有服兵役和力役的义务。"六遂"的居民是"甿"或"氓",也称"野人",属于被统治阶级。"野人"的户籍编制是邻里关系,也有村社分配份地的制度。但是"六遂"设有各级官吏负责监督耕作,并征敛财赋。"六遂"居民要负担"公田"上的集体劳动。《周礼·里宰》:"以岁时合耦于锄","合耦"是指集体耕作,"锄"即指井田制中"公田"。这种"合耦"的"公田"称为"锄",当即因"助法"得名,即孟子所说:"唯助为有公田"。犹如这种公田或者称为"籍田"。助法或者称为籍法。这种"合耦于锄"的收获称为"锄粟",名义上用作救济,所谓"施其惠,散其利"(《周礼·旅师》),所谓"以兴锄利甿"(《周礼·遂人》),实际上"公田"上集体耕作的收获已完全成为贵族的剥削收入。

　　《周礼》中"乡"和"遂"的居民，阶级地位不同，负担也大不相同。"六乡"居民主要提供兵赋，而"六遂"居民主要负担"公田"上的集体耕作。孟子答复邓文公派人来问井田制说："请野九一而助，国中什一使自赋"。所说"九一"和"什一"的剥削比例当然不确，但是所说"野"中用助法和国中"使自赋"，确是根据旧有制度的。

　　《周礼·遂人》说："以岁时稽其人民，而授之田野"，"辨其野之土，上地、中地、下地，以颁田里"。这就是村社中定期重新分配份地的制度。《周礼·遂人》还说到份地的分配，"上地，夫一廛，田百亩""中地，夫一廛，田百亩，菜百亩""下地，夫一廛，田百亩，菜二百亩"。这是由于土地肥瘠不同，用菜（草地）来补充瘠地加以调济，以求分配平衡。孟子讲公田制："方里而井，井九百亩。其中为公田，八家皆私百亩，同养公田。公事毕，然后敢治私事，所以别野人也。"原来井田制下每户庶人都能分配到"私百亩"，同时必须"同养公田"，当是事实。孟子所谓"同养公田"，即《周礼》所说"合耦于耡"。至于说井田制中以"八家"为一组，那就不一定。依据《周礼》，有些地方以十夫为一井，有些地方又以九夫为一井。总之，不论是八家或九家、十家为一井，这种井田制是从原始的村社土地制度转变而来，原来的村社组织这时已变成贵族所奴役的"小集体"。

　　从所有井田制的资料来看，显然是变了质的村社土地所有制，不可能是别的制度。孟子所说各家都有"私田"百亩和"同养公田"的情况，非村社制度不能解释。《汉书·食货志》讲井田制："民至二十受田，六十归田"；何休说："一夫一妇受田百亩""男年六十、女年五十无子者，官衣食之"（《公羊传·宣公十五年》注）。这样以结婚的一夫一妇为分配份地的对象，以二十岁到六十岁作为分得份地和出一户负担的时期,正是村社中还受份地的制度。云南西双版纳傣族地区在民主改革以前,还保留有这样村社还受份地制度。何休还说:"司空谨别田之善恶,分为三品。上田岁一垦,中田二岁一垦,下田三岁一垦。肥饶不能独乐,墝埆不能独居,故三年一换土易居,财均力平"。张晏也说:"周制三年一易田,以同美恶"(《汉书·地理志》颜注引)。这种"三年一换土易居"的办法,正是村社中定期分配份地制度。日耳曼人的马尔克公社,就曾实行定期重新分配份地的制度。

井田制一般实行于河流纵横的平原地区,井田是由于田亩划分成方方整整的"井"字形而得名。在"井"字形结构的田亩间,开有大小纵横的一系列沟渠,以便于排水。《考工记》中曾详细谈到这种排水沟渠的排列方式,大小沟渠有川、浍、洫、沟、遂、畎等,在沟渠间有大小道路,称为跞、道、涂、畛、径等。为了适应地势和水势,田亩的开垦和沟渠的开凿必须在一个地区内统一安排,分别开垦成行列东向的"东亩"和行列南向的"南亩"。《诗经·周颂》的《载芟》《良耜》篇,《小雅》的《大田》《甫田》篇,都说到"南亩"。《小雅·信南山》还说:"我疆我理,东南其亩"。井田的田亩和沟渠既然需要统一安排,水利工程的开凿和管理就必须由国家统一掌握,因此周王朝就没有"司工"或"司空"的官专门掌管。这正是古代东方国家的特色之一。

在原始社会末期,我国中原地区普遍存在具有一定生产水平的村社组织。当夏商两代建立奴隶主国家过程中,特别是周初征服周围部族,实行大规模分封的过程中,由于生产力水平的比较低下,由于贵族监督农业生产能力的不够强大,不可能把原来村社改变成监督奴隶集体耕作的机构,因而只能利用原有的村社组织加以劳动编组,把村社转化成为被奴役的"小集体"。井田制就是在这种情况下发展起来的。例如周初分封鲁国,在分给"殷民六族"作为统治力量的同时,还"分之土田陪敦","因商奄之民"(《左传·定公四年》)。"土田陪敦"就是《诗·鲁颂·閟宫》所说的"土田附庸"。这是说,要鲁国把封地的原住民即"商奄之民",作为附着于土田的服役者。当周宣王分封申伯的时候,"因是谢人,以作尔庸"(《诗·大雅·崧高》)。这是说,要中国把封地的原住民即"谢人",作为附着于土田的服役者。所谓"土田附庸",实际上就是利用原有的村社加以劳动编组成为附着于土田的服役者。相传在井田制的组织中,在父老和里正的监督下,耕作者必须早出晚归,在夜长的冬天,妇女"相从夜绩,至于夜中"(《公羊传·宣公十五年》注),女功一月要做相当于45天的工作,即一天要做18小时工作,可见当时村社中庶人受到压迫和剥削的严重。

与此同时,原来村社中由首脑带头耕作、鼓励集体耕作的仪式,这时就变成贵族监督庶人集体农业劳动的"籍礼"了。举行"籍礼",由天子及公卿举行亲耕的仪式,目的在于"监农不易",即监督庶人从事农业劳动,使不敢松懈。行礼完毕后,要"庶人终于千亩",还要司寇去责罚"土不备垦"的庶人。更要派出各级官吏四处巡查,天子也要亲率大臣外出大巡查。不仅在春耕时要进行如此监督,耨耘时、收获时,都要如此。十分明显,"籍礼"的举行,对庶人农业劳动这样严厉的监督,目的在于确保称为"籍"的剥削方法的执行。

当西周、春秋间,所有奴隶主贵族都把"籍"作为主要的一种剥削收入的。孔子说:"先王制土,籍田以力而砥其远迩"(《国语·鲁语下》),认为周代的土地制度是采用"籍田以力"的办法的。孔子又认为这种"籍"法是出于周公制定,他说:"如果鲁国季孙氏要采用这个办法"，"则有周公之籍矣"（韦注："籍田之法，周公所制也"）。籍法未必始于周公，但是这样把籍法作为周公制定的"礼"，肯定西周时代已作为一种普遍推行的制度。《春秋》二传一致认为鲁宣公十五年"初税亩"之前，实行的是籍法，他们都站在顽固的贵族立场，反对"初税亩"的改革，主张维持原来的籍法，认为"初税亩，非礼也"。

西周时代贵族迫使庶人在"籍田"上集体耕作的规模是很大的。在一定地区范围内，在一定时期所有庶人都必须到指定的籍田上参加集体劳役，因此国家统计庶人的人口，只要到"籍田"上去统计，所以当时人说：举行"籍礼"就是"所以习民数也"（《国语·周语上》）。这样，"籍田"上就出现了成千成万人集体耕作的大场面。例如《诗·周颂·载芟》描写集体耕作的情况说："载芟载柞，其耕泽泽。千耦其耘，徂隰徂畛"。这是说，正在除去草根树根，把土壤耕得松散，上千对人在除草，除完低田又除完高硬。又如《诗·周颂·噫嘻》描写集体耕作的情况说："骏发尔私，终三十里。亦服尔耕，十千维耦。"这是说，大规模开发你们的田，一直到三十里尽头，很好安排你们田上的耕作，一万多人在集体劳动。这样在籍田上出现"十千维耦""千耦其耘"的大场面，正是奴隶制时代特有的景象。

西周的农具仍然多是用木、石、骨、蚌来制作的。但是带有青铜锋刃的农具比商代多了。古诗中读到"钱"是带有青铜锋刃的铲，"镈"是带有青铜锋刃的锄，江苏仪征破山口西周墓还出土有青铜镰。这时荒地的开辟需要三年功夫，第一年清除草木，叫做菑田；第二年整治田亩，叫做新田；第三年垦熟可以播种，叫做畬田。这时农业生产技术有一定程度的发展，农田已普遍按照地势和水势修筑有整齐的"亩"（高畦）、"毗"（小沟）行列，起着洗土排水作用。已经认识到立春时节"阳气俱蒸,土膏其动",即土壤中的水分和温度开始上升,土壤中的肥力开始发生作用,必须及时春耕,使土壤结构和解,可提供农作物生长的水分和肥力,否则的话就会"脉其满青,谷乃不殖"(《国语·周语上》)。也已认识到不断除草有助于提高粮食产量,例如说:"日服其镈,不解(懈)于时,财用不乏,民用和同"(《国语·周语上》)。西周的粮食作物的品种比商代有显著增加,已有黍、稷、来或麦、牟(大麦)、麻、荏菽(大豆)、稻、秫(粘稻)、粱(稷的优良品种)、糜(赤粱粟)、芑(白粱粟)、秠(黑粟的变种)、秬(黑黍)等种。荏菽(大豆)是西周开始作为粮食作物而推广种植的,粱是西周栽培成功的稷的优良品种,稻在西周都城丰、镐附近已经播种,并利用滮池来灌溉稻田。《诗·小雅·白华》:"滮池北流,浸彼稻田"。这时已注意到虫灾的严重性,已能辨别各种不同的害虫。

西周是奴隶制全盛时期。奴隶主贵族把大量奴隶使用于手工业、畜牧和其他各种劳役。如周厉王命令伊掌管"康宫王臣妾、百工";(伊簋);又命令师𣄪掌管"我西偏、东偏仆驭、百工、牧、臣妾"(师𣄪簋)。"臣妾"是一般奴隶,"仆驭"是掌管车马的奴隶,"牧"是畜牧的奴隶,"百工"是手工业奴隶。

西周的手工业是继承商代传统而有所发展的。西周初期的青铜器制作,形制和图案花纹基本上沿袭商代后期的,但也有发展变化,酒器逐渐减少,新形式的乐器和食器逐渐出现,如乐器中的钟镈,食器中的簠、盨等。西周中期以后,青铜器的形成和图案花纹发生变化,器壁从厚重趋向轻巧,开始流行粗线条的几何形图案。青铜器上的铭文,字数增多。多数用来记叙贵族的功绩和周天子赏赐给的职官、器物,也有用作法律上的契约如曶鼎、矢人盘(即散氏盘)等。其中最长的铭文如周宣王时的毛公鼎多到 497 字。这是研究西周时代社会历史的重要资料。

西周釉陶的制作,继承商代而有进一步的发展。饮食用的釉陶器,类型增多,釉色有姜黄、绿色、灰青色等种,接近瓷器的水平。玉器、漆器等手工业也有发展。

随着农业和手工业的发展,商品交换也有发展。民间的以物易物,交换日用必需品。如《诗·卫风·氓》说:"氓之蚩蚩,抱布贸丝"。贵族交易的商品就包括各种奢侈品、珍宝以及奴隶家畜。奴隶的价格比家畜便宜,五个男奴只相当于一匹马加一束丝(曶鼎)。这时使用的货币,除了"贝"仍以"朋"为计数单位以外,也还使铜块,以"锊"为重量单位。

五、西周后期奴隶制的动摇和西周的灭亡

自从周公归政成王以后,成王及其子康王在位的年代,是周王朝统治比较巩固的时期,史称:"成康之际,天下安宁,刑错四十余年不用"(《史记·周本纪》)。继康王即位的是昭王,昭王南征楚国,"丧六师于汉"(《初学记》卷七引《古本竹书纪年》)。他本人也在渡汉水时淹死。继昭王即位的是穆王。穆王是周王朝的极盛时代,他曾征伐犬戎,远巡西方,又曾大破徐戎,在涂山(今安徽蚌埠西)大会诸侯,从此国内的阶级矛盾,和周围部族之间矛盾,都开始激化了。史称:经犬戎之后,"自是荒服者不至",说明四周部族已开始不服从周王朝了。同时穆王修治刑法,《吕刑》说:"墨罚之属千,劓罚之属千,剕罚之属五百,宫罚之属三百,大辟之属二百。五刑之属三千"。讲究五刑的条文这样的多,说明这时阶级矛盾已很尖锐。

穆王之后,共王、懿王、孝王、夷王四王时期,由于四周部族的侵

扰，国势衰落。史称："懿王时，王室遂衰。戎狄交侵，暴虐中国"（《汉书·匈奴传》）。懿王从镐京迁都犬戎（今山西兴平东南），当是由于犬戎交侵的缘故。

夷王之后，厉王把山林陂泽圈占起来，实行"专利"，弄得"民不堪命"；"国人"起来批评，又被大加残杀。三年之后，国人、低级官吏、军人都起来造反，迫使厉王逃过黄河，逃到彘（今山西霍县）。后来周宣王告诫臣下，深怕"邦人（即国人）、正人（低级官吏）、师氏人（军队中人）""复虐厥君厥师"，该就是指这件事。同时周宣王教训臣下，不要用暴虐的刑罚，不能拦路抢劫，并且说：如果没有"正命"，敢于监禁审讯人的，就要处以死刑（《曶鼎》）。可见当时引起国人暴动，主要是由于贵族任意迫害人，随便监禁审讯人，使用暴虐的刑罚，甚至拦路抢劫财物。

当时周厉王的被驱逐，固然是"国人"起来斗争的结果，但是，实际参加这场斗争的，不仅是"国人"，四方的广大人民早已在进行反抗斗争了。当时召伯虎劝谏周厉王不要杀死"谤者"，说："民不堪命"，又说："防民之口，甚于防川"（《国语·周语上》）。后来王子朝说："至于厉王，王心戾虐，万民弗忍，居王于彘"（《左传·昭公二十六年》）。说明"居王于彘"是"万民弗忍"的结果。《逸周书·芮良夫》记载芮良夫劝谏周厉王和执政者说："下民胥怨，财力单竭，手足靡措，弗堪戴上，不甚乱而！"又说："时为王之患，其惟国人。"可知直接"为王之患"的，"其惟国人"，而"国人"的反抗斗争，是由于"下民"的"财力单竭""弗堪戴上"。

这时参加反抗斗争的是广大人民，广大人民起来斗争是为了反对当政者的黑暗统治。不少有识之士已经清楚地看到，当执政者如此荒唐残暴,已面临亡国的危险。例如《诗·大雅·抑》(《诗序》以为周厉王时的诗)说:"其在于今,兴迷乱于政,颠复厥德,荒湛于酒",又说:"天方艰难,曰丧厥国""回遹其德,使民大棘"。他们已经看到,人民起来反抗是由于当政者的残暴。例如《诗·大雅·板》(《诗序》以为周厉王的诗)说:"多将熇熇,不可救药。"这是说,多做残暴的事,就不可以挽救医治了。他们还指出,人民反抗斗争的不止,是由于当政者的不断迫害人民。《诗·大雅·桑柔》相传是芮良夫所作(《左传·文公元年》秦伯引《桑柔》为"芮良夫曰"),说得尤其透彻:"民之罔极,职谅善背;为民不利,如云不克;民之回遹,职竞用力;民之未戾,职盗为寇。"

这是说,人民斗争没有止境,是由于当政者信用那些善于欺人的人;他们做尽不利人民的坏事,还好像做得不够的样子;人民的动乱,是由于当政者拼命使用暴力;人民的不安定,是由于那些残暴的执政者如同盗一样的掠夺。他们也已看到当时人民已被逼得非"乱"不可了。《诗·大雅·桑柔》还说:"民之贪乱,宁为荼毒。"这是说,人民爱好作乱,安于作破坏的事。他们也已指出当时"乱"的形势已十分严重。《大雅·桑柔》又说:"乱生不夷,靡国不泯;民靡有黎,具祸以烬。"这是说,乱发生了不平,没有益处不乱纷纷,人民没有留下多少了,遭到大难只留下一些残余了。

自从"国人"把周厉王驱逐,诸侯们就拥戴共伯和摄行王政(《史记·周本纪》索隐引《古本竹书纪年》)。共伯和是共国(今河南辉县)的国君,这时被贵族拥戴出来代理王政,称为共和元年(公元前481年),这时我国历史上有确切年代的开始。十四年后,周厉王在彘去世,由其子靖即位,即周宣王。宣王即位后,"不籍千亩",取消了籍礼,也就是取消了对庶人在籍田上耕作的监督,说明王畿之内井田制开始瓦解,"籍法"已不能推行,这该是周厉王时以及共和年代广大人民长期反抗斗争的结果。广大人民的反抗斗争,使得当政者没法在籍田上集中大量庶人进行监督了。这就标志着奴隶制的危机在王畿已经出现。

当周宣王时,贵族对庶人的剥削压迫仍然很严重。宣王告诫臣下说:"勿雍律(累)庶民,贮,毋敢龏橐,龏橐迺(乃)敢鳏寡"。这是说,不要过分累害庶民,不要把征收的赋饱入私囊,不要欺侮鳏夫寡妇。接着他又说:"敃天疾畏(威),翩翩四方。大从(纵)不静,嗥乎!趣(惧)!余小子圉(陷)湛于艰"(《毛公鼎》)。这是说,天降下丧乱,四方都是乱糟糟的,整个局势大动荡、不平静,使我恐惧,使我陷入了困境。

当周朝统治者日益陷入内部深重危机的时候,四方一些方国部落也加强对周朝的反抗和进攻。这种反抗和进攻,如同商代后期一样,具有反对奴隶主贵族掠夺和奴役的性质。

根据周厉王时期制作的《敔簋》铭文,当时南淮夷曾进攻到洛水、伊水流域,足见驻在成周的"成周八自"已丧失了战斗力,此后也就不再见"成周八自"的战绩了。这次周厉王命令敔率兵追击,取得了胜利,夺回了被俘去的四百人。

根据周厉王时制作的《禹鼎》铭文,当时鄂侯御方率领南淮夷和东夷征伐周的南国和东国,周王调集了"西六自"和"殷八自"一起反攻,但是"西六自"和"殷八自"十分恐惧,继而由武公派禹率领武公的"公容"兵车一百乘,御二百人,徒一千人,带同"西六自"、"殷八自"反攻,才取得胜利,捉到了鄂侯御方。说明西周初东西六自和殷八自已丧失了战斗力。当时周王朝的力量已很难征服四周较强的部族。《后汉书·东夷传》说："厉王无道，淮夷入寇，王命虢仲征之，不克"（当依据《古本竹书纪年》）。

到周宣王时，为了解除戎狄的威胁，开始集中力量对东南夷族发动征服战争。周宣王一度把南淮夷征服。《诗·大雅·常武》和《诗·大雅·江汉》，都曾对周宣王征服淮夷的战绩大加歌颂，周淮王在征服淮夷后，就迫使淮夷成为进贡的臣属，要不断进贡财物和服役者。

这时四周部族中强大的是西戎。周宣王任命秦仲为大夫，征伐西戎，结果反而被西戎所杀。宣王又召秦仲之子庄公，给予七千兵力，再伐西戎，才"伐戎破之，由是少却"（《后汉书·东夷传》引《古本竹书纪年》）。当时西方戎族中最强大的是猃狁，周宣王曾多次与猃狁交战。《诗·小雅·六月》说："猃狁匪茹，整居焦获，侵镐及方，至于泾阳。"焦获在今山西泾阳西北，泾阳即在泾阳一带，可知这时猃狁已深入到西周的心脏地区。后来周王派尹吉甫率军反攻，才取得胜利，一直攻到了猃狁居住的太原。周宣王对猃狁的战争，调集了大量的兵力，根据《诗·小雅·采薇》，在方叔征伐猃狁的战役中，调集的兵力有"其车三千"，这是西周使用兵车最多的一次，足见战争规模之大。周宣王对猃狁的战争勉强取得了胜利，但是消耗的兵力是很大的，而且也没有达到征服的目的。周宣王三十一年"遣兵伐太原戎，不克"（《后汉书·西羌传》引《古本竹书纪年》）。所谓太原戎，即指居于太原的猃狁。

到宣王晚年，还连年和条戎、奔戎、申戎作战。周宣王三十六年"王伐条戎、奔戎，王师败绩。后二年（即三十八年）戎人灭姜侯之邑。

明年(即三十九年)王征申戎破之"(《后汉书·西羌传》引《古本竹书纪年》)。条戎、奔戎、申戎在今陕西、山西之间。这几次周和戎族的战争,晋国都是参加的。晋魏侯七年"伐条",十年"伐千亩有功"(《史记·晋世家》)。晋穆侯七年即周宣王三十六年,"伐条"即是"伐条戎";晋穆侯十年即周宣王三十九年,"伐千亩有功"即是"征申戎破之"。《国语·周语上》说:周宣王"三十九年战于千亩,王师败绩于姜氏之戎。"因为申是姜姓,申戎也称姜氏之戎。千亩之役,最初周被打破,甚周宣王也几乎被擒,由于为"御"的奄父的帮助才得脱险(《史记·赵世家》),后来由于晋国的出兵助战,才转败为胜,所以说"伐千亩有功"。这一战役使周的兵力大受损伤,调去的"南国之师"全丧失了。周王原有的"西六自"、"成周八自"、"殷八自"已经丧失战斗力,这时"南国之师"有覆没,兵力的来源枯竭,因而"料民于太原",检查人丁,严加控制。作为统治支柱的军队已经失去战斗力,说明周朝已面崩溃的危险。

周宣王去世,周幽王继立。周幽王"为大室(即嵩山)之盟,戎狄叛之"(《左传》昭公四年)。周幽王三年"命伯士伐六济之戎,军败,伯士死焉"(《后汉书·西羌传》引《古本竹书纪年》)。这时周朝一方面有戎狄的侵扰,一方面内部矛盾很尖锐。幽王用虢石父为卿士,虢石父"善谀好利",引起国人不满。幽王又宠爱褒姒,立以为后,立其子伯服为太子,而废掉申后和太子宜臼。宜臼逃奔到母舅家申国,于是申侯联合缯国和犬戎进攻宗周,幽王被杀死于骊山之下。西周从此灭亡。宜臼被申侯、鲁侯和许文公等拥立于申,即是周平王。后来周平王在诸侯拥护下东迁洛邑,重建周朝,史称东周。西周的灭亡,固然直接由于西方戎族的进攻,"日蹙国百里"(《诗·大雅·召旻》),而关键还是由于广大人民的反抗斗争。周幽王二年曾发生大旱灾和大地震，造成大灾荒，使人民流离失所，但是促使广大起来反抗斗争还是由于贵族的残暴统治。《小雅·十月之交》在讲到大地震、大旱灾之后说："下民之孽，匪（非）降自天。噂、沓、背、憎，职竞由人。"就是说，人民的灾难并非从天而降，所有的纷乱、反叛、仇恨，都是人制造出来的。当时有识之士早就看到这点。周幽王的司徒郑桓公问史伯说："周其弊乎？"史伯对答说："殆于必弊者也。《泰誓》曰：'民之所欲，天必从之'"（《国语·郑语》）。这时，西周的灭亡已经如同商代的灭亡一样，成为"民之所欲"，所以当申侯联合犬戎向宗周进攻时，西周的统治就一触即溃了。

第三章　奴隶制崩溃的春秋时代

第一节　奴隶制危机的出现

一、周天子统治的衰弱和诸侯的兴起

春秋时代，是我国奴隶社会向封建社会转变的时代。"春秋"这个名称，是从当时鲁国编年史《春秋》而来的。由于生产力的发展，原有的奴隶制上层建筑与生产关系已显得不相适应，日益腐朽没落的旧制度成了社会发展的桎梏。西周灭亡，周平王被迫东迁，周平王依靠诸侯的拥戴，在洛邑重建周王朝，史称东周，后人又将东周分为春秋、战国两个时代，春秋时代起自公元前 770 年(即周平王元年)至公元前 481 年(即田常杀死齐简公，田氏在齐实际取得政权的那一年。)

这时奴隶制开始动摇和崩溃，在奴隶制崩溃的过程中，首先倒台的是奴隶主阶级的总代表周天子。平王东迁以后，周王室的统治日益衰弱，虽然表面上还挂着天子的名号，但实际上已同一个弱小的诸侯国的地位差不多，西周时期那种"礼乐征伐自天子"的权威已不复

存在。周平王是依靠诸侯的力量拥立的，他本身已经没有统治天下和管辖诸侯的力量。过去是天子有权确定诸侯的君位，现在反过来，诸侯确定了天子的王位，这样周天子的权威便发生动摇。平王东迁时，"宗周"地区被戎族所侵占，由于秦襄公护送有功，把岐山以西的周故土赐给了秦襄公，使得王室直辖的"王畿"缩小了许多。后来周王室为了借助诸侯国的力量，苟延残喘，陆续将一些"王畿"之地分赐给诸侯，例如，周惠王把虎牢关（今河南荥阳西北虎牢关）以东赐给郑国，周襄王把温（今河南温县西南）、原（今河南济源西北）等十二个邑赐给晋国。同时洛水、伊水流域还有些地方被戎族迁入居住。真正属于王室的土地东不到虎牢，西不到殽（山）函（谷关），南面在伊水、洛水和汝水之间、北面到黄河，方圆不过二百里左右，只相当于一个中小诸侯国的地盘。春秋初年，周天子依靠临近的虢国（今河南三门峡东南）和郑国的力量维持的。等到大国来争霸，出现霸主，霸主以"尊王"或"勤王"来号召，周天子就乞求它们的保护与合作。例如公元 651 年，齐桓公称霸，在葵丘（今河南民权县东北）大会诸侯，周襄王为了讨好齐桓公，派大臣宰孔送去了胙（祭祀宗庙用过的肉）、彤弓和大路（诸侯朝服的车子）以示祝贺。又如公元前 632 年，晋楚争霸，晋军大败楚军于城濮（今山东鄄城临濮集），晋文公在践土（今河南原阳西南）大会诸侯，把周天子召来，周襄王除了大加赏赐以外，并策命晋文公为"侯伯"（霸主）。

王室的权力既倒，"王命"的权威就丧失，诸侯也就不向天子朝贡了。原来按周礼规定，诸侯要定期向王室朝贡，"一不朝见贬其爵，再不朝见削其地，三不朝见则六师移之"（《孟子·告子下》）。但到了春秋时代已经没人理会这一套，鲁国号称讲究周礼，但是整个春秋时代,鲁国只有鲁成公朝见天子一次,还是因为跟从晋国去伐秦,乘路过京师的方便。王室直接控制的土地不多,各诸侯国又很少贡献,周王室的财政收入就成了问题。公元前 720 年周平王卒,他的孙子周桓王不得不派人到鲁国去求赗(丧葬费)。过了三年周境内发生了灾荒,周桓王只好派人到鲁国去"告饥"。鲁隐公为之"请籴于宋、卫、齐、郑"供王室度荒(《左传·隐公六年》)。公元前 697 年,周桓王又派人到鲁国要求鲁向王室贡车,按周礼规定,车、服应有天子赐给诸侯,这时周天子却穷得要向诸侯求车,可见王室财政枯竭到何等地步。

进入春秋,随着王室的衰弱,周天子所拥有的军队也急剧减少。按周礼规定,天子得有六军(又称六师),各诸侯国只能有一军、二军,最多不得超过三军。但是春秋时期,周的军事力量远远比不上一个大的诸侯国,周平王感到卿士执政大臣郑庄公权势过大,想叫虢公也当卿士,来分去郑庄公的权势。但事机不密,被郑庄公知道了,周平王只得推托说"没有这回事"。为了缓和同郑庄公之间的紧张关系,周平王还将王子交给郑国作人质,郑庄公也将公子送到周为人质。这就是历史上有名的"周郑交质"事件。周天子可谓是威风扫地了。周平王死后,其孙桓王继位,又想削弱郑庄公的权力,郑庄公干脆出动军队强行收割周境内温地(今河南温县西)的麦子,同年秋又抢收成周(今河南洛阳东)附近的谷子以示威。公元前 707 年,以郑庄公不朝贡为口实,周桓王亲自带领了虢、蔡、卫、陈等国军队讨伐郑国。郑庄公起兵抵抗,在名叫繻葛的地方,用"鱼丽之阵"打败了王室联军,郑将祝聃用箭射中了桓王的肩膀,即所谓"射王中肩"。这种事情在以前是不可想象的。郑庄公打败了王室联军之后,并不罢休,过了二年又联合齐、卫的军队攻打周的盟地(今河南孟县)和向城(今河南济源南),桓王无力抵抗,只好把这两个地方的人都迁到王城内称为郑(今河南郏县)的地方。

随着周王室的不断衰弱,失去对诸侯控制的能力,诸侯国之间争夺权利的斗争就越演越烈了。据《晋书·地理志》和《通志·地理略》称,周初分封一千八百多国,到春秋初尚有一千二百多国,显然有夸大。据《春秋》《左传》记载,除各少数族以外,尚有一百七十余国,其中有确切位置的有一百三十九国。春秋初年诸侯中最早兴起的强国就是郑国。郑的始祖郑桓公,是周宣王的庶弟,初封于郑(今陕西华县),西周末年,桓公眼看西周统治不会长久,便把自己的财产和奴隶迁寄到东方的两个小国郐和东虢。桓公的儿子武公灭了这两个国家,建都于今之新郑,郑武公和其子庄公先后作过周王室的卿士(执政大臣),处于挟天子以令诸侯的有利地位,郑庄公联合齐、鲁,攻打宋、卫,制服陈、蔡,还打败了北戎,在中原称雄一时。繻葛之战,还曾大败王室同诸侯联军。郑国成了春秋初期中原地区的一个强国。

齐国原是春秋时代东方的大国,在今山东东北部。是周初功臣吕尚的封国,建都营丘(今山东临淄北)。初建时,只不过一片盐碱地。但齐地处黄河下游平原,境内又富有矿产,东北临大海,有鱼盐之利,很适宜于农业、水产、纺织业和商业的发展。到了春秋初期,齐已成为一个经济比较发达的大国。

北方的晋国是周成王弟唐叔虞的封国,在今山西西南部,建都翼(今山西翼城东南)。春秋初年,晋昭侯分封叔文成师于曲沃(今闻喜县东北),造成分裂局面。后来为曲沃武公所统一,改称晋武公。其子晋献公逐渐并吞了周围小国,势力日见强盛。

秦原为嬴氏之族,祖先非子被周孝王分封在秦(今甘肃天水西南),作为"附庸"(低于诸侯一级),传到秦仲被周宣王命为大夫。平王东迁时,秦襄公护送有功,才被封为诸侯。秦文公打败戎族,"收周余民有之,地至岐",并开始设史官记事。秦宪公向东攻灭荡社(今陕西西安西南)。秦武公又向东攻伐彭戏氏到华山下,向西攻灭邽戎(今甘肃天水)、冀戎(今甘肃甘谷东南),先后建立了邽、冀、杜、郑四个县。公元前677年,秦德公建都雍(今陕西凤祥县南)。成为一个大国。

宋国是商纣王庶兄微子启的封国,子姓,建都河南商丘(今河南商丘),有今河南东部和山东、江苏、安徽等地,也是春秋大国之一。

卫国原是周武王弟康叔的封国,建都朝歌(今河南淇县)。初封时比较大,后来由于狄的兴起,朝歌被攻破,迁都楚丘(今河南濮阳西南)。后又迁都帝丘(今河南濮阳南)。疆域较前缩小,土地比较零碎,和晋、齐、鲁、宋等国交错接壤。

鲁也是春秋时期的大国之一。鲁原是周公旦之子伯禽的封国,建都曲阜(今山东曲阜),有今山东西南部。鲁与周王室关系密切,保存有较多的西周文化典籍,所以当时有"周礼尽在鲁矣"(《左传·昭公二年》)的说法。但是由于旧的束缚较大,很少改革,国势一直很衰弱。

燕国,建都都蓟(今北京市)。原是周的贵族召公奭的封国,有今河北北部和辽宁西部。同鲁一样因为周王室的宗族。进入春秋,燕国逐渐发展为东北的一个大国。但是它和中原不大交往,有关它的情况不很清楚,几乎没有看到燕国在春秋期间同周王室有密切关系的记录,看来关系亦已疏远了①。

　　远在汉水和长江流域的楚国,芈姓,立国于荆山一带,周人或称为"荆"。初建都丹阳(今湖北秭归东南)。周夷王时,熊渠征伐庸和扬越,疆土扩大到长江中游。进入春秋,楚武王向西南开拓"始开濮地而有之",楚文王又向北推进,攻灭申(今河南南阳北)、息(今河南息县西南)两国,改建为县,北边疆界直到汝水。文王迁都郢(今湖北江陵西北)。从此楚便成为南方的大国。

二、井田制的破坏和封建生产关系的产生

　　王室衰微,周天子权力的倒塌,中原地区奴隶制统治秩序的不能维持,是奴隶制危机的一种表现。导致这种危机的根本原因,在于奴隶社会内部生产力和生产关系的矛盾,经济基础和上层建筑的矛盾以及由此产生的不可调和的阶级矛盾日益发展的结果。

　　生产力发展的标志之一,是铁器的开始使用于农业生产,我国冶铁技术创始于什么时候,目前还不能确断。《诗经·秦风·驷驖》中,以铁来形容马的毛色,把黑色的马称为"驖",或者把"驖"写成"铁"(见孔颖达《正义》)。很可能西周、春秋之际发明冶铁技术。到春秋前期,铁器开始使用于农业生产。根据《国语·齐语》说齐桓公时,管仲说:"美金以铸剑戟,试诸狗马,恶金以铸锄、夷、斤、斸,试诸壤土",就是说把青铜(即美金)铸成武器用以作战和打猎,把铁(即恶金)铸成各种农具,用来开垦土地。这条史料说明了两个问题:第一,由于冶炼技术的提高,铁已经可以铸成各种农具使用于农业生产。第二,

---

　　① "同鲁一样因为周王室的宗族"、"几乎没有"至"疏远了"二句杨先生修订时删去。——编者注

同样由于冶炼技术的不过关,铁铸件的坚硬和锋利程度不及青铜制品,所以不能作为武器,只能用作生产工具。齐国大约是较早使用铁器的一个大国。春秋中叶齐灵公时的《叔夷钟铭》文中有"造戴徒四千"字样,"戴"当是"铁"字的初文或省文。由此可见,齐灵公时就已有采铁冶炼的官徒了。随着工具的改革,生产方式也起了变化,牛耕的方法开始出现。孔子学生冉伯牛名耕,司马耕字子牛,晋国有力士名叫牛子耕。《国语·晋语》曾提到祭祀宗庙用的牺牲可用来作为"畎亩之勤",就是说可以把祭祀用的牛马用来耕种田地。这虽然是春秋后期的记录,但社会上用牛、马耕地的现象肯定是春秋前中期就已出现并已得到社会舆论的认可和赞许。否则决不敢将祭祀宗庙祖先用的牛马拉去耕田的。

生产力发展的另一个标志,就是荒地的陆续开垦。郑国刚东迁时,土地荒凉,荆棘丛生,经过开垦,"庸次比耦,以艾杀此地"(《左传·昭公十六年》),不久就成为农业、手工业和商业发达的地区。楚国原来"辟在荆山,筚路(竹车)蓝缕(破衣),以处草莽"(《左传·昭公十二年》),经过开垦,成为南方经济发展的地区。晋国"南鄙之田",春秋初年还是"狐狸所居,豹狼所嗥"(《左传·襄公十四年》),经过开垦,不久就变成一片肥沃的良田。

当时农业生产技术已有显著进步。由于冬小麦的逐渐推广,中原地区已经实行一年两熟制。因为冬小麦的播种,夏熟之后,还可播种秋收作物。公元前720年郑庄公对周桓王捣乱,四月掠割温的"麦",秋天又掠割成周的"禾"。说明春秋初期王畿之内,粮食作物已有夏收和秋收两熟。一年两熟制的推行,大大促进了单位面积产量的提高。

　　同时水利工程技术的进步，也有利于农业生产的发展。春秋时代许多大河都已建有堤防，例如周地有名"堤上"（今河南洛阳西南）的，正当黄河边上，当是因靠近河堤而得名。齐地有名"防门"（今山东长清西南）的，当是济水堤防设门之处。许多大湖泊也都筑有堤防。堤防的建筑，可以防止水灾，保护农业生产。值得注意的是，专门的水利灌溉设施也开始出现。例如楚庄王时，令尹（楚的最高官职）孙叔敖修筑期思之陂（今河南淮滨东南），用来灌溉雩娄（今河南商城东北）一带农田（《淮南子·人间》）。这种灌溉工程的修筑，促进了农业生产的发展。

　　奴隶社会内部生产力的发展，使得原有的奴隶制生产关系不相适应。原来奴隶主贵族迫使广大庶人集中到"井田"的"公田"上劳动，把他们集体生产的粮食作为主要的剥削收入，称为"助法"或"籍法"。同时，贵族还有一套监督庶人在"公田"上耕作的制度和仪式，叫做"籍礼"。但是到西周后期，宗周地区由于庶人"不肯尽力于公田"，进行反抗斗争，周宣王只得"不籍千亩"，废止了在"公田"上监督耕作的"籍礼"，标志着宗周地区井田制开始瓦解。到春秋初期，中原地区这种"民不肯尽力公田"（《公羊传·宣公十五年》注）的反抗斗争，逐渐开展。当齐桓公以前，齐国的"公田不治"的情况已很突出。《诗·齐风·甫田》上，描写"甫田"（即大田，也即公田）上"维莠骄骄""维莠桀桀"，"骄骄""桀桀"，都是形容野草丛生。当周定王派使者单襄公去宋国，路过陈国时，看到陈国"公田不治"的情况更加严重。那里"田在草间，功成而不收"，"野有庾积，场功未毕"。就是说，田地已淹没在荒草中间，成熟的庄稼也没有收割完毕，已收割的粮食堆积暴露在田野里，没有收进粮仓。"公田"上生产没落到如此地步，奴隶制全盛时期那种"千斯仓、万斯箱"的收获盛况是一去不复返了。

这时井田制的瓦解，主要表现在两个方面：一方面是"公田"上生产的没落，"公田"的废荒；另一方面是"私田"的逐渐占为私有，不再实行定期调换分配份地的制度。公元前645年晋国在韩原（今山西河津东）战败，晋惠公作了俘虏。晋国贵族为了争取"国人"出力，"朝国人而以君命赏"，"晋于是乎作爰田"（《左传·僖公十五年》，《国语·晋语三》"作辕田"）。"作爰田"是对"国人"的赏赐。怎么叫"作爰田"或"作辕田"呢？就是取消原来实行定期调换分配份地的制度，让"国人"永久占为私有。战国时代秦国用商鞅变法，废除井田制。《汉书·地理志》说："孝公用商君，制辕田，开阡陌"。所谓"开阡陌"，就是废除原有的井田制。所谓"制辕田"，根据孟康的说法，就是取消"三年爰土易居"的"古制"，从此"不复易居"（《汉书·地理志》颜注引）。这时晋国"作辕田"，不同于商君在秦国"制辕田"的，就是当时晋国只是实行在"国人"中间，作为对"国人"的赏赐，这时晋国"作辕田"，用来赏赐"国人"，就是为了争取"国人"出力，满足"国人"把分配土地占为私有的要求。原来"国人"中间实行着村社定期调换分配份地的制度，以便"国人"平均负担军赋的。这时晋国取消"国人"中这种定期调换分配份地的制度，允许"国人"按实际占有的田地占为私有，并按实际占有的垦耕田负担军赋，即所谓"作州兵"。因而达到了"群臣辑睦，甲兵益多"的目的。所谓"作州兵"，是按"州"为单位征发军赋，如同后来郑国"作丘赋"，鲁国"作丘甲"。按"丘"为单位征发军赋差不多。"州"当是晋的"国人"的乡党组织单位。根据《周礼·大司徒》，周的"国人"的乡党组织，五家为比，五比为闾，五闾为族，五族为党，五党为州，五州为乡。当时晋国"国人"乡党组织也差不多。这时晋国"作辕田"来赏赐"国人",是为了要"征缮以辅孺子","孺子"是指太子圉。因为晋惠公已被俘虏,这是要向"国人"征收军赋助太子圉以增强晋国的兵力。这时由于农业生产的发展,荒田的开垦,"国人"实际占有的田地肯定比原来配给的田地要多得多。这时晋国"作辕田",允许"国人"按实际占有的田地占为私有,那么"国人"占为私有的田地肯定要比原来配给的田地多得多。这时晋国根据"作辕田"的结果来征收军赋的,就是按实际占有的田地来征收军赋,因而达到"甲兵益多"的目的。

原来井田制是奴隶制贵族占有的土地制度,不仅分配给"庶人"的份地属于贵族所有,有按年龄还受的制度,就是分配给"国人"的份地也有定期调换分配的制度。因此土地不能私自占有或转让买卖的。所谓"田里不鬻"(《礼记·王制》)。原来井田有一整套排水的沟渠系统和相应的道路系统,由奴隶主国家统一安排的。但是,随着生产力的发展,开垦田地的面积扩大,原来井田的沟渠系统遭到破坏。公元前563年,郑因执政子驷为了维护井田制,整顿沟渠系统,"为田洫",就使得司氏、堵氏、侯氏、子师氏都"丧田",引起了司氏等族的武装反抗,杀死了子驷及其同谋。《春秋》咒骂这些反抗者为"盗",《左传》解释说:"书曰'盗',言无大夫焉"。杜预注:"皆士也"。说明当时受到"丧旧"损失而进行反抗的,是属于"士"一级的"国人"。这些"国人"正是由于扩大占有耕地而破坏了原有井田的沟渠系统,这时执政者为了维护井田制、整顿沟渠系统,就使得这些"国人"受到"丧田"的损失了。

在井田制崩溃的过程中,不仅"国人"扩大占有耕地,卿大夫也纷纷争夺田邑据为私有,到春秋后期这种纷争就很突出。例如楚的申公巫臣出奔到晋,晋以为邢大夫。后来巫臣之子世袭邢大夫,因与雍子争夺鄐田,杀死了雍子(《左传·昭公十四年》)。又如范宣子与和大夫争田(《国语·晋语八》)。晋国的卿大夫还常与别国发生争田的纠纷。例如郤至在温县,和周争夺鄇田(《左传·成公十一年》)。周的甘大夫襄和晋的阎大夫嘉争夺阎田(《左传·昭公九年》)。

三、诸侯改革和大国争霸

随着井田制的破坏,奴隶制的瓦解,周天子的统治权威的丧失,整个中原地区奴隶制统治秩序不能维持了,诸侯之间相互侵夺兼并,而西方和北方从事游牧的戎族、狄族就趁机向中原移动,侵扰中原的农业生产地区。这是春秋初期产生的奴隶制危机。为了解决这种危机,诸侯中发展较快的大国就出来谋取霸权,以便代替周天子稳定中原的统治秩序。这些大国对内实行改革,整军经武,增强实力,以"尊王攘夷"来号召,拉拢与国,通过战争谋取霸权。

春秋初期,郑庄公凭借他是王室卿士的有利地位,远交齐、鲁。近攻宋、卫,甚至大败王室联军,周天子中箭负伤而走,郑国在中原称雄一时。但郑国毕竟新建,国土和人力、物力都有限,郑庄公死后又发生内部争立的斗争,所以郑国的霸主地位很快就丧失了。继郑国之后,乃出现了齐、晋、楚、秦等国争霸中原的形势。

(一) 齐桓公称霸

齐国是称霸中原的第一个大国,齐桓公就是春秋时期第一位霸主。齐国首创霸业,是同齐桓公起用管仲实行改革分不开的。

齐桓公名小白,是齐襄公庶弟。襄公时政局不稳,他的几个弟弟为免祸计,逃到国外避难,小白同他的师傅鲍叔牙逃到莒国(今山东莒县),另一个庶弟公子纠和他的师傅管仲,召忽逃到了鲁国。过了几年,齐襄公的堂兄公孙无知利用管至父和连称两个大夫对襄公的不满,联合作乱,杀了齐襄公,公孙无知自立为国君,但好景不长,第二年公孙无知出游,遇刺身死。这是公元前685年的事。

公孙无知死后,鲁国想趁这个机会控制齐国,就派兵护送公子纠回国当国君,与此同时,在莒国的公子小白也闻风而动,回国抢夺君位。公子纠的师傅管仲得讯便带兵在半路上截击公子小白的车队,交战中,管仲箭中小白的带钩,小白趁势装死。管仲以为小白已死,政敌已除去,放慢了行军的速度。哪里想到公子小白一行却日夜兼程,抢先六天到达齐国国都,在大夫高氏、国氏的接应下,即国君位,这就是齐桓公。齐桓公即位后,马上发兵迎击护送公子纠的鲁国军队,在乾时(今山东桓台南)的地方,打败了鲁军,并胁迫鲁国杀死了公子纠,交出了管仲。管仲才能出众,与齐桓公师傅鲍叔牙是挚友,齐桓公接受了鲍叔牙的建议,不计一箭之仇,以礼相待,任用为太宰相,位在鲍叔牙之上。

管仲,名夷吾,字仲,安徽颍上人,生年不可考,死于公元前645年。管仲出身小贵族,早年因家境破败与鲍叔牙合伙经商,游历过许多地方,了解民情,积累了不少社会实际知识和经验。管仲当权以后,便着手一系列的政治改革。首先实行了"叁(三)其国而伍(五)其鄙"的政策,就是要巩固原来"国"和"野"对立的乡遂制度,并有所改革。他把"国"中的"乡"分为工乡、商乡和士乡三大类,其中工乡三个,商乡三个,士乡(包括农在内)十五个。分别设官管理。管仲这样做的目的,无非是对旧有制度的重申与改进。要求"四民者勿使杂处","处士也使就间燕,处工就官府,处商就市井,处农就田野。"使士的子弟永远为士,农的子弟永远为农,工的子弟永远为工,商的子弟永远为商,分别继承他们先人的职业。这种"叁其国"的政策,说明当时"国"中的"国人"正在发生动荡与分化,按照世袭职业严格划分居住区域的奴隶社会组织正在动摇。所谓"伍其鄙"就是将国都以外的"鄙"(即"野")分成五个区域,叫做"五属",每属设立官吏,层层加强统治。并对剥削方法有所改革,以缓和阶级矛盾,克服奴隶制的危机。

管仲对待"鄙"的"五属"的庶民的政策是:"相地而衰征则民不移";"山泽各致其时则,民不苟;陵阜陆墐,井田畴均,则民不憾;无夺民时,则百姓富,牺牲不略,则牛羊遂"(《国语·齐语》)。就是说:观察土地质量好坏征税,就可使庶民不流动;山泽按时令开发或封禁,就可使庶民不苟得;对五陵土地、井田分配平均,就可使庶民不怨恨;不夺取人民劳动生产的时间,就可使庶民富裕;不掠夺庶民的家畜,就可使畜牧发展。由此可知当时齐国在"野"的庶民,依然实行着平均分配份地的制度,国家对这些份地是要征税的;庶民可以按国家规定的时令进入山泽从事开发,同时庶民还都养有家畜。这时由于分配份地不均使民有"憾",由于征税无度使民流亡,由于山泽的开发和封闭不按时使民有苟得之心,由于繁重的徭役妨碍劳动生产使得庶民穷困,由于掠夺庶民的家畜使得畜牧不能发展。因此管仲主张采取上述的改革,以便缓和阶级矛盾,帮助生产发展,从而解决奴隶制危机,有利于国家富强。其中"相地而衰征"的政策,有利于封建因素的发展。

管仲改革在用人方面,也突破了奴隶主阶级任人唯亲的老规矩,提拔了一些社会地位比较低下的人,例如选用了"歌而饭牛"替商旅赶牛车的宁戚当大司田的官。还规定乡和属中如有"好学、慈孝于父母、聪慧质仁,发闻于乡里者",“有拳勇股肱之力,秀出于众者"一定要上报,否则就以“蔽贤"“蔽明"之罪论处(《国语·齐语》)。这样便可选拔统治人才,帮助国家富强。

为了争霸战争的需要,管仲对齐国的军事也作了改革。他把行政组织同军事组织统一起来,规定十五个士乡每乡“五家为轨,故五人为伍,轨长帅之。十轨为里,故五十人为小戎,里有司帅之。四里为连,故二百人为卒,连长帅之。十连为乡,故二千人为旅,乡良人帅之。五乡一帅,故万人为一军,五乡之帅帅之"(《国语·齐语》)。这样十五个士乡既是行政单位又是军事组织。五乡为一个军,十五乡共三个军,分别由齐桓公,高氏和国氏两个上卿统帅。管仲把这叫做“作内政以寄军令"。为了解决兵器不足的问题,管仲还定了用兵器赎罪的办法:重罪可用一副犀牛皮做的盔甲和一柄戟来抵赎,轻罪可用一面盾牌和一柄戟来抵赎,小罪可用铁和铜来抵赎。齐国是最先建立三军的诸侯国。

管仲改革的目的当然是为了维护和挽救摇摇欲坠的奴隶制度,但在封建因素已开始产生的前提下,改革的某些措施的实行却有利于这种新因素的成长,他的某些思想为后来的地主阶级法家人物所吸收。这些都是管仲改革的进步面。可以认为,管仲是奴隶主阶级内部的改革派代表人物,他主持的改革当然不会一帆风顺,《论语·宪问》说在管仲当政时,曾夺了大夫伯氏食邑三百家。伯氏很可能就是因反对或破坏改革而获罪的。现存《管子》一书,并非管仲在世时的作品,而是战国前期人借托管仲名义汇编而成,其中当然有管仲的思想,但不少东西是反映战国初期法家的理论学说的,并非管仲的本意。由于史料的缺乏,《管子》一书仍不失为研究管仲改革思想的重要参考资料。

管仲改革后的齐国,国势日盛,首先发兵灭了谭国(山东章丘西)。公元前 682 年宋国内乱,大夫南宫长万杀了宋闵公,立公子游为国君,另一个公子御说(闵公弟)出亡到亳(今山东曹县南)的地方。宋国贵族联合起来,请来了曹国的军队,杀掉了南宫长万和公子游,迎接公子御说回国即位,为宋桓公。宋国的这一场变乱给齐国的扩张造成了一个有利的外部条件,齐桓公马上抓住这个机会,在宋桓公新立,地位不稳的情况下,于次年在北杏(今山东茌平南)邀集宋、蔡、陈、郑等国诸侯会盟“以平宋乱”(《左传·庄公十三年》)。齐桓公以发起人的身份主持盟会,并召遂国(今山东肥城南)到会誓盟,遂君不到,齐国以此为借口,发兵灭遂以示威。鲁国本不愿曲从于齐国的指挥棒,但因宋、陈等诸侯都归附齐国,寡不敌众,又因邻近的遂国为齐所灭,感到威胁,只得与齐结盟,齐国的声势就更大了。第二年宋国大约因齐与鲁通好,而宋与鲁一向不合的缘故,背叛了齐国,齐桓公就采纳了管仲的建议,向周王室报告并联合陈、曹两国兵马伐宋,周天子忽然得到大国诸侯的尊重,自然顺水推舟,还派大夫单伯带“王师”助战。宋国兵败,只得屈服。自从郑庄公假借王命征伐诸侯以后,这是“挟天子以令诸侯”的又一次重现。公元前 679 年,齐趁败宋的余威,在鄄(今山东鄄城北)地,会合宋、陈、卫、郑四国国君誓盟,四国诸侯共推齐桓公为霸主,“齐始霸”(《左传·庄公十五年》)。

公元前 663 年,山戎攻打燕国,燕军败北,向齐求救,齐桓公以霸主身份亲率大军救燕,大败山戎,向北一直追到孤竹(今河北卢龙东南)。

公元前 662 年,齐桓公又帮助鲁国新君平定了“庆父之乱”稳定了鲁国的内政,鲁国也承认了齐的霸主地位,与齐通好。

公元前 661 年,狄人大举攻邢国(今河北邢台),邢军败绩,齐桓公采取了管仲的主张,发兵救邢,击败狄人,邢国才免于亡国之祸。邢是齐的远邻,本来关系并不密切,这么一来,齐国的声威远播,影响更大了。

公元前 660 年,狄人复攻卫,大败卫军并将卫国国君卫懿公也杀死了,狄军趁胜攻破卫都城,掠夺一空,残存下来的卫人不足千数,出逃到了曹地(今山东定陶西),卫国到了亡国的边缘。齐桓公又一次发兵救卫,派他的儿子公子无亏率战车三百辆,甲士三千人反击狄军,获得大胜。并将原先出之在齐国的卫懿公兄弟公子燬送回卫国为国君,这就是卫文公。齐军还替卫国国都修筑了城墙。这样卫国对齐自然是感激不尽了。

公元前 659 年,狄人又攻邢国,邢国国都被攻破,齐桓公联合宋、曹两国的军队,打败了狄军。并帮助邢君把国都迁到夷仪(今山东聊城西南),并为之新修了城墙。

与此同时,南方的楚国也日趋强盛,连年北上,进攻中原的郑国。齐桓公为了自身的利益,不允许楚国向中原的扩张行为。公元前 656 年,亲自率领齐、鲁、郑、宋、陈、曹、许、卫八国的军队,讨伐楚国。联军推进到楚境内名叫陉(今河南郾城东南)的地方。楚成王派大夫屈完率军抵抗联军。联军退到召陵(今河南郾城东)布阵,准备与楚决战,其时齐楚实力相差无几,但联军势大难挡,形势对楚不利,屈完奉楚成王命向联军求和。齐桓公以周昭王南征死于汉水原因不明和楚不向周朝贡为理由,向楚问罪,楚国只得答应恢复朝贡,齐国也看到取胜不易,同意了楚国的求和。两国订立了盟约。齐桓公为了显示霸主的威风,下令联军列阵,让屈完观看。这就是历史上著名的"召陵观兵"。这是中原第一次联兵伐楚,挫败了楚国北上的锋芒。维护了中原各国的安全,齐桓公自然是大出风头。在不到二十五年的时间内,齐国服宋、定鲁,救燕、救邢又救卫,击败了北方少数族戎和狄的入侵,接着又南征挫败了"蛮夷之邦"的楚国,免除了来自南方的威胁,保卫了中原地区先进的文化,把中原各国组织到自己的旗帜之下,所谓"尊王让夷"的口号也得到了各国的承认,这就进一步巩固了齐国的"霸主"地位。

公元前655年,周惠王想废太子郑,改立少子叔带。齐桓公为了维护"立子以长不以贤"的老规矩,以霸主身份召集诸侯在首止(今河南睢县东南)相会,并请太子郑一起到会相见,这实际上是定了太子郑的合法继承地位。周惠王虽然很不高兴,并暗中唆使郑国中途退会,企图破坏这次会盟,但没有达到目的。过了三年,周惠王死了,太子郑怕其弟叔带争位,便不发丧,向齐求援。齐桓公看到这是一个拉大旗的好机会,马上通知宋、卫、许、陈、曹等国在洮(今山东汶上东北)的地方会盟,周王室的代表出席了这次会议,到会诸侯一致确立太子郑为周天子,这就是周襄王。在首止会盟时中途退场的郑国这时也表示屈服,要求参加会盟。这是齐国霸业继续上升的时期。第二年,正好是齐桓公即位卅五周年,齐国霸业显赫,齐桓公踌躇满志,得意非凡。便在宋国的葵丘(今河南民权东北)又一次大会诸侯,宋、鲁、郑、卫、陈、曹、许等国国君均到会结盟。周襄王因齐桓公"谋宁周"有功(《左传·僖公五年》),特地派了大夫宰孔到会祝贺并赐之以"胙"。再次肯定了齐国的霸主地位。齐桓公也在会上重申了周天子的禁令,订立盟辞。不可壅塞水源,不可禁止向邻国粜粮食,不可改换嫡子,不可以妾为妻,不可使妇人参与政事(《穀梁传·僖公九年》);要诛杀不孝的人,要尊贤育才,要取士必得,不能让士世袭官职,不能随意杀死士大夫(《孟子·告子下》)。目的在于稳定中原地区奴隶制的统治秩序,适当调整诸侯之间的矛盾。其中"尊贤育才"、"取士必得"的主张,突破了讲究"亲亲"的周礼,这和齐桓公在国内进行的改革是一致的。这就是历史上有名的"葵丘之会",齐国的霸业可谓达到了鼎盛阶段,正如齐桓公自称:"北代山戎,过孤竹。……南伐至召陵","诸侯莫违寡人,寡人兵车之会三,乘车之会六,九合诸侯,一匡天下"(《史记·齐世家》)。

齐桓公是春秋五霸之首,在历史上有很大的影响。他为了维护中原地区奴隶制的统治,抵制了戎狄部族对中原的侵扰,在保卫中原较先进的经济和文化,起着一定的作用。他在"尊王攘夷"的旗帜下,吞并了周围许多中小国家,扩大了齐国的领地。韩非说:"齐桓公并国三十,启地三千里"(《韩非子·有度》);公元前643年齐桓公去世,诸子争位,国内大乱,霸业逐渐衰弱了。但齐始终不失为一个大国地位。到公元前567年,齐灭莱,莱是山东境内一个东夷大国,齐地因之扩大了许多,这样齐就把山东大部分地区统一了起来,势力达到了河北南部,把东夷与华夏族逐渐融合了。

(二)宋襄公图霸

宋也是春秋时期一个比较大的国家。在齐桓公称霸期间,宋一直是齐国比较稳定的盟友。齐桓公死前曾将公子昭托付给宋襄公,要他日后多加照应。桓公一死,齐国在君位继承问题上发生了内乱,公子昭被迫逃奔宋国,公子无亏当了国君,但人心不稳。宋襄公便打着平定齐国内乱的幌子,出兵伐齐,趁齐国内乱的有利时机,打败了齐军,迫使齐国杀死了公子无亏,迎立公子昭为君,这就是齐孝公。宋襄公安定了齐国以后,便自以为强大,想继齐桓公的霸业而代之。公元前 639 年,宋襄公约齐、楚等国在鹿上(今安徽阜南南)会盟,认为只要楚能结盟,另外一些国家就不敢不服。楚成王假意服从宋国会盟,实际上是为了麻痹宋国。不久,楚召集郑、蔡、陈、许等国在盂(今河南睢县西北)地会盟修好,邀宋参加,公子目夷劝宋襄公带兵前去,宋襄公不听劝阻,自以讲究信义,不带兵赴会。楚成王在会上扣押了宋襄公。宋襄公霸主没有当成,却成了楚国的俘虏。楚成王趁机发兵攻宋,公子目夷逃回国内,发兵抵抗,楚军不得手,无功而返。在鲁僖公的调解下,楚才把宋襄公释放回国。宋襄公回国后便联合了卫、许等国伐楚报仇,击败了楚的盟国郑,楚出兵救郑,于是爆发了宋、楚泓水之战。地在今河南拓城北。

宋襄公认为打仗要讲究仁义。当时宋国兵少,先占好有利地形布就阵势。楚军虽强,却要渡泓水发动进攻。宋国司马公子目夷劝襄公,趁楚军半渡之际,发兵掩击,宋襄公认为是不义之举,不肯听从。一会儿楚军渡河完毕,开始列阵,公子目夷又请襄公趁其未排列成阵,先行攻击,但宋襄公仍不听,等到楚军列阵完毕,襄公才下令进攻。结果被楚军打得大败,宋襄公股上受伤。宋襄公还自称讲究"仁义",认为乘险战胜敌人,不合古人行军之道。后来宋襄公因伤重去世。宋襄公的讲究"仁义",换来的是丧师辱国,成为千古的笑柄。毛泽东明确指出:"我们不是宋襄公,不要那种蠢猪式的仁义道德"(《论持久战》)。

(三) 晋文公称霸

自从齐桓公死后,齐的霸业衰弱。宋襄公想代齐称霸,又被楚打败。从此楚国便北上争霸，迫使鲁、卫、郑、陈、蔡等国依附楚国。与此同时，狄的势力南下，占有太行山以东和以南地区，并直接干涉周天子的内政。这正是"南夷与北狄交，中国不绝若线"(《公羊传·僖公四年》)的时候。因此晋文公就适应时势的需要出来称霸，对"尊王攘夷"的事业取得了进一步成就。

晋国是护卫平王东迁的强国之一，但是由于长期内乱，它无暇外顾。公元前678年，曲沃武公重新统一晋国。武公死，其子即位是为献公。晋献公吸取晋国宗室贵族专权作乱的教训，决心起用异姓贵族，以削弱宗室权贵的势力，他用武力"杀逐群公子"，剪除了一批和自己对立的"公族"，加强了国君的权力。并积极向外扩张，先后灭了耿(今山西河津东南)、霍(今山西霍县西南)、魏(今山西芮城北)、虞(今山西平陆西)、虢(今河南三门峡东南)等西周封国，又击败了少数族骊戎和北狄，统一了今山西南部，势力发展到黄河南岸和西岸。献公死后，他的几个儿子争位，国内大乱。公子夷吾以黄河南岸一些城贿赂秦国，得到秦穆公的帮助回国，立为惠公。后来晋惠公背约不与秦地，两国交恶，起兵相攻，韩原一战，晋军先胜后败，晋惠公被俘。在惠公被俘期间，晋大臣们"作辕田""作州兵"，争取"国人"支持，这些改革为晋国后来的强盛准备了条件。后来晋惠公被放回，八年后去世，晋怀公即位。公元前636年，长期流亡在外的晋公子重耳在秦帮助下回国即位，把怀公杀死，这就是晋文公。

重耳在外流亡了十九年，了解许多国家的政治、经济状况。回国即位时已六十多岁了。重耳即位以后，很想有一番作为，很懂得收买人心和收罗人才。文公出亡之前，勃鞮曾奉晋献公之命加害重耳；在逃亡中，随从头须曾将文公所有财物卷逃一空，文公回国即位以后，这两个人都向文公表示悔过,还有立功的表现,文公不计旧恶,仍加任用。对于随他出亡十余年的狐偃、赵衰、魏犨、颠颉等人则一一加以重用。他们也积极出谋划策,辅助文公。另一方面也注意"信赏必罚"(《韩非子·外储说右上》),当颠颉等违反文公军令时,就"杀颠颉以徇于师"(《左传·僖公廿八年》)。君臣上下合力使晋国很快强盛起来。《韩非子·难二》说:"桓公以管仲合,文公以舅犯霸"(舅犯即狐偃,此人是文公的舅父,字子犯,因此又称舅犯或咎犯),可见狐偃等人在晋文公创业时所起的作用是很大的。与此同时,还有一个叫郭偃的,也辅助文公进行过重大改革,《韩非子·南面》说:"管仲毋易齐,郭偃毋更晋,则桓、文不霸矣。"由于史料缺乏,郭偃改革的详细情况尚不清楚。《国语·晋语》记载,晋文公曾问计于郭偃曰:"始也,吾以治国为易,今也难。"郭偃回答说:"君以为易,其难也将至矣;君以为难,其易也将至矣。"这段问答包含着朴素的辩证法思想。郭偃的学说对后来的法家有一定的影响,商鞅在秦孝公面前同甘龙等人辩论时,就援引了郭偃的话说:"郭偃之法曰'论至德者不和于俗,成大功者不谋于众'"(《商君书·更法》)。郭偃和狐偃一样,对晋文公的霸业起了重要的作用,墨子就把他们两人相提并论,比作齐桓公时的管仲和鲍叔牙,《墨子·所染》说:"齐桓染于管仲、鲍叔,晋文染于舅犯、郭偃"。《吕氏春秋·当染》也有同样的记载。

晋文公为了缓和国内矛盾,巩固其统治地位,进而与楚争霸中原,采取了奖励农业,发展商业,储备物资发展经济的一系列措施。即所谓"轻关易道,通商宽农,懋穑劝分,省用足财"(《国语·晋语四》)。在发展经济的基础上,就进一步扩大军队编制。公元前633年在被庐举行大蒐礼,扩建为三军。四年后,为了抵御狄族,又在清原(今山西稷山东南)举行大蒐礼,在上、中、下三军之外,又增设新上军和新下军。在举行大蒐礼时,贵族间实行内部民主,推选元帅。

卿大夫间彼此相互推让。值得注意的是,贵族间互相推让的标准不是"亲亲",而是"贤能"。同时,还在大蒐礼上公布刑法,有所谓"被庐之法",这是后来晋国把刑书铸在金属器上公布的先导。这种大蒐礼的举行,有助于晋国贵族内部和"国人"的团结,巩固国家的统治,提高军队的战斗力。《左传》认为晋文公所以能够"一战而霸",就是由于这种"文之教也"(《左传·僖公二十七年》)。

同时晋文公还利用和秦与戎狄的婚姻关系以及齐秦与楚的矛盾,制定了联齐秦,和戎狄的对外策略,就使楚国处于孤立的地位。当时周王室发生内乱,出亡在齐的王子叔带,回国与狄人勾结,引兵进攻周王城,大败王室的军队,周襄王逃到了郑国,而叔带住在温,在狄人保护下自称为王。叔带自立为王。狐偃认为这是显示实力,提高晋国声威的好机会,便向文公建议:"天子避叔带之难,出居于郑。君奚不纳之,以定大义?且以树誉。"并进一步分析说:"事若能成,继文(王)之业,定武(王)之功,辟土安疆,于此乎在矣。事若不成,补周室之阙,勤天子之难、成教垂名,于此乎在矣,君其勿疑"(《吕氏春秋·不广》)。就是说,可以以"尊王"为名,号召诸侯,而且这件事晋国不做,齐、秦也要做的,不要坐失良机。于是晋文公亲率大军救周,在公元前635年,杀叔带于隰城(今河南武涉西南),迎接周襄王回洛阳复位。这样晋文公就成了齐桓公第二,又一次定了天子的名位。周襄王为酬谢晋文公,把阳樊(今河南济源西南)、温、原等地赐给了晋国,从狄人手里夺得了南阳地区。

其时楚国称霸中原,黄河中游已成了楚国的势力范围,晋国要

"取威定霸",就非要和楚交锋不可。宋国对楚本不甘心屈服,这时看到晋强盛,就背楚从晋。楚成王大怒,出兵围宋,宋向晋求救,晋就联合齐、秦出兵击楚。联军大败楚的与国曹、卫等,迫使楚军解围北上与晋决战。公元前632年,晋齐秦联军与楚军在城濮(今山东鄄城西南)展开决战。战争开始之前,楚成王感到形势不利,主张避免决战,但是楚国令尹子玉坚决请战,战争一开始,晋文公因为在流亡期间得到过楚成王的帮助,许日后报答;这时看到楚军来势凶猛,就下令"退避三舍"(一舍为三十里),这样就滋长了子玉的骄傲情绪。子玉率兵挺进,双方在城濮对阵。晋军先礼后兵,士气激昂,首先击溃了由陈、蔡军队组成的楚军右翼,随后又诱使楚军追击,采用两面夹击的办法,击溃了由楚国申、息两县军队组成的左羽。楚国令尹子玉看到右、左两羽先后战败,就下令中军的主力撤退。这是春秋前期晋楚两国的大会战。晋军采取了先打弱、后打强,避实击虚,诱敌夹击的战略,取得了大胜,成为历史上"以少击众,以劣势对优势而获胜"的著名战例。城濮之战,楚军败北,楚成王怒,子玉自杀身死。于是霸主的地位便被晋国取得了。战事结束后,晋文公便在郑国践土(今河南原阳西北)大会诸侯,把周天子召来,周襄王到会,正式册命晋文公为"侯伯"(霸主),确立晋文公的霸主地位。与会诸侯共同订立了盟约。后来子产说:"城濮之役,文公布命,曰:各复旧职"(《左传·襄公二十五年》)。可知晋文公称霸的目的,在于恢复旧的奴隶制统治秩序。

(四)秦穆公称霸西戎

秦并非西周封国,而是东周新封的诸侯。秦襄公死后,经文公、宪公等七代国君,到公元前659年秦穆公当了国君,娶了晋献公的女儿穆姬做夫人,与晋通好。又重用当过奴隶的百里奚和蹇叔进行改革。百里奚原是虞国大夫，后来当了晋国的俘虏，又逃往楚国，被楚人抓住，当了奴隶。秦穆公用了五张黑羊皮把他从楚赎了回来。百里奚一到秦国，马上受到秦穆公的重用，"授之国政，号曰五羖大夫"（《史记·秦本纪》）。蹇叔是百里奚的好友，经百里奚推荐，被任为上大夫。《韩非子·说疑》说："百里奚、蹇叔……此谓霸王之佐也"。他们协助穆公，修明内政，发展生产，秦国也强大起来。到公元前627年，晋文公卒，其子襄公即位。秦穆公认为晋君新立，无力外顾，便派兵绕过晋国袭郑，企图向东发展，争霸中原。百里奚、蹇叔两人认为："经数国千里而袭人，希有得利者……不可"（《史记·秦本纪》），劝阻再三，穆公不听。秦军在奔袭郑国途中，遇到郑国商人弦高，弦高急中生智，一方面派人飞报郑国君，一方面假君命以十二头牛犒劳秦军，秦军主将孟明视认为郑国已有戒备，只得回师，途中顺手牵羊地灭了晋的盟国滑，激起了晋国君臣的愤怒，晋在秦军西归必经的殽山布下伏兵，以逸待劳。秦军过殽山时陷入晋军重围，结果全军覆没，主将孟明视、白乙丙、西乞术三人被晋军活捉了去。秦穆公闻讯追悔莫及，不仅赦免了被晋俘虏后又放回来的孟明视等三人，而且仍使其统率军队，准备报仇雪耻。公元前625年，孟明视等率军攻晋，又大败而回。穆公不加罪责，勉励其继续努力。次年，秦穆公亲率大军攻晋，仍用孟明视等三人为主将，大军渡过了黄河，士气十分高昂，晋军出战失利，慑于秦军声势，坚守不出。秦军收复了被晋军占领的两个城，到殽山掩埋了当年阵亡的秦军将士的尸骨，得胜而回。这就是历史上有名的再接再厉的故事。与此同时，秦穆公又重用原来流亡在戎的晋人由余，很赏识由余所说中原各国所以乱和戎国所以治的原因，并听从了由余西攻戎族的建议。于是西方的戎族纷纷归附，秦国

于东进的道路为晋所阻,秦便转而向西发展,取得了很大成就,史称:
"益国十二,开地千里,遂霸西戎"(《史记·秦本纪》)。

(五)楚庄王称霸

楚国自从城濮之战失败后,北上一时受到挫折。楚成王被他的
太子商臣杀死,商臣即位,是为穆王。穆王征服了邻近的一些小国,
又向中原谋求发展。穆王去世,庄王即位。庄王起用孙叔敖为令尹,
在用人方面做到"举不失德,赏不失劳"(《左传·宣公十二年》),国家
富强。当楚庄王初立时,周围的蛮族、濮族对楚国的侵扰很厉害。庸
国(今湖北竹山与四川奉节间)正领着群蛮叛楚,麇国(今湖北郧县、
房县到陕西白河间)又聚集了百濮准备伐楚。楚庄王利用"百濮离
居,将各走其邑"的弱点,出兵抗击,迫使百濮退走。接着又分兵夹击
庸的国都(今湖北竹溪东南),把庸灭了。庸是当时楚、巴之间大国。
楚的灭庸,是楚国进一步强大的关键。后来晋国栾武子说:"楚自克
庸以来,其君无日不讨国人而训之","在军无日不讨军实而申儆之"
(《左传·宣公十二年》)。这时的晋国却因内部贵族的彼此争斗,力
量受到很大的削弱,它的霸业因此中衰,公元前 606 年,楚伐北方的
陆浑戎,观兵于周的边境,庄王竟使人问周鼎之轻重。"鼎"是王权的
象征,庄王问鼎中原,意在取周而代之。当时,齐秦两国雄居东西,晋
楚都想争取他们作为自己的盟员;郑、宋两国夹在中间,正是晋楚争
夺的焦点。公元前 597 年,楚伐郑,晋兵来救,会战于泌(今河南荣阳
东北),晋军因为内部意见不一,有些将领违反军令,擅自挑战,被打
得大败。中、下军争先抢船渡河撤退,弄得自相残杀。楚庄王因此饮
马黄河,雄视北方。隔了二年,楚又以大兵伐宋,包围宋都九个月,晋
国不敢出兵相救,宋国只得屈服。

　　（六）晋楚争霸和弥兵之会

　　晋楚两国在争霸过程中，都积极寻找机会，扩大国土，晋国向北发展，楚国向东发展，在春秋将近三百年的时间内，楚国灭了四十余国，晋国灭了二十余国。楚国除了兼并许多小国外，还攻灭卢戎（今湖北襄阳西南）和东方的群舒以及淮夷的一部分，更迫使群蛮和百濮南迁。楚国逐渐统一了长江中游、汉水和淮水流域，成为当时南方最大的国家。晋国原是个和戎狄杂处的国家，晋人和戎狄诸部经常互相通婚，进行贸易。这些戎狄部落在晋国和中原其他国家的影响下，很快进入了阶级社会。它们中的一部分归并于晋，如潞氏、甲氏、留吁、铎辰、肥、鼓等。其中最大的就是鲜虞，后来建立了中山国，当时狄族中最强的是潞氏（今山西黎城南），潞氏的执政大臣专横跋扈，弄得国内很混乱，同时又奴役其他狄族。晋国利用狄族的内部矛盾，对受潞氏役使的"众狄"和好，使潞氏陷于孤立。公元前594年，晋国派荀林父一举攻灭了潞水，从此许多狄族就被晋所兼并。晋国因为兼并了许多国家和部落，遂据有今山西省大部，河北省西南部，河南和陕西两省各一部，成为当时北方最大的国家。

　　春秋中叶以后，晋楚双方势均力敌，不分胜负，楚联秦、晋联齐也是旗鼓相当；加之争霸战争加速了本国阶级矛盾和新旧势力斗争的发展，各国逐渐无力外顾，于是出现了结束大国争霸的"弭兵"局面。公元前579年，宋国大夫华元出面约合晋楚订立了盟约，彼此不相攻伐，通使修好，互相救难，共同对付不听命令的第三国。这就是第一次"弭兵"。但是不过几年时间，楚国看到晋国内乱又起，就撕毁了盟约，公元前575年，晋楚在鄢陵（今河南鄢陵县）打了一仗，楚军的精锐全在中军，晋军分兵击其左右两翼，楚军阵势大乱，司马子反临阵醉酒，指挥失灵，结果楚军一败涂地，楚共王的一只眼睛也给晋将魏锜射瞎了。过了十八年，两国战端又起，双方战于湛坂（今河南叶县），楚国又大败。经过这两次大会战，楚国的地位便落到了晋国的后面。在此期间，晋和秦齐也发生过几次大战，公元前 578 年和前 559 年，晋国两次以大军伐秦，大败秦军一直打到秦国腹地，迫使秦国求和。公元前 589 年，晋联合鲁、卫合兵败齐军于鞍（今山东济南西北），齐倾公差点儿被俘。公元前 555 年，晋又伐齐，将齐都城临淄都包围了。这一段时期，是晋国重霸中原，各国莫敢争锋。由于长期战争，各国都有不堪重负之感，到公元前 546 年，宋国大夫向戌再次出面合约晋楚“弭兵”修好，并约了十四个国家在宋国开了第二次弭兵会议。赴会的楚国君臣暗中裹甲，在会上争为盟主，晋国没有战争的准备，见势不妙，只好让步，由楚主盟。楚也知不能闹得过分，因此达成的协议中规定中小国家此后要对晋楚同样朝贡，齐秦国大，分别与晋、楚联盟。参加会议的宋、鲁、郑、卫、曹、陈、蔡、许等国都答应了向双方朝贡的条件。邾、滕二国系齐、宋的属国，没有参加盟约。第二次弭兵会议后，晋楚形成了均势，平分了霸权。

　　春秋时期的诸侯改革和大国争霸战争，是奴隶制危机的一种表现，霸主的事业，就其主观愿望来讲，无非是想挽救日益崩溃的奴隶制度，由自己代替周天子发号施令，重新整肃奴隶制的社会秩序，但时代不同了，要完全恢复西周时期的老一套毕竟是办不到的，争霸战争的结果使得周王室更加威风扫地，加速了旧制度的垮台。因此从另一方面来讲，争霸战争对于社会的进步，对于奴隶制向封建制的转化，有一定的促进作用。各国因对外战争的需要所作的不同程度的改革，对封建生产关系的产生和发展是有利的，一些国家的新兴势力就在这么个过程中壮大起来。同时争霸战争在客观上也加速了各族人民的融合和交流,结果是蛮、夷、狄、戎和华夏的界限逐渐消失,共同形成了汉族的前身。楚国是南方各民族融合的中心,齐国是东方各民族融合的中心。晋国和燕国是北方各族融合的中心,在西方则以秦国为中心。华夏族由奴隶社会向封建社会过渡,在华夏族的带动下,我国中原的一些少数民族(不是全部少数民族),它们的经济和文化都得到了发展,和华夏族一道走上了封建制的轨道。

四、奴隶平民的反抗斗争和地主阶级的成长

马克思主义认为,封建制代替奴隶制的过程,离开了革命的暴力是不能实现的。暴力是新社会从旧社会母胎中诞生时的产婆。这在阶级社会中是一条确定不移的定律。进入春秋,奴隶制的危机日益严重,随着封建生产关系的产生和生产力的进步,这种野蛮落后的奴隶制度显得更加腐朽和反动。长达一百余年之久的诸侯争霸和兼并战争,尽管在历史上起过一定的进步作用,但同时给各国奴隶和平民带来了更为深重的苦难。在鲁史《春秋》所记载的二百四十二年中,各国之间的大小战争多达四百八十三次以上,光在晋楚争霸的约八十余年中,郑国卷入了七十二次战争,宋国卷入了四十六次战争。楚围宋都五个月,城内粮食耗尽,发生了烧人骨、吃人肉的骇人听闻的惨剧(《左传·宣公十五年》)。战败了的国家,人民被俘去充当奴隶,战争造成的巨大损失转嫁到广大奴隶和庶民头上,使得各国之间和各国内部的阶级矛盾进一步激化了。

齐、晋是当时有代表性的两个大国。齐国虽经管仲改革,但没有能从根本上解决当时的社会问题,到公元前 547 年齐景公时,奴隶主国家掌管着的大部分土地,山林渔盐和其他事业,层层设官控制,不许人民开发利用。奴隶不说,庶民生产的东西,国家亦要剥削去三分之二以上,加上官吏和宠臣任意敲诈勒索,弄得他们生活毫无保障。公室又垄断工商业,设立种种关卡,抽去重税,一些达官显贵的宠妾甚至在市场上公开掠夺。贵族们的生活奢侈腐化,"宫室日更,淫乐不违",官仓内的粮食在霉烂生虫,而劳动者的生活则困苦不堪,甚至连三老(地方上的低级小官吏)都不免挨冻受饥,人们受不了这种超度的剥削,天天诅咒这批贵族,"民人苦病,夫妇皆诅",阶级矛盾极端尖锐,人民不堪压迫,铤而走险,起来反抗,官府闻得民变,便大肆镇压,不少人受到刖足之刑,被残暴地砍去了一只脚,结果"国之诸市,屦贱踊贵",草鞋滞销跌价,而假足价格则上涨,因为受刖刑的人没脚穿草鞋,只好买义足了。

在晋国,人民同样是穷苦不堪,广大奴隶的命运就更为悲惨。晋国公室本来已经极度奢华,"铜鞮之宫数里"(《左传·襄公卅年》),但奴隶主贵族仍不满足,又大兴土木,建造"虒祁之宫"。生活极其荒唐挥霍。大批奴隶和平民死于这样的苦役。公室还强迫民众千里迢迢赶到杞国(今山东昌乐县)去筑城,人力不够甚至把七十三岁的老人也拉了①。国内的阶级矛盾发展到了极其尖锐的程度,人们像逃避敌寇一样设法摆脱公室的驱使。史称:"民闻公命,如逃寇仇",奴隶主贵族的统治已经完全失去了民心。

一些中小国家的情况也差不多,春秋后期的蔡国,已经到了朝不虑夕的地步,但是公室贵族的奢侈程度仍不减当年。在安徽寿县发掘的蔡侯墓,墓坑长达八米,出土的随葬品光青铜器就将近百件,其

---

① "公室"至"拉去了"一句,杨宽先生修订时删去。——编者注

中不但有炊具、食具、酒器、乐器和盥器几大类，而且每类又因用途不一分为若干组或若干套，可说是应有尽有，洋洋大观。为了在死后有人侍候并守护这批财产，墓中还有殉葬的人。中小国家还有对霸主提供贡赋的沉重负担。郑国是个中等国家，向霸主晋国送交一次贡赋就要用车一百辆，役者一千余（《左传·昭公十年》）。第二次弭兵会议后，中小国家不但要向晋朝贡，而且同时要朝贡于楚，这些额外的耗费，当然都落到了广大奴隶和庶民头上。各国人民，包括奴隶、庶民乃至"国人"都不能忍受这样的剥削和压迫，纷纷起来反抗，发生了一次次的动乱和斗争。

公元前644年冬，齐桓公以霸主身份征发国内庶民和奴隶离乡背井去筑鄑城（今山东苍山西北），民工受不了这种严冬的苦役，怨声载道，一天半夜，有人登上附近小山大叫"齐有乱"，役人闻风骚动，一哄而散，筑城的事便落空了。

公元前641年，梁国（今陕西韩城西南）国君征发大批劳力修筑高城，民众不愿从命，梁君威吓说："某寇将至"，强迫进行，民众不堪驱使，暴动终于发生了①。邻近的秦国趁机出兵，庶民溃散，秦就灭了梁国。这就是所谓的"民溃"事件。过了一百余年，楚国令尹征发民众扩大都城，大夫沈尹就以此事为教训，告诫说："过去有个梁国，也是这样大兴土木，结果民溃造反，城没筑成，民心离散，国家都灭亡了"（《左传·昭公廿三年》）。可见这次"民溃"事件影响之深远。这种"民溃"事件在其他国家也经常发生，例如公元前624年春天，当鲁、宋等国联兵伐沈时，沈国庶民和奴隶不愿为统治者卖命，溃逃一

---

　①　"暴动终于发生了"七字，杨宽先生修订时删去。——编者注

空,沈国因此灭亡。这当然是沈国统治者极不得人心的缘故。

公元前550年,陈国贵族庆氏和国君相争,庆氏怕陈侯征伐,便强令庶民筑城防守,筑城时夹板脱落迟缓了进度,庆氏竟以杀人来惩罚,激起了役人的无比愤怒,工地上发生了暴动,起义者杀死了庆寅、庆虎。起义被镇压后,一些惊魂未定的贵族发出了"惟命不于常"(恐怕统治不长久)的感叹。

除奴隶和庶民的斗争以外,各国的工匠也掀起了斗争的风暴。公元前520年,"王子朝因旧官百工之丧秩职者,与灵、景之族以作乱"曾经一度把周天子都赶跑了。这次事变延续了近廿年,结果王子朝没有成功,逃亡到楚国。这次事变的参加者据记载是:"旧官百工之丧秩职者",所谓"百工"虽指工官,但参加者肯定有大批工匠和手工业奴隶在内,否则单靠工官的力量要坚持斗争近廿年是不可能的。

公元前478年,卫国也发生了工匠和手工业奴隶的暴动。原因是公室对工匠的压迫过重("公使匠久")。暴动的队伍包围了卫庄公的宫门,庄公躲在宫内向起义者求饶不成,带着太子疾和公子青从宫墙北面跳墙逃跑,摔断了腿。这时卫国境内的"戎州人"便趁机起兵,杀了太子疾和公子青,卫庄公也被杀死了。过了七年,卫国又发生了工匠的暴动,原因也是"公使匠久"。事发之后,连一批与卫君有矛盾的大贵族也参加了这次工匠暴动,他们还联络上卫侯的亲信秦鞅,攻占了已于七年前死去的太子疾的宫室,迫使卫君(卫侯辄)狼狈逃跑。

逃亡的方式,曾是奴隶反对奴隶主压迫的一种手段。例如公元前563年,郑国发生内乱,一个贵族在混乱中外逃躲避,等他回来时,已经是"臣妾多逃,器用多丧",大部分男女奴隶逃跑了,大批的东西不见了。这些逃亡的奴隶和庶民,即所谓的"盗贼",相聚于山泽林薮之中,占据有利地形同奴隶主贵族对抗,逐渐发展为武装斗争。公元前 522 年,郑国子大叔执政时,就有大批逃亡者聚集在萑苻之泽(今河南中牟东),子大叔亲率徒兵前往镇压,经过激烈的战斗,才将起义武装打垮了。过了十六年,吴军攻破楚都,楚王逃入云梦之泽,遭到聚集在该地的逃亡者的攻击,他们"以戈击王",迫使楚王再逃到郧地。这些事实都说明,随着阶级矛盾的激化,武装斗争逐渐为庶民和奴隶反抗斗争的主要方式了。墨子曾说,民众(包括奴隶在内)无衣无食,到处被迫起来斗争,用"兵刃、毒药、水火"为武器,夺取贵族豪富人家的"车马衣裘"(《墨子·明鬼下》)。整个社会动荡不安,起义队伍东一股、西一股,在一国境内以及各国之间活动着。楚国境内"盗贼司目",晋国都城内也是"寇盗充斥",连贵族的客馆都需要"高其闬闳,厚其墙垣"才能确保安全,"无忧客使。"(《左传·襄公三十一年》)

相传在春秋后期,还发生过一次叫"盗跖"的奴隶起义,规模很大。他率领着一支九千人的队伍"横行天下",所到之处,"大国守城,小国入保(堡)"(《庄子·盗跖》),沉重地打击了各国的贵族统治。相传"跖"在当时庶民中威望极高,"名声若日月"(《荀子·不苟》)。应该是一个奴隶起义的英雄了。

在奴隶、庶民反抗奴隶主斗争的同时,"国人"暴动的事情也多起来,不少国家的统治者往往死于国人暴动。"国人"原是奴隶主阶级的下层,在数量上比贵族大得多,是奴隶主国家的军队的主力,国家的命运和"国人"的向背有密切关系,甚至国君的废立,卿大夫的存亡都要视"国人"的意志为转移。但是进入春秋时代,随着奴隶制的日益崩溃,"国人"的地位也急剧下降,同时"国人"开始分化,多数人陷入贫困境地,他们对于上层贵族的腐败奢侈也日益不满,在奴隶和庶民反抗奴隶主的斗争的推动下,他们怀着对贵族的仇恨,参加了反贵族斗争的行列。春秋前期,卫国"国人"抗拒为卫懿公出征打仗的骚动是最著名的一例。卫懿公喜欢养鹤,鹤的待遇要比"国人"优裕,有些鹤甚至坐马车,戴高冠,跟朝廷的大夫一样。公元前660年,北狄攻卫,卫懿公要"国人"应征抵抗,可是国人不听,他们说:你就叫鹤去打仗吧!卫懿公无法,只好亲自率兵出战,结果卫军大败,卫懿公也被狄人杀死了,如不是齐桓公及时出兵救援,卫国已经亡国了。

国人暴动的事件,在不少诸侯国中发生,公元前609年,由于莒纪公"多行无礼于国",被莒国的国人杀死。公元前554年,郑国贵族子孔太专制,滥用权力,结果郑国的国人起来把他给杀了。公元前484年,陈国贵族辕颇在作司徒时,剥削极为苛刻,"赋封田以嫁公女,有余以为已大器",结果被国人驱逐。

奴隶、庶民以及国人的反抗斗争,有力地破坏了奴隶制的经济基础,打击了奴隶主贵族的统治,使得封建生产关系日益发展起来,地主和农民作为两个新兴的对立阶级出现了。这两个新兴阶级的形成是经过了漫长的历史演化过程的,地主的来源也是多方面的,有的是由于国人的分化而转化成为地主的。公元前494年吴国要陈国跟从一起攻楚,陈怀公为此召见国人,要求国人表态,凡愿意从楚的站到左边,愿意从吴的站到右边,结果是"陈人从田,无田从党"(《左传·哀公六年》)。说明春秋后期国人已大分化,有的有田,有的已无田。在这样的分化中,少数国人占有较多田地就成为地主,无田的就转化为贫民或农民。有的是国人和庶民占有分配得的份地(即井田制的"私田")而逐渐发展成为地主的,有的是国人、商旅和庶民通过垦荒成为地主的。也有是由于国君、卿大夫用田地赏赐或奖励军功而成为地主的。例如齐国国君曾把一个叫石窬地方的田赏赐给一个女子,这个女子就成为地主。又如晋国赵鞅在与范氏、中行氏大战时,悬赏:"克敌者……士田十万"(十万当是十亩之误),这些赏田当然成为受赏者的私产了。随着社会地主阶级的成长,在卿大夫的互相争斗中,有一部分卿大夫就脱离奴隶主阶级,站到地主阶级这边来了,甚至成为地主阶级代表人物。例如晋国的六卿、鲁国的"三桓"、齐国的田氏等等。这种转变,当然是在新旧两种制度相交的这一特定历史环境中才能发生。正如马克思所说的那样:"在阶级斗争接近决战的时期,统治阶级内部的、整个旧社会内部的瓦解过程,就达到非常强烈、非常尖锐的程度,甚至使得统治阶级中的一小部分人脱离统治阶级而归附于革命的阶级,即掌握着未来的阶级。"(《马克思恩格斯选集》第1卷第261页)至于农民的来源则更为广泛,凡是破产的国人,贫困或流亡的庶民,流亡的奴隶,都是农民的前身。

春秋末年晋国六卿废除井田制,实行新亩制,采取按亩收税的办法。公元前594年,鲁国颁布"初税亩"的法令,取消井田制的"籍法",采取按亩收税的办法。从以"井"为单位的井田制转变为以"亩"为单位的新田制,从开旧制的籍法改变按亩收税的办法,这是井田制瓦解、封建的土地所有制确立的标志。

第二节　各国地主阶级的陆续取得政权

一、鲁国的"三分公室"与"四分公室"

春秋后期,随着封建经济的不断发展,地主阶级便登上政治舞台,公元前562年发生在鲁国的"三分公室"事件,就是一个标志。所谓"三分公室",是指季孙氏、孟孙氏和叔孙氏三家贵族联合起来,夺取了鲁国公室的政权,并将其瓜分了。这三家大贵族,原是鲁桓公三个儿子的后代,从宗法关系上讲,原是鲁国的奴隶主贵族。这三家从奴隶主贵族怎么会变为地主阶级的代表呢?如前一节所述,这是有个转化过程的。

原来公元前694年,鲁桓公被齐襄公儿子彭生杀死,其子庄公继位。鲁庄公有三弟,长曰庆父,次曰叔牙,再次曰季友,均为鲁大夫,他们的后代就是孟孙氏、叔孙氏和季孙氏。由于他们是鲁桓公之后,所以史称"三桓"。公元前660年,鲁国内乱,季友拥立鲁僖公。次年,鲁僖公把费(今山东费县西南)赏给季友,季孙氏就得到了发展的基地。公元前609年鲁文公去世,内乱又起,大夫东门遂"杀嫡立庶",杀死嫡子而拥立庶子(即鲁宣公),"三桓"乘机扩张势力。东门遂的儿子公孙归父,"欲去三桓,以张公室",季孙行父便以"杀嫡立庶"的罪名,把公孙归父驱逐,从此大权便落到了三桓手中。《史记·鲁世家》说:"鲁由此公室卑,三桓强"。

公元前594年,鲁国颁发了"初税亩"的法令。过了四年,又有"作丘甲"之举。丘是地方组织单位,"作丘甲"就是规定按"丘"摊派军赋。说明这时鲁国地主阶级经济力量已占优势,使得鲁国官府不得不改变征收赋税的办法。以三桓为代表的地主阶级势力,在这一时期做了大量图谋发展的工作。他们用各种方式争取民众,收买人心,节用开支,积蓄力量。季孙氏"无衣帛之妾,无食粟之马,无藏金玉,无重器备"(《左传·襄公五年》)。季文子是宣公、成公和襄公时的执政大臣,是典型的三朝元老,他这样做,目的无非为了以争取民众的支持,加速发展自己的力量。与此同时,季孙氏积极招揽流亡的奴隶和破产的庶民,使之成为"隐民","隐民多取食焉,为之徒者众矣"(《左传·昭公廿五年》)。孟孙氏、叔孙氏和季孙氏一样争取人民。民心确是被三桓争取过来了。"三桓"所作所为,反映了新兴地主阶级的政治需要。他们要求在政治上确立本阶级的统治体制,迫切希望推翻旧贵族的统治,夺取政权。经过几十年坚持不懈的努力,到季文子去世,季武子续封为大夫时,三家的力量已经相当大,尤其是季孙氏,不但拥有大量隐民,还拥有私属武装"甲七千"。这当然是人心所向民众支持的结果。公元前 562 年,三桓联合起来,"作三军,三分公室而各有其一"(《左传·襄公十一年》),把公室的主要力量瓜分了。当时公室所有的主要力量是由"国人"编制而成的军队。鲁原是周公子伯禽的封国,享有大国地位,设有上中下三军,后来随着奴隶制的衰弱,财政危机严重,进入春秋,只有二军,"皆属于公"(《左传·襄公十一年》)。现在"三桓"将其重新编为上中下三军,并从公室手中夺了过来,一人率一军。公室就被架空了。鲁国的"三分公室",标志着鲁国已由奴隶制转变为封建制,标志着地主阶级取代奴隶主阶级而取得政权,这是距"初税亩"仅三十二年的事情。

"三分公室"以后,鲁君成了名副其实的傀儡。三家在各自的范围内采用了不同的办法,以扩张势力。季孙氏把一军的全部成员(包括父兄子弟)一起归属自己,"使其乘之人,以其役邑入者无征,不入者倍征"(出处同上,杜注曰:"使军乘之人,率其邑役入季氏者,无公征。不入季氏者,则使公室倍征之。")。就是"国人"连同其田邑归属于季孙氏可以免除公室征收军赋,否则就要加倍向公室纳赋,这样就迫使一军的士兵及其父兄连同田邑全归季孙氏掌管,与公室断绝了关系。孟孙氏采取了"使半为臣,若子若弟"的办法,即规定他所属一军的士兵和他们父兄连同田邑的赋税，一半归自己，一半归公室。这一措施比起季孙氏的办法来要保守一点，并没有断绝同公室的关系。叔孙氏采用了"使尽为臣"的办法，即规定他所属的一军士兵归自己所有，而将他们父兄划归公室掌管，旧的色彩就更浓一点。由于孟孙和叔孙两家的改革不如季孙氏彻底，后来各自势力的发展也就不一样，季孙氏最为强盛。十八年后，季孙氏趁鲁襄公朝楚之机，夺取了卞地作为私邑，襄公闻讯吓得几乎不敢回国，七年后襄公去世，子昭公初立，三家便自作主张地废除了原作的三军，复为二军，把它分为四股，季孙氏独占两股，孟孙氏与叔孙氏各得一股，这就是"四分公室"。这时孟孙氏和叔孙氏都仿效季孙氏的办法，放弃了老的改良办法。"四分公室"后，公室的军赋被三家分个干净。这样一来，鲁国实际上已一分为三，鲁君不过保存了一个宗主的虚名，只保留有很少一部分田邑的收入和直属的军队。

但是斗争并没有结束，以国君为首的旧贵族不甘心于自己的失败，他们纠集了一小撮顽固势力，暗中策划向地主阶级反夺权。公元前530年，即"四分公室"七年以后，季氏家臣南蒯在季氏辖地中心费城发动叛乱，企图"出季氏，而归其室于公"（《左传·昭公十二年》），结果未能得逞。过了十三年，鲁昭公起兵攻打季孙氏，妄图夺回权力。季孙氏联合孟孙、叔孙两家"三家共伐公，公遂奔"（《史记·鲁世家》）。昭公兵败出奔，终身不能回国。公元前502年，季孙氏家臣阳虎作乱"欲尽杀三桓"，"三桓共攻阳虎，阳虎居阳关（今山东泰安东南）"，第二年，阳虎兵败奔齐（《史记·鲁世家》）。同年，季孙氏的另一个家臣公山不狃等又在费城作乱，企图恢复"公室"，但很快被平定下去。在此前后，孟孙氏的家臣公敛处父和公孙宿，叔孙氏的家臣竖牛、侯犯等都有不同程度的骚乱,但都未能得逞。过了卅二年,鲁哀公在位时,三桓专国政,"哀公患三桓",打算联合越国消灭三桓,但事机不密,反为三桓先下手将哀公赶跑到卫国。旧势力的阴谋活动,在新兴地主阶级面前都遭到了失败。哀公死后,悼公即位,三桓更为强大,《史记·鲁世家》说:"悼公之时,三桓胜,鲁如小侯,卑于三桓之家"。这说明,鲁国的封建地主政权,已经相当稳固了。

二、晋国的"六卿专政"与韩、赵、魏的"三家分晋"

晋国是春秋时代长期的霸主,国力一直比较强盛。春秋后期,随着奴隶制的崩溃,晋公室也日趋没落,国家大权渐渐被异姓大夫所掌握。晋国在献公时杀逐群公子后,公族便失势。朝廷里面的宗室贵族不多,异姓贵族不但人数众多,而且常常处于掌权地位。春秋中期以后,晋的旧公族留下的只有栾氏、羊舌氏和祁氏。晋国地主阶级的代表人物即产生在这些异姓贵族里面,具体地讲就是韩氏、赵氏、魏氏、范氏、中行氏(又称荀氏)和智氏六家大族。范氏是晋献公的大夫士蒍的后代,士蒍原是西周杜伯的后裔,避难到晋国。晋献公提升赵夙、毕万为大夫,其子孙即赵氏、魏氏。赵衰、魏犨随晋公子重耳出奔,在重耳回国即位后得到重用,赵氏、魏氏便发展起来。晋文公作"三行"(三支步兵)来抵御狄人,任命荀林父为"中行"之将,荀林父的子孙称中行氏。荀林之弟荀首的后裔称为智氏。后来晋卿赵盾(赵衰之子)推荐韩厥为司马,韩氏开始发展起来。春秋末年这六家卿大夫在晋国权倾一时,史称"六卿"或"六将军"。晋国地主阶级的取得政权稍晚于鲁,但比齐要早。

春秋中后期的晋国,阶级矛盾,新旧力量之间的矛盾日益激化,霸业也就逐渐衰弱了。晋平公时,范宣子执政,把旧贵族栾盈驱逐,并镇压了栾氏党羽的叛乱,栾盈出奔到齐。不久在齐庄公的支持下,从齐国潜回自己的老巢——曲沃(今山西闻喜东北),卷土重来,一直攻到了绛(即晋新都新田)。范氏率六卿军奋战,战事进行得十分激烈,结果栾氏败死,在晋国的栾氏宗属也就此降为奴隶。从此晋国"公室"更加衰弱。属于旧贵族羊舌氏的大夫叔向因此哀叹说:"虽吾公室,今亦季世矣。戎马不驾,卿无军行,卒列无长……。民闻公命,如逃寇仇,栾、郤、胥、原、狐、续、庆、伯,降在皂隶。政在家门,民无所依。……公室之卑,其何日之有"(《左传·昭公三年》)。完全是一副衰败破落的景象!原先权势显赫,不可一世的栾、郤等八家奴隶主强宗大族也在卿大夫兼并过程中被罚作罪犯,降为奴隶了。按照周礼,"刑不上大夫"的,现在贵族被罚作奴隶了,说明当时变化之大。这时晋国"政在家门",这个"家门"已经新兴地主阶级的代表,实质上说明国家的政权已经落到了新兴的地主阶级手中。

公元前 514 年,六卿乘旧公族祁氏、羊舌氏发生内乱,把他们灭亡了,执政魏献子便分其地为十县。至此"晋益弱,六卿皆大"(《史记·晋世家》),晋国的政权已完全转到了以六卿为代表的新兴地主阶级手中了。六卿取得政权后的第一件大事是铸刑鼎,公元前 513 年,赵鞅、荀寅"遂赋晋国一鼓铁,铸刑鼎,著范宣子所为刑书焉"(《左传·昭公二十九年》)。就是将范宣子制定的刑书,浇铸在大铁鼎上公诸于众。范氏所著刑书虽不知其详,但能浇铸于鼎上,条文必不会很长。晋国铸刑鼎一事在列国中引起了很大的反响,孔丘曾大加反对,他说:"晋其亡乎! 失其度矣。……今弃是度也,而为刑鼎。民在鼎矣,何以尊贵?……贵贱无序,何以为国"(《左传·昭公二十九年》)。就是说,把法律公布在鼎上,庶民便可依据鼎上的法律条文起来争辩,就会使贵族失去尊贵的地位,这就废弃了原有的法度,将会使得晋国灭亡。其实,这个成文法的公布,就标志着地主政权的确立,奴隶主政权的灭亡,当时晋国的六卿,实际上已是六个新兴的地主政权。此后从"六卿专政"发展为"三家为晋",实际上是相互兼并的结果。

自"六卿专政",到公元前453年韩、赵、魏"三家分晋",在半个多世纪中,六卿之间由于各自封建化程度不同和发展的不平衡,又进行了激烈的兼并战争,范氏、中行氏先后败亡。到后来韩、赵、魏三家又联合灭掉了智氏,由此三家瓜分了晋国。史称"三家分晋"。

史学界历来有一种看法,认为韩、赵、魏对另外三家的胜利,是新势力消灭了旧势力,是地主阶级的三家消灭了奴隶主残余的三家。因此他们把公元前453年事实上的"三家分晋"说成是晋国地主阶级的夺权斗争,是晋国封建社会的开始。但是"文化大革命"期间新出土的文物推翻了这种传统观点。1972年,山东临沂银雀山汉墓出土的竹简《孙膑兵法》中的《吴问篇》具体地说明了晋国六卿的阶级属性都是地主阶级而非奴隶主阶级,他们之间的斗争是基于封建化程度的不同而发生的地主阶级内部的财产权力再分配的斗争,而不是地主阶级对奴隶主阶级的夺权斗争。《吴问篇》史料之过硬,是因为它记录了与六卿几乎同时代的著名军事家孙武对六卿的评价,具体时间正好在他们掌权期间。孙武在回答吴王阖闾的问话中认为"六将军分守晋国"的局面不会很长,最后将由赵氏统一晋国。理由是六卿之间的田亩制与税收制不同。范、中行两家以一百六十步为一亩;智氏以一百八十步为一亩;韩、魏两家以二百步为一亩;而独独赵氏以二百四十步为一亩,赵氏无税,而另外五家都"伍税之",即按亩采用收取收获量的五分之一的租税。这样一来,赵氏亩制最大,又无税(当然不会完全不收税,只是不按亩收税,而采取其他办法收税),这样在赵氏辖地内地主和自耕农的赋税负担当然比另外五家要轻,容易得到地主和自耕农的支持,所以孙武断定六卿中的范氏、中行氏先亡,智氏其次,韩、魏再其次,而"赵毋失其故法,晋国归焉"(《吴问》)。后来晋国政局的演变,证实了孙武的预见大体上是正确的,只是韩氏、魏氏未亡而成为"三家分晋"。《吴问篇》反映的六卿的田亩制度与剥削方式是封建生产关系下的东西,而不是井田制剥削形式,六卿之间有的是程度上的差异而无性质上的不同。可见把范、中行、智三家说成是奴隶主代表是站不住脚的。孙武依据六卿推行封建化的不同政策,在六卿还都掌着大权时就作出这一预见,这是他实事求是分析的结果。

公元前 453 年,韩、赵、魏"三家共杀智伯,尽并其地"(《史记·晋世家》)。此后,晋国事实上已形成三个独立的封建国家。公元前 405 年,三家联合伐齐"得车二千,得尸三万"(《吕氏春秋·不广》)大胜而回。第二年又攻入齐长城,大败齐军,威震中原。公元前 403 年,即过了五十年,在事实面前,挂名天子周威烈王被迫"赐赵、魏、韩皆命为诸侯",这已是李悝变法后四十多年的事了。

三、田氏代齐

齐国地主阶级夺取政权的标志,就是发生在公元前 481 年的田成子(即陈恒、田常)杀死齐简公这件大事。

古时"田"字和"陈"字通用,田氏即是陈氏。田氏为齐国贵族,其祖先是陈国宗室的贵族。春秋初期,陈国发生内乱,陈宣公杀其太子御寇,公子完(字敬仲)与太子友善,为避祸逃到齐国,齐桓公封其为工正之官，从此田氏就在齐国扎下了根，所以田氏又称陈氏。

春秋前期，经过管仲改革，齐国民富国强，是最先称霸中原的大国。但在管仲与齐桓公相继去世后，齐国的霸业就渐渐衰弱了。到公元前543年齐景公即位时，奴隶主贵族挥霍无度，剥削极重，内政腐败，民怨沸腾，连像"三老"这样乡里的小吏也往往受冻挨饿，许多人被处刖刑，以至出现了"国之诸市，屦（草鞋）贱踊（假足）贵"的反常情况（《左传·昭公三年》）。贵族们的极度的压迫和剥削，激化了国内的阶级矛盾。

这时公子完的后代田桓子，为了壮大自己的势力，极力争取民众的支持。原先齐国的"公量"是升、豆、区、釜、钟五等，从升到釜是四进位制，从釜到钟是十进位制。田氏另制一套，从釜到钟十进位制不变，但从升到釜却改为五进位制，称为"家量"。这样一改，钟的容量就大得多了。田氏向庶民出借粮食时使用"家量"，向收回时使用"公量"，如此"大斗出，小斗进"无形中就大大减轻了剥削量。这样一来，田氏"得齐众心，宗族益强，民思田氏"（《史记·田世家》）。公元前539年，齐景公派大夫晏婴出使晋国，想同晋平公联姻。正式的外交谈话结束之后，晋大夫叔向私下问晏婴说："贵国的情况怎么样了？"晏婴回答得非常干脆，他说："此季世也，吾弗知，齐其为陈氏矣。公弃其民而归于陈氏。齐旧四量：豆、区、釜、钟。四升为豆，各自其四以登于釜，釜十则钟。陈氏三量皆登一焉，钟乃大矣。以家量贷而以公量收之。山木如市，弗加于山；鱼盐蜃蛤，弗加于海，民参其力，二入于公，而衣食其一。公聚朽蠹，而三老冻馁。国之诸市，屦贱踊贵。民人痛疾，而或燠休之，其爱之如父母，而归之如流水。欲无获民，将焉避之"（《左传·昭公三年》）。他把齐国公室和田氏（即陈氏）统治手段作为对比,说得如此明白,田氏一方面以"大斗出,小斗进"的借贷办法来争取庶民归向,另一方面在辖区内控制市场物价,使得木料和鱼盐海产的价格超过产物。田氏的作法,和奴隶主贵族实行高利贷和抬高市场价格来加重对庶民剥削的方法,正好相反,因而庶民不断从奴隶主贵族那里流亡出来,像流水一般归向田氏,田氏就不断地壮大。

公元前532年,田氏便联合旧贵族鲍氏,发兵攻打齐国的执政大夫高氏和栾氏。由于田氏得到民众的支持,高、栾两家被击败出逃,田桓子又采取以退为进的策略,将从高氏、栾氏手中夺过来的田邑分给那些受其排挤的贵族,又分自己的私田周济那些无禄的公子公孙,这样田氏得到了各方面的赞许,又分化了旧贵族的力量。田桓子因此获得了高唐的赏邑,于是势力逐渐强大。

田桓子死后,其子田乞继续经营其父的事业。公元前489年,齐景公卒,齐国在国君继立问题上发生了内乱,田乞联合贵族鲍氏和另外一些大夫,击败了执政贵族国惠子和高昭子(另一家高氏贵族)。田乞既胜,便迎立避难在鲁的景公庶子阳生为君,是为齐悼公。此时的田乞已是大权在握了。

田乞死,子田恒(即田常)代立,这就是田成子。公元前485年,悼公卒,简公即位,简公忌田氏权重,以心腹监止为右相,田成子为左相,削弱田氏权力。于是田成子"复修釐子之政",以大斗贷出小斗收进,争取民众的支持。这样田氏三代经过不懈的努力,终于收到了效果,民众像流水般的归附到田氏门下,成了田氏的"隐民"或私属徒,同时也加强了田氏的私人武装力量。史料记载说齐人歌之曰:"妪乎采芑,归乎田成子!"到公元前481年,监止要驱逐田成子,田氏就起兵攻打监止,结果监止败死,"简公出奔,田氏之徒追执简公于徐州(今山东滕县东南)。……遂杀简公。"田成子拥护简公之弟骜即位,即齐平公,从此由田成子为相,实际取得了齐的政权。《晏子春秋·谏上》篇注:"景公没,田氏杀君荼,立阳生;杀阳生,立简公;杀简公而取齐国。"自从田成子杀死齐简公之后,田氏所拥立的齐国国君只剩下个空名了。实际上完成了"田氏代齐"的步骤。

公元前404年,田成子的后代田和把齐平公的后代齐康公迁于海上,"食一城,以奉其先祀"。公元前379年齐康公去世,就废除了徒有空名的齐君。

发生在公元前481年的"田氏代齐",在中国古代史上有着极为重大的意义,就在这一年,代表地主阶级的田氏,实质上已经取代了奴隶主阶级的吕氏成为齐国的国君。在这以前,鲁的"三桓"和晋的"六卿"已建立地主政权;在这以后,齐国的田氏也建立了地主政权。从此中原地区的多数地方基本完成了奴隶制向封建制的转变。长达一千六百余年的奴隶社会宣告结束,封建社会开始形成了。尽管挂名周天子周安王正式承认田和为齐国诸侯,是在九十五年之后的公元前386年,但只不过是追认既成事实而已。

四、吴越的崛起

正当中原各国新兴地主阶级取得重大胜利的时候,地处在长江下游的吴越两国,受中原地区政治、经济和文化的影响,迅速强盛起来。由于史料缺乏,这两个国家的地主阶级取得胜利的经过还不清楚,要像晋、齐这样找出明显的分期还为时过早,有待于地下文物的进一步发掘与出土。

吴原来是周族的一个支系,西周初年迁到东南沿海。后来和当地土著生活在一起，建立了吴国。地有今江苏省大部、安徽及浙江两省之一部，国都在吴（今江苏苏州）。原来这儿人口稀少，土地开发晚，文化发展也较缓慢，因此被中原各国视为"蛮夷"。但吴有优越的自然条件，资源丰富，临江靠湖，有"海盐之饶，章山之铜，三江（指松江、钱塘江与浦阳江）五湖（指太湖）之利"（《史记·货殖列传》）。随着中原地区先进生产技术的传布，特别是盐铁业的传布，使吴国原有的封建经济萌芽获得了很快的发展。到寿梦当国君时，一家一户的小农经济已经相当普遍。公元前 561 年，寿梦病危，临死前吩咐长子诸樊，不将君位传给他，而要传给幼弟季札。因为据说季札贤能过人，深得寿梦喜爱。长子诸樊当即表示："今王欲授国于札，臣诚请耕于野"。但季札没有答应。后来吴人定要季札当国君，但"季札不受而耕于野"（《吴越春秋·吴王寿梦传》）。公元前 522 年，楚国亡臣伍子胥避祸奔吴，也曾"退耕于野"。这些都说明吴国原先一套井田制已经日益崩溃，田野里小农生产已较普遍存在。

当时晋国为了与楚争霸，争取了联吴制楚的策略，派楚亡臣申公巫臣到吴，"教吴射御，导之伐楚"（《吴越春秋·吴王寿梦传》），自此吴楚连年攻战不休。这时余眛之子僚为吴王。诸樊之子公子光对此大为不满，"阴纳贤士，欲以袭王僚"（《史记·吴世家》）。公元前 516 年，吴楚战事又起，吴王僚的两个兄弟统兵出战，国内空虚，同年四月，公子光利用吴王僚"母老子弱，弟伐楚"（《吴越春秋·公子光传》）的机会，发动宫廷政变，派勇士专诸在宴会上刺杀了吴王僚，夺取了政权，自立为王，即吴王阖闾。

公子光继位以后，确有一番作为，"任贤使能，施恩行惠，以仁义闻于诸侯"（《吴越春秋·阖闾内传》）。当然要就此下结论说阖闾就是地主阶级代表,未免有点勉强,但阖闾生活俭朴。要有所作为,确实不同于同时没落的奴隶贵族。据说他"食不二味,居不重席,宝不崇坛,器不彤镂,宫室不观,舟车不饰,衣服财用,择不取费"(《左传·哀公元年》)。阖闾重用伍子胥进行改革,"立城郭,设守备,实仓廪,治兵库"(《吴越春秋·阖闾内传》),以加强国家的经济,政治和军事力量。经伍子胥推荐,吴王起用了孙武。孙武不但是个著名的地主阶级军事家,而且是个地主阶级政治家。当无疑义,阖闾起用此人,也可反映其政治倾向。阖闾十分称赞孙武对于晋国"六卿"所实行经济改革的分析和他们前途的判断,认为"王者之道",是"厚爱其民者也"(《孙子兵法·吴问》)。阖闾所说的"王者之道",已经是指发展封建经济的政策。阖闾在起用孙武之后,必然在经济、政治和军事上有所改革。但由于史料缺乏,其具体情况已无法知道。在对外关系上,阖闾接受了孙武的声东击西,迷惑敌人的策略,组织了三支小部队,轮流向楚发动攻击,使楚军疲于奔命。公元前 506 年,楚攻蔡,蔡求救于吴,吴联合了蔡、唐两国起兵伐楚。吴军在孙武的指挥下,长途奔袭,避开了楚军主力,深入楚国腹地,楚军急忙回救,在柏举(今湖北麻城东北)的地方,为吴所大败。吴军乘机扩大战果,乘胜深入,一举攻占了楚都郢城。楚昭王经云梦之泽逃往随国,令尹子常逃到郑国。柏举之战是春秋后期最大规模的一次战役,吴军在孙武和伍子胥的指挥下,打得十分出色,是以少胜多的著名战例。吴军占领了郢城后,伍子胥将楚平王的尸体从墓中挖出,鞭尸三百,以报杀父之仇。楚大夫申包胥跑到秦国求救兵,据说在秦国的宫廷外面哭了七天七夜,秦才决定发兵救楚,会同楚军残部对吴作战,吴军锐气正盛,秦军不能胜,后来吴国起了内讧,阖闾弟夫概引兵回吴自立为王,越国又发兵袭吴,阖闾只得撤兵回国,平定了内乱,楚才得以复国。第二年阖闾派太子夫差伐楚,大胜。楚惧而迁都于鄀(今湖北钟祥西北),自此吴国威名大震,成了东南方的强国。

在吴国强大的同时,越国也迅速发展起来。越是越族的一支,相传为夏禹的后代。地处浙江北部,安徽、江西东部,国都会稽(今浙江绍兴)。当地居民断发文身,经济文化原来比吴还落后。但它同吴一样,具有地理环境优越、物产丰富等优点。越国的水稻种植很早,随着封建生产关系的发展,越国的造船,制铜等手工业发展很快,由于史料的缺乏,越国地主阶级登上政治舞台的经过很不清楚。据《吴越春秋·无余外传》记载"无余传世十余,末君微劣,不能自立,转从众庶,为编户之民,禹祀断绝。"就是说,早先奴隶制的越国从无余开始经过十几代就衰亡了。所以"禹祀断绝"。后来有个叫无壬的自立为国君。"自后稍有君臣之义"。"壬生无鱄,无鱄卒,或为夫谭,夫谭生元常"。"元常"一作"允常",允常开始开拓领土而称王。

公元前496年,允常死,其子勾践即位。吴王阖闾乘机伐越,交战于檇李(今浙江嘉兴东南),勾践用计击败吴军,阖闾受伤致死,子夫差继位,立志报仇。三年后,两国再战于夫椒(今太湖洞庭西山附近),越兵大败,国都被吴军攻破,越王只得率残余五千人退保会稽山。勾践派大夫文种向吴求和,许越为吴属国,同时暗中重赂吴太宰伯嚭,伍子胥力主乘胜灭越,以绝后患,但夫差听信了伯嚭的话,以勾践夫妇必须到吴国作人质为条件,答应了越国的和议,撤兵回国。

越在臣属于吴的十年中间,发生了重大的变化。勾践在吴国曲意奉承夫差,骗取了夫差的信任,加上伯嚭从中求情,不几年就被夫差释放回国。勾践回国复位后,为报仇雪耻,重用计然、范蠡、文种等人改革内政,奋发图强,把发展农业视作治国的根本,实行了"舍其惩令,轻其征赋""裕其众庶"的措施,使得"其民殷众,以多甲兵"。勾践为了复仇,采用了种种办法以收买人心,"去民之所恶、补民之不足",富者安之,贫者与之。勾践还实行了奖励生育的政策,"命壮者无取老妇,令老者无取壮妻。女子十七不嫁,其父母有罪,丈夫廿不取(娶),其父母有罪。将娩者以告,公令医守之。生丈夫,二壶酒一犬;生女子,二壶酒一豚;生三人,公与之母;生二人,公与之饩(食物)"(《国语·越语上》)。对于缺少劳动力的家庭,则减轻其赋税,规定"当室者死,三年释其政(征);支子死,三月释其政。"为招来人材,勾践不惜卑礼下士,"四方之士来者,必庙礼之。"勾践自己也"非其身之所种则不食,非其夫人之所织则不衣"(《国语·越语上》)。甚至卧薪尝胆、奋发图强。从勾践的这些政策措施来看,其内容已经越出了奴隶制的范围,而带有封建制的因素了,勾践为了报仇雪耻,最后能击败吴国,不得不在国内实行一些改革,以恢复元气、重整军力,发展经济,富国强兵。

改革后的越国,另有一番景象。经过十年生聚,十年教训,越国势力大振,开始与吴抗争。吴国方面的情况也有了很大的变化,吴王好大喜功,后来又打败了齐国,恃胜益骄,在伯嚭的怂恿下,放松了对越的戒备,伍子胥被迫自杀。夫差把全部精力放在北上争霸上,开邗沟(今扬州至淮安的运河)以利军运,筑邗城(今江苏江都附近)作为北上的基地,花费了大量的财力与人力。公元前484年,夫差率大军北上打败了齐国,更加骄傲轻敌,认为只要压服了晋国,便可称霸中原。于是又征调大批民工,开凿黄沟(自泗水通向济水),使吴国的军事运输,自长江直通济水。二年后,夫差不听劝阻,亲率大军北上黄池(今河南封丘南),与晋定公会盟,争当霸主。越王勾践乘此机会发兵攻吴,吴国精兵均随夫差北上,国内空虚,留守部队为越击败,吴都亦为越军攻破。夫差在黄池得到惊报,率兵匆匆赶回,向越求和,勾践"自度未能灭吴"(《史记·越世家》),允许议和,撤兵回国,暂时结束了这次战争。过了四年,吴国受天灾,元气大伤,越发大军攻吴,大败吴军,围吴都,战争持续了三年,吴都为越兵攻破,夫差自杀身死,遂灭吴。越灭吴后,国势大振,勾践挥兵北渡淮河,与齐晋争霸,最后迫使齐晋等国在徐州(今山东滕县东南)会盟,"致贡于周,周元王使人赐勾践胙,命为伯"。"当是时,越兵横行于江、淮东,诸侯毕贺,号称霸王"(《史记·越世家》)。越在战国初期成为强国之一。

五、秦献公的夺权与改革

秦国地主阶级的取得政权与中原各国相比,显得很晚,这是因为秦国辟在西戎,经济发展不平衡的缘故。

秦国疆土本系周的故地,与少数民族杂居,被中原诸侯国视作戎狄,尽管秦穆公曾称霸西戎,但始终未能向东发展,秦穆公死后,秦的霸业也就逐渐地消失了。春秋、战国之际,秦的大权被庶长(相当别国的卿大夫)操纵,甚至可以废立国君。公元前428年,秦怀公被从晋国迎入拥立,四年后,庶长晁发动政变,逼迫怀公自杀。由此导致争夺君位的斗争不断发生,统治集团内部的互相倾轧的局面更加剧烈。公元前414年,秦灵公卒,灵公的叔父悼子发动兵变,夺权自立,就是秦简公。灵公的儿子公子连(又名师隰)被迫逃往魏国。内乱严重地削弱了秦国的力量。公元前413年,经过李悝变法强大起来的魏国大败秦军于郑(今陕西西华县)。第二年魏又包围了黄河边上的秦城繁庞（今陕西韩城东南），并"出其民"。隔了三年，魏文侯又派吴起两次出兵，攻占了秦的临晋（今陕西大荔东）和元里（今陕西澄城南）两城。次年，吴起又攻取了秦的洛阴（今陕西大荔西北）和郃阳（今陕西合阳东南）。秦国一败再败，丢失了全部河西（黄河以西）之地，只得退守洛水，建立新防线，修筑了重泉城（今陕西蒲城东南）。连年的战争，秦国损兵折将，既丢失了大片土地，又给人民带来了更大的苦难，国内阶级矛盾尖锐。公元前409年，秦简公"令吏初带剑"，即下令各级官吏自带防身武器，以防不测。随着奴隶制度的日益崩溃，封建经济不断发展。公元前408年秦简公发布"初税禾"的命令，这和鲁国实行"初税亩"相同，按亩征收一定数量的谷子作为田税。秦国的"初租禾"比鲁国的"初税亩"迟一百八十六年，同样标志着封建经济的成长和地主阶级登上历史舞台。

公元前385年，秦简公卒，其子秦出子继位。由于出子年幼，大权就落到了秦出子母亲手中。出子母亲大权在握，独断专行，恣意宦官，弄得人心离散，政局混乱。弄得"群贤不悦自匿，百姓郁怨非上"（《吕氏春秋·当赏》）。这时流亡在魏二十多年的公子连目睹魏国李悝变法后的生气勃勃的局面，渐渐的接受了地主阶级的政治主张，决心回国"因（依靠）群臣与民"夺取政权。公元前384年，公子连经历了种种曲折，终于从焉氏塞（今宁夏固原东南）被守塞吏菌政开关迎入。出子母亲知悉，马上派兵前去攻打，由于出子母亲不得人心，这支部队在半路上改变了主意，集体哗变，拥戴公子连为新君。公子连带着倒戈的部队包围了国都雍城，出子母亲自杀，出子亦被杀。公子连正式即位，这就是秦献公。秦献公即位后，奋发图强，进行改革。

首先宣布"止从死",废除了奴隶制的殉葬制。开始局部实行郡县制,先后建立了四个县,以加强中央的权力。又在全国实行"户籍相伍"制。这时由于封建经济的发展,个体小农已普遍存在,政府为了加强对个体小农的控制,把五家编为一体,编入国家户籍。这些措施的推行,使秦国慢慢的有了起色。公元前366年,秦在洛阴、邰阳击败了韩魏联军;三年后"与晋战于石门(今山西运城西南),斩首六万";公元前362年"与魏战少梁(今陕西韩城西南),虏魏将公孙痤"(《史记·秦本纪》)。公元前361年,秦献公卒。秦献公的改革,虽然没有从根本上改变秦国相对弱小的地位,但是为后来秦孝公任用商鞅变法打下了良好的基础。

第三节 春秋时期的思想和文化

一、春秋时期的思想及思想家

春秋时代,奴隶制逐渐解体,封建制逐渐形成,正处于社会大变革的前夜,反映到社会思想上,便是对宗教性天的信仰动摇。

西周从夷王、厉王以后,随着政治危机的不断出现,关于天的传统思想发生了更大的动摇。这从当时民众纠集起来放逐天的代理人"天子"就可以知道这种动摇是怎样的程度了。天的思想在古代是和政治不能分离的,对天的信仰的升替,和政治走着同一的路径。在周宣王时,随着政治的"中兴",宗教性的"天"的思想似乎又巩固了地位,这种情况从《诗经》和铜器铭文中可以明显的看出来。虽然当时的统治者力图巩固西周时代的宗教世界观,但是有意志的人格神的"天",却再也不可能恢复以前那样的力量了。进入春秋,"天"就和它的代理者周天子一样,只是拥有一个虚名,相信它的人自然也还有,但是有许多人对它都发生了动摇与怀疑,有的甚至采取了否定的态度。比如在古时候的王,是要仰仗龟卜来传达神命的,而楚国的斗廉却说:"卜以决疑,不疑何卜"(《左传·桓公十一年》)。古时候认为一切的休咎祸福都是由天而降,而鲁国的闵子马却说:"祸福无门,唯人所召"(《左传·襄公二十三年》)。郑国大夫、执政子产有一句话说得很透彻,那便是"天道远,人道迩,非所及也"(《左传·昭公十八年》)。这些都表示了春秋时代的为政者的思想已在一定程度上摆脱了或正在摆脱"天"的羁绊,感到旧时的愚民政策已无法再维持下去了。这一点在官制上也有所反映,过去的官职是以关于天事即带有宗教性质的官居于上位的,其次才是政务官和事务官。到春秋时代,这些宗教性质的官职都衰微了,而政务官的地位却大大提高了。这种官职之贵贱的推移也说明了宗教性的天的思想已经日趋没落了。

当宗教性的世界观普遍动摇的时候,在逐渐增长的自然科学知识的基础上,产生了朴素的唯物主义和简单的辩证法思想。西周末年,周宣王的史官吏伯认为:金、木、水、火、土这五种具体的东西是构成万物的基本元素。幽王时的史官伯阳父认为在天地中有"阴""阳"这两种相反相成的自然力量,一切所谓的"灾异"并无任何超自然的原因,而只是阴、阳失调的结果。五行说和阴阳说,在春秋时代有了进一步的发展。晋国的史官蔡墨主张五行说,他说:"物生有两,有三,有五,有陪贰。故天有三辰,地有五行,体有左右,各有妃耦"(《左传·昭公三十二年》)。这正是尝试着去发现宇宙的规律性。

随着"天"的地位的没落,人的地位就被重视了。春秋时代的很多有识之士虽然在形式上还承认有意志的天和神的存在,但实际上已把它放到附属于人的地位上来了。他们认为:"神,聪明正直而壹者也,依人而行"(《左传·庄公卅二年》),"民之所欲,天必从之"(《左传·襄公卅一年》)。这就是说,天和神本身已无独立的意志,它们以人的好恶为好恶,这在实质上就否定了"天"的神圣性。

既然天和神都要尊重人的意志,统治者当然就不能任意"肆于民上,以纵其淫",而应该"利民""勤民"了。所以虢国的史嚚就说:"国将兴,听于民;国将亡,听于神"(《左传·庄公卅二年》)。楚国要灭随国,随国的贤大夫季梁向随君谏议道:"夫民,神之主也。是以圣王先成民,而后致力于神"(《左传·桓公六年》)。晋的蔡墨批评为季孙氏所逐而死于国外的鲁昭公说:"鲁君世从其失,季氏世修其勤,民忘君矣,虽死于外,其谁矜之?社稷无常奉,君臣无常位,自古以然"(《左传·昭公卅二年》)。齐国的田氏同鲁三桓一样,都十分注重争取民众支持的重要性,这也说明掌权者对人的地位确实较前重视了。这些论调和后来孟子的"民为贵,社稷次之,君为轻"的说法是很接近的。

由于人的地位在提高,把人当作牲畜一样屠杀的人祭和人殉,便受到了社会舆论的严厉指责。见于《春秋》的两次人祭都遭到了批评,如司马子鱼批评宋公说:"祭祀以为人也。民神,之主也。用人,其谁飨之?"(《左传·僖公十九年》)这与商代崇尚人祭的贵族思想正好来了个反对。殉葬的行为,当时虽然比较人祭来得普遍一些,但也遭到不少人的激烈反对,甚至连孔子这样的保守派也不表赞同。

这种重民思想形成为一种社会思潮,和民众不断地进行阶级斗争以及各国之间与各国内部贵族之间的斗争,有密切的联系。统治阶级逐渐感觉到,如果得不到人民的支持,就要站不住脚。鲁国的三桓夺权和齐国的田氏代齐就说明了这个问题。因此,重民思想也反映了奴隶制趋向崩溃的征兆。在这样的情况下,作为旧时代统治者的奴隶主阶级的思想代表,在他们的思想意识中必须反映这一点,至少是或多或少地体现了这一点。老子和孔子就是春秋时代两个极有影响的保守派思想家。

老子即老聃,生卒年不可考,相传为楚人,曾作周王室的"守藏室之史",即管理藏书的史官。后因悲周朝的衰败,弃官隐居,不知所终。著有《老子》一书,全书五千余言,又名《道德经》。但是根据1973年湖南长沙马王堆三号汉墓出土的帛书看来,德经在上,道经在下,并非道经在前,德经在后,故确切名称应为《德道经》。此书虽说为老子的著作,但从其思想内容和涉及的某些问题来看,此书编定的时间应该在战国初期而非春秋后期。是后人根据老聃的思想和言论编纂而成。全书分政治、哲学、军事等方面,包含有不少朴素的辩证法思想,但全书反映的主要倾向是消极、悲观和无所作为。这应该是和老子所处的历史环境分不开的。在社会大变革的情况下,老聃作为奴隶主下层的一员,政治上失意,经济上破产,自然站到这场社会大革命的对立面。但是阶级斗争的现实又使他感到无力阻挡封建制必定取代奴隶制的历史潮流,于是便产生了悲观失望、消极厌世的没落情绪。老聃的这一思想,反映在政治上就是"小国寡民"的理想和"无为而治"的主张。《老子·八十章》着重描绘了"小国寡民"的社会景象:国家小,人民少,尽管有各种各样较好的生产工具和车船等交通工具,大家却都不用,仍采用古代那种以绳打结记事的办法。各个国家之间彼此望得见,鸡犬之声都听得见,可是人民之间都直到老死都不相往来。显然这是指原始的无阶级的社会形态,甚至把这样的社会都作了一定的理想化。老子想以这样的理想国来取代封建社会,反对地主阶级的封建主义革命,无疑是反动的。老子的"无为而治"主张,也是针对新兴地主阶级的封建专政而言的。认为只要君主无所作为,人民"无知无欲",天下就太平了。这种论调就其实质来说,是反对地主阶级变法,反对破旧立新的。老子的"无为而治"主张,来源于他的"无为无不为"思想,老子的"无为"并非真的要所有的人在所有问题上都无所作为,而是要求掌了权的地主阶级"无为而治",不要改变和打破旧的奴隶主体系,因循守旧即可,改弦更张不行。"无为无不为"的思想,虽然包含着朴素的辩证法成分,但老子鼓吹这一思想,目的是为了维护旧制度,出发点是保守的而不是革新的。

老子的政治主张,是建立在唯心主义世界观的基础上的,老子认为,物质世界起源于"道"(《老子·廿五章》),他说:"有物混成,先天地生。……吾不知其名,字之曰道"。"道"又名"无",是一种"视之不见""听之不闻""搏之不得"的非物质东西,而万物都是由它派生出来的,他说:"天下万物生于有,有生于无"(《老子·四十章》)。很明显,老子的"道"是一种脱离物质世界而独立存在的绝对精神,可见,老子的世界观是属于客观唯心主义的范畴。在认识论方面,老子认为只有通过"虚静"的境界,才能领会和认识"道",一旦得道,就能"不出门,知天下""不行而知,不见而名,不为而成"(《老子·四十七章》)。因此,老子的认识论又是受唯心论的先验论所支配的。

在奴隶制转变为封建制的社会大变革中,国家兴衰,社会各阶级和阶层的地位升降变化很剧烈,老子从中探求事物发展的规律,揭示了一些对立事物之间的相互关系,如有无,多少,先后,高下,易难,荣辱,死生,贵贱等等,认为"有无相生,难易相成,长短相交,高下相倾"(《老子·二章》)指出对立面都是相辅相成的。老子还进一步看到这些事物的对立面是可以互相转化的,提出"祸兮福之所倚,福兮祸之所伏"(《老子·五十八章》)等比较杰出的辩证命题。这是道家思想中极其进步的一面,显而易见,这些朴素的辩证法思想,出现在两千多年以前的春秋时代,是十分难能可贵的。

《老子》一书中还阐述了不少研究战略战术思想的内容,例如他提出的"弱之胜强,柔之胜刚"(《老子·七十八章》)的战略思想,辩证地阐述了强与弱的转化,强调"以奇用兵"(《老子·五十七章》),把灵活的战术看作达到战略目的的必要手段;主张"将欲夺之,必固与之"(《老子·三十六章》)的先让一步,后发制人的策略,告诫轻敌是用兵的大忌,认为"祸莫大于轻敌"(《老子·六十九章》)。《老子》运用朴素的辩证法思想,总结战争的规律,对古代军事理论的发展有着积极而重大的意义,据此,有人认为《老子》是一部兵书。

但是《老子》所反映的辩证法是很不彻底的。老子虽然观察到了社会各种矛盾现象,却错误地认为矛盾的运动是周而复始的循环,他说:"万物变化纷纭,我却看出变化的结果仍然要回到原来的地方"(《老子·十六章》:"夫物芸芸,各复归其根")。这样就又跌入了形而上学的循环论的漩涡,这正反映了道家思想的阶级局限性。

继老子而起的是孔子,孔子名丘,字仲尼,是春秋后期极有影响的保守派思想家,生于公元前551年,死于公元前479年。鲁国陬邑(今山东曲阜)人。孔子的祖先原是宋国的贵族,属商王族的后代(《礼记·檀弓》)。后来,由于宋国公室发生内乱,孔子的曾祖父逃到鲁国避难,从此成为鲁国人。到孔子出生时,家境早已破落了。孔子年轻时曾经给贵族当会计和管理畜牧事务,本身还算一个"士",并不是平民,更非奴隶。鲁国是当时的一个文化中心,保存有宗周的大量典籍和文物制度,素有"周礼尽在鲁矣"之称。孔子从小好学,爱习礼仪,被标榜为"少年知礼"。他还从老子学习过,他对老子的评价很高。《礼记·曾子问》记载孔子论礼的话,有四处都说是"闻诸老聃"。因此,他对天的观念,可能是受老子的影响,但他对时局的看法不像老子那样消极悲观,认为只要恢复西周时的典章制度,一切按周礼办事,社会就能恢复往日的太平盛世。怎样才能"复周礼"呢?孔子极为自负的声称"如果有人用我为政,我一定把周代的各种礼仪在东方复兴起来"(《论语·阳货》《史记·孔子世家》)。所以说,孔子是一个重视政治,大力鼓吹奴隶制复辟的人。孔子出生在春秋后期的社会大变革时代,对地主阶级革命引起的政治动乱恨之入骨,斥之为"礼崩乐坏"、"天下无道"。在鲁国的新旧势力的斗争中,他都站在奴隶主公室一边,反对"三桓"为代表的革新势力。公元前517年,"三桓"联兵反击,赶走了鲁昭公,他便马上尾随昭公出亡到齐国,在齐景公面前大谈"君、臣、父、子"的正名理论(《论语·颜渊》),鼓吹"礼治",要求齐景公出兵干涉鲁国政治,让昭公回国复位。但齐景公没有理睬他。孔子在齐不得志,第二年就回到鲁国,大批招收旧贵族的子弟,聚众讲学,宣扬复辟理论。公元前502年到公元前498年,鲁国新兴势力一度受挫,以鲁定公为代表的奴隶主贵族重握政权,孔子先后当了中都宰(掌管首都治安的最高长官)、司空(掌管工程的长官)、司寇(掌管刑狱,纠察事务的长官)和代理宰相,孔子一上台,就将矛头指向革新势力,调兵遣将进攻三桓,"堕三都",将三桓的统治中心堕毁了两个。又杀害了革新派人士少正卯。但孔丘的这番努力并不能挽救鲁国的奴隶主政权,鲁国新兴势力很快击败了奴隶主贵族的反扑,孔子被迫下台。下台后的孔子,抱定不同当权者合作的宗旨,带着一批学生离开鲁国,四出兜售"克己复礼"的政治主张。孔丘周游列国,到处奔波达十四年之久。但是封建制取代奴隶制是历史发展的必然趋势,想要开历史的倒车毕竟是行不通的。孔丘在碰壁之余,无可奈何的回到鲁国。"他们再一次被可恨的暴发户打败了。从此,就再谈不上严重的政治斗争了。他们还能进行的只是文字斗争"(《共产党宣言》)。孔丘晚年,奴隶制统治犹如大厦将倾,摇摇欲坠,孔丘埋头著书立说,用奴隶主阶级的爱憎感,褒贬和歪曲历史,删改文献典籍《六经》,编纂鲁史《春秋》,攻击和诬蔑新兴地主阶级的夺权斗争,大造奴隶制复辟舆论。但是历史的潮流是阻挡不住的,孔丘为气息奄奄的奴隶制度唱挽歌,并不能挽救奴隶制度必然倒台的命运。孔丘七十三岁时得了重病,不久便一命呜呼,带着花岗岩脑袋见周公去了。

"克己复礼"是孔子毕生奋斗的目标。所谓"克己"就是要人们按周礼克制自己的各种欲望,约束自己的行为,绝对不能"犯上作乱"。"克己"的目的是为了"复周礼"。孔子的复礼,就是要恢复已经崩溃了的西周奴隶社会的上层建筑和统治秩序。所以说,"克己复礼"是孔子想要复辟西周奴隶制度的政治纲领。孔子站在奴隶主阶级的立场上,把西周奴隶社会看作是"天下有道"的理想社会。在那个社会里,一切军政号令都出自周天子,诸侯大夫无权发号施令,人民不得随便议论朝政(《论语·季氏》)。孔子十分赞美这个世道,认为这应该是永恒的制度,他说:"周代的制度是多么昌盛,多么丰富多彩啊,我崇拜它"(《论语·八佾》),但是孔子偏偏出生在"礼崩乐坏"的春秋时代,政权已经从周天子下移到诸侯乃至于大夫手中,甚至出现了"陪臣执国命"的局面。于是孔子只得哀叹世道变了,他把当时的社会描写成"天下无道"的乱世,把新势力的代表人物说成是"乱臣贼子"。显然,孔子的"道"就是周礼。

周礼是孔子一切行动的最高准则,鼓吹"非礼勿视,非礼勿听,非礼勿言,非礼勿动"(《论语·颜渊》)。他自己也承认他不创作任何新东西,只信服和爱好古代的典章制度(《论语·述而》)。有一次他的学生颜渊问他如何治理国家,他回答说用夏代的历法,坐商代的车子,戴周代的礼帽,至于作乐,可用舜和周武王时的音乐(《论语·卫灵公》)。对于当时出现的各种违背周礼的言行,孔丘一概反对。鲁国国君原先常要祭泰山,三分公室后,公室衰弱,三桓专权,季孙氏居然也祭起泰山来,而且用周天子的礼乐,用六十四个人在庭院中舞蹈的天子仪式,孔子知道后,大为恼火地骂道:"八佾舞于庭,是可忍,孰不可忍也"(《论语·八佾》)。新刻的酒杯不带棱角了,他也会联想到周礼的被破坏,而愤愤不平的说:"酒杯不像酒杯,还叫什么酒杯呀"(《论语·雍也》)。

孔子为了达到克己复礼的目的,提出要遵循尧舜,效法文武,一切按古制办事(《论语·中庸》),以此反对社会大变革中出现的新生事物,攻击革新势力的进步活动。公元前 513 年,晋国执政大夫赵鞅铸了个"刑鼎",颁布了成文的法律,孔丘大为不满地说:"这么搞,老百姓都可以按照鼎上公布的条文为自己辩护,怎么还能体现出贵族的尊严呢"(《左传·昭公二十九年》)。公元前 484 年,季孙氏采用了封建的税收制度,孔丘也大加反对,说这种办法违背了"周公之典"。并且把帮助季孙氏改革的自己的学生冉求视为叛逆,宣布断绝师生关系,煽动其他学生"鸣鼓而攻之",围攻冉求(《论语·先进》)。孔子就是这么一个与时代潮流格格不入,顽固主张开倒车,搞复辟的人。

"仁"是孔子思想体系的核心,他说"克己复礼为仁"(《论语·颜渊》)。何谓"仁"? 按照《孟子》和《中庸》的说法,"仁者,人也"。孔子的学生樊迟问什么是仁,他回答说是"爱人",所谓"仁者爱人"。表面看来,孔子也在宣传人与人之间要彼此相爱,其实不然。在奴隶社会中,奴隶与奴隶主是两个根本对立的阶级,奴隶主是不把奴隶当人看待的,因此对奴隶是没有"仁"可讲的。孔丘对此直言不讳,他说:"贵族中可能有不仁之辈,但在奴隶中就不可能有一个仁者"(《论语·宪问》)。又说:"据我所见,奴隶中只有为了水火而送掉命的,却没有一个为了仁而牺牲的"(《论语·卫灵公》)。孔子把奴隶排斥在"仁"的范围之外,认为只有奴隶主阶级才能做到"仁",可见,他们"仁者爱人"决不是主张爱所有的人,而是要求奴隶主阶级内部相亲相爱,为了"克己复礼"的共同目标团结起来。其次,当然也包括社会上的平民,因为这些人并非奴隶,而且到了春秋后期,平民已经成为一股不可忽视的力量,平民的反抗斗争往往同奴隶的暴动汇合在一起,给统治者以极大的威胁,孔子从维护旧的统治秩序的愿望出发,不主张对这些人像对待奴隶一样,以免引起动乱,要求统治者注意这部分人的安抚与笼络,从这一点上讲,孔子的"爱人"思想应当是春秋后期重民思想的反映。

孔子的认识论是唯心论的先验论,他把人的知识才能说成可以是先天就有的,而且是不可改变的。他说:"生来就知道的人是上等的;学而知之的人是次一等的,碰到困难还学习的人,是再次一等的,最差劲的是碰到困难又不学习的,奴隶就是这样下等的人"(《论语·季氏》)。这当然有阶级偏见在内,孔子的这一思想,为历代反动统治者所袭用,成为他们麻醉人民,宣扬天才史观的理论根据。同时,孔丘还是一个天命论的鼓吹者。

在学习上孔子却是个好学的人，态度极为认真，他自述到了"发愤忘食，乐以忘忧，不知老之将至"的程度，他主张"知之为知之，不知为不知""多闻厥疑""多见厥殆"，可疑的、靠不住的不肯乱说。提倡"温故而知新"。主张"学而不厌，诲人不倦"，认为"终日不食，终夜不寝，以思，无益，不如学也"。这种认真好学的态度无疑是可取的。孔子注重教育，提出"有教无类"，即较为普遍地传授知识，不一定非要达官贵人的子女。只要交得起一定费用的，他都收。这可能是对鲁国三桓掌权不满的一种抗议，因为在旧时代只有权贵人家的子弟才有受教育的权利，孔子这样做在主观上可能有不同当权者合作之意，但在客观上却是符合时代发展的。他的教育方法也不是机械的，他能够"因材施教"。不过在这方面，他的奴隶主阶级立场限制了他，他看不起生产劳动，反对学生参加体力劳动，认为这是"小人"的事。

孔子开创的学派被人称为儒家，据说是孔子年轻时曾从事过"儒"的职业，即按周礼的规定，给奴隶主贵族办丧事、当吹鼓手的缘故。春秋时期的儒家是没落奴隶主阶级的思想代表，它的基本倾向是保守的、倒退的。儒家成为地主阶级的思想，是战国以后的事。

二、春秋时期的文化和经籍

儒家在政治上是倒退保守的，但在整理和保存古代文化典籍方面却是有很大贡献的。相传孔子参与编纂的六部儒家经典——《诗》《书》《礼》《易》《乐》《春秋》，统称为《六经》，就是其中极为重要的一个部分。

《诗》又称《诗经》，是我国最早的一部诗歌总集，包括《国风》《小雅》《大雅》《周颂》《鲁颂》和《商颂》等部分，一共三百零五篇。《诗经》创作的年代大体是西周开始到春秋中叶的五百多年时间。《国风》包括十五个国家和地区的民歌,是各国政府派专职官吏收集起来,然后由乐师整理保存而成的。其中以各国的民歌最为完备。这些诗歌反映了这个时期人民的悲惨命运;有的是对统治者的讽刺,抒发人民内心的悲愤;有的表达了人民对爱情的追求和对美好生活的向往。这些诗具有清新、明快、朴实的艺术风格、有着浓厚的生活气息,读起来真是如闻其声,如见其人,令人反复吟咏而不厌。但《国风》中也包含一些腐朽的东西,宣扬"妇有别""父子亲""君臣敬""王化成"等,这可能同孔子及其子弟编纂有关,孔子删改《诗经》的目的是"述殷周之盛""颂圣贤后妃之德",是为他的"克己复礼"的政治路线服务的。《诗经》是儒家的经典,有这些糟粕是很自然的事情。《大雅》《小雅》是贵族的诗,是权贵们在宴会时相互应酬的工具,其中有一部分是政治讽刺诗,暴露了统治阶级的内部矛盾和某些社会黑暗面,具有一定的价值,但大部分都是宣传忠君和君权神授的反动观点。如《小雅》的首篇诗是《鹿鸣》,写"燕(宴)群臣嘉宾",鼓吹忠君;《大雅》中的《生民》《公刘》《绵》《皇矣》《大明》等等,都是从周的祀先后稷。《公刘》,古公亶父讲起一直要叙述到文王、武王,鼓吹"君权神授"的反动思想。《商颂》《周颂》和《鲁颂》合称《三颂》,是贵族们的庙堂诗歌,主要是歌颂上帝和祖先的功德,祈求神灵的保佑,是一种呆板无味的说教,如《周颂》中的《清庙》《天作》两篇,把西周统治者吹捧成顺天应道的神人,如何有"奇才大志"云云。在《雅》和《颂》中还保存了一部分重要的历史传说和神话故事,有助于我们更好地了解古代的历史。那时候,这些诗都可以配合着音乐来歌唱,载歌载舞、引人入胜。孔子很重视《诗》的教育和《诗》的修养,认为"不学《诗》、无以言";学了《诗》可以增广知识,可以从事政治,可以办外交,功用是很大的。

《书》又叫《尚书》或《书经》，是上古以来，即春秋以前的政治文告和历史资料的汇编。据说原有三千余篇，后来保存下来的只有五十六篇，一说二十九篇。其中虞书五篇，夏书三篇，商书十五篇，周书三十一篇，秦、鲁各一篇。从《尧典》起，到《秦誓》止，上起唐虞、下至春秋。其中有一部分可能是后人追述的。这部书是我国古代一些重要的历史记事、文告、讲话或谈话记录，文字古雅，内容丰富，是研究我国古代历史的重要材料。孔丘有时把它和《诗经》并提，一直是儒家讲述古代历史的主要根据。

《礼》是古代各种典章制度的总称，有《仪礼》《礼记》和《周礼》，合称"三礼"。《仪礼》十七篇是古代的礼仪汇编，包括冠、婚、丧、祭以及朝聘宴会中的礼仪程序，是贵族们行动的节文，因为流传在士这个阶层中，所以又叫做"士礼"。《礼记》是儒家讨论礼制的论文集。《周礼》是一部讲述周朝官制和服饰交际等礼节仪式的书，成书较晚，可能不完全是真实的历史记录，后来引起不少争论。

《乐》，又称《乐经》，已失传。但《周礼》的《大司乐》章和《礼记》中的《乐记篇》，记载了古代乐制的一部分。仅能见其一个梗概了。

《易》就是《周易》，是一部占卜的书，包括《易经》和《易传》。成书也较晚，出于儒家后学之手。《易经》从乾、兑、震、巽、离、坎、艮、坤等八卦，构成六十四卦，三百八十四爻。卦有卦辞，爻有爻辞，说明其凶吉休咎的征兆。阐发《易经》的有彖辞、象辞、系辞等十翼，总称为《易传》。这部分包含有很丰富的哲学思想和社会、自然现象，但杂有各种宗教迷信，历来被视为一部神秘的书。

《春秋》是一部编年体的历史。中国是世界上最早注意历史的国家，至少当东周时代，文化较高的诸侯国都有专职的史官记事，如晋史名《乘》、楚史名《梼杌》、鲁史名《春秋》。史官世代承袭,依据一定的书法和分工,忠实地执行职务。孔子把鲁国史官所记《春秋》一书加以删改,整齐书法,成为儒家经典《春秋》。这部史书上起公元前722年(鲁隐公元年),下迄公元前481年(鲁哀公十四年)。孔丘站在奴隶主贵族的立场上,采用讳、褒、贬、讯等所谓"春秋笔法",评论春秋以来"弑君三十六,亡国五十二,诸侯奔走不得保其社稷者不可胜数"的社会大变革的形势,攻击咒骂代表地主阶级的革新派势力,宣扬"君君、臣臣、父父、子子"的正名理论。解释《春秋》的有《左传》《公羊传》和《穀梁传》,合称"春秋三传"。《公羊》《穀梁》解释《春秋》的体例和微言大义,流于空洞的说经,在思想史上有某些价值。《左传》就是《春秋左氏传》相传为鲁史官左丘明所著。《左传》保存了古代的大量史料,生动地叙述了春秋时代的历史,在史学上和文学上都具有极高的价值。另外,和《左传》互相补充的有《国语》一书。

儒家的重要经典除上述《六经》外,尚有《论语》一书。这本书是孔子对答弟子们和其他人的发问的记录,是孔门弟子和再传弟子所编辑的。因为它保存了不少孔子的真实言论,所以一直是研究孔子的最重要的资料。

三、《孙子兵法》与兵家

老聃、孔子就其阶级立场来说,不出奴隶主阶级范畴,所以他们的政治态度是保守乃至于反动的。春秋后期另一思想家孙武就不一样,就其所著《孙子兵法》来看,孙武应该是新兴地主阶级的代表。《孙子兵法》不仅是我国现存的最古兵书,也是世界上最早的兵书。它是我国社会由奴隶制向封建制过渡时期产生的地主阶级军事名著,在中外军事学术史上占有杰出的地位。伟大领袖毛主席曾多次提到过《孙子兵法》中的名言,指出:"孙子的规律'知彼知己,百战不殆'乃是科学的真理"。

孙武字长卿,春秋末期的齐国人,具体生卒年日不详,约和孔子同时。孙武原是齐田完(敬仲)的后代。据《新唐书》和《古今姓氏书辩证》记载,田完的后代,孙武的祖先田书,因"伐莒有功,景公赐姓孙氏,食采于乐安(今山东惠民县)。"所以说,孙武是齐国新兴地主阶级代表田氏的后裔。孙武是我国古代的大军事家,可以称得上是兵家的创始人。战国前期的大军事家孙膑就是他的后代。后来孙武从齐国到了吴国,吴王阖闾夺取政权后,利用吴国的有利条件,图强争霸。1972年山东临沂汉墓出土的《吴问》残简,记载了孙武和吴王关于晋六卿"孰先亡,孰固成"的问对,孙武认为亩制大而税轻者可以"固成",得到吴王的赞许。公元前512年,孙武受到吴王的重用,同伍子胥协助吴王经国治军,积极图谋大举攻楚。吴王采纳了孙武、伍子胥两人的扰楚、疲楚的主张,组织三支部队轮番袭击楚国,"楚于是乎始病"(《左传·昭公三十年》)。经过数年准备,公元前506年,孙武和伍子胥随同吴王率军攻楚,由水路出发,转陆路,争取了蔡、唐两国,借道过境,潜行千余里,迂回到楚国东北部,从侧面发起攻击,楚军不及设防,指挥发生混乱,吴军五战五捷,以数万人破楚十余万之众。攻入楚国国都郢城(今湖北、江陵北),把楚昭王都赶跑了。第二年,吴又攻楚,大败楚军,吓得楚将都城也迁走了。《史记》说吴国"西破强楚,入郢,北威齐晋,显名诸侯,孙子与有力焉"。可见孙武从中起了多么重大的作用。

春秋时期,战争频繁,规模也日益扩大,其中不少战争是地主阶级的夺权斗争引起的。孙武作为地主阶级的一员,顺应历史潮流,站在新兴地主阶级立场上，用当时比较进步的观点和方法，总结战争经验，继承和发展前人的军事理论，创立了地主阶级的军事学说。他所著《孙子兵法》一书，具有丰富的战略思想，提出了许多杰出的命题，也反映了一部分战争的客观规律，成为古代军事学术史上的一颗明珠，流传中外两千余年，受到广泛的重视。

关于战争问题，《孙子兵法》一开头就说："兵者，国之大事。死生之地，存亡之道，不可不察也。"把战争看作关系军民生死，国家存亡的大事而加以认真研究，并且说："亡国不可复存，死者不可以复生。故明君慎之；良将警之"。又说："无恃其不来，恃吾有以待之；无恃其不攻，恃吾有所不可攻也"。主张对敌方可能的进攻，必须做好准备。这些论述，反映了地主阶级重视战争，对战争抱慎重态度和有备无患的思想。

关于军队问题，《孙子兵法》很重视和强调将的地位和作用，把具备"智、信、仁、勇、严"五个条件的将，看作是决定战争胜败的"五事"之一，把"将孰有能"列入"七计"之中。孙武对专职的将帅提出许多要求，主要是要"知彼知己""知天知地"，了解各方面的情况；要有"知诸侯之谋"的政治头脑；要有勇有谋，要有能"示形""任势""料敌制胜""通于九变"的指挥才能；要有"合于利而动，不合于利而止"的决断能力；要有"进不求名，退不避罪"的负责精神；对士卒管教要严格，赏罚要分明，使士卒"亲附"等等。孙武认为只有这样的将帅才是地主阶级的"国之辅也""国之宝也"。孙子关于治军的论述，概括地说，就是用文武兼施，刑赏并重的原则治理军队。《孙子兵法》在战争中"令民与上同意"的要求，反映在治军中就是"上下同欲"。它说"令之以文，齐之以武，是谓必取"。这里说的文就是怀柔与重赏，武就是强制和严刑,使士卒畏服。同时孙武又提出,"视卒若爱子"的主张,要求将帅爱护士兵,其目的当然是要使兵卒感恩而拼命作战。孙武的这些治军原则和方法,同奴隶主阶级军队中将帅对士兵极其野蛮、残酷的统治相比,无疑是进步的。

孙武把"知彼知己"看作是正确指导战争的先决条件。他认为将帅对决定战争胜败的"五事""七计"要熟知深究,要了解敌我双方的优劣条件,这样才能在战争之前就能大体判明谁胜谁负,才能制订正确的作战方针。在战前,他十分重视"庙算"的作用,指出"多算胜,少算不胜",所谓"算"就是对我、对敌两方情况的分析与判断。在作战中,孙武要求从进军开始就注意观察各种征候,到两军相交时更应注意观察,并根据各种征候对敌情作出正确的判断。如"敌近而静者,恃其险也;远而挑战者,欲人之进也""辞卑而益备者,进也;辞强而进驱者,退也;无约而请和者,谋也"。告诉人们要从敌人的行动中区别真相与假象,不要被敌以假乱真所迷惑,而要从现象深处发现敌人真实的意图。《孙子兵法》所介绍的敌情判断,虽然是简单而古老的,但它确实提出了指导战争的一个非常重要的问题,其意义不容忽视。后世军事家的不少兵谋计策如将计就计,虚则实之,实则虚之等等,就是从这儿发源的。

在作战方针上,《孙子兵法》主张进攻速胜,强调"兵贵速,不贵久",认为"兵久而国利者,未之有也。"这反映了地主阶级在上升时期政治上要求发展的需要和当时经济、军队组织等条件的限制。兵贵神速固然是真理,但不重视防御和持久战略同样是片面的。孙子主张野战消灭敌人有生力量,而不是花主要力量去攻城掠地,把攻城看作下策,这一思想至今仍然是正确的。野外机动作战是达到进攻速胜的有利作战方式,问题在于要调动敌人,这种调动敌人的办法,孙武称之为"动敌"。他说:"善动敌者,形之,敌必从之;予之,敌必取之。以利动之,以卒待之"。就是说,要善于用佯动迷惑敌人,用小利引诱敌人,使敌人听从调动,然后用重兵待机攻击。对于固守高垒深沟的敌人,则争取"攻其所必救"的策略,调动敌人出来增援时相机歼灭之。孙武主张"出其所不趋,趋其不意",就是出兵敌人来不及派兵救援的地方或意料不到的地方。"由不虞之道,攻其所不戒",这样就能"进而不可御"了。

在作战指导上,《孙子兵法》强调"兵因敌而制胜"的观点,认为双方作战,通常是用"正"兵挡敌,用"奇"兵取胜。这种"奇正之变"是"不可胜穷"的。部署作战要巧设计谋,战法经常变化,使敌人无法识破机关;驻军常换地方,进军多绕迂路,使敌人推测不出你的意图。很明显,孙武的这一思想含有灵活机动的战术原则在内。所谓"兵无常势,水无常形,能因敌变化而取胜者,谓之神"。人们常说的用兵如神,神就神在"能因敌变化而取胜"。

值得一提的是,《孙子兵法》中还含有朴素的唯物论和辩证法,它在论述事先了解情况的重要性和方法时说:"不可取于鬼神,不可象于事,不可验于度,必取于人,知敌之情者也。"明确地指出不可去求神问卜而测什么凶吉与战事的胜败,这反映了孙武的无神论和反天命论的态度。另外,孙武还提出了许多涉及军事领域中的矛盾范畴的辩证命题,如敌我、众寡、强弱、攻守、进退、胜败等等。并指出这些矛盾是可以人工地促使其转化的,并非固定不变的。孙子的辩证法思想,虽然只限于军事领域并且是自发和朴素的,还没形成完备的理论,但是在两千多年前,能有这样生动而丰富的辩证法思想,则是难能可贵的。

　　孙武是地主阶级军事家，因此《孙子兵法》必然带有封建糟粕和消极成分，比如它未能区别战争的性质，而且公然主张"掠乡分众，廓地分利""掠于饶野，三军足食"。这无疑是剥削阶级本性的表现。此外，孙武在正面肯定将帅作用的同时，又极力提倡愚兵政策，主张"愚士卒之耳目""驱而往，驱而来，莫知所之"。这些都是不足取的。但是所有这一切同《孙子兵法》本身所具有的巨大历史价值和思想价值来比，是微不足道的。孙武的军事思想为后世军事科学的发展，作出了不可低估的贡献。

第四章　封建制确立的战国

第一节　地主阶级巩固政权的斗争

一、魏国的李悝变法

战国是我国封建社会的开始。进入战国,晋楚争霸不休的局面已不复存在。经过长期的兼并战争,绝大多数的中小国家被各大国所并吞,出现了七大诸侯国并立的形势。这七个大国就是齐、燕、秦、楚、韩、赵、魏。史称"战国七雄"。战国初期,各国的封建统治集团为了加强地主阶级专政,进一步巩固和发展地主阶级所有制,全面确立对广大农民的阶级优势和对残余的奴隶主势力的打击,利用政权的力量进行了大规模的社会改革,这种自上而下的封建改革运动被称为变法。在这场斗争中,魏国的李悝变法是各国变法运动的先声。

"三家分晋"后的魏国,西是秦,北是赵,南面与楚韩接界,东面与齐宋相邻,可称是四面受敌,无险可守。这样,变法图强就成了急待解决的问题。公元前445年,魏文侯即位,这是一个有法家思想的地主阶级政治家,在他在位的四十余年里,他先后起用了李悝、吴起、西门豹等一批法家,进行了一系列的封建改革,极大地增强和发展了魏国的经济和军事力量,使处于"四战之地"的魏国成了战国初期最强盛的国家。

李悝(公元前 455 年—前 395 年),魏国人,是先秦著名法家人物之一,又有人说他就是李克。他在魏文侯即位的那一年被任为相,主持变法。其主要内容有以下几个方面:

(一)废除世卿世禄制度

魏国地主阶级在夺权过程中,已经初步建立了一套新的封建官僚机构,但作为奴隶制上层建筑的世卿世禄制残余还没有完全取消。李悝针对这一情况,明确提出废除旧贵族的世卿世禄制度,规定按照对地主阶级政权的功劳大小和能力的高下来选拔官吏,有功必赏、有过必罚,即所谓"为国之道,食有劳而禄有功,使有能而赏必行,罚必当"(《说苑·政理》)。对于那些依靠世袭特权"无功而食"挥霍享受的旧贵族的遗老遗少,则一概剥夺他们的这一特权,省下这笔开支召来为国出力的人材——"夺淫民之禄,以来四方之士"(《说苑·政理》)。李悝的这一措施从政治和经济上沉重地打击了奴隶主残余势力,极大地巩固了地主阶级专政。

(二)发展封建经济,推行"尽地力"、"善平籴"的政策

李悝深知发展经济与巩固政权之间的关系,所以对农业生产给予极大的重视。主张要尽量发挥土地的生产潜力和农民的生产积极性。他曾跟魏文侯算了这么一笔账:当时魏国大约有土地九万顷,除去山川城邑,可耕地面积约六百万亩,如果农民勤奋耕作,每亩田至少可增产三升粮食,反之,则减产三升,这一增一减,加起来的数字就

十分可观。所以只有推行这种"尽地力"的主张，才能在同样的土地上取得最大的收益。李悝的这一思想被后来的商鞅、韩非等法家所继承，成为法家耕战思想的重要组成部分。在推行"尽地力"政策的同时，李悝还提出了"善平籴"的主张，制定了"平籴法"。他认为"籴甚贵伤民，甚贱伤农。民伤则离散，农伤则国贫"（《汉书·食货志》）。为了避免这种情况，李悝主张丰年时由国家用平价将农民出售的粮食大量收购进来，作为储备。并使丰年的粮价不至于暴跌。到荒年缺粮时，便将这些储备粮用平价卖出，不使粮价猛涨。平籴法的实施，使粮价能保持相对的稳定，无论是丰年还是荒年，都有利于社会的安定，有利于地主政权的巩固。李悝的"善平籴"思想对后世的影响很大，不少帝王都竞相仿效，可见这决不是单纯粮食买卖的经济措施，而是关系到巩固政权的头号政治问题。从这点来讲，李悝的这一思想无疑是进步的。

（三）制定《法经》，厉行法治

李悝的另一个杰出贡献是制定了《法经》。此书是我国第一部比较完整的现存可考的地主阶级成文法典。《法经》共分六篇：《盗法》《贼法》《囚法》《捕法》《杂法》和《具法》。尽管原文已经失传，但从《晋书·刑法志》和《唐律疏义》等书中仍可了解一些梗概。《盗法》《贼法》是对付社会盗贼的法律，是保障地主阶级的政治经济利益的条文；《囚法》是讲监禁、判刑的法律；《捕法》是讲追捕捉拿逃亡罪犯的法令；《杂法》所涉及的范围广而杂，是对付狡诈、越狱、赌博、贪污、淫乱等犯罪行为的法律依据；《具法》是根据不同情况对原判进行加判或减判的规定。很明显，《法经》的推行，其矛头所向，主要是针对广大农民和劳动群众的，尽管它对"刑不上大夫"的贵族特权是一个否定,但主要还是为了防止和镇压人民的反抗斗争的。

（四）改革军制

建立"武卒"制度,整顿常备兵。规定凡考中"武卒"的,可免除全家的租税和徭役,这在当时是个十分优厚的待遇。这样一来,民间的从军练武的积极性就大为高涨。在这样的基础上提高"武卒"的考核标准,以增强部队的战斗素质和进攻能力也就是完全符合情理的事了。李悝规定,考"武卒"者,必须"衣三属之甲,操十二石之弩,负服矢五十个,置戈其上,冠轴带剑,赢三日之粮,日中而趋百里"(《荀子·议兵》)。可见要求是很高的。"武卒"制推行的结果,使得魏国武装部队的战斗力大大增强,成为一支凶悍的劲旅。变法后的魏国,连年对外扩张,攻城掠地,几乎所向无敌,这和李悝的军制改革是分不开的。

李悝变法上有魏文侯的支持自不容忽视,在下也有两个得力的助手,这就是吴起同西门豹。吴起是著名的军事家兼政治家,李悝改革军制和对外战争,多得此人助力。西门氏则在发展生产,兴修水利方面颇有贡献。

西门豹是我国历史上著名的无神论者之一,李悝变法时,他任魏邺地(今河北临漳县西南)县令,政绩尤为突出。原来发源于太行山区的漳河流经邺地,时常泛滥成灾,危害极大。地方上的贪官污吏与巫婆串通一气,妖言惑众,胡说要免除水患,只有每年替漳河河神娶一媳妇,所谓"河神娶妇"就是将选中的民间姑娘梳妆打扮后扔进河中,便算完婚。富人家千金即使选上也可出钱买个替身,就苦了穷人家的女儿。要想不被选上,自然得用重金贿赂这批人,这些装神弄鬼之徒便从中发财。然而"河神"并不领情,尽管地方上每年给它送老婆,漳水却仍常发大水,邺地人民在天灾人祸的双重压迫下,生活极其痛苦。西门豹到任不久,便了解了这一情况,西门氏不信神,当然不相信河神还要娶媳妇的鬼话,他运用政权的力量"以其人之道,还治其人之身",以叫这些人去同河神商议为名,将首恶分子不论男女一个个丢进漳河喂鱼,戳穿了这个骗局,刹住了这股歪风。西门豹的果断措施,得到邺地人民的拥护,有力地巩固了地主阶级的基层政权。为了消除漳河水患,西门豹主持兴修了"引漳灌邺"的水利工程,化害为利,有效地利用了漳河的水力资源。与此同时,西门豹厉行法家的耕战政策,鼓励垦荒,奖励生产,取得了极大的成绩,使邺地成为当时魏国北部的有力屏障。

李悝变法后的魏国,经济发展,国力强盛,连年对外扩张,几乎攻必克,战必胜,史称"强匡天下,威行四邻",成为战国前期的头号强国。

二、韩国的申不害变法

韩国在战国七雄中是比较弱的一个国家,究其原因,根据《韩非子》的说法,是贵族中的旧势力浓厚,法令不一,斗争复杂,政治就比较混乱。往往是"晋之故法未息,而韩之新法又生;先君之令未收,而后君之令又下"。新旧相反,故今相异,中央集权松散,国力自然不强。所以在封建兼并战争中,先后被魏、秦、宋等国打败,失去了不少土地。为了改变这种内外交困的局面,公元前三五五年,韩昭侯起用申不害为相,实施变法。

申不害(公元前385年—前337年),原郑国人,是与李悝同名的法家代表人物之一。郑为韩所灭,他便成了韩国人。申不害变法与李悝一样,提倡法治,也制定了一部成文法,叫"刑符"以实施他的法治主张。申不害认为法是治理一个国家的准则,意义之大就像称对于计算物体重量那样不可缺少,只有厉行"法治",才能确立人君所需要的社会秩序,只有在"法"的约束下,一切社会人事关系和国家政治体制才有一个客观的标准。申不害变法与李悝的不同之处在于他不但讲"法",还更多地注重于"术"的运用。所谓"术",乃是权变之术,是国君根据法家路线进行统治的策略与手段,"术"的应用范围几乎是无所不包,比如国君考核臣下的才能以便量材录用,国君纠察各级官吏的政绩以便决定他们的升降或赏罚,检查百官是否尽力职守等等,无一不可用"术"来处理。申不害认为国君用"术"驾驭臣下,便可得心应手。与"法"相比,"术"就不那么光明正大,有的甚至是奸巧权术的一套玩意。如申不害建议韩昭侯平时要"无为"——大智若愚,不能暴露自己的思想和欲望,也不能暴露自己的智慧与洞察力,使臣下无法猜度和捉摸国君的意图和要求,也无法掌握国君的弱点,不能投其所好,不能巧言令色,这样,各级官吏就不得不各尽所能,各行其实,不敢弄虚作假了。在申不害看来,人臣对国君必须是绝对的忠诚老实,而国君对臣下却绝对不能开诚相见,只须用"运断"的办法加以检察与考核,所谓"运断"就是"独断",他说"能独断者故可以为天下主"。可见申不害的这一主张是君主独裁的封建专制理论。申不害还规定:"治不逾官,虽知勿言",就是说,各级官吏不得越职办事,凡不在自己职权范围内的事,即使知道,也不能讲。显然这同样是一种权术而已。看来韩昭侯是采纳了申氏的用术主张。据说,这位国君为了防止夜间说梦话被人听取内心的秘密,甚至不同夫人同房而寝。可见其用心之深了。经过申不害的这么一番治理,韩国的政治局面果然有了起色,国力也较前为强,政令也大为统一,出现了"国内以治,诸侯不来侵伐"的上升局面。

韩是战国七雄之一,也是一个大国,但始终没有像魏、秦这样强大起来,而仅仅是"诸侯不来侵伐"。这是什么原因呢? 韩非子在批评申不害时说得好:"故托万乘之劲韩,十七年而不至霸王者,虽用术于上,法不勤饰于官之患也"(《韩非子·定法》)。这就是说,申氏只注重了人君如何用"术"以加强自己的统治,然而却忽视了作为根本的"法"的贯彻执行,没有像李悝变法那样,对旧势力予以沉重打击和坚决镇压,所以申不害主持国政十七年,成效虽然也有,但毕竟有限,韩国的强盛也仅仅是使别国不敢来侵犯而已,真正的强国地位始终没有达到。这不能不说是由于申不害变法的不彻底和重"术"不重"法"的片面性所造成的。

三、赵国的政治改革

赵国在"三家分晋"前的社会改革的步子比魏、韩要大,所以孙武断言晋国之政将归于赵氏。然而"三家分晋"以后的赵国,没有及时进行变法,逐渐落后了。一直到赵烈侯在位(公元前 408 年—前 387 年)的时候,情况才有了变化。

赵烈侯即位后五年,赵相国公仲连向烈侯推荐牛畜、荀欣、徐越三人为官,进行改革。牛畜建议烈侯"以仁义,约以王道";荀欣建议:"选练举贤,任官使能";徐越则主张"节财俭用,察度功德"(《史记·赵世家》)。赵烈侯采纳了三人的意见,并拜牛畜为师,荀欣为中尉,徐越为内史,协助相国执政。从三人发表的见解来看,显然并不一致,荀欣、徐越两人政见较为相近,带有法家任人唯贤的倾向,但牛畜的"以仁义,约以王道"却近乎儒家之说了。此三人同时为赵烈侯所用,自然是由赵烈侯的政治倾向所决定的。尽管在当时的具体条件下,荀、徐两人的主张较为一致可能更多的为赵烈侯所接受,但牛氏政见产生的反作用仍不容低估,这就导致了赵国的封建改革之效果必然不及韩、魏之大。事实确是如此,经过改革后的赵国起色并不很大,公元前372年前后,赵国从邻近的卫国夺取了一部分土地,似乎也炫耀了一阵,但却算不上强盛。赵国真正强大起来是在战国中期的赵武灵王的"胡服骑射"的军事改革以后。

四、齐国的邹忌改革

齐国在"田氏代齐"后的一百余年间,由于没有继续深入进行政治上和经济上的改革,发展逐渐缓慢起来,到公元前356年齐威王即位时,国内政治腐败已相当惊人。以阿(今山东阳谷县东北)大夫为代表的一批贪官污吏欺上瞒下,破坏地主阶级的法治。阿大夫管辖的阳谷县一带情况更为严重,田地荒芜,民不聊生,老百姓是怨声载道。但受阿大夫贿赂的一批朝廷命官却整日在威王面前称颂阿大夫的贤能。相反,即墨(今山东平度东南)大夫为政勤勉,奖励农耕,发展生产,成绩显著,在他所辖境内"田野辟,民人给,府库充实","东方以宁"(《史记·田世家》)。但是由于即墨大夫没有像阿大夫那样巴结威王的左右,这样便得罪了这批权臣,他们在威王面前大讲即墨大夫的坏话,极其诽谤诬蔑之能事,欲置其于死地。

齐威王是个信奉"黄老之术"的地主阶级政治家。在复杂的阶级斗争面前,他采取了"不鸣不飞""虚静无为"的办法,一连几年"委政大臣",自己则不动声色地派员调查,终于发现了其中的弊情,弄清了真相。威王抓住时机,大会百官于朝廷,当面痛斥阿大夫的种种罪恶,并将其党羽连同阿大夫本人悉数丢入油锅烹杀处死;对于即墨大夫则给以很高的奖赏,当众表彰他的政绩,"封之万家",作为各级官吏的榜样。这一贬一褒,一杀一赏使朝野大为震动。此后,各级官吏"不敢饰非,务尽其诚"风气大大改变。威王亲政以后,很快起用了有法家思想的大臣邹忌为相国,田忌为将军,孙膑为军师,雷厉风行的进行整顿和改革。

邹忌针对齐国的具体情况,建议威王广开言路,体察下情,避免被群小蒙蔽。为了更好地阐述他的主张,邹忌用了个有趣的比喻。原来齐国有个闻名的美男子叫徐公,邹忌在见到徐公以前还以为自己相貌堂堂可能比徐公还美,他问妻、妾,妻、妾都说他比徐公美,问客人,客人也这样说。后来亲眼看到了徐公,相形见绌,自愧不如。通过此事,邹忌认识到"吾妻之美我者,私我也;妾之美我者,畏我也;客之美我者,欲有求于我也"的道理。他以此为话题,入见威王说:"今齐地方千里,百二十城,宫妇左右莫不私王,朝廷之臣莫不畏王,四境之内莫不有求于王。由此观之,王之蔽甚矣!"威王听罢深以为然,马上下令群臣吏民:"能面刺寡人之过者,受上赏;上书谏寡人者,受中赏;能谤于市朝,闻寡人之耳者,受下赏。"令初下"群臣进谏,门庭若市。数月之后,时时而间进"(《战国策·齐策》)。一个封建君主能这样听取臣下吏民的批评和意见,是极为可贵的。由于史料缺乏,虽然对于齐威王在邹忌建议下进行改革的具体措施不可能说得很详尽,但威王起用邹忌为相后,切实进行了一些改革也绝非无端妄说。事实亦如此,威王亲政不久,原先那种"国至贫"的局面就改变了,人民的生产积极性大为提高,政治清明,国力逐渐强盛起来。开始同魏国争夺中原的霸权。

孙膑是孙武的后代,早年曾与一个叫庞涓的同师鬼谷子先生学兵法,学成后又同事魏惠王,庞涓"自以为能不及孙膑",怕孙膑夺了他的名位,便设阴谋陷害孙膑,惠王不察真情,孙膑便遭了毒手,被处了膑刑,剔去了两腿的膝盖骨,成了废人。后来孙膑得知是庞涓从中加害,便装疯佯狂,避开了庞涓的监视,与齐国取得了联系,不久齐国使者出使魏国,就将他秘密地带回了齐国。孙膑是著名的军事家,一到齐国马上受到威王的重用,拜为军师,威王亲自向其讨教用兵之道。孙膑就成了齐国重要的军事参谋。

公元前353年,魏攻赵,围赵都邯郸,赵求救于齐。齐认为魏灭赵,与己不利,决定出兵救赵。赵国得知齐国援军将至,坚守危城,魏军一时不能得手。齐国"承魏之惫",看看赵魏相持数月,魏军的锐气消磨得差不多了才真实出兵求赵,田忌为将,孙膑为军师。齐军采用了孙膑的"围魏救赵"的作战方案,不去邯郸,大军直逼魏都大梁(今河南开封市)。魏军主力尽在邯郸前线,国内空虚,挡不住齐军进攻,魏惠王急令庞涓率军回救。此时魏军已经攻下邯郸,得到国内惊报,只得留下少量兵力控制邯郸,主力星夜兼程回救大梁。齐军以逸待劳,在桂陵(今河南长垣西北)与匆匆赶到的魏军决战,魏军立足未稳,且又饥又累,被齐击败,赵国之围遂解。邯郸亦被赵军收复。这是魏国称霸中原以后所遭受的第一次重大的军事失利。它反映了齐魏两国力量的消长。但这时的魏国仍较齐国为强。

公元前341年,魏派庞涓为大将,出兵伐韩,韩国敌不住魏军的攻势,转向齐国求救。齐威王命田忌为将,孙膑为军师,率大军救韩。这次庞涓吸取桂陵之战失败的经验教训,一等齐军进入魏境,马上从韩撤兵,魏惠王命太子申与庞涓率十万大军迎战。孙膑见魏已有准备,正面决战无机可乘,决定诱敌来追,相机行事。庞涓见齐军不战而退,以为齐军胆怯,便大举追击。孙膑见庞涓上了钩,用了个"减灶诱敌"的办法,下令第一天宿营时造行军灶十万个,第二天减少一半,到第三天只准造三万余个。庞涓在后面追了三天,见齐军宿营地锅灶由十万减少为三万,以为齐军逃之过半,不觉大喜,得意洋洋地对部将说:"我固知齐军怯,入吾地三日,士卒亡者过半矣"(《史记·孙吴列传》)。于是丢下主力,亲率二万精骑锐卒,兼程追赶。

孙膑根据魏军行军速度,判定追兵将于日落以后进至马陵(今山东范县西南)。马陵道路狭窄,树林茂密,是打伏击的好地方。齐军利用有利地形,伏下重兵。孙膑选中马陵道口一棵大树,下令将中段树皮剥去,上书"庞涓死于此树之下"几个大字,选弓箭手二万分伏二侧的树林之中,见火光一齐放箭。傍晚时分,魏军赶到,进入马陵道口天色已暗,魏军见路边一棵大树上影影绰绰写着几个字,庞涓便叫点灯察看,士卒提过灯笼,庞涓一看大惊失色,知道中计,急令退兵时,两边齐军万箭齐发,魏军大乱,齐军主力满山遍野杀将过来,魏军大败,庞涓被擒,太子申死于乱军之中。齐军大获全胜。这一仗打得魏国元气大伤,只得向齐国讲和,魏国的第一强国地位宣告结束,齐魏在东方成了均势,平分了霸权。七年以后魏惠王与齐威王在徐州(今山东滕县)相会,互相承认了对方的"王"号,史称"徐州相王"。魏国公开承认齐国的霸权,说明齐国已经成为战国中期的一大强国了。

五、楚国的吴起变法

楚国原是春秋时期的强国,进入战国以后,由于封建改革很不彻底,国力日削。原来楚国地主阶级夺取政权没有象三晋或秦齐那样通过武装斗争,而是依靠原有的嫡长子继承制即位执政,公元前402年,"盗杀声王,国人立悼王"。虽然从悼王即位后的作为来看,已基本上转变为地主阶级的政治代表,但他即位掌权并没对朝廷的旧势力进行有效的打击,所以楚国保留的奴隶主残余势力要比秦、晋等国为多,屈、景、昭三家仍然掌着大权。他们"上逼主""下虐民",弄得楚国政治十分混乱。公元前391年,韩、赵、魏联兵伐楚,大破楚军,深入楚地,楚悼王只得用重金贿赂秦国,由秦出面调解才得与三晋罢兵讲和。

面对这种内外交困的局面,楚悼王为了图强自存,下令求贤。恰巧吴起由魏出走到楚,楚悼王久闻吴起的才能,马上拜其为令尹,实行变法。吴起原在魏国任西河守(西河郡守,辖境陕西东部,黄河西岸地区),魏武侯即位后,吴起受到排挤,为免遭杀身之祸,便离魏到楚。楚悼王如此重用,对吴起自然是个极大的鼓舞。在悼王的大力支持下,吴起把李悝在魏国变法的措施有选择地搬来楚国实施。吴起变法的内容主要有以下几个方面:

(一)取消旧贵族的"世卿世禄"制

楚国的奴隶制残余相当浓厚,不少旧贵族根据以往"世卿世禄"的老规矩,窃居高位,养尊处优。吴起认为楚国所以"贫国弱兵"就是因为旧贵族势力太大,封君太多,国家的大权不能集中在国君手中,财政收入也不能集中统一使用的缘故。对此,吴起下令废除世卿世禄制,封君在三代以上的一律收回爵位,关系疏远的公族一律除名,不再享受公族待遇,裁汰冗官,节省开支。

(二)强制推行"实广虚之地"的政策

为了进一步打击旧势力,强迫一部分可能是犯禁或血统疏远的贵族举家离开城市,迁到边远地区垦荒,这样一方面削弱了守旧派的力量,另一方面又有利用发展农业生产,对国家也节省了一笔开支。这实际上是李悝变法中"夺淫民"思想的再现。

（三）整顿国家机构，加强封建集权，统一政令，励行法治

为了保证变法得以顺利进行，吴起在楚悼王的支持下，改革国家机构。"罢无能，废无用，损不急之官，塞私门之请"（《战国策·楚策》）。大刀阔斧地削减"不急之官"数百名，将拥护变法的官员提拔上来，严禁旧贵族互相勾结干预政令，民间严禁私门请托。这些雷厉风行的变法措施，横扫了楚国原来腐败的政治空气，为新法的贯彻廓清了道路。

（四）砥砺甲兵，改革军制

吴起是个著名的军事家，深知一支强大的军队对一个国家的重要性，他在军事上推行"强兵政策"，把精简机构省下来的钱财用于加强国防，"抚养战斗之士"。同时整顿军纪，"进有重赏，退有重刑"，指出没有纪律的军队等于一盘散沙，"虽有百万，何益于用？"大概是把他在魏国练兵的一套办法拿来楚国实践，结果成效显著。

吴起变法使得楚国迅速强盛起来，在短短的几年中，楚军"南平百越，北并陈蔡，却三晋，西伐秦"成为诸侯俱惧的一大强国。

由于吴起变法直接地打击了一大批楚国贵族，引起了他们疯狂的仇视，《史记·孙吴列传》说："楚之贵戚尽欲害吴起。"公元前381年，楚悼王不幸去世，这些家伙就在楚悼王的葬礼上发动武装叛乱，吴起不及防范，寡不敌众，只得伏在王尸上。叛乱分子出于刻骨的阶级仇恨，乱箭齐发，吴起中箭毙命，楚悼王的尸体也遭伤害。楚国法律规定，"丽兵于王尸者，尽加重罪，逮三族"。继位的楚肃王出于对旧贵族擅杀吴起的愤慨，下令"尽诛射吴起而并中王尸者"七十余家，不少贵族因此逃奔出国。吴起的不幸被害，使得楚国这场生气勃勃的变革遭到极大的挫折。战国时代的楚国虽然是七国中最大的一

个,但却没能像春秋时期那样称霸中原,这和吴起变法的失败是分不开的。

六、秦国的商鞅变法

秦经献公夺权改革,国势虽有起色,但仍没能改变其相对弱小的地位。公元前 360 年继献公即位的秦孝公在登基不久即下令国中"宾客群臣有能出奇计强秦者,吾且尊官,与之分土"(《史记·秦本纪》)。决心变法图强。孝公求贤的风声传到了关东六国,这时商鞅正好呆在魏国不得重用,听到这一消息,便西行入秦。

商鞅(公元前 390—前 338 年)本名公孙鞅,原系卫国宗族的后代,商鞅的称呼是他到秦国后,因主持变法有功,秦孝公封之以商地数百里,人称商君的缘故。商鞅从小就喜爱法家学说"少好刑名之学"。据说他又是李悝的学生,如是的话,则必然对李悝、吴起的思想和变法实践有所研究。并总结了他们的经验和教训。商鞅入秦时还带着李悝的《法经》。到了秦国,他通过孝公的宠臣景监见到了秦孝公,给孝公讲述"强国之术",大得孝公的信任和支持,很快委以"左庶长"之职,令他主持秦国的变法运动。商鞅在获得了孝公的信任以后,便大肆舒展其政治抱负,采取了一系列重大措施对秦国的政治、经济、军事乃至思想、文化和风俗都进行了较为彻底的改革,成绩极为显著。商鞅变法分先后两次,第一次在公元前 359 年,第二次在公元前 352 年,其主要内容如下:

(一)"开阡陌封疆",废除奴隶制的井田制,承认土地私有可以自由买卖。阡陌封疆是井田制特有的标志。当时秦国虽然早就实行了"初租禾",但井田的形式乃至于井田制的一些残余还存在,妨碍了生产的进一步发展,国内"地大而不垦"的现象很多地方都有。针对这种情况,商鞅下令"开阡陌,废井田",从根本上铲除了束缚生产发展的旧社会的残余。这是一场深刻的变革,意义是很大的。商鞅还奖励农民开垦荒地,发展生产。这些措施对封建经济起了有力的促进作用。

(二)废除旧贵族的"世卿世禄"制,建立地主阶级的封建等级制。奖励军功,严禁私斗。重订军功廿级,依次为:公士、上造、簪袅、不更、大夫、官大夫、公大夫、公乘、五大夫、左庶长、右庶长、左更、中更、右更、少上造、大上造(又称大良造)、驷车庶长、大庶长、关内侯、彻侯。以彻侯为最高。平民有战功的,可受赏或做官,规定"斩一首爵一级,欲为官者为五十石之官;斩二首者爵二级,欲为官者为百石之官"(《韩非子·定法》)。同时还给以政治上的特权,规定"有功者显荣,无功者虽富无所芳华"(《史记·商君列传》)。宗室贵族无功不得享有政治特权。

(三)奖励农耕,重农抑商,推行耕战政策。商鞅认为:"国之所以兴者,农战也"(《商君书·农战》)。"为国之数,务在垦草"(《商君书·算地》)。所以他规定:"僇力本业,耕织致粟帛多者复其身。事末利及怠而贫者,举以为收孥"(《史记·商君列传》)。还规定地主可以用粮食买官爵——"民有余粮,使民以粟出官爵"(《商君书·靳令》)。同时商鞅还奖励开荒,招徕三晋移民来秦开荒种田,规定这样的人可以免税十年,三世不服兵役,专力于平原山丘的垦殖和耕种,效果极为显著。后人评价曰:"秦孝公任商鞅……诱三晋之人,利其田宅,复三代无知兵事,而务本于内,而使秦人应敌于外。故废井田,制阡陌,任其所耕,不限多少。数年之间,国富兵强,天下莫敌"(杜佑《通典》)。

（四）建立中央集权制度，普遍推行县制。商鞅在秦国建立了中央集权的政治体制，他把许多公、邑、聚（村落）合为县，全国设县四十一个，直属国君统辖，成为中央在地方上的政权组织。满万户的设县令，不满万户的设县长。在县令和县长下设县丞和县尉（尉是一县的军事长官）。从此县的各级官吏也由中央直接任免。这一重大改革加强了中央集权和地主阶级专政。秦始皇统一六国后"一于郡县"，实在是商鞅这一主张的继承和发展。

（五）加强地主阶级的法治。商鞅认为儒家宣扬的"仁义不足以治天下"（《商君书·画策》）。他把李悝的《法经》加以修改，并公布为法律，对敢于违反地主阶级法令的活动，严加取缔与镇压，甚至不惜用严刑禁小过，商鞅认为"法令者，民之命也，为治之本也"，小的过失都不敢犯，大的违法行动便不会有了，这就是商鞅的"以刑去刑"，"以战去战，以杀去杀"思想的反映。对广大人民则实行户籍制，制订连坐法，这是直接从李悝《法经》中学来的东西。所谓"连坐法"，就是在"户籍制"基础上编五家为一伍，十家为一什，互相纠察检举，一家藏奸，伍什要同罪，不告奸的处以腰斩，告奸的可与斩获敌人首级的同得赏赐。

（六）焚毁儒家经典《诗》《书》，明审法令，禁止游说。这是商鞅比李悝、吴起高明的地方，可称是从意识形态领域加强地主阶级专政的一大创造。他把儒家宣扬的"礼乐、仁义、孝悌、修善、诚信"等一套说教，斥为危害社会的"六虱"，说"国贫而务战，毒生于敌，无六虱必强；国富而不战，偷生于内，有六虱必弱。"（《商君书·靳令》）。因此下令把这些反动书籍一律烧掉。同时广泛地宣传国家法令，使"天下之吏民无不知法者"（《商君书·定分》），老百姓想做官，必须以吏为师,以法为教,严禁私门请托。商鞅的这些措施,有力地巩固同加强了地主阶级的统治。

(七)统一度量衡制度。商鞅把秦国的度量衡制度加以整顿划一,颁布了标准的度量衡器如商鞅方升等。据现存的商鞅方升铭文,商鞅在公元前344年(秦孝公十八年)铸造度量衡器,进行统一度量衡的工作。据实测,它一升合今0.2公升,一尺约合今0.23公尺。商鞅的这一改革为秦始皇统一六国后在全国范围内的度量衡统一工作奠定了基础。

商鞅变法是一场深刻的社会革命,变法的整个过程充满了曲折与斗争。在变法之前,大臣甘龙、杜挚公开反对和毁谤新法,鼓吹守旧复古,在变法初见成效时,又遭到以太子驷为首的保守势力的破坏和反对。商鞅在秦孝公的支持下,坚持驳斥了甘、杜等人的倒退主张,并将蓄意反对变法、唆使太子驷犯法的公子虔、公孙贾处以严刑,一个割掉了鼻子、一个在脸上刺了字。此两人是秦宗室贵族,又是太子的老师,商鞅法不阿私,秦孝公为了国家的利益,也支持商鞅这么干,这些都是变法得以成功的有力保证。商鞅不仅打击统治集团内部的反对派,而且大力镇压社会上的反对势力,包括那些以古非今的反动儒生。据记载,变法过程中先后处决了七百多名破坏变法的罪犯,地点在国都咸阳的渭水河边,可见斗争是很激烈的。

商鞅变法在秦孝公的大力支持下,持续不断的进行了十九年,新法深入人心,连不识字的妇孺都能"言商君之法"。农业生产获得了迅速的发展,关中平原成了富饶的天府之国。国都也由雍(今陕西凤翔)迁到了咸阳,摆脱了旧势力的包围。老百姓和一般官吏都不敢触犯法律,因为任何微小的过错都会招致严厉的惩处。变法后的秦国,民风为之一变,社会上不事生产,游手好闲的人受到了无情的打击,到处摇唇鼓舌,颂古非今的"游说之士"也没有了市场,秦民"勇于公战,怯于私斗"。结果是"乡邑大治"。国势迅速强盛,打败了魏国,夺回了河西之地,成为关东各国的劲敌。

七、封建国家制度的形成

经济基础的变革,必然会引起上层建筑领域里的革命,正如马克思所说:"随着经济基础的变更,全部庞大的上层建筑也或快或慢地发生变革"(马克思《政治经济学批判》)。地主阶级在夺取政权以后,为了适应新的生产关系的发展,为了加强地主阶级专政,尤其是通过变法运动,逐渐地建立起一套比较完整的封建国家制度。

战国以来,各诸侯国虽然先后确立了地主阶级的封建政体,但并不一开始就十分完善,而是通过十几年乃至几十年的不断完善的过程。各国的变法从某种意义上来讲就是由不完善到比较完善的一个极为重要的里程碑。经过变法,到战国中后期,各国的封建制均日趋完备。大体可分以下两点加以说明。

(一)封建官僚机构的形式

地主阶级政权建设的指导思想是法家的中央集权制和君主独裁观念。作为君主享有至高无上的权力,国家的各级官吏都得由国君任免,至少得有国君认可。任何地方行政长官在没有中央同意的情况下,不能擅自任免官员,这跟奴隶制分封的情况就完全不同。奴隶社会的官职是世袭的,封建社会的官职不能世袭,而由国君任命并随时根据其政绩的优劣加以升迁或撤换,这无疑是个历史的进步。再则,此时的地主阶级还处于上升时期,它的组织路线基本倾向是任人唯贤,这比起旧时代任人唯亲的组织路线来讲,又是个进步。在经济方面,国君把一国的财政大权收归中央,各地的赋税收入全得归国库掌管,各级官吏的薪俸再由国家统一拨下来,不得擅自扣用赋税作为官员的俸禄。每年年初,地方官吏要把一年的赋税预算数字写在木券上上报国君或宰相备案,到年底再到中央去复核,看有无完成预定计划,以此来判别这些官吏的政绩,作为升官的依据,这种公事叫上计。在军事上,君主是一国武装部队的当然统帅,任何官吏不得拥有私人武装,军权由国君掌握,凭虎符调动军队。虎符有铜制的也有竹木制的,外形如虎状,从中一剖为二,右半边由国君收藏,左半边由统军将领保存,要调动这些部队时,使者除拿有国君命令外,还须有国君处的右半符为凭,会符无误,才能发兵,用兵五十人(一说三十人)以上,就得会验兵符。只有在边塞烽火骤起,不及请示汇报的紧急情况下,将领才有权自行调兵救援,但这只是一种应急措施,在通常情况下,没有虎符是调动不了军队的。这样做的目的是加强中央集权,防止野心家动用军队图谋不轨。

进入战国,在官职设置上也有变化。春秋时代,没有文官和武官之分,国君之下就是卿大夫,没有"将""相"的设置,一旦发生战争,大夫就成了率军的将领,战事结束仍是大夫的身份,没有专职的军事将官。战国以后,文武开始分家,取消了原来意义上的大夫之职,改设将相制。相又称丞相或相国,是国君的辅佐,不仅是文官之长,而且是百官之上,"一人之下,万人之上"。直接向国君负责,权势极大。将是将军,专管一国的军事,系武官之长。将相制下又分设御史、司徒、司空等职,御史大夫负责监察,司徒负责征发徭役和赋税,司空分管工程建筑,有的国家司空就称司城。各国中齐楚两国比较特殊,楚国的相仍沿用春秋时代的旧称叫令尹,不称相;将军称为柱国或上柱国,则是战国后的新创。齐国在相下设五官(又称王大夫)叫做大田、大行、大谏、大司马、大理,分管财政,外交文书,军事和刑狱。秦汉以后的历代官职名称不少就是从这儿来的。

(二) 郡县制的确立

进入战国,在行政区域的划分上,原先那种诸侯国各自为政的局面被郡县制所取代了。无论是郡还是县都是地方行政单位,不是以往那种封邑或采邑式的独立王国。郡县的长官由中央直接任免。县为县令或县长,郡称郡守。从时间上讲,县的出现早于郡,秦国早在公元前 688 年就有了设县的记录,比商鞅变法要早三百多年,但尚未形成一种制度,仅是绝个别的事例。查查各国最早设县的原因,则大致都是相同的,都是攻灭了一个地区或一个少数民族部落乃至一个小国以后,由于种种原因,国君没有把这块地方封给某个大夫或赏赐给某个有功之臣,而是直接归国君控制,由国君直接派员治理,直接向中央负责,这个地方的赋税徭役也直接交国库处理,这样的地方就被称为"县"了。之所以称为"县",是因为古代的"县"和"悬"是一个字,下面并无"心"字的区别。这些新夺取的地方可能离首都很远,中间往往隔着卿大夫们的采邑和封地,管理很不方便,就像悬在半空中一样。所以就叫"县"了。后人为区别起见,就将悬空之意的"县"字下面加了个"心"便成了今天的"悬"字。原先的"县"就成了专门的行政区别的单位名称了。县由国君直接控制,其利皆入朝廷,县越多,对国君就越有利,所以这种行政区划很快就传遍了中原各国。郡的出现比县晚,一直到春秋末期才见于记载。郡开始时多见于边远荒僻之地,可能跟兼并战争有关,各国把通过战争夺取的大片土地设郡治理。与县相比,区别往往在于郡地处更为边远、荒僻而不富饶;地大人稀,边防军事性质比较浓厚,所以郡守一般都是武将担任,称"守"而不称"长",就着重有守卫的意思在内。所以开始时尽管郡的辖地大,但级别比县低,有"上大夫受县,下大夫受郡"的记录。郡、县之间亦不相统属,都直属国君统制。这种情况到战国中后期发生了很大的变化,郡的地位上升到县之上,成为中央和县之间的一大行政区划单位。一个郡下属十几个乃至于几十个县,郡守官职之大已非县令可比了。郡守下设尉和御史分管一郡的军事和民政检察,七国中只有齐没有郡的设置,齐国的相当于郡的行政区划叫"都",但辖地比郡大得多,齐全国只分设五都,下辖县,这样都大夫的官职就要比其它各国的郡守大得多了。郡县制的推行,使全国形成了由中央、郡、县、乡等行政单位组成的一整套完整的系统的封建行政机构,进一步加强了中央集权制度。秦统一六国以后,把郡县制推行到了全国,这并不是秦始皇的新创造,而是在原有基础上的发展与推广罢了。

第二节　秦国的强大

一、合纵连横战争

商鞅变法在秦孝公的大力支持下,持续不断地进行了近二十年时间,使落后的秦国一跃而为强国之首。新法深入人心,已有不可动摇之势。公元前 338 年,秦孝公死,太子驷即位,这就是秦惠文王,又称秦惠文君。统治集团内部的保守势力同被商鞅处罚过的一部分官僚勾结起来,在秦惠文王面前诬陷商鞅谋反,有野心。新国君原来同商鞅的关系就不好,加上即位时年轻无知,受了蒙骗,便信以为真,下令逮捕商鞅,商鞅出逃未成,起兵反抗失败,被车裂而死。

商鞅被害是秦国统治集团内部的保守派和旧势力策动的一起反革命事件，但并不是奴隶制复辟的标志。因为事实上"商君死，秦法未败也。"商鞅虽然被杀，然而秦惠文王继承和执行的仍是商鞅所确立的地主阶级政治路线，和楚国吴起变法失败后新法大多被废除的情况就不同。而且三年后，惠文王成年亲政，也没发生什么武装夺权反复辟的事情，如果旧势力已经复辟，秦惠王如此轻而易举地掌权亲政，是不可想象的事。从商鞅变法到秦始皇统一六国，其中经历了六代国君，共一百五十余年，尽管也有曲折和斗争，但商鞅变法所确定的法家路线始终占上风，史称秦始皇"奋六世之余烈，振长策而御宇内"。终于完成了统一的大业。这和商鞅变法的巨大历史功绩是分不开的。

三年后，秦惠文王亲政，执掌了大权。不久起用魏国人公孙衍为大良造，谋划对关东六国的军事。由于魏国在李悝变法后从秦手中夺去了河西之地，控制了黄河天险，秦视之为心腹之患。所以商鞅变法后的秦国便把收复河西之地作为重大目标予以考虑。秦孝公在世时未能全部实现，因为魏是中原强国，尽管秦曾经趁齐魏桂陵之战，魏军失利的机会收复了不少河西之地，但很快被魏国夺了回去。齐魏马陵之战后，魏国实力大伤，秦国则因商鞅变法大见成效而日益强盛，魏国在齐秦的二面进攻中被削弱了。公元前334年，魏惠王不得不率领韩国国君和其他小国之君，到齐国的徐州（今山东滕县东南）朝见齐威王，并尊齐威王为王。这是秦惠文王亲政后一年的事。魏国的削弱为秦的东进创造了有利条件，公孙衍为大良造前后共三年，收复了大部河西之地。到公元前328年，魏人张仪入秦取代公孙衍为相后，秦攻魏更猛烈了，魏军连连败北，只得把上郡十五县完全献给了秦国,向秦求和。秦便在第二年将前所攻占的魏的河东地归还给了魏国,占有了全部河西之地,从此黄河天险便为秦所掌握,秦的声威也就震动一时了。

秦的东进引起了关东六国的恐慌,相互之间的争战暂趋平息,外交活动日益频繁。关东六国联合起来对付秦国的局面逐渐形成。这就是所谓的"合纵"。"合纵"就是"合众弱以攻一强"的意思。对合纵最为热心的是韩、赵、魏、燕等相对来说比较弱的国家和已被削弱了的国家。齐为东方强国,秦且不敢小视,自然不怕秦国;楚国社会改革不彻底,国力不强,但它在六国中疆土最大,人口众多,能够调集百万大军,有举足轻重的地位,所以各国都想拉拢它。合纵之势对秦的扩张极为不利,所以千方百计加以破坏,提出了"连横"的主张。所谓"连横"就是拉拢关东一二个国家与秦联合来对抗合纵国的进攻,秦是强国,被拉拢的与国只能供其驱使,唯其是从,所以"连横"又含有"事一强而攻众弱"之意。战国中后期,合纵、连横战争极为猛烈,出现了不少像公孙衍、张仪、苏秦等专门在各国之间奔走,谋划合纵与连横之术的政客,后人就称他们为纵横家。这些人往往为了私利到处兜售纵横之策,今天在一国搞合纵,明天又可在另一国搞连横。尽管秦国比较多的采用连横术,关东六国则较多的采用合纵主张,但并不是绝对如此,齐曾与楚结成联盟对付秦国,像是连横之术,秦也发起合纵攻破了齐国,所以无论是合纵还是连横,都是各国间的外交手段,有人把合纵说成是反动的,把连横说成是进步的,也就未免迂腐了。

张仪入秦取代公孙衍为相后,公孙衍就出走到魏国为将,与秦抗衡。公元前 325 年秦惠王称王,公孙衍便发起"五国相王"的运动

《战国策·中山策》)。参加五国相王的有韩、赵、魏、燕和中山五个国家。从这一年起各国国君都改称王号,取消了公字的头衔。"五国相王"实际上是五国合纵,形势对秦不利。秦惠王便派张仪回魏任相国,企图拉拢韩魏以成连横之势,提出"以秦韩与魏之势伐齐、楚",骨子里却是"欲令魏先事秦而诸侯效之。"这对其他国家威胁很大,因此齐、楚、燕、赵、韩五国就出来支持公孙衍的合纵主张,在公元前319年支持魏国改用公孙衍为相,把张仪逐回秦国。第二年公孙衍便发起了第一次合纵攻秦的战争。参加的有楚、韩、赵、魏和燕五国,共推楚怀王为纵长。推楚为纵长有借重楚国力量的意思。这次"五国伐秦"之举由于楚、燕两国并不热心,没有出兵,三晋联军在修鱼(今河南原阳县西)为秦所败。秦国外交努力失败,在军事上都取得了胜利。公孙衍与张仪同时,一个主张合纵,一个主张连横,声势之煊赫足以倾动天下,所以有人批评说:"公孙衍、张仪岂不诚大丈夫哉!一怒而诸侯惧,安居而天下息"(《孟子·滕文公》)。

　　第一次合纵失败以后,秦国更强大了。齐国为了与秦争雄,便同南方的楚国结成连盟。齐楚联盟使秦的扩张大受影响,于是秦又派张仪入楚,以献商于之地六百里为代价,劝楚绝齐从秦,与秦结成连盟,搞连横。楚怀王贪图便宜,信以为真,遂不顾屈原等人的坚决反对,与齐破裂。当楚国派人入秦向张仪索取土地时,张仪谎称是六里而非六百里,楚怀王大怒,于公元前312年发兵攻秦,由于秦早有准备,加上楚又失去了齐国的支援,外交上陷于孤立,结果楚军大败于丹阳(今河南丹水北岸)死甲士八万,主将屈匄以下七十余人被俘。秦军趁胜夺取了楚国的汉中地。楚怀王更倾全国兵力攻秦,一直打到秦国的兰田(今陕西蓝田)。但因孤军深入,秦军一反攻,又大败而回。楚国的这一失利是政治上陷于孤立的结果。怀王不听劝阻，贪图小利上了圈套与齐断交已是一错，后来在盛怒之下轻率的与秦开战又是一错，初战不利，不知进退，倾全国之兵孤注一掷更是错上加错了。对秦国来讲，则是一次外交和军事上的全面胜利。秦惠文王在位二十八年，秦国始终保持强大，不仅打败了韩、赵、魏等国，而且还灭了四川境内的巴国和蜀国，巩固了后方。击退了东方六国发起的第一次合纵攻秦，继而又击败了楚国，大大的扩展了秦的疆土，为后来的统一趋势的形成创造了有利的条件。公元前四世纪末，秦国之大，差不多抵上了楚国。如果说秦惠文王杀了商鞅就是奴隶制复辟的话，这一切都将无法解释了。

继秦惠王即位的是秦武王，武王好武功，有勇力。忌张仪权重势大，将其赶走，分相权为左右两职，任惠文王异母弟樗里疾为右相，客卿甘茂为左相。连年发兵攻韩，夺其地宜阳（今河南宜阳），打开了直通中原的门户。公元前 307 年，武王与勇士孟说举鼎相戏，骨折而死。在位只有四年时间。武王死后，因王后无子，便立异母弟赢则为君，这就是秦昭王。昭王时期，武功极盛，与惠文王时期相比，有过之而无不及。这是同昭王所推行的政治路线有密切关系的。他逐渐罢斥了一些只顾为自己谋私利的宗室大臣，根据法家任人唯贤的思想，大胆提拔了客卿范雎、将军白起等人，成就了一番事业。尽管史料记载较多的仍是使人眼花缭乱的纵横战争，但究其源仍是"秦法未败"的缘故。

昭王即位时同惠文王一样只有十八岁，过了三年才亲政。因其时张仪早死了，大权便操纵在太后以及太后弟魏冉手中，他们利用权势，营其私利，曾一度发生内乱。在对外政策上也犯了个错误,昭王八年,秦向楚提议,欲与楚怀王会盟修好,将楚怀王骗至秦国扣留起来,强令割地,楚怀王大怒不从。秦便抓住不放。秦国的这一背信弃义行为激怒了关东六国,楚国上下群情激奋,很快立了新的国君与秦为敌,秦国便弄得骑虎难下了。过了二年,楚怀王病死在秦国。这一来秦在各国间的名声就急剧下降,在外交上陷于非常孤立的地位。东方六国抓住这个机会,由齐国发起第二次合纵攻秦,参加的有韩、赵、魏、宋等国,秦军出战不利退守函谷关,诸侯军并力西向,函谷关被攻破,秦被迫割地求和。这次战争延长了三年之久,以合纵国大胜而结束,这是秦国在外交和军事方面遇到的一次大失败。这是公元前298年的事。但秦毕竟是强国,很快从失败中恢复过来。秦昭王破格提升白起为将,整顿军事。过了五年,秦出兵攻魏韩,两国联兵抵抗。白起利用联军方面都不愿打头阵的心理,各个击破,在伊阙(今河南洛阳龙门)大败韩魏联军,斩首廿四万,并乘胜进攻,战争相持了二年多时间,韩、魏两国被迫割地求和。韩献武遂(今山西垣曲附近)地二百里;魏献河东地四百里。至此,秦算挽回了函谷战役后的劣势。白起因功升为大良造,魏冉也被封为诸侯,称为穰侯。

当时中原的形势是,齐、赵两国利用秦忙于同韩、魏交战的机会,各自扩大势力。赵武灵王即位后,为了改变赵国弱小的局面,在公元前302年进行改革,史称"胡服骑射",建立了强大的骑兵,国力逐渐强盛起来。齐国一度趁燕国内乱之机,出兵攻占了燕国,后因燕人强烈反对,赵国也扬言要武装干涉,齐兵才被迫从燕国撤走。燕是大国,齐能将其攻占,可见齐国之强。后来齐又发动合纵攻秦,取得函谷关大胜,是秦国也感到恐惧的一大强国。伊阙之战后,秦昭王自称西帝,尊齐湣王为东帝。"帝"原是上帝的称号,把上界的圣称搬下来作为天下至尊的称号,无非是想显示自己的高贵。两国称帝不久,齐国为了孤立秦国,采纳了纵横家苏秦的建议,自动废除帝号,发动了第三次合纵攻秦战争,迫使秦国不得不"废帝请服",归还了一部分前所侵取的赵、魏旧地。

齐国打败秦国后,转攻宋国,经过两年战争,于公元前 286 年灭宋,这是齐国最强盛的时候。齐的急剧扩张直接威胁到了三晋和楚的利益,在外交上陷于孤立地位。秦国与齐虽不接壤,但齐国的强盛对其势力的扩展是个极大的障碍,因为各国之间唯一能和秦争雄的就是齐国。另一方面,各国想攻齐,都想借重秦国的力量。这样秦就处于左右局面的主动地位,秦国当然不会放过这样有利的时机。公元前 284 年,秦发动合纵攻齐,联合了韩、赵、魏、燕四国的军队,在齐地济水以西大败齐军。燕国自从燕昭王即位,立意报齐国入侵之仇,卑身厚币,招纳贤能,任用魏国名将乐羊后代乐毅为将,颇有一番新气象。这时五国联军趁胜攻取了齐首都临淄。齐湣王出逃国外,为楚国所杀。秦、赵等国见齐已破败,遂割地撤兵而回,只有燕军不肯退,在乐毅指挥下,长驱直入,攻占了齐国七十余城。齐军只得退守莒和即墨两城。乐毅因此大功,被封为昌国君。不久燕昭王死了,子惠王立,猜忌乐毅,改用燕将骑劫为统帅,乐毅避祸逃到赵国。燕军围攻莒和即墨两城,旷日持久,锐气大减,加上骑劫不懂兵法,滥施淫威,下令将齐降卒和俘虏都施以劓刑,又挖掘城外齐人的坟墓,焚烧尸体,这种暴行激起了齐守军和即墨人民的极大愤恨,即墨守将田单知士气可用,设火牛阵夜袭燕军,大破之,杀燕主将骑劫,并全线转入反攻,收复了全部失地,使齐转危为安。但齐遭此大败,元气大伤,强国的地位是一去不复返了。

二、远交近攻与统一趋势的形成

秦齐的斗争,以齐败秦胜而结束。从此开始了秦国向东方大发展的时期。公元前278年,秦昭王派白起率军攻楚,大败楚军,并攻破楚都郢(今湖北江陵),以其地置南郡。楚迁都于陈。次年秦更夺取楚的巫郡和黔中郡,势力发展到今湖南地区。秦攻破楚国以后,转攻魏国,魏联合赵国抵抗,秦军不得手。公元前270年,秦越过韩国攻赵,被赵将赵奢大败于阏与(今河北武安县西),锋芒一时受挫,赵奢因此大功被封为马昭君。

从昭王即位到阏与之战已有三十七年的时间,在这三十七年中,各国之间的兼并战争十分频繁,战争的形式主要仍是合纵和连横。秦国虽然两次被关东六国的合纵所击败,但都没有像齐国那样被彻底打垮。相反东方六国尽管取得两次合纵攻秦的胜利,但都未能发展胜利的成果,满足于收复失地,特别是三晋,只要秦答应归还它们的旧地或割地请服。就往往私下接受秦的讲和。有的国家与秦不接壤,感到秦再割地也并不到自己国土内,无甚大利可图,因此也就满足于将秦击败,而不是歼灭其有生力量,齐国就是这样。不懂得在两强并定的情况下,合纵连横仅是一种策略与手段而已,齐能合纵攻秦,秦也能合纵攻齐,不将一方彻底打垮,各国之间基于利害关系的合纵和连横就决不是巩固的,今天可以参加以齐为中心的合纵,明天也可以参加以秦为中心的合纵,在一定条件下还可以与秦结成连横,使得两大政治和军事集团大致保持平衡,只有出现绝对优势的合纵攻一强如齐的合纵攻秦和秦的合纵攻齐那样的局面时,才能打破平衡,为彻底击败一强提供条件。但齐与东方六国,缺乏正确的政治路线与军事路线,满足于表面的胜利,放过了两次极为有利的机会,使秦国很快地从失败中恢复过来,扭转不利的形势。所以当齐秦两大强国仍处于势均力敌,旗鼓相当的时候,合纵连横的手段就必然是齐国间唯一可供选择的战争方式与政治方式。这一时期要采取像"远交近攻"这样的新策略是不可能的,因为在两大强国并立的情况下,一强奉行的"远交近攻"政策,必然受到另一强的牵制与破坏,被攻击的国家也会转向另一强求援,只要许之以重价,另一强决不会袖手旁观,不袖手旁观必然要出兵救援,援兵一出,一强奉行的"远交近攻"政策便告破产了。所以在秦国合纵破齐以前,频繁而复杂的纵横战争是由当时的政治形势所规定的,而不是由某个纵横家人士的主观意志造成的。纵横家之所以成为先秦诸子百家中的一家,特别在战国中后期成为一个影响极大的政治派别,鼓吹"纵横之术"的说客策士活跃在各国之间,高谈阔论,纵横捭阖,甚至一人佩几国相印,成为一派政治集团的决策人物。像苏秦一人佩关东六国相印,主持合纵攻秦,声震一时。这也是由当时的客观条件所决定的,是当时具体政治条件下的产物,而不是某几个纵横家个人意志的产物,如是那样认识的话,那就本末倒置了。

但是,这一客观形势在齐国削弱以后发生了根本的变化,原来两强并立的态势为一强独霸的局面所替代。齐国的破败,使秦处于战国七雄之首,关东六国没有一国能单独与之抗衡。这样秦国实行"远交近攻"的条件就成熟了。持续了卅余年的合纵连横这一各国之间互相兼并的战争形式便逐渐为秦国发动的"远交近攻"方式的统一战争所替代。这一重大变化反映在政治上就是秦国统治集团内部发生的重大人事调动。执掌大权达三十余年之久的秦相魏冉被免去职务,主张"远交近攻"政策的谋士范雎被秦昭王提升为宰相,上台执政。

魏冉利用公室元老身份掌权,由来已久,在他执政期间,齐秦对立,因为东西两大强国,在错综复杂的合纵连横战争中,秦多次击败韩、赵、魏三国,用连横政策多次拆散了关东各国的合纵攻秦之举,尽管两次败于六国的合纵战争,但总的说来胜多于败,国土有显著的扩大,国家始终保持强大,最后抓住时机合纵攻齐,取得大胜,打倒了唯一能与己匹敌的强手,使秦处于一强独尊的有利地位。这些都是魏冉执政期间的重大成就,秦昭王信任魏冉,付之以大权,并不是没有道理的。但另一方面,魏冉以元老身份掌权数十年,权执之大,倾动一时。《史记·范雎蔡泽列传》说魏冉执政时期"闻秦之有太后、穰侯、华阳、高陵、泾阳,不闻有其王也。……太后擅行不顾,穰侯出使不报,华阳、泾阳等击断无讳,高陵进退不请"。这里的华阳、泾阳和高陵均秦宗室封君。秦昭王对这样的情况当然不会没有顾虑,特别是魏冉封地在陶。陶即定陶,(今山东曹县)原属宋国,是中原地区最繁华的商业中心。齐灭宋后,为齐所有,合纵破齐后为秦占领,魏冉便将该地作为自己的封邑。为了扩大陶邑,秦兵曾多次越过韩、魏攻齐。《史记·秦本纪》说,直到昭王三十六年,即在合纵破齐后十三年,秦"客卿竈攻齐,取刚、寿,予穰侯"。刚城在山东兖州袭丘县界,寿是山东郓州的一个县,这位客卿率秦兵越过韩魏攻齐,将攻占的这两个城献于魏冉,无疑是巴结穰侯,投其所好的意思,于魏冉本人来讲则是利用职权扩大自己封地的行为,因为刚、寿两地就在定陶附近,这是见诸史书的魏冉下台以前为自己谋取私利的最后一次记载。这种把私利置于国家利益之上的作法当然不值得肯定,但以此说其是搞复辟倒退则更是言过其实。事实上,同他积极经营自己的封地一样,在齐国破败以后,魏冉曾主持了对关东各国的军事行动达十六七次之多,除一次攻赵失利外,其余各战皆胜,大大扩展了秦国的疆土。其中有魏冉亲自率军攻魏。"至大梁,破暴鸢,斩首四万,鸢走,魏入三县请和"(《史记·秦本纪》)。如果魏冉是搞复辟的话,要取得这么些重大胜利是不可能的。但魏冉为了私利不知在客观情况已发生巨大变化的情况下,及时改变策略,变合纵连横为远交近攻,不能不说是一大失策。加上他权大震主,秦昭王对之多少有点顾虑,因此,魏冉的垮台也就成了历史的必然了。

范雎是魏国人,出身贫寒,富有才学,在魏国受到迫害,死里逃生后改名张禄,通过魏人郑安平的介绍被秦昭王的使者王稽所赏识,才得以秘密入秦,为秦昭王所重用。范雎对秦国政治的批评着重于内政与外交两个方面。内政方面,范雎认为必须坚持商鞅"有功者显荣,无功者虽富无所芬华"的主张,就是宗室贵族也不得无功受官。范雎认为要保持国君的绝对权力就必须改变宗室贵族专权的"擅厚"状况,否则国君就有大权旁落的危险。这当是指穰侯专权的现象。在对外方面,范雎认为应该实行"远交近攻"的方针,不再搞合纵、连横的办法,更不能像魏冉那样越韩魏而攻齐,认为"少出师则不足以伤齐,多出师则害于秦"批评魏冉:"战胜攻取,利尽归于陶""是穰侯为秦谋不忠"(《史记·范雎蔡泽列传》)。范雎认为,应该先对与秦紧邻的韩、魏两国采取军事进攻的办法,是为"近攻"。对齐、燕等不与秦直接接壤的国家采取拉拢的"远交"方针,用重利和军事力量迫使这些国家至少保持中立,不敢发兵支援被秦攻击的韩、魏等国。这样秦国攻取的韩、魏等国的土地马上就能同秦本土连成一片,使尺寸之地皆入于秦。同时范雎还提出了在战争中着重消灭敌人有生力量的观点,主张"毋独其地而攻其人"。很显然,范雎的攻击矛头除了穰侯魏冉以外,还包括太后、华阳君、泾阳君等秦宗室贵族。范雎的分析大为秦昭王所赏识,拜雎为客卿,与谋兵事。第二年,昭王用范雎谋,使五大夫绾攻魏,取魏地怀(今河南武涉县西南)和邢丘。再次年即公元前266年,秦昭王正式下令罢免魏冉、废太后,把穰侯、华阳君、高陵君等贵族驱逐出函谷关,到定陶就封,不得留在咸阳。同时公布任范雎为相国的命令。范雎相秦,开始了秦国向东大扩展的时期。

范雎任相的第二年,秦将白起攻韩,"拔九城,斩首五万"。次年又"攻韩南阳,取之"。再次年秦将王贲"攻韩,取十城。"由于秦国实力强大,奉行的又是"远交近攻"的方针。齐、燕、楚等国都不敢出兵救援韩、魏等。结果韩魏二国在秦的全力进攻面前,连连败北,丢城失地,秦国土则不断向东扩展。又过了二年,即公元前262年,秦又攻取了韩的野王(今河南沁阳县),把韩的上党郡与韩本土隔开了。韩国想献上党郡向秦求和,遭到上党太守靳黈的反对。韩桓惠王另派冯亭去代替靳黈,但冯亭到任之后也不愿降秦,反而向北投降了赵国。赵的上党郡本来就同韩上党接壤,得到冯亭的降表,便派大将廉颇率军四十余万将韩上党郡接管了过来。赵国经武灵王"胡服骑射"而改革后,国力日盛,齐国破败以后,它是仅次于秦的一个强国。所以敢于直接与秦对抗。秦国快要到手的韩上党被赵国不费一兵一卒的拿走,当然不会善罢甘休,这样便触发了秦赵之间的一场大战——长平之战。

赵军主将廉颇是战国时期的名将,有勇有谋,老练持重,率军进驻长平(今山西高平县)与秦军相距,三年不分胜负,后来赵孝成王中了秦国的反间计,撤换了廉颇,代之以纸上谈兵的专家赵括。赵括是大将赵奢之子,善谈兵法,其父尚且谈他不过,就是没有实践经验。赵奢临死曾再三叮嘱不能让赵括将兵,否则必坏大事。其母也不同意赵括接受任命,但赵孝成王不听劝阻,还是撤了廉颇。赵括一到长平,便改变了廉颇的战略,不顾敌强我弱的客观情况,大举进攻。秦昭王见赵国上了圈套,密调武安君白起到长平前线,替代王龁为秦军主将。白起老奸巨猾,极有作战经验。见赵军出动便分兵两路,一路佯败诱敌,一路迂围到赵军后面,切断了赵军的退路。赵括不知利害,见初战获胜便指挥大军继进,结果陷入秦军包围。秦昭王得知赵军陷入重围,亲临前线,征发国内十五岁以上的男子入伍参军,加强对赵军的包围。赵军被围四十六天,经过无数次的激战,突围不成,粮食倒吃完了,赵括在绝望之余亲率大军突围,结果死于乱箭之中,赵军失了主将,又饥又乏,全部投降了秦国。白起怕降卒哗变,不好控制,竟于一夜之间将四十余万降卒全部活埋了。这是白起制造的一次骇人听闻的大惨案。赵国前后共损失四十余万人马,从此一蹶不振。长平之战是战国时期最大的一次战役,双方投入了一百多万军队,秦军虽然取得了胜利,但伤亡亦已过半。

长平之战后,秦军进围赵都邯郸,赵向魏求救,魏安釐王派大将晋鄙率十万大军驻在赵魏边境汤阴声援赵国,但因畏秦报复,不敢下令进兵。那时秦军在外旷日持久,锐气大减,且白起坑杀降卒的残暴行为,激起了赵人的义愤,赵国军民死守邯郸,秦军被阻于坚城之下,不能得手。公元前 257 年,魏公子信陵君无忌窃得魏王兵符,发兵救赵,楚兵同时来救,秦兵大败退去,秦将郑安平被联军包围,率二万余人向赵投降。三晋趁胜夺回了被秦占领的一部分土地,魏还占了秦的定陶,并攻卫,楚也乘机灭了鲁国。

秦围邯郸虽然受挫,但并没停止向东发展,秦昭王五十一年(前256年)秦灭西周(西周时分封的一个小国),秦庄襄王元年(前249年)又灭东周(从西周分裂出来的一个小国),置三川郡,扩地到韩的荥阳,接着又在二年内击败魏、赵,攻取河东大片土地,置太原、上党二郡。至此秦已增设了黔中郡、巫郡、南郡、南阳郡、三川郡、上党郡、太原郡,挫败了东方诸强国,并灭六国的形势逐渐成熟了。

第三节 封建经济的发展与文化的繁荣

一、封建经济的迅速发展

战国以来,由于封建制度的确立,生产者从奴隶制的桎梏下解放出来,他们的身份从奴隶变成了农民,他们的劳动兴趣和生产积极性空前提高,各国的变法运动和大力推行的"耕战"政策,又进一步促进了生产力的发展。这样到了战国中期,我国出现了前所未有的社会经济蓬勃发展的繁荣景象。

进入战国,社会经济获得大发展的主要原因除了上述政治方面的因素外,生产工具的改革,冶铁业的进步也是一个极为重要的因素。本来,我国在春秋前中期已经掌握了冶炼生铁的技术,公元前513年晋国铸刑鼎就是一个有力的证据。这一技术的发明比欧洲要早一千多年。到春秋后期,冶铁规模已越来越大,吴王阖闾铸造"干将"和"莫邪"两剑,光负责鼓风和装碳的工匠就有三百人之多。进入战国,已经会炼钢了,战国时代的铁兵器有称为"白刃"的,白色的刀口该是钢制的。楚韩两国都以铁兵器的锋利著称。直到汉代谈到剑还是以"墨阳莫邪"连称,以"棠谿、墨阳"连称,享有"强楚劲韩"的称号。荀子说楚国"苑钜、铁钝,惨如蜂虿"(《荀子·议兵》),钜即是钢铁,铊即铁矛。苑是楚国最著名的冶铁手工业点,在今河南南阳县,亦称苑冯,地处楚韩交界处,曾一度为韩攻占。棠谿、墨阳是韩国著名的剑戟冶炼处。据记载,韩国的冶炼钢铁的手工业点是最多的,著名的除上述两处外,还有冥山、龙渊、邓师、合膊、太阿等地。所产兵器均以锋利驰名天下。可以想见,楚韩两国不仅会冶铁而且也会炼钢了。由于冶铁业的发展,铁器的使用比春秋时期更为广泛与普遍。春秋时期由于冶铁技术的限制,有的生产部门仍以青铜工具为主,如采矿业。因为当时铁称为恶金,其硬度不及青铜。不宜用来开矿。进入战国,这种情况就完全改变了。这从地下发掘也可得到佐证。1974年湖北大冶铜绿山发现我国春秋战国时代古矿井遗址,属春秋时代的矿井中发现的斧、锛等大量工具全系青铜制品,而属于战国中后期的那处矿井中出土的大批同类工具则全部是铁器,计有铁斧、铁钻、铁锤、铁锄、铁耙等等。这一事实有力地证明了战国时期的铁器使用比春秋时代更为广泛。此外,铜绿山古矿井遗址还向我们揭开了当时冶铁事业规模之大,矿井附近,光是现有残剩的炉渣就有四十万吨之多,有的地方堆积达几米厚。这儿出土的铁工具有熟铁铸打和生铁铸造两大类型,经化验,其中铁斧还进行过退火处理,变成了白心可锻铸铁件,克服了生铁的脆性和易断等弱点,可见当时冶炼技术的进步。"文化大革命"以前,河北、山西、河南、陕西、辽宁、四川和湖南等省都有战国时代的铁器出土,其中有犁、铧、锄臿、镰刀、铁斧等农具。在河南辉县固围村魏墓中出土的一百六十多件铁器中有五十八件是铁农具。河北兴隆县出土的战国时代在铸造铁工具的铁范七十余件,重三百八十余斤。这些都说明,战国以后铁工具使用于农业生产是更加普遍了。不仅如此,随着冶炼技术的进步,铁器工具的质量也大为提高,春秋前期那种铁器硬度不及青铜器的情况也就随之消失,否则铁兵器要取代青铜兵器是不可能的。进入战国,农业生产得以迅速发展,冶炼技术的进步和铁工具的改进与广泛使用应当是个重要的原因。

冶铁业的发展,也为兴修水利提供了强有力的工具,水利灌溉事业的发展又有力地促进了农业生产。进入战国,普遍地废除了井田制,大型水利工程的修建也就不再受阡陌封疆的限制,奴隶的解放和生产率的提高又为兴修水利提供了必要的劳动力。在这样的情况下,各国的执政人物都把水利灌溉事业的发展提到了自己的议事日程上来,从《管子·度地》篇说:"善为国者,必先除五害","除五害之属,以水为始"。各国都设有专门负责水利的官员。春秋时代旧有的水利设施得到了扩大,新建的则更多。楚国在今安徽寿县的名叫"芍陂"的水库整修一新,受益土地面积更加扩大,还在汉水和云梦泽之间开运河以利交通。魏国邺令西门豹主持兴建了十二条人工水系,引漳河水灌邺(今河北临漳县),不仅解决了当地缺水浇灌的问题,而且还改良了大片盐碱地。齐国则开河沟通了淄、济之水。这些都是较大的水利工程。在没有河流湖泊的地方,人们就挖井汲水,中原地区使用桔槔汲水灌田已很普遍,取代了过去抱瓮灌田的老办法,效率提高了许多倍。

战国中后期的水利工程有了更大的发展,最有名的"都江堰"和"郑国渠"就是在这时建成。这些工程的完成是我国古代劳动人民"制天命而用之"——对大自然作斗争所取得的伟大胜利。充分反映了我国古代劳动人民的智慧和才能。"都江堰"在今四川灌县一带,是秦昭王时,在蜀郡太守李冰父子的组织下,当地人民克服了种种困难,因地制宜,征服岷江水患的辉煌成就。"都江堰"的修建不仅解决了岷江泛滥成灾的问题,而且还便利了航运和灌溉,受益农田达三百万亩以上,"旱则引水浸润,雨则杜塞水门"(《华阳国志》卷三),使成都平原一跃而为"天府"之地。"郑国渠"是秦始皇即位初期开始动工,由关中数十万人民用了十多年时间才告成功的大型水利工程。该渠的建成还有一个值得一说的故事。原来郑国渠的起因是一件政治阴谋。韩国为了削弱秦国的力量,派著名水工郑国入秦建议秦国搞这一工程,因为郑国渠规模之大需要十余万劳力持续不断地搞十多年才能成功,韩国唆使秦修此渠目的是为了疲惫秦国,使其无力出兵关东。工程开始后好几年,秦国才获悉这一阴谋。但秦王政决定化害为利,将工程进行到底,继续让郑国负责郑国渠的修建工作。经过十多年的艰苦努力,克服无数的困难和险阻,终于大功告成。郑国渠的修建,沟通了泾水和北洛水,全长三百余华里,是我国古代最大的灌溉渠道。郑国渠建成后,灌田近三百万亩,极大地促进了农业生产的发展,自此"关中为沃野,无凶年"(《史记·河渠书》)。都江堰与郑国渠都在秦国建成,是与秦国奉行的法家政治路线分不开的。

　　进入战国,农民多少有了属于自己的土地,有了个体的经济,虽然只是很少一点,但比起奴隶来总算有了自己可以支配的劳动成果,这就必然大大提高农民的生产积极性。《墨子·非命下》说:"今也农夫之所以早出暮入,强乎耕稼树艺,多聚菽粟,而不敢怠倦者,何也?曰彼以为强必富,不强必贫;强必饱,不强必饥,故不敢怠倦。"显然这已不是奴隶的心理状态,而是农民的了。在耕作技术方面,有了明确的要求"五耕五耨,必审必尽,其深殖之度,阴土必得,大草不生,又无螟蜮"(《吕氏春秋·任地》)。尽可能做到深耕细作,对于肥料的使用也更加注意。除粪肥外已知用草木灰或泡制绿肥,并知道用动物的骨灰和麻子煮汁拌种,种在不同的土壤里,称为"粪种"。已知识别不同的土质,将土地分为九等,因地制宜地进行种植。知道边种植边改造土壤的道理,叫作"土化之法"。人们对时令与作物生长的关系更加重视,对农作物的"得时""先时"和"后时"三种情况也作了具体的分析与研究。这方面的知识也更为丰富。农作物的种类也增加了。各国根据不同的气候条件与土质情况,普遍地种植了稻、麦、黍、稷、菽等粮食作物以及麻、桑、桐、漆等经济作物。而且产量也较前大为增加,有些地方的粮食亩产(指单产)达二百五十斤左右。

农业生产的发展为手工业提供了原料和市场。铁器的普遍使用又为各类手工业提供了有效的工具。战国时期的手工业就在这个基础上迅速发展,生产规模扩大,技术水平提高,手工业部类也大为增加。

纺织业较前发达得多了。丝帛麻葛的织造遍及城乡各地。除了小农经济的家庭手工纺织外,各地都市已有专门纺织的手工作坊。齐国的女红最为出名,产品经销各国,有"冠带衣履天下"之称(《史记·货殖列传》)。文献上记载战国时期的锦、绣很多,花色也多种多样。近年来在长沙楚墓出土的丝织品,证明战国时已出现绢、绸、纱等类织物,有平纹、罗纹等织造法。长沙出土的一块麻织品经过鉴定,密度为经纱每十厘米二百八十根,纬纱每十厘米二百四十根,略高于现在的龙头棉布,可见当时的纺织技术已相当进步了。

随着冶铁技术的发展,铁工具应用于矿业开采,铜的冶炼也发展起来。春秋以前,青铜主要用来铸造贵族的礼器、乐器、酒器和兵器。到了战国则用来大量铸造生活用具,如釜、甑、镜、带钩等,另外工艺美术品和钱币也都用青铜,这一演变也从一个侧面反映了春秋战国间社会大变动的事实。战国以来,铜器的制造技术也有很大的进步,复杂的器物已知用焊接的方法。已知用不同的铜锡比例和不同的冶炼温度,铸作各种不同用途的器物。如《考工记》就记录有各类青铜器的铜锡合金比例,至今看来仍有其科学根据。已知讲究"刑(型)范正,金(铜)锡美,工冶巧,火齐得"(《荀子·强国》)。

制陶工业也有发展,烧制青灰砖是战国制陶业中的一大发明。我国古代建筑中使用的砖瓦的几种基本类型,这时大都已出现。"空心砖"是战国后期制陶工业上的重大创造,技术已达相当高的水平。

战国时的煮盐业也极为兴盛,其中海盐以齐、燕两国最为发达,《管子·地数》说:"齐有渠展之盐,燕有辽东之煮"。井盐则以秦国巴蜀地区为最,此外魏国河东、安邑一带的池盐也极为著名。

漆器工艺是战国时代一个新兴的手工业部门,直到春秋末战国初,漆器还是附属于木器业的一个分类,战国中期开始成为独立的手工业部门。漆器的运用范围很广,从生活用具到生产工具乃至武器和棺木都用得到它,漆器不仅美观而且还有防腐耐久的作用。我国是世界上最先发现漆料和制作漆器的国家。

此外,竹木业,皮毛业,酿酒业和玉器等手工行业都普遍地有了发展。

春秋以前"工商食官",工商业主要是由官府经营,产品也主要是为贵族官僚挥霍使用。进入战国,地主阶级的私有制代替了奴隶主阶级的公有制,手工业生产关系上最大的变革就是私营手工业的兴起。当时的手工业除了作为农业副业的家庭手工业以外,有官营和私营手工业作坊和个体手工业三类。官营手工业仍由政府经办,主要是为了满足封建统治阶级的生活,政治和军事各方面的需要,产品很少拿到市场上交换,似乎还有"工商食官"的味道。私营手工业则以生产商品为主,为满足市场需要,如陶朱公的弟子猗顿以煮盐起家,魏国的孔氏,赵国的卓氏和郭氏都以冶铁发财。这些靠经营手工业起家的人往往都成了著名的大商人。个体手工业者一部分是奴隶解放而来,有些则是农民弃农为工而成。他们分布在各行各业中,每个行业通常集中在一个比较固定的地区,这样就形成了富有地方特色的手工业中心。

农业和手工业的发展引起了战国时期商业的繁荣,而商业的发展又促进了农业和手工业的进一步发展。当时不仅统治阶级所需要的日用品和奢侈品大都依赖于市场,就是私营□□手工作坊的业主和个体手工业者也完全依赖于市场。广大农民也需要通过市场来交换和处理一部分生产和生活用品。至于商人就更离不开市场,他们靠各地的市场买进卖出,牟取利润。如战国初年的大商人白圭就是靠经商起家,丰年他大量买进粮食,卖出丝漆;荒年就以较高的价格售出粮食,买进絮帛,靠这种投机经营发了大财,成为一时巨富。由于白圭精通生意经,历来被视为商人的老祖宗。战国时代商业之发展极为可观,据《荀子·王制篇》记载,当时许多商品,如北方的马(良马)犬,南方的羽、翮(大羽),丹砂金,东方的鱼、盐、紫绤,西方的皮革、文旄等都成为中原地区的重要商品。住在水泽地区的人可以买到木材山货,住在山区的人也可以买到水产,农民不动刀斧,不陶不冶可以买到各种器械,工商业者不种不织可以得到粮食等等,可见当时的商业已相当发达。各国统治者都把商业的税收作为发展经济,增加财政收入的重要来源,有的甚至为了争夺一个商业中心而发生战争的。

工商业的发展使城市日趋繁荣,国都往往又是这个国家的商业中心,城市人口显著增加,新的居民点也不断出现。《战国策·赵策》说:"古者四海之内,分为万国,城虽大,无过三百丈者,人虽众,无过三千家者……今千丈之城,万家之邑相望也。"这是就一国而说。至于就一个城市而言,城内是车水马龙,店铺林立,一片繁荣的景象。宋国的定陶,齐国的临淄,赵国的邯郸,魏国的大梁,楚国的鄢郢等都是当时有名的商业中心。战国人苏秦描写齐临淄城的繁华状况时说:"临淄之途,车毂击,人肩摩,连衽成帷,举袂成幕,挥汗成雨。"又有人描写楚都鄢郢商场上热闹,说早上穿上的新衣服,到晚上就挤破了。这些话虽然不免有夸大之处,但也可以看出当时的城市已经具有很大的规模,经济之繁荣已是十分可观的了。当然这种繁荣完全是相对以前而言的,封建社会"自给自足的自然经济占主要地位。农民不但生产自己需要的农产品,而且生产自己需要的大部分手工业品。地主和贵族对于从农民剥削来的地租,也主要地是用于自己享受,而不是用于交换。那时虽有交换的发展,但是在整个经济中不起决定的作用"(毛泽东《中国革命和中国共产党》)。因此,战国时期的商业虽然有空前的发展,但不能对之评价过高。

商业的发展也进一步促进了水陆交通和运输,据记载当时航行于岷江,长江的"舫船"长数丈,能载五十人和足够用三个月的粮食,顺流而下,日行二三百里。陆上交通更为发达,各国都有交通大道,可通车马。后来秦始皇修驰道就是在这一基础上的发展。秦国的"千里栈道"也在此时出现,它对陆上交通是一项重大的贡献。

战国时代的经济总的说来是有很大发展,但并不是每个国家与地区都是一样的,这种不平衡现象的出现不仅与一个国家的自然条件和人口密度有关,而且与各国的社会改革有极大的关系。如楚国地大物博,人口众多而且气候也不错,但由于社会改革不彻底,从春秋到战国它是落后了,经济发展的程度就不及魏、秦等国。秦国辟在西戎,原先比较中原各国来都要落后,但商鞅变法后关中沃野千里,为天府之国,一跃而为政治、经济和军事最最强盛的国家。

封建制取代奴隶制把社会生产向前推进了一大步。但这毕竟是一种新的剥削制度代替一种老的剥削制度。当时的社会,一方面是王室(非周王室之意的王室)权贵、官僚、地主和商人田连阡陌,资财巨万,穷奢极欲;另一方面是贫苦的自耕农民,依附农民甚至雇农以及小手工业者和奴婢,他们所处的地位较之奴隶社会当然有所改善,但是在地主阶级的剥削和压迫下,他们依然过着十分贫困的生活,这一切都说明,封建社会并不是农民的天堂。

二、科学文化的新成就

战国时代,我国由奴隶社会转变成封建社会,社会生产以奴隶社会所不曾有的速度发展着,显示了封建制的优越性。随着社会经济的发展和劳动人民的长期实践,使得战国时期的社会生产、人民生活密切相关的自然科学知识得到了相应的发展。

在战国时期的文籍中,记载了不少劳动人民积累的自然科学知识。当时农业已成了专门研究的对象,出现了农家学派。农学专著《后稷农书》也问世了。此书今天虽已失传,但在《吕氏春秋》中还保留了其中的《上农》《任地》《辩土》和《审时》四篇。和农田水利以及水利交通发展有关的水利工程知识日益丰富,出现了像李冰那样杰出的水利专家。由于手工业的发展,我国最早的手工业专著《考工记》也在这时出现。其中录有的配制青铜的六种方剂是世界上最早的合金成分规律表。另外在《墨经》中还有关于力学、光学、数学的记述。

名家学派"一尺之棰，日取其半，万世不竭"的命题，不仅提出了物质是无限的思想，而且是世界上最早的数学微分概念。进入战国，天文学也有很大发展，当时的人们对天体运动有了进一步的研究，出现了许多专门观察星象、研究天文的学者和著作。著名的如齐国的甘德（又称甘公）著有《天文星占》八卷，魏国的石申著有《天文》八卷。在战国中期，约公元前三百五六十年，甘德和石申就精密地记录了一百二十颗黄道附近的恒星位置和这些恒星距北极的度数，他俩所测定的恒星记录是世界上最早的恒星表，比希腊的著名的多勒米恒星表还要早上二百余年。历法一年长三百六十五点二五日，十九年长二百三十五个月（即每年十二个月加十九年中的七个闰月），这就是后来所叫的四分历。用磁石制造的辨别方向的仪器"司南"也已发明。人们的地理知识大为扩大，出现了《山海经》《禹贡》等地理学名著。名家的惠施已经想证明地是圆的了。

医学和生理卫生学也有了很大的发展，称为"扁鹊"的齐国医师秦越人就是战国时代大名鼎鼎的医学权威。百姓视之为"医圣"。扁鹊精通内科、妇科、小儿科和五官科等病理和方剂、针灸等技术。发明脉理，能望色、听声、观形，知病轻重。扁鹊明确反对巫术，说病有六种不可治，"信巫不信医"就是不可治的一种。他曾周游列国，为人治病，能根据各国风俗习惯的不同变换不同的医科。相传有一次扁鹊路过虢国，虢太子病，众臣都以为已死，扁鹊诊断后力排众议，断言太子未死，后经扁鹊精心治疗，太子果然复活了。原来这是一种"假死"现象，极难发现。所以天下传其能"生死人"。扁鹊著有《难经》八十一篇，以问难的形式阐明《内经》本旨。另外，战国时期著名的医书尚有《黄帝内经》十八篇。这些著名的医学著作总结了我国先秦时期的医学实践和医疗经验,是中医学上的宝贵财富。

"一定的文化是一定社会的政治和经济在观念形态上的反映"(毛泽东《新民主主义论》)。战国时期成为我国封建文化的发祥期,这个时期的文化思想的成就远远超过了整个奴隶制时代,为我国两千多年封建文化的发展,打下了初步的基础。战国时代出现的"百家争鸣"局面和他们的许多著作,是我国宝贵的古代文化财富。诸子的著作如《孙子兵法》《商君书》《孙膑兵法》《荀子》《韩非子》《孟子》《庄子》和《吕氏春秋》等不仅是各家的政治思想著作,在文学史上都有很高的价值。如《庄子》《荀子》《韩非子》等都是优秀的散文,文体风格各不相同,但都有严密的逻辑性和高度的艺术概括,可以称得上是我国古代散文的典范。文学上的另一重大贡献是在古代诗歌方面,以屈原为代表的《楚辞》是这方面的杰出代表。《楚辞》是屈原吸收楚国民间语言,运用南方歌谣的形式和韵律,创造的新体诗,是高度的思想性与艺术性相统一的作品。它的出现是我国古代诗歌的大解放。

屈原的政治生活是一个悲剧,但却留下了许多不朽的诗篇。《离骚》是屈原的代表作,表达了作者对当时黑暗政治的愤恨和对国土热爱的强烈爱憎感情,构成了感人的艺术风格,是中国古代诗歌史上空前的杰作。另外还有《九歌》《招魂》《天问》《九章》等二十多篇诗文,都是不朽之作,说明了在二千多年前中华民族的文化已达到了很高的水平。这是我们中华民族贡献给全人类文化艺术的一份宝贵的遗产。屈原的诗歌中也夹杂着一些孤芳自赏,自命清高的情调,这是由屈原的阶级局限性所决定的。

战国时期,在绘画艺术方面,壁画和帛画都有了新的发展。在官府和地主富商的宅第墙壁和门户上,多绘有人物、鸟兽、云彩、龙凤等图案。已有专业的绘画人员称为画师,《韩非子·外储》说:有画师"为周君画策,三年而成,君观之","尽成龙蛇禽兽车马万物之状,周君大悦"。据说屈原《楚辞》里的《天问》就是面对着楚国神庙里的壁画创作出来的。长沙陈家大山楚墓出土的"凤夔人物帛画",画着象征生命的凤鸟战胜了象征死亡的兽的情景,笔调刚健,画得非常生动。

战国时期的艺术也有划时代的进步,在工艺美术方面青铜器的制作多极精美,形式轻便而多样,花纹细致,大多用鸟兽形图案作附饰品,花纹中有描写现实生活的画像。河南汲县山彪镇战国墓出土的水陆攻战铜鉴,上铸铜像四十组,计二百九十二人,表现出人物格斗、射杀、划船、击鼓、犒赏、送行等各种姿态。河南辉县赵固镇战国墓出土的宴乐射猎纹铜鉴,全图有三十七人,三十八只鸟兽,六十六件器物,描写着宴饮、音乐、舞蹈、射猎和各种游戏。青铜工艺的另一个突出的发展,是金属细工艺的创造,发明了印制花纹的印版,创造了镂刻、金银错、镶嵌、鎏金等技术,一直在我国的金属细工艺上发出光彩。漆器工艺也很发达,在漆器上也多饰有彩绘,有人物鸟兽同神怪等花纹图案,线条刚劲,造型精致。长沙墓出土的漆器,彩绘的色彩至今仍保持鲜艳,针刻的漆奁上的云气纹,非常精致、灵巧,有飘扬流荡的艺术效果。

所有这些光辉的成就,都是我国劳动人民的智慧的结晶,光辉的创造。它生动地说明了奴隶们创造历史,人民群众创造历史的伟大真理,战国时代的文化艺术的发展对我国以至全人类的文明发展作出了不可磨灭的贡献。

三、思想领域内的百家争鸣

进入战国,社会的阶级关系发生了巨大的变化,一切旧的观念,旧的制度,旧的生活习惯都发生了动摇而终于崩溃。这一社会现实反映到意识形态领域,便是所谓百家争鸣局面的出现。

战国时期,从各阶级的分化集结过程中,派生出一个知识分子阶层,于是"士"这样一个社会阶层便有了新的内容,他们一部分由贵族和旧贵族下降而来,大部分则有平民阶级上升而成。他们走公室(非周王室下的公室),跑私门,不狩不猎,不工不商,靠知识糊口于四方。此外还有武士,是以当兵为职业的,又有所谓"隐士"和"任侠之士"。士的品流复杂,以至于鸡鸣狗盗之徒,引车卖浆者流,都可以成为士,这也从一个侧面反映了当时的社会大变动。

"学在官府"的局面一去不复返了。私人讲学之风大行。私家养士动辄数千,战国四公子即赵的平原君,魏的信陵君,齐的孟尝君和楚的春申君都以养士著名天下。封建政府也设立学校,招揽名士,培养官僚。士既多半由民间上升,则上层的礼乐刑政等所谓文化,也就因士为媒介而下降,文化便起了对流,不下庶人的礼乐,一部分也下来了,不登大雅之堂的东西,一部分也要登上去。诸子百家从不同的侧面吸收了当时的文化知识,著书立说,广收门徒,高谈阔论,互相诘辩,这就形成了所谓的"百家争鸣"的局面。其中主要有儒家、墨家、道家、法家、阴阳五行家、名家、农家,还有纵横家、杂家和小说家等等。

各个学派在建立时大都带有一定的地域性,例如邹鲁是儒、墨的发祥地,三晋是法家的温床,南方的楚则是道家的摇篮,燕齐是阴阳家的出产地。各个学派互相批判辩论又互相影响。同一个学派在发展过程中往往有不同的思想特色,以致引起内部的分化,在分化中又酝酿出新的学派。战国晚期,伴随着封建专制主义中央集权国家的逐步形成,又有些学派力图综合其它学派,对诸子百家的争鸣作出理论的概括和批判性的总结。就阶级属性来说,诸子中除孟子一派的儒家和老庄为代表的道家以外,基本上都属于封建地主阶级的思想派别,甚至还有农民阶级的思想反映,如许行为首的农家。但随着时代的前进,就是孟子的儒家,其思想也不是一成不变的孔子儒家思想的翻版,而是有所发展,特别是战国后期的荀况为代表的新儒家已经大量吸收了法家的思想以及其他各家的思想,跟传统的儒家已经可说是同名而不同实了。有人甚至称荀子是法家。这也难怪,韩非、李斯都是他的学生。这种儒法合一的现象反映了时代本质的变化。儒家在孔夫子时代,是没落奴隶主阶级的思想代表,这是由当时的阶级斗争的现实所决定的,但进入战国以后,特别是到了战国后期,经过了三百多年的斗争和发展,形势已发生了根本的变化,这就是中国进入了封建社会,地主阶级的统治地位不仅已经确立而且日益巩固了。在这种情况下,原先为奴隶主阶级服务的儒家就日渐失去了依附的对象,它作为政治派别存在的基础已不复存在。改换门庭,投靠新主子,就是它的唯一出路。另一方面,地主阶级在夺取政权并巩固政权以后,同广大农民的矛盾逐渐上升为主要矛盾,它的剥削阶级的本性使它感到,儒家原先维护奴隶制的某些做法和手段可以用来维护它的封建制,有些儒家的理论只要稍作修改也能为地主阶级服务。这就为战国后期的儒法合流提供了可能的社会基础。荀况这一派如果一定要说是儒不是法的话,那么正是这种为地主阶级服务的新儒家了。荀子对孟子的批判,实在是新儒家对旧儒家的批判。

孟子与儒家

儒家学派原是由孔子创始的。孔子死后分裂成好多派,有子张之儒,有子思之儒,有颜氏之儒,有孟氏之儒,有漆雕氏之儒,有仲良氏之儒,有孙氏之儒,有乐正氏之儒。其中最有代表性的是孟氏之儒和孙氏之儒,代表人物就是孟轲和荀况。

孟轲,鲁国邹人。生卒年代约为公元前 390 年到公元前 305 年间,他的老师是孔子孙子思的学生,孟子的学说可称得上是孔子的嫡传了。孟子与齐宣王、魏惠王同时,带着车子数十乘,侍从多至数百人,像孔老二一样周游列国,游说齐魏等国君。晚年回家著书七篇,虽然他的学说被各国君主视作"迂阔而疏于事情",但却给当时和后来的思想界以极大的影响。

孟子思想的中心是仁义学说,孟子思想的代表作《孟子》七篇,充分发挥了孔子的这一理论。孟子所说的"仁"就是"恻隐之心","义"就是"羞恶之心","礼"就是"恭敬之心","智"就是"是非之心"。在他看来,仁义礼智是人性所固有的。如果能扩而广之,则"人皆可为尧舜"。但这只有"君子"才能做到,一般的劳动者是做不到的。孟子还是"天才论"的鼓吹者,认为君子有"良知"和"良能",何谓"良知、良能"?其曰:"人之所不学而能者,其良能也;所不虑而知者,其良知也"(《孟子·尽心上》)。孟子从反动的儒家立场出发,自然看不起劳动人民,一方面宣扬有"良知""良能"的君子,一方面又把广大劳动人民说成是天生的被统治者,胡说"劳心者治人,劳力者治于人,治于人者食人,治人者食于人"(《孟子·滕文公上》)。这是对孔丘愚民思想的一大发展。对人性的看法,孟子是"性善论"的创始人,认为人性本来是善良的,只是后天才变坏了的,只要注意向内的反省和自学,"求其放心""反求诸己"就会成为一个有道德修养的人。后人著《三字经》中有"人之初,性本善。性相近,习相远。苟不教,性乃迁"等句,就是孟子这一思想的反映。对人性的看法,实际上是对社会的看法,孟子在当时提出"性善论"很可能是针对法家提倡的"严刑峻法",反对法治的一个理论根据。后来的荀况又针锋相对地提出了"性恶论",认为人性本来是恶的,不厉行法治就不能治天下,则完全是为其法家的政治主张服务的了。

在政治思想上,孟子提倡"仁政"。认为要实现这个仁政,必须首先从恢复西周时期的井田制度着手,在他看来,奴隶社会的政治和经济制度都是值得仿效的,只要以"先王"为榜样,那么"大国五年,小国七年"就必能使"仁政"遍布天下(《孟子·离娄上》)。所以孟子又是"法先王"的鼓吹者。这种历史观不是朝前看,而是朝后看,认为今不如昔,无疑是反动的了。孟子说:"夫仁政,必自经界始",按照他的设计"方里而井,井九百亩。其中为公田,八家皆私百亩,同养公田。"这八家必须是"公事毕,然后敢治私事。"大家"死徙无出乡,出入相友,守望相助,疾病相扶持"。但是这种主张在封建土地所有制已经形成,土地兼并已经发生的时代,自然不可能得到实现。孟子周游列国,摇唇鼓舌地进行游说,但却得不到各国君主的赞同,因为时代已经前进了,要想开历史的倒车必然是行不通的。在这一点上孟子的遭遇同孔子是差不多的。孟是反对纯经武功的"霸道"和各国统治者之间争域夺地的战争,主张善战者应该"服上刑"。孟子推崇的是"王道",在他看来,把"仁政"推广开来就是所谓的"王道"政治了。他说"以德行仁者王""以德服人者,中心悦而诚服也",就是说王者要实行仁政和仁义,使民众自然地服从他的统治,他宣称只要做到"老吾老以及人之老,幼吾幼以及人之幼",便可以"治天下若运之掌上",实现理想中的大一统局面。

孟子还有"五百年必有王者兴"(《孟子·公孙丑》)等近乎五行推算的说法,说:"由尧舜至于汤五百有余岁……由汤至于文王五百有余岁……由文王至于孔子五百有余岁"(《孟子·尽心》)。所以后来的荀子说孟子是五行学说的创始者。比孟子晚的邹衍扩大五行学说,成为阴阳五行家。秦汉时孟子一派的儒家与阴阳五行家结合,大得统治者的尊信。

综观孟子的思想,基本上仍是孔丘儒家思想的继续和发展。但是孟子所处的时代毕竟不是几百年前的孔子时代,在继承孔丘儒家思想的同时,不可能一成不变,特别是孟子的仁政学说,就含有一些孔子所不曾有的积极思想,如痛斥民贼,说汤放桀,武王伐纣是逐诛独夫暴君的正当行为,而不是犯上作乱的弑君。如重民轻君,说:"民为贵,社稷次之,君为轻"。认为得民心的人做天子,天子失民心就成了独夫民贼,人人得而诛之。如君臣关系,说君待臣像手足,那么臣待君似腹心,君待臣像犬马,那么臣待君像路人;君待臣像土芥,那么臣待君就可以像仇敌。又如限制君权,说国君用人或杀人,不要单听左右亲近人的话,也不要单听大夫们的话,要国人都说这个人可杀,经国君考察后才决定杀用与否。孟子的这些思想,无疑有其进步的意义。他欣赏西周奴隶社会鼎盛时期的政治与经济制度,不满意当时(指战国时期)政治现状,这点同孔子相似,但是孔子赤裸裸的鼓吹复辟西周奴隶制,采取了极端顽固的敌视现实的僵硬立场,为时代世人所不容,"累累若丧家之犬"。所以孔子后半生的境遇比前半生还要窘迫,还要悲惨。这当然是作为顽固的逆潮流而动的政治派别代表人物的必然下场。孟子在这个问题上与孔子就不同。他采取的是比较现实主义的态度,所以孟子的一生比孔子要得意得多，所到之处各国国君待之若上宾，一度任齐宣王客卿，后因政见不同，弃官而去。但决无孔子那样的狼狈相。孟子想复古，但其着眼点在于怎样游说各国的君主实行他的那套"仁政"，把他认为是好的古代制度和办法付诸实施，以行王道，而不是着重宣扬奴隶制复辟。因为时代已经不同了，封建制度在各国已经普遍确立，地主阶级专政也日益巩固，原先儒家所依附的奴隶主阶级绝大部分已变为新的剥削阶级即地主阶级，他们过着甚至比以前还要优裕的生活，对他们来说，并不存在"夺回失去了的天堂"的问题。新制度固然使他们失去了一些特权，但封建经济发展给他们带来的物质利益所得远远超过了他们所失去的东西，这难道不是事实吗？社会阶级关系的这一变动反映到思想意识领域便是儒家逐渐从一个政治派别变为学术派别，成为诸子百家中的一家，他们所主张的复古乃至于复辟已有了不同于孔子时代的新内容。就孟子而言，就是所谓的"仁政"学说。所以如果要说孟子是同孔丘一样的奴隶主复辟狂，即就未免牵强附会了。当然，必须看到的是两人的这一差异正是社会与时代不同所造成的，并不是各人主观意志的产物，如果依此就下结论说孔子想复辟，孟子不想复辟那就又过于简单化了。

孟子在哲学上是主观唯心主义者，由于他十分注重问内的反省和自学，对人的主观精神作用就强调得过了分，认为"万物皆备于我"（《孟子·尽心上》），"浩然之气""至大至刚，以直养而无害，则塞于天地之间"（《孟子·公孙丑》）。在儒家哲学中形成了一个唯心主义的理论体系，对后世的儒学有很大影响。

墨子与墨家

墨家学派的创始人是墨翟,又称墨子,生卒年月为公元前 478 至公元前 392 年。相传为鲁国人,又有说他为宋国人的。墨子晚于孔子,学习过儒学,但他反对孔子,提出了一系列与儒家针锋相对的学说,创立了墨家学说。他和他的弟子组织成团体,有严密的组织纪律,其领袖号称"巨子",所有的墨者都得服从巨子的指挥。墨子死后,墨家分成相(柏)夫氏、相里氏和邓陵氏三派,战国时期,儒墨并称显学,可见墨家影响之大。从时间来看,墨翟活动年月正好在孔子死后而孟子尚未出生,所以墨子所反对的并非孟子一派的儒学而是孔子的儒家学说。孟子作为儒家的正统继承人起来捍卫儒学,攻击墨家学说则是后来的事。

墨子是有神论者。他认为"天"是自然界和社会界的最高主宰,国君为天所立,人民万物为天所生,天能够按照自己的意去尝善罚恶,尝贤罚暴。他主张"天志""明鬼"。"天志"就是把天的意志看成"天下之明法",即人们行为的规矩。墨子反复证明鬼神之有,认为人间的君主不过是上天神仙老爷在地上的投影,贵族在生前统治着世界,死后也统治着世界;庶人在生前事奉着贵族,死后也事奉着贵族。这无疑是墨家思想中最落后的东西。

墨子既承认鬼神的权威,当然也就承认人世间的"王公大人"的权威。在他看来,王权为天所授予,国君的意志就是天的意志。王的是非就是天的是非。必须"一同天下之义","上之所是,亦必是之;上之所非,亦必非之","上同而不下比"。这就是墨子的尚同思想,尚即崇尚,同即同一或统一,其目的是为了加强统治者的权力,使其能够一统天下。在用人方面,他替人君所设想的,就是怎样"主社稷,治国家,欲修保而勿失"。他心目中的"贤"就是那些能够保卫王权,遏止"淫暴",消除"寇乱盗贼"的人。但他主张"官无常贵,民无终贱",把"贤""能"视为选人的标准,所以又主张尚贤。这对儒家的"骨肉之亲,无故富贵"的任人唯亲路线是一个有力的批判。

墨子提倡"兼爱"和"非攻"。认为人与人之间应该相亲相爱,而且是不分差别等级,不论厚薄亲疏的相爱,认为天下之所以纷乱争战不休,就是因为"不相爱生也"。他把"兼相爱"和"交相利"结合起来,宣称"爱人"不能够离开"利人"。他说:"夫爱人者,人亦从而爱之;利人者,人亦从而利之。"这一观点虽然有超阶级的味道,但在当时仍不失为反抗贵族特权的积极意义。墨子是反儒的,孔子认为"仁者爱人",但却是"爱有差等",墨子提出"兼爱"说,显然是以儒家为攻击目标的。"非攻"是对战争的非难,墨子说既然大家都知道偷盗他人之物是不义的行为,为什么通过战争去掠夺他国财物不应该受到非难呢? 他反对这样的掠夺性战争,认为攻人之国等于侵犯最大的私有权,就是最大的不义。进入战国以后,各国之间的战争比春秋时期更加频繁,给人民带来的苦难也更甚,老百姓希望能安居乐业,当然不愿意战争,所以墨子的"非攻"主张,实际上是社会舆论的反映。墨家不但反对侵略战争,而且还亲自去帮人守城,抵抗别国的进攻。相传楚欲攻宋,墨子一方面派弟子赴宋帮助守城,自己亲自步行十天十夜,赶到楚都朝见楚王要求停止攻宋。这和儒家坐着马车,冠冕堂皇地游历的情况就完全不同。

墨家又主张"节用"和"节葬"。墨子认为当时人民最大的问题是"饥者不得食""寒者不得衣""劳者不得息"。把这称为人民的"三患"(《墨子·非乐上》),要解决这个问题,一方面要"使各从事其所传",

即要求大家都各尽所能、增加生产,另一方面就是禁止任何浪费,从根本上反对一切较好的物质生活享受,认为生活只要能吃饱穿暖就行了。这就是"节用"。墨家的"节用"主张还包括反对人们的音乐艺术生活,即所谓"非乐",把音乐艺术一概归为奢侈之列,这就未免又过分了。"节葬"即要求本着节约的原则办丧事,反对"厚葬",避免浪费。墨家的"节用"和"节葬"思想不仅是对儒家的批判,而且还是对当时统治阶级豪华生活的抗议,自然不会得到王公大人们的采纳。墨家的这一主张,可能跟墨子的出身有关,墨子出生于何种家庭尚无确切史料可考,但他自称"贱人"(《墨子·贵义》),可见他的出身是贫贱的,至少不会是奴隶主贵族,但同样也不可能是奴隶。墨子生活十分俭朴,"量腹而食,度身而衣"(《墨子·鲁问》),和孔子的"食不厌精,脍不厌细"的态度就迥然不同。

墨子所带领的学生,生活情况也和墨子本人差不多,他们吃的是藜藿之羹,穿的是短褐之衣(《墨子·鲁问》),脚上着的是麻或木做的鞋,即所谓"跂蹻"(《庄子·天下》),生活和一般的手工业者和农民差不多。所以抓住墨子的某些消极思想把墨家说成是奴隶主或地主阶级的思想代表恐怕是站不住脚的。他们有的思想反映了农民的要求,有的又像是手工业者的主张,墨家一开始就很重视技术,内部不乏能工巧匠,墨子本人就是一个连公输般(即传说中的鲁班)都甘拜下风的技艺极佳的匠师。

到了战国中后期,社会物质生产和自然科学有了进一步的发展,这时候的墨家坚持"以名举实"的原则,剔除了前期墨家学说中的"天""鬼"等迷信观念,并在批判名家诡辩论的斗争过程中提出了朴素的唯物主义认识论和古典逻辑学。后期墨家的另一大成就是相当成功地掌握了当时的自然科学知识,在几何学、力学、光学等方面,都有一定的研究和贡献。

墨家的学说遭到儒家的激烈反对,孟子说,"爱无差等"是"邪说"、"淫辞",和洪水猛兽一样。荀子则批评他"蔽于用而不知文"。道家也抨击他,认为他的学说:"反天下之心,天下不堪"。

老庄与道家

道家学派的源头一直可以上溯到春秋,创始人就是老子。战国中期,齐威王想要继承齐桓公、晋文公的霸业,自称为黄帝的后代,借用老子思想的积极方面为己所用,加强统治,便将老子的思想称为"黄老之术"。早已出土的陈侯因𰯼(齐)敦(齐威王名叫田因𰯼(齐)亦称陈因齐,陈侯因齐即齐威王,敦是古代用来盛小米的器物)上的铭文有"高祖黄帝,迩嗣桓文"字样,就反映了齐威王的这一思想。进入战国后道家逐渐形成三个流派,有宋钘、尹文派,有田骈、慎到派和继承老子最多的关尹(环渊)派。他们大都在齐国的"稷下学宫"游学过,所以又被称为"稷下黄老学派"。当时的稷下学宫,黄老思想盛行一时。宋、尹一派继承了道家的一些思想,又吸收了儒、墨两家的不少东西,比较接近于儒法。他们认为世界的本源是"道",它是一种超越时间,空间,不能用感官来认识的东西,万物都由它生成。这点与老子的思想一脉相承,但他们又认为"道"具有道德伦理的性质,即现实的道德规范仁、义、礼、法都是"道"本身所固有的,因而是永恒的。这样的"道"又可称为"神"(非人格化的神)"精气"或"灵气"。这一点上同老子的解释就有不同。宋、尹学派对后来的孟子、荀子等有很大的影响,它在先秦思想的发展中起着重要的连锁作用。

田骈、慎到的一派把道家的理论向法理方面发展,演化为法家。

关尹一派发展了道家的权术思想,主张愚民政策,甚至否定一切文化的效用,如说:"古之善为道者,非以明民,将以愚之","民之难治,以其智多"。这种思想对后世统治阶级有很深远的影响。

但是战国时代最有名的道家代表人物是庄周。庄周是此时道家的中心人物。相传为宋国人,曾为漆园吏,是个很小的官。他的师承关系不很明白,年代约与孟子相当。他没有到过齐国,也没来过稷下学宫,因而他同上述几派的头面人物好似没有直接的关系,其中像尹文或许还是他的后辈。庄子出现以后,道家与儒、墨才成为鼎立的形势。

庄子继承和发展了老子的宇宙观,他认为宇宙万物只是一些迹相,而演造这些迹相的则是一个超感官的,不为空间和时间所限止的本体,这个本体就是所谓的"道"。道是无限的东西,无时不在,无处不在。它生出天地,生出帝王,生出一切的原理和准则,甚至连鬼神都是从它生出来的。但它自己却是"自本自根"是自己把自己生出来的。他要向"道"学习,拜它为老师,这就是所谓"大宗师"。他认为向这种"道"学习,人生的苦恼,烦杂,乃至死生的境地都可以得到解脱,和宇宙万物成为一体,一切都混而为一。一切都是"道","道"就是我,因而也就什么都是我,这叫作"天地与我并生,而万物与我为一"。

在庄子看来,只有"道"是绝对的,其它的见解如儒如墨,都只是相对的是非,相对的是非不能用作绝对判断的标准。他认为绝对的"道"统观一切,万物因其自然。"道"是变化无常的,物也不断的流离转徙,是忽而变为非,非忽而变为是。刚始分溃已有新的合成,刚始合成又有新的分溃;固执着相对的是非以为是非,那是非永远没有定准。你以一种相对的观念或符号来反对我另一种相对的观念或符号，你说我不是，我也可以回头说你不对，因此倒不如以绝对的观念或符号，去反对那相对的观念和符号，这绝对的观念和符号就是他所说的"道"。一切都笼罩在里面，浑浑沌沌，各任自然。

庄子是一位极端厌世的思想家。他的思想比起老子来更加颓废，没落，是黄老思想朝消极方向发展的代表。他所著《庄子》一书，就是这一思想的反映。他对世间的一切都抱着不合作的态度，认为现实是糟糕得不能再糟了。他把王权看成脏品，在台上执政的帝王君主不过是些窃国大盗，用其本人的话来说就是"窃国者为诸侯"。他认为新制度代替旧制度也不见得有什么好，有些地方反而破坏了自然的"德性"，他说会驯马的伯乐使马受羁绊而不得自由；木匠为了制作器具而摧毁了淳朴的树木，因此社会的各项措施都不过是人类的"桎梏"（《庄子·马蹄》）。他讨厌眼前的一切，主张社会倒退到没有制度，人与兽同居，与万物相聚的自由自在的社会，这样的社会才是最理想的境界。眼前社会上的一切都不过是毫无意义的幻梦，要摆脱这种苦恼唯一的办法是使自己的精神独与天地往来，把天地万物与人的主体精神合而为一，这样便能达到"道"的境界，即所谓"得道"——我就是"道"，"道"就是我，如果没有了"我"的精神世界，也就没有天地万物的存在。很显然这完全是主观唯心主义的东西了。儒家复古，老子也主张复古，但庄子比他们倒退得更远，要求恢复到人兽共居的远古时代。庄子对当今的封建君主格格不入，但对被孔子吹捧得天花乱坠的西周奴隶制盛世也同样厌恶，毫无半点赞美之词，因此说庄子是站在没落奴隶主阶级立场上，要求复辟奴隶制，那并不确切。事实上庄子是一个极端的厌世悲观主义者。所以会这样，很

可能同他所处的社会与时代有关,庄子时正是宋王偃逐走宋君剔成,
自立为王的时候,宋王偃是战国时著名的暴君,狂妄自大,攻击齐、
魏、楚,与三大国为敌。挂起一个盛血的皮囊,用箭射破流血,叫做
"射天"。酗酒淫妇人,群臣劝谏就被他射死。各国都说宋国出了桀
纣,不可不诛。齐联魏楚,出兵灭宋,杀宋王偃。庄子是宋国人,目睹
宋王偃作乱,正像狸猫和黄鼠狼东跃西窜不知高下,一朝被捉,无地
逃命。战国后期,战争不断,争城夺地,讹诈无穷,辩士说客,议论纷
纷。庄子对此深恶痛绝,都看作是黄鼠狼东跳西蹿,牛虻蚊子飞来飞
去,不算一回事。反正现今的世道是坏到了极点,可说是一无是处,
不如回到人兽共居的远古时代去。《庄子》内篇七篇,把战国社会的
消极面集中地表现出来,他那种极端厌世悲观的思想和纵肆无边际
的辩说,似乎要引导人们走向毁灭,走向人世的末日。郭象《庄子序》
说:"读了他的书,自己好像经过昆仑山,入大虚境,游惚恍庭的样子
了。"荀子批评庄子只见天不见人,的确庄子完全失去了人对自然斗
争的自信心。

　　庄子之说是老子思想消极面的发展,不能完全代表老子,也不能
完全代表战国时代的黄老学派。所以两汉时黄老并称,不称老庄,到
魏晋时才以庄配老,并称老庄,与佛经一样同为腐朽的统治阶级所
崇尚。

慎到与法家

　　慎到,赵国人,大约生于公元前 395 年,死于公元前 315 年。慎
到原属道家的一个流派,后来逐渐演化为法家的著名代表。他在齐
的稷下学宫讲过学,宣传法家思想,负有盛名,慎到反对儒家的复古

倒退主张,他在总结商鞅、吴起等人变法实践的基础上,"学黄老道德之术"(《史记·孟荀列传》),改造和吸收了老子思想的某些部分,提出了立法、重势,集权的重要思想,为地主阶级巩固政权,提供了有力的思想武器。

慎到批判了儒家孟轲的"仁政"说教,提出要铲除奴隶主阶级的礼治,确立地主阶级法治路线的统治地位(《慎子·君臣》)。主张"唯法所在",使一切无法之言,不听于耳。一切事务都依法决断,叫做"事断于法"(《慎子·君人》)。为什么有些国家立了法还要行私?有了君主还要推崇儒生贤人呢(《慎子·逸文》:"立法而行私","立君而尊贤")?他认为这是由于国家没有坚定明确的统治途径,官吏缺乏固定的法律制度的缘故,这样在治理上当然要经常发生错误了,用其语曰,便是"国无常道,官无常法,是以国家日缪"(《慎子·威德》)。

慎到吸收了老子思想中的积极因素,提出了"中央集权"和"重势"的主张,完善和丰富了法治理论,慎到从实践中认识到,地主阶级夺取政权后,由于缺乏统治经验,往往给予臣下过多的权力,以致酿成国君大权旁落,发生变乱的危险。因此只有集中权力才能确保统治权的稳定。他吸收了老子无为而治的思想并加以发挥,认为君臣之道应该是臣下做实际工作,而国君用不着一样辛劳,用他的话说就是"君臣之道,臣事事,而君无事"(《慎子·民杂》)。国君只要把权力牢牢握在手中,一切政事均用法制来决断,事情就好办了,这便是治国的大道理。即所谓"民一于君,事断于法,是国之大道也"(《慎子·逸文》)。他反对既立君,又尊贤,认为这样做的结果只会削弱国君的威望,危害中央集权,一旦出现贤人和国君相争的局面,带来的混乱甚至比没有国君还坏。《慎子·逸文》就说:"贤与君争,其乱甚于无君。"结果必然导致国家的衰亡。

怎样才能驾驭臣下,保证国君集权的实施呢?慎到又提出了"重势"的主张。所谓"势"就是指威势、权势,就是政权或统治大权。他认为"贤""智"是不足以制服臣民的,只有权势才是可靠的。只要注重权势,借助于权势,使"权至位尊"便能"命行禁止",一呼百应了。他比喻说"天上飞的龙是凭借云雾的力量,云雾一旦消失,龙跌到地上,便和蚯蚓、蚂蚁差不多了"(《慎子·威德》)。

值得指出的是,慎到改造和发展了黄老思想后,使法治理论有了朴素的唯物主义依据,他把老子思想中的唯心主义的"天道"说,解释为事物的规律,认为人们遵循规律办事就能成功,违背了规律就会失败。《慎子·因循》说:"天道因则大,化则细"。他并以此来解释法治的产生,认为法不是从天上掉下来的,也不是从地下冒出来的,而是发生于人类社会之中,合乎人们心理要求的东西,所以《慎子·逸文》说:"法非从天下,非从地出,发于人间,合乎人心而已。"他认为人没有不为自己打算的,"人莫不自为也",而立法制,明赏罚,就是遵循了这个道理,这样就能统一民心了。显然,慎到所说的"人心",实质上是地主阶级的利己主义,所说的法制,不过是地主阶级专政的工具,但是这种从社会内部找寻法治根据的理论,同儒家宣扬的"君权神授"的天命观相比,无疑是一个很大的进步。

邹衍和阴阳家

阴阳家又称阴阳五行家,其代表人物是邹衍。邹衍是齐国人,大约生于公元前305年,死于公元前240年。邹衍的思想受孟子一派的儒家影响很大,所以又有人将阴阳家说成是儒家的一个支派,所不同的是孟子学派主要讲仁政，其次才兼讲一点天文历数，阴阳家却反其道而行之，主要讲天文历数，其次才兼讲一点仁政学说。邹衍的地理知识极为渊博，谈天说地，无所不通，人称为"谈天衍"。阴阳与五行原先并不是相关联的东西。《周易》讲阴阳，《洪范》讲五行，原先只是解释宇宙的两种不同的哲学思想。前者是朴素的辩证法，后者是朴素的唯物论，邹衍把这两种思想混合起来，改造成唯心论，大大加强了它们的神秘性，创立了阴阳五行学派。他也就成了阴阳五行家的代表人物。邹衍著书五十六篇，十余万言。

战国时期海陆交通开始发达，地理知识也相应大为增加。如《山海经》《穆天子传》《逸周书·王会解》以及比较真实的《禹贡》《周礼·职方氏》等书，都反映出人们的眼界不再局限于黄河流域这么个小区域里面。邹衍地理方面的成就，实是时代和社会的产物。他用先验小物，推而大之至于无边的方法，先详述中国的九州名山、大川、道路、禽兽、物产、珍奇等。称中国的九州为赤县神州。以此推广开去，断言像赤县神州这样的州共有九个，又称为九州。外面有小海环绕，这样小海环绕的九个州又称为一州，这样的大州又共有九个，外面环之以大瀛海，一直要到这大瀛海以外才是天地的边缘。邹衍又用同样的方法，从当时上推至黄帝各时代的制度和盛衰，再往上推想到天地剖判以至天地未生成时的景况。这些设想虽然完全出于十足的臆测，但却大大扩展了人们的空间观念和时间观念，是阴阳五行学说中的有益部分。

邹衍学说中的有益部分是"五德终始"的循环论和命定论。所谓"五德"来源于"五行"说。"五行"说认为金、木、水、火、土五种元素是构成世界万物的根本物质，"阴阳"说则认为万物是由阴阳两气互相交感而产生,这本是早在商周时期就已有流传的两种理论,含有朴素的唯物主义和辩证因素。但邹衍却从唯心主义世界观出发,对"阴阳"和"五行"两个学说进行新的解释,并掺进巫师、方士、卜士的鬼神迷信思想,说阴阳五行乃是受天命的支配;又给"五行"说赋予道德属性,称之为"五德"。并断言每一个朝代都是受一种"德"的支配。历史变化,朝代兴衰,就是根据"五德"的盛衰而来,即依照五行相胜的秩序:土胜水,水胜火,火胜金,金胜木,木胜土如此周而复始。他认为黄帝,商汤和周就是按照这样的规律循环变化的,这就是所谓"五德终始"的历史循环论和命定论。阴阳五行家传布"推五德终始之运"的学说,目的是要求人们一举一动完全听命于鬼神天数,不能稍有违抗,否则便是不合天意。显然这种反动理论对统治阶级麻醉人民的革命斗志和维护其反动统治是大有用处的。所以秦汉以后,阴阳五行家便和孟子一派的儒家结合,为反动统治者所专信,流传至今。

惠施、公孙龙和名家

战国时期还有所谓"名家"。"名家"所以在战国产生而不在春秋,是因为进入战国,社会制度发生了根本的变化,封建制代替了原先的奴隶制,旧有的称谓不能适应新的内容,而新起的名称又还没有得到社会普遍的公认,因而在意识形态上就反映出所谓"正名"的要求,"名家"于是应运而生。当时所谓"名家"者流,被称为"辩者"或"察士"、"名家"这一称呼是到汉代开始出现,并非一开始就称为"名家"的。所谓察、辩原来并不限于一家,诸子百家都不同程度的在从事名和实的调整和辩察的斗争。这一现象的本身是有它的发展的,起初大概导源于儒家的"正名"说,其后发展为各家的争辩,而一部分观念论者追逐着观念的游戏,便被后人称为"名家"。

惠施和公孙龙两人可以作为名家的代表。惠施主张合同异,说是"万物毕同毕异","天与地卑,山与泽平""物方死方生"等等,认为从同的方面看万物都相同,从异的方面看又都相异,这是一种相对二元论的说法。

公孙龙与惠施相反,主张离万物之同,他有著名的"白马论",认为白是颜色,马是形体,这是两种不同的感觉得来的两种不同的概念。是分开的二回事,所以他认为"白马非马",除了"白马论"外,又有所谓离坚白的"坚白石二"论,他分析坚白石,说坚是触觉得到的认识,白则是由视觉得到的认识,故坚、白始终是两回事,并非统一体,认识坚时,白就离开了,感觉到白时,坚就丢在一边了。所以他认为"坚白石"是坚石与白石的意思,是二件事而非一回事。不能混淆。他这样细致地分析概念的规律性和差别性,对古代逻辑思维的发展,有一定贡献,但由于过分夸大这种差别性,而忽视了概念反映事物的具体的同一性,这样就陷入了形而上学的诡辩。名家的理论虽然有这一毛病,但却也有极为可取的地方,这就是它的辩证法的成分,其最著名的是"一尺之棰,日取其半,万世不竭"和"南方无穷而有穷"(转引《庄子·天下》)这两个名题。特别是前者,不仅反映了名家的辩证思想,而且还提出了物质是无限可分的科学思想,可称我国最早的数学微分概念。

惠施生卒年不很清楚,只知死于公元前 310 年前后,与庄子友善,同是宋国人,曾当过魏惠王的相,主张联齐楚以制秦,徐州相王时他也在场。惠施没有留下什么著作,其思想言论散见各处,《庄子》中保存较多,公孙龙则著有《公孙龙子》一书。

荀况与新儒家

荀况即荀子,赵国人。齐宣王招天下著名学士来齐国居稷下学宫讲学议事,食大夫禄,号称列大夫,但不负具体政治责任。齐湣王时稷下学宫更盛,多至数万人。齐湣王晚年,荀子到稷下游学,当时齐将败亡,列大夫纷纷离齐散去,荀子也南游楚国。齐襄王时,稷下学士复盛,荀子回到齐国,在列大夫中"最为老师",被尊称为卿。所以荀况又叫荀卿。到汉朝时,汉人避宣帝讳,又改称孙卿。后荀子遭谗出走,先后游历了楚、秦、赵等国最后在楚定居,为兰陵(今山东峄县)县令。公元前 238 年,失官家居,著书数万言,死后即葬兰陵。荀子的确切年龄无法证明,社会活动期当在公元前 286(齐灭宋年)至公元前 238 年之间。从时间上看,他比孟子要晚一代人甚至更多。可称得上是先秦诸子中的最后一位大师。荀子不仅集了儒家的大成,而且还集了百家的大成,他把百家的学说差不多都融会贯通了,他实际上可算是杂家的祖宗。先秦诸子几乎没有一字不经过他的批判,老子、庄子、申子、慎子、环渊、邓析、墨翟等等,他说他们的理论都有所偏蔽。就连儒者本身,如对于子张氏、子夏氏、子游氏的后学都斥为"贱儒"或"俗儒",对于子思、孟子则更不惜痛加斥骂。他只恭维孔子和子弓,他很可能是子弓的私淑弟子。

儒学自孔丘创立中经孟轲发展至荀况,已经二三百年的时间过去了。荀子所在的战国中后期不仅同孔丘所处的时代完全不同,就是同孟轲时代相比,也有很大的发展与变化,要说荀子的儒家同孔孟的儒家同样都是没落奴隶主贵族的思想代表,那是形而上学的看法。

秦汉以后，儒家作为封建社会的正统思想为地主阶级所推崇，一直流传几千年这一事实就充分说明儒家的性质发生了变化，由没落奴隶主阶级的思想逐渐演变的地主阶级的思想。战国时期的"百家争鸣"正是这一变化的重要阶段。如果说孟轲的儒家思想基本上还没有超出孔丘的旧儒家的性质范围，还处于一种量变阶段的话，那么到荀况时期的儒家已经完成了这一转化，由孟子以来的量变达到了质变。促使这一变化的外部条件即时代的不同固然是极为重要的外因，但主要的内因还在于封建地主阶级在剥削性这点上同奴隶主阶级是相同的，所以在它掌权后，能用儒家的一套保守学说为自己服务；就儒家本身而言，它作为一个剥削阶级的思想在新的形势下投靠一个同样属于剥削阶级的新主子也是毫不足怪的。在这样的历史条件下，儒家、儒学的性质起了变化，并且吸取了不少法家的思想内容，扬弃了一些不合时宜的陈腐的儒家说教，成为为地主阶级服务的新儒家，荀况就是新儒家的杰出代表。

荀子对自然界的看法，与孔子、孟子有极大的不同，与老子却有些接近。荀子认为天有常道，地有常法，按照自然规律在运行变化，并无什么鬼神、命运在操纵着天地万物。用他的话说就是："天行有常，不为尧存，不为桀亡"（《荀子·天论》）。吉凶祸福全在于人为，不在天地。尊敬天地，希望多生财物，不如加强生产，积蓄物资由人自己来控制。赞美天地的威德，不如利用物性，由人自己来制裁。等待好时候的到来，不如自己按时勤作，不失时机。依赖天地生长财物，不如依靠自己的智能，使生长得更多。想望万物来供人使用，不如自己去治理万物，各得其所，不使失丧。心愿天地多生些有用之物，不如治理已有的物使成为有用。弃人为而望天赐，是反万物之情理的妄想,即使劳心苦思,也得不到益处。君子尽力做自己的事,不希望天有什么赐与,所以一天天有进步;小人放弃自己的努力,希望天有什么帮助,所以一天天在后退,君子与小人的差别就在于一个靠自己,一个靠天地。人对自然界,不是要顺从畏敬,恰恰相反,要发挥人力,向自然界作斗争,使天地万物为人所控制,所利用。这种人能胜天的思想,正是战国时期生产力显著发展的反映(《荀子·天论》)。荀子在《富国》一文中还深刻地论述了人力可以增加生产,不愁衣食缺乏的道理。显而易见,这是一种极为进步的思想。从孔孟的畏天命到荀子的"制天命而用之",这是两种截然不同的世界观。先秦诸子各派中只有法家和荀子能正确说明人对自然界的关系。《荀子·天论》可以称得上是诸子书中最有积极意义的唯物主义思想最显著的一篇重要著作。荀子的新儒家其世界观同孔孟的旧儒家之所以不同,是因为新旧儒家的性质不同,荀子为代表的新儒家不再是没落奴隶主阶级的思想代表,它要为新兴的地主阶级服务。必然得吸取法家的某些进步思想来充实与改造自己。荀子有不少明显的法家思想,甚至被人称为法家,其原因就在这里。

孔孟的历史观是复古倒退,主张"法先王"。荀子的历史观与此正相反,主张"法后王"。这也是新旧儒家之间的一大差别。荀子认为先王即使再好,也是那时候的事情,他们的一套典章制度也于今无所补益,正像天地过了长久的日子,眼前的却是今天,先王行了各种治道,合时的却是后王。所以"法先王"是徒劳无益的,而"法后王"才是现实而有意义的。他把嘴不离尧舜,言必称先王的孟轲之流斥之为腐儒、俗儒。坚决主张"法不贰后王"(《荀子·王制》),认为当代的君主如袭用上一代的制度,必然是有害无益的。荀子的这一思想和主张,是对商鞅"治世不一道,便国不必法古"思想的继承和发展,是对旧儒家"复周礼"和道家"小国寡民"主张的有力批判。

对于儒家提倡的所谓"礼治",荀子也给予了完全不同的新解释。本来,礼治是奴隶社会特有的政治现象,所谓"刑不上大夫,礼不下庶人"便是周礼阶级本性的反映。荀子认为"礼"起源于财富分配。人有物质欲望而无分配法则,那就"不能不争,争则乱,乱则穷"。所以要"制礼义以分之"(《荀子·礼论》)。并说"礼"的作用是"继长续短,损有余,益不足"(《荀子·礼论》)。这里所说的礼便成了一条管理国家财产分配的准则,含有"法"的味道。更重要的是荀子认为人的社会地位的高低同物质财富的多少一样是可以变化的,"官无常贵,民无终贱"。庶人平民的子孙,只要他们学礼义,根据礼义办事,就应该归入士大夫类,成为统治者或统治阶级中的一员;相反,即使是王公贵族的子孙,如果不学礼义,就不能继续保存原有的地位与声望,就应该归入平民庶人类,降落下去(《荀子·强国》)。由此可见,荀子所主张的"礼"已经不是原来意义上的"周礼",而是封建地主阶级的法治,他所说的"礼"无疑是"法"的同义词了。

孟子认为人性是善的,荀子则针锋相对,提出了"性恶论"。荀子认为人生而有欲,有欲必争夺,这就是性恶论的根据。他认为凡是人,不管是君子还是所谓"小人"饥饿了都想要吃饭,寒冷了都想要穿衣取暖,所以趋利避害,好逸恶劳是人的本性。在这样的情况下,如果不讲法治,势必天下纷乱不可治。荀子作为地主阶级代表,当然不可能对人性作出正确的科学评价,但"性恶论"在理论上否定了"君子"和"小人"之间存在着先天就有的不可逾越的鸿沟,否定了天生的"上智"和"下愚",认为只要强调法治,注重教育,就能使人按地主阶级的道德标准变恶为善。成为拥护封建皇朝的"君子"。显而易见，教育在里面起着关键的作用，而教育的标准和方法则是荀子提倡的"礼义"，即法治，因此可以说，"性恶论"是荀子法治理论的基础，就像性善论必然主张仁义学说一样。

荀子在政治上的重大贡献是从理论上确立了封建专制主义学说。他认为人胜天地万物的原因在于合群，群所以能够合成的原因，在于合理地分配生产物，分配合理自然大家协和，协和自然一致，一致自然多力，力量坚强自然能胜万物。反之，分配不合理就要争夺，争夺就要纷乱，纷乱就要衰弱，衰弱就不能胜物。因此在他看来，人所以战胜天，关键在于合理的分配生产物，那么贵贱有等级，长幼有差别，贵者，长者多分，贱者，幼者少分，当然是天经地义的真理了。如前所述，荀子把这个所谓的"真理"叫做礼，也叫做礼义。制礼的是圣人，行礼的是王公大人，所以天子至尊至贵，应该得最高的享受，握最大的权力。自天子至士按礼（即法律）分禄是合理的。老百姓不知礼，必用刑法来制服，使其出力生产，供养长上，也是合理的。荀子把封建等级制度看作与人类同时并存的永恒的真理，鼓吹君主有权并有充分的理由对平民百姓实行专制统治，这当然是封建统治者所欢迎的。

孔孟的儒家学说，经过荀子的修改和发展，成了封建地主阶级的思想代表。荀况的新儒家实在是秦以后儒家的面貌，对秦始皇影响很大的韩非、李斯两人便是荀况的得意门生。秦统一后建立的中央集权政体和一系列法家政治措施，不外是韩非所主张的那一套理论，实际上也就是荀况的东西。后来汉承秦制，一直到明清仍是中央集权的封建专制统治。在这一点上，历代封建君主可称是荀况这一思想的忠实执行者。但是荀子学说中含有的反映地主阶级上升时期的一些进步思想却不合后来地主阶级的要求,随着地主阶级历史地位的转变,这一点便日益明显地表现出来。具体来说,荀子人胜天地万物说,是有进步意义,由此造出的封建专制主义学说,也极为适合当时政治形势的需要。可是他否认命运,不敬天地,不信鬼神,不法先王,轻视仁义,人性本恶诸说,对统治阶级并不合用。因为统治阶级要利用命运、天地和鬼神来巩固自己的地位,要利用先王、仁义、性善来文饰自己的统治,赤裸裸的宣扬封建专制显得太露骨,还必须用孔孟的传统儒学,特别是孟子的"仁政"学说来装潢门面。所以尽管封建专制主义是他创导的,但在形式上几千年来的封建统治阶级总是把孔孟放在前面,荀子排在后面,这充分反映了地主阶级的虚伪和腐朽。后世孔庙中没有荀子的地位,原因也就在这里。其实不仅荀子的政治主张高于孟子,就是在儒家传经事业上荀子的贡献也远高于孟子,秦汉以后儒生所传的《诗》、《礼》、《易》和《春秋》诸经说,多出荀子。所以说荀况的新儒家实际上是秦汉以后儒家的面貌。

先秦诸子除了上述的以外,还有纵横家、兵家、农家、杂家、小说家等等。其中有的已散见前后各处,有的则因史料缺乏,不能一一评论。诸子百家的著作除了老子的《道德经》和孔子《论语》以外,重要的还有《墨子》《孟子》《庄子》《荀子》《管子》《商君书》《孙子兵法》《韩非子》和《吕氏春秋》等等。这些著作不仅是研究先秦思想史的基本依据,而且在史学上和文学上都有很高的价值。是我国古代极其宝贵的文化遗产。

四、韩非的中央集权专制主义的国家学说

韩非(公元前 280 年—公元前 233 年)是战国末期杰出的法家代

表人物，他集先秦法家之大成，并吸收了墨、道两家的某些思想内容，创立了统一集权专制主义的国家学说，为巩固地主阶级专政，为统一的中央集权的秦王朝的建立奠定了理论基础。

韩非出生于韩国贵族家庭，是韩国的公子。韩非从小就"喜刑名法术之学"（《史记·申韩列传》），饱受前期法家思想的熏陶，对商鞅很是敬崇，后又从师于荀况，受荀子影响很深。韩非思想的最终形成同他所处的特定的历史环境有很大的关系，汉代思想家王充曾说过："韩国不小弱，法度不坏废，则韩非之书不为"（《论衡·对作》）。战国初年韩国由于变法很不彻底，所以始终没能像其他国家那样强盛过。韩国地处秦与东方各诸国交往的咽喉地带，秦国强盛起来后，韩更是接二连三地折兵失地，逐步成了秦国的附属国。到韩非时已"事秦三十余年""与郡县无异"（《韩非子·存韩》）。韩非生活在这样一个近乎亡国的环境中，内心是十分愤慨的，这是促使他研究东方六国兴衰的原因，对韩、赵、魏三国的考察特别深入，他"观往者得失之变"认识到有野心的权臣是国家政权最危险的敌人，"犯法为逆以成大奸者，未尝不从尊贵之臣也"（《韩非子·备内》）。这些人表面上谨小慎微，装成忠臣模样，暗中却准备篡位夺权，这些人得志，往往会把一个好端端的国家弄得四分五裂，混乱不堪。对于主张君主集权，反对大臣太重，权力下移的法家人士，这些人凭借手中的权力采取公开镇压和阴谋刺杀的血腥政策，所以韩非在《孤愤》一文中说："智法之士与当涂之人，不可两存之仇也。"韩非是主张严厉法治，主张君主专权的，这种见解无疑是符合当时封建君主的口味而为那些野心家所不容。韩非曾多次上书韩王建议变法，未被采纳，于是埋头著书立说。后来秦始皇看到他的《孤愤》、《五蠹》等文章，大为欣赏，感叹地说："我若能和这位作者见面，和他交朋友，死也不恨了。"后经丞相李斯介绍，秦始皇才知韩非并非古人，而且就在韩国，立即用武力将韩非逼索到秦国，待之若上宾。李斯与韩非是同学，自以为才能不及韩非，怕韩非受到重用与己不利，加上在存韩还是灭韩问题上韩非立场与秦不同，于第二年进谗言杀韩非，这是公元前 233 年的事。韩非之死虽然是一个悲剧，但其学说已为秦所采用，李斯、秦始皇等实际上都是他的高足。

韩非在理论上的最大贡献是在师承荀况思想的基础上继承和发展了前期法家商鞅，申不害和慎到关于"法""术""势"的理论，将这三者糅合成一个有机的整体。使法家理说更为完整，更为系统。秦以前"法"和"术"有区别，韩非兼言法、术、势，所以严格来说应该称为"法术家"。法是成文的国法，是官吏据以统治百姓的条规。他分析了韩、赵、魏、燕等国由强而弱的原因，得出一条主要教训："明法者强，慢法者弱，强弱如是其明矣"（《韩非子·饰邪》）。韩非十分欣赏商鞅在秦国的变法，对于商鞅之法予以高度的评价。他主张明法令、设刑赏以奖励耕战，富国强兵，所以韩非在"法"这方面基本上是祖述商鞅的，但他对商鞅也有批判，他不满意商鞅只讲法不讲术，"商君虽十饰其法，人臣反用其资"，但强大的秦国"数十年而不至于帝王者"（《韩非子·定法》）。这是什么原因呢？这是商鞅"无术以知奸"的缘故，所以魏冉等大臣能利用秦国的力量为自己谋私利而国君不能及时察觉，如此看来"术"的运用就显得很重要了。韩非的"术"主要源于申不害，申、韩同为韩国人，韩非子受其影响本不奇怪。所谓"术"，是君主驾驭臣下的权术，术与法不同，"法"是公开的，"术"却是暗中运用的，他说："术者，藏之于胸中"，"法莫如显，而术不欲见"（《韩非子·难三》)。但他也不满意申不害的言术不言法,言术而未尽。也就是说,申子重术不重法是片面的。往往造成"晋之故法未息,而韩之新法又生;先君之令未收,而后君之令又下"的局面,这样必然导致政治的混乱,所以申不害相韩十七年,"托万乘之劲韩,十七年而不至于霸王,"成就不大。因此韩非认为商、申两人"皆未尽善",法和术必须结合运用,"君无术则弊于上,臣无法则乱于下,此不可一无,皆帝王之具也"(《韩非子·定法》)。

韩非子进一步总结和丰富了慎到关于"势"的思想,批判了儒家的"贤人之治"。他认为,当代的儒家之徒在给君主出谋划策时,不谈凭借君主威严的权势来制服惩办那些违法乱纪,奸恶邪僻的大臣,却大谈什么只要"仁义惠爱"就行了,这是十分危险的(《韩非子·奸劫弑臣》)。他打比喻说:"马拉车致远靠筋力,人主征讨诸侯,一统天下,就是靠权势,如果没有权势,一切都是空话(《韩非子·人主》)。即使像尧舜这样的大贤人,如果不握有权势,就连三户人家也管不好,更不用说治理天下了(《韩非子·难势》)。所以韩非认为"凡明主之治国也,任其势"(《韩非子·难三》)。他又把道家的"邦之利器,不可以示人"(《老子·卅一章》)的思想,引申到君主集权的政治主张上来,他说"赏罚者,邦之利器也,在君则制臣,在臣则胜君。"国君失去权势,失去赏罚的大权,那就如鱼儿离水,"故曰邦之利器,不可以借人"(《韩非子·喻老》),告诫地主阶级,要把统治的权柄牢牢地掌握在自己手中,千万不可借给别人或旁落于臣下,一旦失去必将受制于人。韩非认为慎到讲势亦有所缺陷,即局限于自然之势,而不知人为之势可以补偏救弊(《韩非子·难势》),他的所谓人为之势,即其所倡导的地主阶级法治理论,单靠"势"是不行的,"势"必须和法结合,"抱法处势则治,背法去势则乱"(同上)法与势结合运用,就可以收治强之效了。

在政权结构上,韩非是中央集权论的极力鼓吹者。他认为历史上商周的衰亡、没落,都是由于诸侯实力扩张,分封割据的结果,他说:"是故诸侯之博大,天子之害也;群臣之富有,君主之败也。"(《韩非子·爱臣》),因此他坚决反对分封,一再大声疾呼,封建君主必须"独擅"、"独断",权势万万"不可以借人",要防止大权旁落(《韩非子·内储说下》)。韩非的这些主张,是为了确立封建君主的无上权力;藉以控制官吏,在全国推行中央颁布的各种法令,所谓"事在四方,要在中央。圣人执要,四方来效"(《韩非子·扬权》)。就是韩非中央集权思想的生动写照。

封建专制主义首创于荀子,但将其大加发展的却是韩非。荀子的这一思想只是笼统的鼓吹专制,韩非将其发展为绝对君权的君主独裁主义。全国上下只听国君一个人的,即所谓"以一国目视,以一国耳听",这种政治上的独裁专制,当然是封建君主所欢迎的。韩非的刑名法术之学来源于老子学派的"君人南面之术。"老子的"道",起初本是反既成的统治阶级的,然而随着时间的推移,统治阶级却又反过来企图利用这个"道"作为统治阶级的新护符。因而"道"便又担负了太上皇的使命。国君成为"道"的当然体现者,也就是本体的化身。在韩非看来:"道无双,故曰一。是故明君贵独道之容",他从这儿找出了国君绝对独裁的理论根据。他又认为:"道在不可见,用在不可知,虚静无事,以阁见疵。"即就是说道是虚静寂寥的,人君也自当深藏不露,从这儿发展开绝对的秘密主义。

韩非也谈无为,所谓"明君无为于上,群臣竦惧于下",但他的无为是"不亲细民,不躬小事"是"治吏不治民",是"恃术不恃信",也就是说国君在总揽大权,操杀生之柄的前提下可以不管或少管一些细小的事情,如此而已。

韩非在思想上的最大成就,是把老子的哲学观点接上了墨子的政治独裁说。他把墨子的"尊天""明鬼""兼爱""尚贤"抛弃了,而把"尚同""非命""非乐"等思想发展到了极端。他的绝对君权论同墨家的"尚同"主张是一脉相承的。甚至在他看来帝王都不一定要十分贤能的,只要有法、有术、处势就行。对君臣的关系,韩非有两种看法:一种是看成牧畜,另一种是看成买卖。前者基本上是旧观点,后者却十分新颖。这种"臣尽死力以与君市,君重爵禄以与臣市,君臣之际,非父子之亲也,计数之所出也"的看法,确实是战国初期时代精神的一个反映。无论是看成牧畜或看成买卖,总之是没有什么仁义道德可言,国君既是虎豹,人臣也就应该甘心做爪牙,只要镇压住老百姓,攫取他们的血汗和生命,那就国富兵强,主安位尊,天下太平了。韩非还认为人与人之间都是利害关系,不存在什么仁爱的关系,即使是父子母女之间也如此。他认为一切人都不可信,他抨击仁义,当然也抨击仁义的根据性善论,他不相信人是能自行为善的,所以必须励行法治,使其不敢为恶,很显然,他是把荀子的"法后王"和"性恶论"作为理论根据的。

在奖励耕战这一点上,韩非完全继承和发展了商鞅的农战思想。认为"富国以农","尽其地力,以多其积"(《韩非子·五蠹》),主张"使民以力得富"(《韩非子·六反》)。他把发展生产和进行统一战争看作是建立封建大一统国家的必然途径,把游手好闲、不事耕战的儒者、言谈者、带剑者、患御者和商工之民,斥之为"五蠹",是危害社会的五种蛀虫,而儒者则是五蠹之首。韩非认为这些人平时不从事生产,战时不当兵打仗,"儒以文乱法,武以侠犯禁"(同上)。他们对国家不但没有好处,反而起破坏作用,所以必须予以取缔。韩非是一位极端的极权主义者,不仅要取缔"五蠹",就连主张耕战富强论的祖宗如管仲、商鞅、孙武、吴起等人的书也认为在必须禁止之列,就这样,在韩非所谓的法治思想中,百家争鸣是绝对不允许的,不仅"禁其行","破其党以散其群""灭其迹",息其论,就连思想也要禁,只有"告奸"之门是开着的。这样的专制独裁论,当然大得封建君主的喝彩与赏识。所以秦始皇很崇拜他。

韩非思想的形成并不是孤立的,而是当时时代的要求与产物,他的中央集权专制主义的国家学说是适应了当时政治形势的需要而产生的,秦始皇实践了他的这一理想,终于并灭六国,一统天下,建立起我国历史上第一个多民族的统一的中央集权的封建国家,就是一个有力的证明。从这一点上来说,韩非的学说自有其不可抹杀的进步性和重大的历史作用。但韩非思想中的极端反人民的一面却一开始就说不上有什么积极意义,独裁与专制对人民来说无疑是反动的。中国历史上的一些极端反动的政治家,包括近代历史上的曾国藩和人民公敌蒋介石在内,他们在尊孔的同时却从来没有反对过法家的这一理论,不仅不反对,而且欣赏备至,贯彻唯恐不力。原因就在于法家学说,特别是韩非的法术势为中心的君主独裁理论很带有一些法西斯的气味,否则就决不可能为这些法西斯头子看中,这可说又是一个有力的证明。由此可见,所谓"法家是爱人民的"说法完全是荒唐反动的谬论。

第四节　秦始皇统一六国

一、统一是历史发展的必然结果

战国后期,随着封建经济的发展,各诸侯国割据称雄的分裂局面日益成为社会前进的障碍,要求统一,要求尽快结束春秋战国以来列国争战不息的混乱状况已经成了整个社会的呼声,成了广大人民群众的迫切愿望。

进入战国,由于经济的发展和铁兵器的使用,战争的规模和杀伤力都大大提高,大的战役往往要相持好几年才能决出胜负,这种长期的战争给人民群众带来了巨大的灾难,特别是战国中后期,合纵连横战争出现,规模更加扩大,次数更加频繁,各国人民遭受的灾难也就更为严重。由于各国奖励军功,鼓励士兵杀敌,因此在战争中杀人很多,动辄以万计,当时各国人口还不是很多,除了楚国军队上百万以外,其他各国军队均在六十万上下。而仅秦国一个国家在战国时代历次战争中所杀死的敌国武装人员有数字可查的就有一百六十万之多,这还不包括秦军死亡数和死于战乱的平民百姓的人数,这对社会的劳动力是个多么巨大的摧残! 对各国人民是个多么巨大的不幸!

除战死以外,还有被敌方掳去当奴隶的。《墨子》书中就描写当时大国进攻他国的情况:一攻入他国国境,就割掉农作物,砍掉树木,烧毁各种建筑物,掠夺各种家畜,见敌国人民中顽强的就一刀杀死,顺从的就绑着拉回来,男的作为"仆"、"圉"和"胥靡",女的作为"舂"或"酋"(《墨子·天志下》)。齐宣王趁燕内乱攻破燕国时,就曾"杀其父兄,系累其子弟"。拉回齐国作奴隶使用。在当时的战争中,农民不但被编入军队,而且所有战争的经费也完全由应征入伍的本人负担,有的连武器都得自备。因此每一次规模较大的战争给广大农民带来的负担是极为沉重的,当时就有人这样说过:"经过一场大战,所有阵亡战士的丧葬费、伤兵的医药费和车马武器的损失加起来,就是种十年田也不够补偿"(《战国策·齐策五》)。战国后期,韩魏两国在秦的进攻下,连连败北,不仅人民死伤累累,就是被秦军掳去当奴隶的不断于路。人民在严重的兵灾下活不下去,流亡出去为人"臣妾"的也到处都有(《战国策·秦策四》)。

战国时代的封建战争,给各国人民带来的灾难是如此严重,对社会生产力的破坏是如此巨大,因而广大人民迫切要求从诸侯割据混战的局面下解放出来,他们对于封建割据的铲除非常关心,迫切希望能有一个政治和经济上都比较好的国家迅速统一全中国。

农业和水利事业的发展也要求统一。进入战国,铁工具普遍使用于农业生产,农民在生产斗争中对于"起堤防"和"排水泽"又取得了丰富的经验,使得水利工程的建筑技术不断提高,使得堤防的建筑和各类灌溉工程的兴修有了巨大的发展,这对农业生产是有利的,但在诸侯割据状态下,各国对于水利的兴修往往是"壅防百川,各以自利"。例如当时齐同魏、赵以黄河为界,因为赵、魏两国地势较高,黄河泛滥时齐国在下游就常闹水灾。齐国就沿黄河二十五里处建了一条大堤。黄河泛滥时大水冲到这条大堤便被挡回倒头冲向魏国和赵国,赵、魏见状也在沿河二十五里处建了一条大堤,以资抗衡(《汉书·沟洫志》)。遇到天旱,又争夺水利,各不相让,甚至有意阻塞别国的水流,例如"东周欲为稻,西周不下水"(《战国策·周策》)。

同时由于封建战争规模的扩大和战争方式的改变,各大国往往利用水和水利工程作为战争的武器,不顾人民的死活,决河堤放出水来向敌国进攻。本来已经要常常决口的黄河,在战国期间,一再被人为的决堤。如公元前358年楚攻魏,决黄河水来灌魏城长垣(《水经·河水注》引《竹书纪年》)。公元前281年赵攻魏,赵惠文王亲到东阳,决黄河水攻魏(《史记·赵世家》),人民所受的灾难自不用说,对于消除封建割据的要求也非常迫切。

战国时期的商业发展也要求能有一个统一的局面。在各国并立的形势下,商业的发展要受到很大的影响,首先各国的货币极不统一,计算很复杂,对于各地商品的流通大为不利。其次各国度量衡制度也不一致,进位计算极为不便,这对商业的开展造成了很大的困难。第三,频繁的封建兼并和争雄的战争对商业造成了不可估量的损失,长期而激烈的战争既破坏了各国手工业品和农副产品的来源,又毁坏了各国的市场和人民的购买力。第四,各国各自为政,国与国之间关卡林立,征收各种商品的税收,甚至公然利用职权,勒索过路商人的钱财,阻碍了商品的流通,既不利于商业的发展,也不利于人民的生活,所以不仅人民要求统一,就连各国极为富有的大商人都迫切希望能有一个统一的局面出现。

由于分裂割据状态不利于封建经济的发展,所以作为封建经济的代表地主阶级也同样渴望统一。东方六国由于变法不彻底,封建化的程度不及秦国,宗室贵族执掌大权,政治黑暗,剥削残酷,搞得国内阶级矛盾十分尖锐,生产大受影响,对地主经济势力的成长不利,因而地主阶级也盼望代表地主利益最好的秦国能够完成统一的任务。因为他们认为秦国政治比较清明,腐朽势力较小,政治风气远比关东六国要好。李斯在《谏逐客书》中说:"士不产于秦,而愿忠者众。"的确,东方六国的士人是拥护秦国来完成统一的。事实上,到战国末年,无论在经济力量、军事力量和所处的形势上,都远较东方六国为优越。到秦王政即位时,秦经过惠文王、昭王等五代人的努力,已占有西部半个中国,比任何一个东方国家都大。除本土外,扩增了上郡、太原、汉中、黔中、北地等十三个郡。由于水利事业的发展,如李冰父子主持建造的都江堰,不仅解除了沫水(今大渡河)的灾害,而且还疏通了文进江(邛水),大大发展了农业生产。经济力量超过了关东任何一国。在军事上秦国不仅质量上早就领先,而且在数量上也超过了楚国,成为第一大国。

总之,到战国后期,随着封建经济的迅速发展,统一已成为历史发展的必然结果。是大势所趋,人心所向的社会潮流。由于秦国变法彻底,无论在政治、经济还是军事方面都远远超过关东任何一国,因此统一全国的任务也就历史地落到了秦国身上。

二、秦始皇亲政

公元前 251 年,在位五十六年的秦昭王去世,其子嬴柱即位,见为秦孝文王,这位嬴柱不是别人,就是秦始皇嬴政的祖父。由于秦昭王在位年久,孝文王即位时已是五十三岁的高龄了。孝文王有二十多个儿子,秦始皇的父亲异人只是其中的一个。他既不是长子,生母夏姬又失宠于孝文王,所以在他已经成年后还被作为"质子"送到了赵国。战国后期,秦赵之间经常发生战争,作为"质子"的秦公子异人在赵的处境自然十分窘迫,秦国供给他的钱财并不充分,赵国待他并不礼貌,在这种情况下,异人已经很难再有什么回国的希望了。他在赵国成了家。然而事情很凑巧,正在这个时候,"家累千金"的"阳翟大贾"吕不韦来到邯郸经商,结识了这位秦公子,经过交谈,吕不韦认为"此奇货可居",决心把商业上的投机方法运用到政治上来。

吕不韦原是卫国国都濮阳（今河南濮阳）人，经商起家。后来到韩国大都市阳翟（今河南贡县）经商，发了大财，成为名噪一时的大投机商人。为在异人身上下赌注搞政治投机，吕不韦特地回家同父亲商量，结果父子俩一致认为经营田地至多获利十余倍，经营珠宝至多获利百余倍，但都不如拥立一国国君可以获利千万倍并可惠及子孙后代，来得合算，于是决定再去邯郸，把他的商业资金投到异人这个"奇货"上去。原来吕不韦早把秦国宫廷内幕摸得一清二楚，知道孝文王最宠爱的王后华阳夫人并没生育儿子，秦太子俣虽是孝文王长子，但非华阳夫人所出，尽管有宰相杜仓为子俣的辅佐，但是废立太子的大权在华阳夫人手中。吕不韦决定去秦国游说华阳夫人改立异人为太子，同时在经济上慷慨相助，使得异人能在赵国广交朋友，为之制造声舆。公子异人对之大喜过望，答应吕不韦如果事情成功"请得分秦国与君共之。"（《史记·吕不韦列传》）于是吕不韦便自带大量的金钱珠宝与珍异玩物西行入秦，买通了华阳夫人的姐姐和孝文王的小舅子阳泉君，阳泉君是华阳夫人的弟弟，权势极大。吕不韦对阳泉君说："秦王的年龄已经很高了，王后又没有亲生的儿子，一旦山陵崩裂（指孝文王去世），子俣继位，杜仓等人执掌大权，王后的门前必定荒凉得长野草。公子异人是个贤材，现在被抛弃在赵国，日夜盼望回来。王后如果认他作亲儿子立为太子的话，那么异人原来'无国'就变成'有国'，王后原来'无子'也就变成'有子'了，这样你们的地位才能保得住"。阳泉君深以为然，便去进说姐姐华阳夫人，由于有共同的利害关系，王后马上就同意了。在华阳夫人的坚持下，孝文王决定废子俣而立异人为太子。吕不韦知道华阳夫人是楚国人，为了博取王后的欢心，吕不韦特地叫异人回国时穿了一套楚国的服装去见华阳夫人。华阳夫人一见果然大为欢喜，便把异人改名为子楚，叫做公子子楚。至此吕不韦的政治投机便告成功了。

秦孝文王在位时间很短，只一年便去世了。孝文王一死，子楚就名正言顺地继承了王位，这就是秦庄襄王。庄襄王即位，马上起用吕不韦做宰相，并加封为文信侯，赏给了兰田（今甘肃蓝田县）等十二个县作为他的食邑。这样吕不韦便正式从商人变为达官显贵了。

秦庄襄王在位也只有三年时间，到公元前 247 年去世。嬴政继位登基，这就是后来的秦始皇了。嬴政即位时才十三岁，按秦法律，国君必须年满廿一岁方能亲政，这样国家政权便落到了太后与吕不韦手中。这时吕不韦的权势更大了，不但是宰相，而且取得了"仲父"的尊号。吕不韦学着战国四公子那样养士的办法，招徕三晋和秦楚等国的宾客学士三千余人，作为他的智囊团，以抬高身价。在商业上因为有了权势，更加兴隆了，规模日益扩大，不仅经营商业，而且还用大量家庭奴隶从事手工业生产，他的"家僮"多到万余人。像吕不韦这样在政治上和经济上都有势力的大臣在秦国是不曾有过的。

吕不韦出身商贾，当然谈不上是法家，对于秦自商鞅变法以来的"重农抑商"政策，当然不会赞同，但对另外一些有关统一的各种措施，包括统一度量衡制在内，他也不反对，因为这些措施有利于商业的发展。《史记·货殖列传》记述秦始皇时曾经使畜牧起家的大商人乌氏倮"比封君"，又曾为开掘丹砂起家的巴地寡妇清，修筑怀清台并使"抗礼万乘"。这和秦国历来的强本弱末，重农抑商的政策是不相容的，和后来秦始皇把商人作为"迁虏"、"谪戍"的政策也不一致，这两件事应该就在吕不韦辅政的这一时期，由吕不韦主持的。这无疑是吕不韦利用职权，提高商人地位的一种做法。又有人说吕不韦是儒家,推行的是复辟奴隶制的政治路线,这就更加站不住脚。吕不韦当政先后共计达十二三年,秦国始终保持强大,对外战争也连连取胜,国土日益扩大,并没出现由强转弱的现象。对于"远交近攻"的对外政策,吕不韦当权后并无什么变化。公元前244年即秦始皇三年,秦继续攻韩魏,取韩十三城,取魏二十城,连同原卫都濮阳,合建为东郡,地处河南北部和河北省南部。秦自从建立了东郡,就使得领土同齐接境,把韩、魏两国和赵国之间的联系隔断了。公元前240年,赵国为了抗击秦的进攻,又发起"合纵"攻秦,由赵将庞煖带了三晋和楚、燕的五国联军西向攻秦,这次合纵声势不小,但已成强弩之末,不久即为秦所击退。总之,在吕不韦执政的十几年间,秦国依然十分强盛,政治稳定,对外战争不断取得胜利。如果吕不韦是推行所谓"复辟倒退路线"的儒家,要取得这样重大的成就完全是不可想象的。

　　吕不韦当政期间的另一大事就是主持修订了《吕氏春秋》。吕有宾客三千,这三千余人中各种派别学说的人都有,吕不韦令群宾客"各著所闻"。把各派学说兼收并蓄,同时加以组织和修改,号曰《吕氏春秋》。此书对道家和儒家的学说采取融合的态度,一方面极力宣扬道家所讲的养身之道,主张要"清静去欲""无为而治";一方面又提倡儒家的修身、治国、平天下的说法,讲究教化和作乐。对于墨家只采取"节丧"、"忠廉"等部分内容,而反对其"非攻"、"非乐"等主张。对于兵家采用了有关运用"义兵"和训练军队的学说。对于法家则取其反对复旧倒退的变法主张,认为"世易时移,变法宜矣"。对于农家采取了有关农业技术的学说。对于阴阳五行家采取了月令一派五行相生和邹衍一派五德终始说。《吕氏春秋》就是这么一部大杂烩。这样大规模地把各派学说综合起来搬到秦国来传播,是以前所没有的。

吕不韦这样综合道、儒、兵、法、墨、农、阴阳五行家各家学说,成为一套体系庞大的杂家学说,显然是有用于取代秦国传统的法家学说的意思。但是秦国的强大对吕不韦的经商事业并无半点坏处,农业生产的发展也是商人所希望的,他们并不一定反对"重农",只是对"抑商"政策有所不满。这就决定了吕不韦不可能从根本上更改秦国的法家路线,更不可能推行与法家思想完全对立的儒家政策,他所要求的只是对原有政策的折衷与改良,《吕氏春秋》正是这种思想的产物,说《吕氏春秋》是"打着折衷主义旗号贩卖儒家的黑货",完全是毫无根据的谬说。

《吕氏春秋》全书分为八览、六论、十二纪三部分。八览每览有八篇;六论每论有六篇,十二纪每纪有五篇,不但在篇目的组织上很齐整,而且把各派学说也组合得很有体系和条理,它保存了我国古代大量的文化史料,是我国历史上第一部有组织的理论书籍。

当吕不韦在秦国执掌大权时,有个名叫嫪毐的宦官利用太后的宠爱,也逐渐飞黄腾达起来,很快就和吕不韦成为并立的两大势力。嫪毐实际上是个假宦人,因为有太后做依靠,权势显赫,党羽很多,连担任卫尉的名叫竭的宫廷卫队长,担任内史的名叫肆的国都警备司令等都是他的死党。嫪毐还模仿吕不韦大批招徕宾客和使用奴婢经营手工业和商业,门下食客一千余,家僮达几千人之多,是仅次于吕不韦的又一大势力。据记载,嫪毐权势之大差一点超过吕不韦。公元前239年即秦王政亲政前一年,嫪毐被封为长信侯,把山阳(太行山东南今河南修武县)、河西和太原两个郡作为封地,一时权势很大,甚至朝廷"事无大小皆决于毐"。很明显,这是想趁秦始皇亲理政务之前,先取得大块封地,占据好地势,把持好权势。

吕不韦的行径虽然不像嫪毐那样穷凶极恶,但也可谓煞费苦心,也就在这一年,吕不韦精心主编的《吕氏春秋》一书正式公布。据说他把此书全文公布在国都咸阳的市门,悬赏说:"能增损一字者,予千金。"结果谁也不敢去改动一个字。《春秋》本来是历史记载的名称,《吕氏春秋》是部理论著作并非历史书籍为何也叫《春秋》呢?原来《春秋》是当时宫廷中教育太子用的。《吕氏春秋》的《序意篇》是全书的一个总提要,吕不韦在这篇序言中一开口就引用了"黄帝之所以诲颛顼"的话,很显然,吕不韦编这本书的目的是想凭其"仲父"的身份来教育秦王政,企图在秦王亲政之前,把自己组织好的一套综合学说煊赫地公布出来,使之定于一尊,以便把秦王教育成其学说的实践者,从而保持与加强自己的地位与权势。

公元前 238 年,秦始皇满廿一岁,该亲理政务了。面对吕不韦、嫪毐这两大势力的争斗,秦王政只有两条道路可供选择:一条是按照吕不韦所提出的办法,做一个"无为"、"虚静"的君主,听任他们去胡闹,以求得君臣之间的相安无事;一条是学秦昭王罢逐魏冉的办法,把吕、嫪两大势力根本铲除。秦始皇是一个有雄图的政治家,他接受的是秦国传统的法家思想,崇拜的是商鞅、韩非这样的法家人物,《吕氏春秋》中吸收了不少儒家的思想,当然不可能为秦始皇所接受。同时听任吕、嫪两大势力争斗不休对国君也是不利的。因而秦王政选择了后一条道路,决心铲除国内的割据势力,把大权集中到他一人手中,然后谋图关东,完成统一的大业。就在这一年的四月,秦王政从国都咸阳来到旧都雍(今陕西凤祥县)举行亲政加冠典礼,因为秦的宗庙在雍而不在新都咸阳,冠礼必须在宗庙里举行。就在这个仪式上,相国吕不韦将政权交还了秦王政,这是秦国法律所规定的。吕不韦当然不敢违抗。暴发户嫪毐为了先发制人，偷用了秦王的御玺和太后的玺征发军队举行叛乱，妄图篡权。秦王政得到消息，马上命令相国吕不韦和昌平君、昌文君率兵迎战，两军在咸阳打了一仗，嫪毐兵败被捕，被"车裂"而死，又灭了他的宗族。嫪毐的同党卫尉竭、内史肆、中大夫令齐等二十多人都被判死刑。嫪毐门下的宾客也分别按罪行轻重判了罪，不少人被罚作"鬼薪"，即服三年的劳役。因这个案件的牵连，被免除爵位而流放到蜀地房陵的共有四千多家。嫪毐势力的垮台对秦王政来说是消除了一个叛臣，对吕不韦来说则是打倒了一个政敌，双方都不无益处，但秦王政消灭了嫪毐以后就谋图消灭吕不韦一派的势力了。第二年十月，秦王政以吕不韦放纵嫪毐作恶为名，免除了吕的相位，令其到河南食邑就封，不得留在朝廷。吕不韦知道大势已去，只得带着大量的金银财宝离开了咸阳。吕不韦到河南就封以后，关东各国的使者和诸侯的宾客还是不断地来和吕不韦打交道，秦王政恐怕要发生什么事变，又下令吕不韦离开河南迁到蜀郡去，吕不韦怕遭杀身之祸，就饮酖自杀了。吕不韦死后，全家被抄没为官奴。秦王政为此下令国中："今后如有嫪毐、吕不韦这样专权用事的一律按照此例，籍没其全家为奴隶"。

秦王政在亲政后的两年时间内，先后消灭了嫪、吕两大势力，把政权集中到自己手中，实现了他的第一步的策略，接着就作第二步的谋划，准备出兵东征，统一六国。

三、统一战争的进程与秦帝国的建立

秦王政亲政以后用了二三年的时间巩固了内部，掌握了秦国的大权。这时的秦国已是七国中最强大的国家，除本土以外，新扩建了十三个郡，势力伸进了中原地区，就整个形势来看，秦是处于绝对有

利的地位。

秦的东进引起了关东各国的恐惧与不安,韩国派了著名水工郑国入秦主持郑国渠的修建工程,目的是削弱秦国的力量,疲劳秦国的人力,使之无力东顾。后来韩国的这一阴谋为秦发觉,这就是郑国渠事件。鉴于东方各国派来秦国活动的间谍之多,秦于公元前 237 年下逐客令,要把外籍的宾客一律驱逐出去,以此来肃清东方的间谍。就在这时候,官居长吏的楚国上蔡人李斯便给秦王政上了一道《谏逐客书》,列举秦国过去所任用的客卿的功绩,要求取消"不问可否,不论曲直,非秦者去,为客者逐"的逐客办法。结果秦王政采纳了这个意见,取消了逐客令。李斯早在秦孝文王时期便来到秦国,做吕不韦的舍人,后由于吕不韦的推荐做到了郎官(王宫的侍卫),秦王政亲政后,他向秦王建议:"灭诸侯,成帝业,为天下一统"。因此得到秦王政的赏识被升官为长吏。李斯与韩非一样都是荀子的学生,崇尚法家学说,与秦王政不谋而合,所以吕不韦死后李斯仍官居要职并日见重用。

就在这时,有个魏国人叫缭的,从魏都大梁来到咸阳。缭是战国末年"为商鞅学"的杰出法家人物,他一见秦王两人便谈得十分投机,据说秦王政不但很敬重他,而且同他亲密得像兄弟一样,不久即起用他为国尉。所谓国尉,就是后来秦的太尉,是一国的军事长官,所以缭又被人称作尉缭。秦王政起用他,说明秦王决心恢复与执行商鞅以来传统的法家政策。尉缭兼并六国的主要策略,首先是广泛开展间谍工作,他认为这时秦已很强大,诸侯已好比郡县之臣,所怕的就是诸侯合纵,联合起来与秦为敌,因而他主张派遣大批间谍前往东方六国,用金钱收买六国的"权臣",扰乱六国的计划,从而各个击破消灭之。他曾很有把握的对秦王政说,只要花去三十万金便能达到并灭诸侯的目的。缭的这个计划很得秦王政的赏识,《史记·秦本纪》说秦王:"卒用其计策,而李斯用事",即采用了缭的计谋并起用李斯具体负责。于是秦国一方面派谋士姚贾等人带了金银财宝去游说六国诸侯及其大臣,破坏六国间可能出现的合纵,并用金钱加以收买,作为内奸;对那些不愿同秦合作的官员,则派刺客暗杀以削弱各国的主战力量。在这一计划初见成效后,秦就"使良将随其后",出兵进攻。首当其冲的便是韩国。韩是东方六国中最弱小的国家,这时已差不多成为秦的附庸了。但秦认为一旦出现关东各国的"合纵"局面,韩必定是攻秦的先锋,所以韩的存在实在是秦国的心腹之患。公元前230年,秦派内史腾攻韩,俘虏了韩王安,把韩国的土地置为颍川郡,于是韩国就被灭亡了。灭韩战争进行得很顺利,但灭赵的战争却大费周折,相持好几年。原来齐国破败以后,关东六国中就数赵国强盛。公元前234年,秦将桓齮攻赵,大败赵军于平阳(今河北省临漳县西),赵军主将扈辄战死。第二年秦军趁胜进攻,大有一举灭赵之势。赵国急忙把驻守在北边防御匈奴的边防军调来向秦反攻,主将就是李牧。李牧是赵国大将,也是战国后期的名将,在抗击匈奴的战争中很得民心,善于用兵,屡次大败匈奴,功绩卓著。李牧统军与秦军在肥(今河北藁城县西)地决战,把秦军打得大败,几乎全军覆没,秦将桓齮因这一役大败,畏罪出奔逃到了燕国。李牧则因这一大功,被封为武安君。公元前232年,秦又调集两支大军攻赵,想合力击败李牧,结果又被李牧打得大败。后来赵国发生旱灾,力量大受削弱,秦王政派大将王翦率军数十万攻赵,赵派李牧、司马尚率大军抵抗,一直相战到第二年,秦军不能取胜。于是秦国便指使被秦收买了的赵权臣郭开散布谣言,说李牧、司马尚拥兵谋反,赵王信以为真,中了秦的反间计,起用赵葱和颜聚代替李牧,司马尚为赵军统帅,后又把李牧杀了。李牧一死,赵军士气便涣散了,三个月后,王翦大破赵军,杀赵葱,俘颜聚,不久赵王迁也成了秦军的俘虏,赵国便灭亡了。赵公子嘉带了宗族几百人逃到了北边的代郡,自立为代王。

就在灭赵的当年,秦军趁胜攻燕,兵临易水。燕国危急,燕太子丹想用刺客行刺秦王政的办法,来挽救燕国的危亡。他派刺客荆轲做使者,带了燕国最富庶之督坑(今河北涿县、定兴、新城、固安一带)的地图和逃亡到燕的秦将桓齮(《史记》作樊於期)的头,以请求"举国为内臣"的名义,求见秦王政。当秦王接见荆轲,打开地图来看的时候,荆轲便用预先卷藏在图中的匕首行刺秦王,这就是"图穷匕首现,荆轲刺秦王"的故事。由于秦王政惊觉起身,荆轲行刺未遂,被当场杀死。秦王政受了这一惊吓,大怒之余便派王翦、辛胜大举攻燕进行报复。燕、代两国联军抵抗,被秦军大破于易水之西。第二年即公元前226年,秦军攻破燕都蓟(今北京市),燕王喜迁逃辽东郡,秦将李信率大军追击,在衍水(今辽阳县北太子河)击破了燕太子丹所统率的燕军。燕王喜只得杀了太子丹,把太子丹的头献给秦军求和。

这时秦一面攻燕,一面又派王贲(王翦之子)为将,率军攻楚,取十余城。第二年即公元前225年,王贲回军攻魏,包围了魏都大梁,掘开了黄河和鸿沟,进灌大梁,魏军坚守三月余,城破,魏王假出降,于是魏国也灭亡了。

公元前224年,秦灭了韩、赵、魏三国,便图谋灭楚。秦将王翦主张非用六十万人不能灭楚,而李信夸口说只要二十万人足够了,秦王政认为王翦年老胆怯,采纳了李信的意见,派他和蒙武为将,率军二十万攻楚。李信急于成功,分兵两路,一路向楚的平舆(今河南汝南县东南)进攻,一路由蒙武率领向楚的寝(今河南沈丘县东南)进攻。楚派大将军项燕率军抵抗,项燕为了争取战略上的主动,便向秦的南郡进攻,迫使李信回军救援,楚军以逸待劳,败李信军,趁胜攻入南郡。李信军败退到城父(今河南宝丰县)和蒙武合兵,楚军大追击,三天三夜没停留,攻破秦军两个兵营,杀死了七个都尉。李信、蒙武率残兵逃回本国。这是秦国在统一六国过程中遭受的最大挫折。

李信攻楚的失败,使秦王认识到没有采纳王翦的主张是一个大错误,便马上"复召王翦",使其率大军六十万攻楚。楚军不及休整便遭强敌,终于被打败了。到次年,秦军已攻入楚腹地,项燕也兵败自杀了。经过一年多的战争,秦军陆续攻取了楚的不少城市,最后攻破了楚都寿春(今安徽寿县)俘虏了楚王负刍,楚告灭亡。再次年,王翦更平定了楚的江南地区,设置了会稽郡。

当灭楚时,秦还不断地平定燕地和魏地,陆续新设郡。在公元前225年设置了右北平、渔阳、辽西三郡;在公元前224年又增设了上谷、广阳和泗水三郡;过了二年秦又大举兴兵,派王贲攻燕的辽东郡,虏燕王喜,又回军攻代,虏代王嘉,至此,燕、赵两国全部灭亡。关东六国中只剩下了一个齐国。齐国在秦军攻打各国时不仅不帮助别国抵抗秦国,自己也不作抵抗的准备,其原因是齐相后胜暗中接受了秦的大量贿赂,成了秦的内奸。公元前221年,秦将王贲在平定了北方后,从燕南下攻齐,轻而易举地攻破了齐都临淄,虏齐王田建,齐亡。

秦王政从公元前230年灭韩开始到灭齐为止,首尾正好十年,终可完成了统一中国的大业,建立起我国历史上第一个统一的多民族的封建专制主义的中央集权国家,这就是秦帝国。十年的激烈战争,广大劳动人民付出了巨大的代价,终于换来了历史的进步。

四、战国后期的少数民族

在战国时期,华夏各国的边缘还居住着一些少数民族,它们中间许多已经过渡到阶级社会或开始向阶级社会过渡,经过战国二百多年的兼并战争,它们有的为大国所并,有的与华夏各国发生了密切的联系。

战国时期,匈奴成为北方一个强大的游牧民族,七国中间,燕、赵、秦三国都和匈奴为邻。那时的匈奴正处于奴隶社会前期,匈奴贵族经常攻略燕、赵、秦三国的边境,掠夺牲畜、财物和人口,严重地妨害了那里人民正常的经济生活和生产劳动。燕、赵、秦三国都在北边筑长城并派重兵驻守。

三晋北边的林胡,楼烦和燕国北部的东胡少数族,都被中原称为戎族。战国初年,戎族的代国(今河北蔚县一带)和赵国的关系很密切。公元前473年赵襄子以宴请代王为名,密令宰人击杀代王,将代地并入晋国。赵武灵王时,赵成为当时的强国,打败了林胡、楼烦,开辟了大片国土。又修筑了赵长城,置云中、雁门和代三个郡。后来燕国大将秦开也打败了东胡,辟地千里,置上谷、渔阳、右北平、辽西和辽东五郡,并修筑了燕长城。战国后期,赵国大将李牧又一次击败东胡,并且降服了林胡。

战国初期,魏国北部有狄族建立的中山国(今河北灵寿、唐县一带)。公元前429年,魏文侯派大将乐羊去攻打中山,三年才取得胜利,魏是战国前期的强国,中山能抵抗三年之久,可见其国力不小。中山被魏攻破后,徙居今灵寿复国,还有地方五百里,兵车千乘,屡与赵、魏相攻,曾败魏武侯于绘。中山君兰诸于公元前323年和韩、赵、魏等五国国君同时称王,史称"五国相王"。以后还参加过关东六国的合纵攻秦。总之中山受华夏族的影响很深,史书上称它的国君"尊学者""贵儒学",有较高的文化,赵国强大以后,中山经常受到赵国的攻击,公元前296年,终于为赵所灭。

秦国西部的戎族,有绵诸、翟原、义渠、大荔、朐衍、乌氏等部。绵诸、大荔在公元前五世纪中叶;乌氏、翟原在公元前4世纪中叶,先后为秦所并。余下的义渠力量最强,已经知道"筑城郭以自守"。进入战国还经常与秦相攻,曾大败秦军。到秦昭王时,义渠终于为秦所并,改设陇西郡、北地郡和上郡。

居住在金城、陇西一带的羌族主要从事畜牧业,战国时候开始有了农业。羌族和秦国有密切的关系,秦孝公时,其首领曾随秦太子驷朝见周显王。孝公时兼并原戎,羌族被迫向西迁移,后来就是河西的诸羌。

战国时期,敦煌、祁连山一带有乌孙和月氏,新疆天山以南、昆仑山以北有楼兰、龟兹、于阗等国,在东胡之东、辽东东北还有叫做肃慎、涉貊等少数民族。但同中原地区的关系不如戎、狄和匈奴诸部。

在秦西南的巴蜀地区,很早就和中原有联系。战国时,巴、蜀两国逐渐强大,已有较发达的农业,知道铸造铜器和纺织,并且有一种象形文字,即所谓"巴蜀文字",但至今仍无法认识。战国初,蜀国强盛,曾北面攻占了秦国的南郑(今陕西汉中),东面攻占了楚国的兹方。巴国占有今川东,川东南及川陕鄂边界一带。前四世纪中叶,楚国向西发展,攻占了巴的汉中地区和黔中地区。公元前316年,秦趁巴、蜀两国相攻之际,派司马错率军攻占了巴蜀地区。以后秦修筑了栈道,便利了秦蜀的陆上交通;又兴修水利,移民巴蜀,使巴蜀地区的经济和文化得到了进一步的发展。从考古发现中,可以看出这一时期巴蜀的青铜工艺有很大的进步。晚期的巴人墓葬中"巴蜀式铜器"仍很流行,但具有中原风格的戈、戟、剑、矛、镜等铜器乃至铁器如小刀、铁斧等随葬品亦已很普遍。蜀人的青铜制品和中原地区精致的遗物相比,可以说毫无逊色。

巴蜀的西南有夜郎、滇、邛都、昆明、徙、冉駹、白马等少数民族部落。公元前 279 年,楚国派将军庄蹻率军溯江而上,向巴、黔中以西发展,一直打到且兰,平服了夜郎和滇。但由于黔中后为秦攻占,归路隔绝,庄蹻遂自立为滇王,改从当地风俗。

东南沿海的越国,于公元前 306 年被楚兼并,其余部分的越族散居今浙江、福建和江西、湖南南部的海滨和山林中,各自独立,不相统属,被人们称为"百越"。居住在两广地区的越族称为南越,又称雒越。

春秋以来,特别是战国后期,在北起长城,南达长江流域的广大地区里,华夏族和周边的一些少数民族,在长期的共同经济文化生活中,逐渐融合,有了日益密切的经济联系,并且在很大程度上具备了共同的文化和心理状态,开始形成为汉族。秦统一以后,汉族与其他少数民族的联系进一步密切起来。

秦始皇建立了幅员辽阔,中央集权的统一的多民族大帝国,这是有重大历史意义的事件,它是我国历史上多民族的封建国家的开端,对祖国历史的发展,有着重大而深远的影响。

（据《先秦史讲义》油印稿）

《尚书》讲义

《尚书》讲义目录

《尚书》

参考书目

一、主要著作(有综合性)

（1）杨筠如《尚书覈诂》(有线装铅印本,解放后新刊本)

（2）王先谦《尚书孔传参证》(虚受堂刊本,今文、伪古文都有)

（3）皮锡瑞《今文尚书考证》(师伏堂刊本,名为考证,实为注释)

（4）孙星衍《尚书今古文注疏》(《皇清经解》,商务国学基本丛书)

（5）顾颉刚已发表各篇注释

（6）王引之《经义述闻》中《尚书》部分(《清经解》)

（7）俞樾《群经平议》中《尚书》部分(《清经解》)

（8）孙诒让《尚书骈枝》(木刻本一册)

（9）于省吾《尚书新证》(石印本)

（10）王国维《观堂学书记》(清华大学《国学论丛》2 卷 2 号,学生笔记)

(11) 王国维《观堂集林》卷一、卷二、别集

二、次要著作

(1) 江声《尚书集注音释》(《清经解》)

(2) 王鸣盛《尚书后案》(《清经解》)

(3) 段玉裁《古文尚书撰异》(《清经解》)

(4) 刘逢禄《尚书今古文集解》(《清经解》)

(5) 简朝亮《尚书集注述疏》(广东木刻本)

(6) 王夫之《尚书稗疏》

(7) 蒋廷锡《尚书地理今释》

(8) 惠栋《九经古义》中《尚书》部分

(9) 胡渭《禹贡锥指》

(10) 焦循《尚书补疏》(《六经补疏》之一)

三、工具书

顾颉刚《尚书通检》

四、阅读重点

商书:《盘庚》

周书:《牧誓》以下十四篇(《大诰》《康诰》《酒诰》《梓材》《召诰》《洛诰》《多士》《无逸》《君奭》《多方》《立政》《顾命》《吕刑》)

几点注意

在讲《尚书》之前,有几个问题要注意:

(1) 从汉朝以来,《尚书》作为经书,前人研究的成果是很多的。首先必须搞清楚今文、古文、伪古文的问题。现在仍然有人写文章的时候引用伪古文,如吕振羽《中国经济思想史》的西周部分,就引有伪古文。在今文《尚书》二十八篇中,也有几篇是战国时候的作品,如《禹贡》和《尧典》等,这些作品的年代也要搞清楚。

（2）《尚书》是很难读的，越是真的越难读。因为《周书》都是真的，所以很难读。但是，《尚书》对于历史和金文研究、训诂之学等都有重大的价值。杨树达的《积微居金文说》比他的《甲文说》要好得多，原因在于他通训诂之学，把这个用到金文上，成果比较大。

一、尚书的起源

《尚书》，原名叫作《书》，《论语》有三处提到《书》。《述而篇》："子所雅言《诗》《书》，执礼皆雅言也。"《为政》："《书》云：'孝乎惟孝友于兄弟，施于有政'"。《宪问》："子张曰：《书》云：'高宗谅阴，三年不言'，何谓也"（《尚书大传》略同）。孔子和先秦诸子都称它为"书"。《尚书》这个名称在汉初或秦汉之际出现，伏生的《尚书大传》开始使用。过去说《尚书》这个名称是孔子所命名的，其实不对。释"尚"为高尚的尚，是尊重的意思，也是错误的。尚是上代之上，上古之书，没有尊重的意思。王充《论衡》中二个说法都讲到了：（1）"上古帝王之书"（《正说》），（2）"尚者，上也；上所为，下所书也"（《须颂》）。清代学者多认为是上代之书。

说到来源问题，有人江声《尚书集注音疏》根据《墨子·明鬼》下篇"故尚书夏书，其次商、周之书"，证明墨子时代已有《尚书》这个名称，今人也有人来用这个说法，是不对的。王念孙《读书杂志》校刊认为"尚书夏书"的"尚"通"上"、"书"为"者"之误。（"'尚书夏书'文不成义，尚与上通，书当为者，言上者则夏书，其次则商、周之书也。"）应该是"上者夏书"，很正确。

"书"这个名字的起源，据《汉书·艺文志》："左史记言，右史记事，言为《尚书》，事为《春秋》。"左、右史的划分不能成立，金文没有左、右史之分。金文只有"乍册""内史""内史尹""命尹""尹氏"等。

王国维《释史》认为都是史官名称,都是一样的,其实不一样。"乍册"
不参与宣读册命,而可能仅仅是著作册命者,"内史"出来宣读。在举
行重大典礼时,内史宣读册命。"命尹""尹氏"的地位更高。"乍册"
属于"秘书"性质,"内史"是"侍从秘书","尹氏"为"秘书长"。从金文
来看,册命是"书"的原始意义。金文称为"令书",文献称为"命书",
即册命之后,所以金文又称"令册""书"。所以,"尚书"却是出于古代
史官之手。王国维释"史"字从中从又。又,手也;中,是置册于架。
这个说法是正确的。古代有射礼,《仪礼·大射礼》说比赛时要有人
记录,工具就叫"中",中上插有八根算(筹码),与置册的工具相同。
《逸周书·尝麦解》(《逸周书》多数是战国时作品,价值比《周书》差,
但也有一定的根据),这个"尝麦",就是每年夏天麦熟,统治者要尝
新,举行祭祀,给祖宗尝麦,其中讲列史陪同王举行典祀,宰执"中"放
在礼堂中间,作册管册,将册插在中上。总之,"中"是插竹简的器具,
由史官管理,故"史"从中从手。

　　"尚书"和"策命"(又称"锡命")有关。王在分封的时候要举行颁
发分封文章(即"策命")的典礼,如分封康叔时,发给他《康诰》(策
命),策命典礼一般是在太庙里举行的。

　　参图:

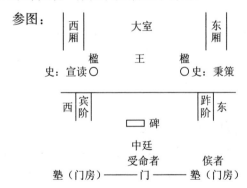

说明:碑的作用。

（1）放在中廷正中,以示正中位置。

（2）可以作为圭表测白影、定时间。

（3）碑上有孔,用来牵祭祀用的牛羊牲畜,碑上晕,可以防止绳子滑落。

汉代的碑还保存这个形状。

策命的时候,王立在两楹之间,大室的中间,受命者立在中廷,东楹—史官秉笔,西楹—史官读策,王由阼阶而上,秉策史官将册授给王,王再授给另一史官宣读(见《礼记·祭统》)。【其云:"古者明君爵有德而禄有功,必赐爵禄于大庙,示不敢专也。故祭之日,一献,君降立于昨阶之南、南乡(嚮),所命北面,史由君右执策命之;再拜稽首,受书以归而舍奠于其庙,此爵赏之施也。"注意这里称策命为"书"。】

这个礼节与金文相合。如:颂鼎:"王在周康卲(昭)宫、旦,王格大室,即立(位),宰弘右颂,入门,立中廷,尹氏受(授)王令(命)书,王乎(呼)史虢生册令(命)颂,王曰:……颂拜稽首,受令(命)册,佩。以出。"

这一类册当不止一份,一份归王,一份授给受命者,要放在宗庙中,有的铸在铜器上,有的放在太史官处,成为历史文件。"书",就是太史处的档案;《尚书》,就是古代档案汇编。

以《尚书》为例来看,《召诰》记召公营造洛邑,"越七日甲子,周公乃朝用书命庶殷侯、甸、男、邦伯,……"宫室前朝后寝,寝是家属饮食起居的地方,朝是处理政务的地方。"用书命",书即命书,这也是策命礼,策命也称"书"。《金縢》讲周王克殷后病重,周公造了座坛,北面而立,向太王、王季、文王祷告,"史乃册祝",礼毕之后,"公归,乃纳册于金滕之匮中。"武王故后,贵放流言,周公东征胜利,成王"以启金滕之书",在匮中发现了周公的祷告词,大为悔悟,"王执书以泣"。前面称"册",后面称"书",可知西周这种策命也叫做"书"。

《顾命》是周成王在将死的时候,把遗命交给召公太保,从这一篇可以知道新王如何继位。由重要的前辈大臣召公接受遗命,再交给康王,举行的典礼就叫"顾命"。因此和上面的礼节有所不同。

因为太保的地位和王相等,所以典礼在太室举行。(参图)

"上宗奉同瑁",瑁,是一种礼器,中空,可套在圭上。

先由太保持大圭,上宗持瑁由阼阶上,再是太史持命书而上,把命书授给康王,命书宣毕,再将瑁交给康王。瑁是一种作为凭证的信物。《考工记》:"天子执瑁四寸,以朝诸侯。"诸侯见天子执圭,用瑁和圭一套相合的是真的,相验真假,如同后世的符信一样。"同瑁"的同,据王国维考证是"冃"字之误,和瑁是相同的字,所以这个"瑁"字是后来注解"冃"的字,衍文,连在一起就重复了。

研究西周历史,应该懂得"三礼"(《周礼》《仪礼》《礼记》)。虽然里面有许多是战国人编进去的,但其中有许多古礼没有变。孙诒让就做得比较好,他对礼十分重视,这个方法比较好,他用礼来解释金文,也是可以的。不过,三礼比较复杂,应该和金文、比较可靠的史料相结合起来运用。

《礼仪·觐礼》保存了古代朝见天子的礼节,明确讲到了"命书"。其云:"天子赐侯氏以车服","诸公奉箧服,加命书于其上""大史述命(命书)""大史加书于服上",乃是将"命书"和礼器一起赏赐。《左传》记载至春秋仍旧如此,《哀公二十八年》记载晋文公践土之盟,周襄王有策命,赏赐文公,内史叔文策命晋侯。

总之,古代"书"的主要来源是策命,它成为普通的名称,约在《论语》的时候,《论语》里"书"已有二种含义:(1)《尚书》之书,(2)普遍的书。

二、《尚书》的内容

现在,《尚书》的主要内容有:(1)策命、诰文,(2)誓,(3)其他。其中虞夏书虽然校名为虞书,而实际是后来的,出得很迟,因为文体是记事性质的,是记事文,所谓虞书的《典》《谟》都是后人仿作。

为什么"誓"放在《书》中呢? 因为"誓"也是重要的历史文献。"誓"和"盟",最早是相同的,后来诸侯之间平等的结盟称"盟",自上而下的命令称为"誓"。最早大约是没有什么不同的,如《泰誓》、《牧誓》,牧是牧野,《泰誓》是与孟津有关,"孟津"原来作"盟津",就是结盟的地方,所以得名。他们既可以称"誓",又可以称"盟"。《墨子·非命》上、中、下篇引作《大誓》,而《天志》中又引作《大明》,明就是盟,《大明》就是《大盟》。这一类出土文献又称为"载""载书""书",都有简册。

结盟的时候,先在地上挖个坑,再埋牲。先是在牲口上割耳,由盟主执耳,再用牲血"歃血",有的是饮血,有的是嘴边上涂血,后来都行涂血，所以《左传》《国语》上讲"口血未干"，指背盟的行为。再是读简册告神，这种简册也称为"书"，如侯马盟书。简册的正本要和牲畜一起埋入，副本带回去藏起来。也有的不埋入而投到水中，如《左·定十三年》"载书在河"，杜注"为盟书沈之河"。总之，誓（盟）都可称"书"。

策命文章比较典雅，誓文比较流畅。于省吾等认为誓文时间较迟，我认为不是。其实是两种文体，是由于用途不同，对象不同。册命的对象是高级官吏，誓是中、低级人员，要写得通顺流畅。

"书"本来是史官保存的档案，西周、春秋史官的地位还是很高的，到了春秋后期才跌落下来。他们保存的档案，是当时贵族的重要教材，《尚书》的流传，也就是作为贵族的重要教材流传下来的。如《国语·周语》上讲厉王暴虐，有诽谤者都要杀掉，吕公去进谏说："防民之口，甚于防川。"天子听政应该接受人家提意见，还讲到："公卿至于列士献诗，瞽献曲，史献书"，说明诗、书都可以作为规劝的手段。

《左·襄十四年》记载晋国有个师旷（悼公的乐师），悼公说："卫出其君，不亦甚乎？"师旷回答说：国王应该听从臣下的劝告，"自王以下，各有父兄子弟以补察其政，史为书，瞽为诗，工诵，箴谏。"可以知道"书"起着教育贵族的作用。

又"书"的政治性很强，内容极重要，对维护统治起重要的作用。如《康诰》是分封康叔的令书，《左·定四年》"命以康诰而封于殷墟，皆启以商政，疆以戎索"。《康诰》的内容就是去卫如何进行统治，后面八个字是一个概括。从中可以了解西周分封政策，以及统治手段，这些命书都保存在档案中，成为重要的历史文献。

分封的时候，要分之以诰书和重要历史文献，如分封鲁国时，就

"分之土田陪敦(附庸)、祝宗卜史、备物典籍、官司彝器"(《左·定四年》)所以《吕览》言,"有国将亡,史即携籍而归王朝",因祝宗卜史是王所派的。鲁国得到的特别多,其他国家有但不像鲁国那么多,《周本纪》说:"封诸侯,班赐余彝,作分殷器物",《书序》云"作《分器》",可以证明。赏赐这些东西,有一定的用处。《左·昭公二年》韩宣子到鲁国,"观书于太史氏",这里的"书"已经是泛称了。(《尚书》、金文的"书"都是命书),看到鲁《春秋》,叹曰:"周礼尽在鲁矣,吾乃今知周公之德与周之所以王也。"周公分封伯禽,所给的典册特别多,《尚书》起源于齐鲁,所以今存《尚书》关于周公的事情特别多。《庄子·天下》:"旧法世传之史尚多有之,其在于《诗》《书》《礼》《乐》者,邹鲁之士、搢绅先生多能明之,……百家之学时或称而道之。"将学术分为三类人,可知《诗》《书》《礼》《乐》在邹鲁最为主要,与西周初年分封所予的有关。这样,《尚书》从策命变成了教材,除了《韩非子》等法家反对,不引用外,其他诸子百家都引用了《诗》《书》。

从先秦文献来看,《书》的数量是很多的,只是今天无法估计到底多少。"孔子删《诗》《书》"的说法不对,不可靠。今天所见的是伏生流传下来的东西。《论语》中三次提到"书"。《述而》"子所雅言,《诗》《书》执礼。"清人说:雅言是官话,雅者,正也,因为这些是重要的书,所以发音要准,这个说法不一定对。当然,《诗》《书》在孔子是作为很高标准的著作学习的。他引用《书》有二次,《为政》"孝乎! 惟孝友于兄弟",不见于今本,可知孔子删《诗》《书》不成立。孔子运用《书》是为了发表自己的政见,有时就不免有误。《论语》讲礼乐、《诗》很多,可以知道对《书》的重视不及礼乐、《诗经》。《宪问》:"子张曰:《书》云:'高宗谅阴,三年不言',何谓也? 子曰:'何必高宗,古之人皆然。

君薨,百官总己,以听于冢宰三年。'"子张所问的话见于《书·无逸》。"谅阴",马融注见《左·隐元年·孔疏》引,云:"亮,信也。阴,默也。"即沉默不讲话。孔子解释为执君继位,不发表意见,由冢宰发号施令。汉以后,伏生《尚书大传》开始,字作"梁闇",训"凶庐",用儒家三家治丧居凶庐来解释,不能发表意见。闇,孝子之隐痛。这个说法直到清代一直占统治地位。讲训诂,要有历史根据,不仅仅是音义。清人用训诂之学来解释,梁通"樑",屋子有梁;闇通庵,庵与庐近。这种说法的继续,是儒家思想占统治地位的表示。但三年之丧根本不存在。郭老解释为高宗生了喉炎,三年不能开口的病。实际上,三种说法,应该取马融之说。训诂要有历史根据。《国语·楚语》上讲白公子张(白是长官)劝楚灵王时举武丁为例,说武丁"于是乎三年默以思道",臣子问其原因,武丁说王说话就是命令,不能随便,要慎重,于是武丁作书。("昔殷武丁能耸其德,至于神明,以入于河,自河徂亳。于是乎三年。默以思道。……武丁于是作书,……若武丁之神明也,……故三年默以思道。"又:杜注"子张,楚大夫白公也")韦昭注:"默,闇也。"并引《无逸》。《吕览·重言》解释说也是讲不能随便说话,"其重言如此"。《潜夫论·五德志》:"武丁即位,默以不言,思道三年。"《殷本纪》:"三年不言,政事决于冢宰,以观国风。"暗用孔子《论语》的解释。马融是第一个作出解释的,因为《伪孔传》用了马融的解释,所以清人因而加以攻击。楚庄王也是三年不理政事,有人劝他,他说:"不鸣则已,一鸣惊人。"三年以后提出了施政方针,和武丁一样,三年不言是总结过去情况,观察形势。齐威王也是如此。

以《墨子》引《书》与今本比较,可以知道墨家《尚书》与儒家的传本不一样。《墨子》引《尚书》有29条,只有三条见于《吕刑》,另外《明鬼》引《禹誓》一条，今本《尚书》作《甘誓》（启伐有扈，在甘地誓），《墨子》说为禹，因为崇拜禹，而启是坏人，《非乐》上引《尚书·武观》说启沉湎音乐（"启乃淫溢康乐，野于饮食，将将铭苋磬以力。湛浊于酒，渝食于野，万舞翼翼，章闻于大，天用弗式。"按"大"乃"天"之误）。《墨子》引《书》，也是为了他自己的政见、理论，《兼爱》下引《大誓》《禹誓》。《大誓》讲武王伐纣，《墨子》引《禹誓》有二篇，这篇是讲禹征有苗。又引《汤说》，讲汤遇大旱而以身祷于桑林（汤曰："非予小子履，敢用玄牡告于上天后曰，今天大旱，即当朕身履，未知得罪于上下，有善不敢蔽，有罪不敢赦，简在帝心。万方有罪，即当朕身，朕身有罪，不及万方。"《论语·尧曰》《吕览·顺民》《说苑·君道》引详略不同，大意相当）。今本亦无，以此来说明古帝王是兼爱的。《明鬼篇》引了许多国的《春秋》，如周、宋，他引《尚书》，也常常有鬼神内容，特别推崇禹，所以引《周书》的很少，而引《夏书》《商书》多，因为《周书》讲礼，孝友之道，不符合墨子的思想。凡是涉及周公的都不引。一共有 25 条不见于今本，这是墨家的读本，是各取所需的缘故。《墨子》一书不引尧、舜的书，有二个可能，一是还没有出来，二是已经有了而不取。

总之，说明当时《尚书》不止一本，因为当时档案很多，各取所需，出现不同的本子。

《孟子》引用的《书》也很多，以鼓吹王道、仁政。他引《书》和《墨子》不同，主张"法先王"，反对"霸道"，反对当时国君的暴虐。所以他引的《书》，多数今天也已经不存在，共有十一处不见于今本。所引的篇名，只有《汤誓》《尧典》《康诰》三篇今天还有，至于《太甲》《太誓》《伊训》《武成》都已经失传。所引《尚书》，都讲天意与民意有联系，这是周初人的思想。汤征，武王之征，都是代表天去征讨，也代表了民意。如《太誓》:"天视自我民视,天听自我民听"(见于《万章篇》上),《梁真王》下引"天降下民,作之君,作之师",上天为人民立君、师。汤征万,讲"奚为我后"(《孟子·滕文公》下),也引自《书》。讲尧舜禅让,讲"天与之",也出自《书》。都用来证明他的"民为贵,社稷次之,君为轻"(《尽心》下)。这种思想和《书》有关系,所以吕思勉说他是采自儒家说。

古代的书,往往是口头流传,所谓"传",最初是口说,到后来才著录为书。《公羊》《穀梁》有八处引"传",说明早就有传,《尚书大传》也引"传",也是同样引原来的传说。这些传,都在此前,有些仅仅是口头传说,可知当时著书也不容易。孟子是传孔门之学,他很熟悉这一类传说,如齐宣王问他齐桓、晋文之事,孟子回答说:"仲尼之徒无道桓、文之事者,是出后世不传焉,臣未之闻也"(《梁惠王》上)。又如:齐宣王问:"文王之囿方七十里,有诸?"孟子回答说:"于传有之"。所以孟子有可能引用传的思想,而这个"传",很可能就是《尚书》的传,孟子时代《尚书》就可能有传了。所以搞考据的,不能以书出现的年代定其时代。从战国起,儒家和其他诸子百家都很重视家派师法,会沿用其许多旧书、旧释、旧说。如孟子的井田之说,是有根据的,所引的书也有传流。

《孟子·滕文公》下引《书》"有攸不惟臣,东征,……惟臣附于大邑周。"杨伯峻的《孟子译注》不同于前人,旧说:"攸,所也。"杨伯峻以"有攸"为国名,同于有周、有商,即条戎,此说出于陈梦家。并不妥当,从上下文看,不能这样解释。《孟子·滕文公》下引"太誓":"我武维扬,侵于之疆,取彼凶残,我伐用张,于汤有光。"杨说"于"即邗国,就是甲骨文的"盂方",也是从陈梦家那里来的(与上同见陈梦家《尚书通论》第一章《先秦引书篇》)。旧说"于"为虚词,之,俞樾释"其",是对的。陈梦家说《太誓》有几个本子,《孟子》传引的是文王伐邗的本子。这是没有证据的说法,《太誓》是武王伐纣,不是文王伐邗。

《左传》引《书》大部分今天不存在了,一共引《书》有十八条,今本不见有十三条,见于今本的只有《吕刑》《康诰》《盘庚》,引《尧典》一条,说明战国已有《尧典》。引《夏书》十四条,只有一条见于《皋陶谟》。引《周书》九条,七条见于今本,都是《康诰》的,可见该书流传较广。

《国语》引《书》较少。引"《书》曰"二条,今本不见。引篇名的有五条,只有一条《盘庚》见于今本。引《夏书》《周书》七条,也大多不存。

《礼记》也引了不少,比较分散。

《荀子》引《书》多数见于今本,引"《书》曰"十一条,九条见于今本。引《中蘬》(仲虺)不见今本。因为它时代比较迟,已经称《书》为"经",他对儒家注疏的流传有密切的关系,是《诗经》的大师。

现在见到的是伏生传本,与子夏有关。《尚书大传》说子夏读书毕,见孔子,孔子问他读什么书,如何读书,子夏回答说:"《尧典》可以观美,《禹贡》可以观事,《皋陶》可以观治,《洪范》可以观度,六《誓》可以观义,五《诰》可以观仁,《甫刑》可以观诫;通七观,《书》之大义举矣。"这就是今文《尚书》的大概。

三、伏生的《尚书大传》

伏生,名胜,字子贱,见《汉书·儒林传》《后汉书·伏谌传》《水经·泸水注》。《颜氏家训》记载在隋代单父这个地方发现《虑子贱

碑》，说伏生的父亲是仲尼的学生密不齐，密就是宓，伏字。《史记·
儒林传》说，伏生是济南人，汉文帝听说伏生传《尚书》，年岁很大，九
十多岁，派晁错去听传《书》。在秦毁书时，伏生把书藏在墙壁中，后
来说是流失了。到汉，伏生求其书，已经亡数十篇，独得二十九篇，以
教于齐、鲁间。伏生除了传晁错外，在民间还传张生，欧阳生（名和
伯），大、小夏侯，这三个人就是后来传《书》的三家。

　　伏生壁中藏书，亡失数十篇，然后得到二十九篇，对此有争议。
"今文学派"否定有壁藏书一事，如康有为《新学伪经考》认为壁中书
都是假的，认为儒家学说是靠口传的。到汉初才定，《诗经》《尚书》都
是如此。伏生《尚书》是口传的，不是壁中发出来的。这个说法不对，
司马迁《六国年表·序》说烧尽天下《诗》《书》，烧诸侯史记和《诗》
《书》，"《诗》《书》所以复见者，多藏人家。"康有为说，伏生是秦博士，
书不用藏起来。其实，他传的是二十九篇，口头加以解释。

　　孝文帝求书是在公元前179年，秦烧书是在公元前213年，相
差仅三十多年，伏生读书应当在战国末期。荀子重视读经，《诗》
《书》、礼、乐，这个时候已有二十多岁。他是济南人，所读的书应该
与子夏一派所传的书可能有关。因为有今、古文之争，常常互相攻
击。东汉卫宏，《后汉书·儒林传》有他的《尚书·序》，说是伏生年纪
老了，又是济南人，晁错是颍川人，伏生讲的话晁错十之二三听不懂，
要靠伏生的女儿在旁边做"翻译"，所以今文多误。这是古文家攻击
今文家。阎若璩对此曾加以驳斥，因为伏生有壁藏之本，不是口传
的，而且他传的不只是晁错，起大作用的是张生、欧阳他们。这是很
有道理的。

　　《今文尚书》在篇目数量上有争论。《论衡·正说》讲伏生传晁错

二十多篇。宣帝时，河内女子得《尚书》和《礼》各一篇，就是《太誓》，《尚书》二十九篇如是，可知原来只有二十八篇。又说二十八篇等于二十八宿，另外一篇等于斗(北斗)。《隋书·经籍志》《经典释文》都说原来只有二十八篇。但司马迁《儒林传》说有二十九篇，《汉书·艺文志》同，并说孔安国古文《尚书》比今文《尚书》多出十六篇。现在的《今文尚书》，有二十八篇和二十九篇，是清人的传本。

关键在于：一是二十九篇中有没有《太誓》。二是《顾命》和《康王之诰》是一篇还是两篇。

王引之《经义述闻》认为：《顾命》和《康王之诰》应该为一篇，《太誓》应该为一篇。有的人认为：去掉《太誓》，《序》单独为一篇，《顾命》和《康王之诰》为一篇(见陈寿祺《左海经辨》)。今文学家，从龚自珍到皮锡瑞(龚自珍有《太誓答问》)主张《顾命》和《康诰》应该为二篇，《书序》和《太誓》不在其内。把《顾命》和《康王之诰》分为二篇，多为今人所采，这一说法在近年来占优势。王先谦的《参正》(这本书比杨筠如的重要，有集解的性质)、杨筠如等的根据是《史记·周本纪》。《周本纪》说成王临终，将《顾命》交给康王，为《顾命》("成王将崩，惧太子钊不任，乃命召公，毕公率诸侯以相太子而立之，成王既崩，二公率诸侯，以太子钊见于先王庙，申告以文王、武王之所以为王业之不易，……作《顾命》")。又说："康王即位，遍告诸侯，宣告以文武之业以申之，作《康诰》。"可见司马迁看到的的确分为两篇。东汉马融和郑玄都是分为两篇的(见孔《疏》)，把"王若曰"以下作为《康诰》。《经典释文》相同，但又指出，"欧阳，大、小夏侯同为《顾命》"，可以知道，今文家合为一篇，古文家分为两篇。看来，在司马迁时已经有二种本子了。

熹平石经残石，近年来出土，残剩九行，二十一个半字，加以排列下来，每一行约七十三个字，除了第一行"民"字属《秦誓》，末行"同异"为校刊以外，中间七行为《书序》，根据排列的结果，可以看到《书序》中有《太誓》，没有《康王之诰》。可以知道，《今文尚书》有《太誓》而没有《康王之诰》，《康王之诰》和《顾命》应该是一篇。朱熹的《朱子语类》也讲到这个问题，认为从上、下文的内容、口气、风格来看，应该是一篇，不能分为二篇。这是对的。《伪古文尚书》把《顾命》和《康诰》分为二篇，但不是从"王若曰"开始。康王初即位，召公授予遗命，康王接受后发诰，《康王之诰》最后有"王释冕，反丧服"，所以应该和《顾命》是一篇。

那么，如何解释《史记》所说的壁藏二十九篇呢？俞正燮《癸巳类稿》卷一《尚书篇目七篇》说，司马迁看到的本子已经分出《康王之诰》，所以实际只有二十八篇，没有差别。这是正确的。陈寿祺所说不错。今文家皮锡瑞说，伏生《尚书》本来就是二十九篇，《顾命》是分为二篇的，后来被欧阳，大、小夏侯合为一篇，目的在于加入《太誓》，使篇目和伏生的本子相同。这个说法不正确。司马迁的时候，孔安国《古文尚书》已经出来，司马迁曾经向孔安国请教过，所以司马迁可能见过孔安国的古文本子，而孔本可能已经是二十九篇。

总之，《今文尚书》是二十八篇，《顾命》包括《康诰》。《古文尚书》二十九篇，《顾命》和《康诰》各为一篇。

伏生的今文，是指今隶。孔安国古文本，不是从孔壁出来的，而是孔子家传的本子，用隶书注之。他的本子是从古传下来的，故称古文。相反，伏生的《尚书》是从壁中出来的，是官方的书，秦博士校的书，来源于入儒学，固为伏生是济南人。秦始皇举行的封禅礼时，曾经从齐、鲁召集七十多位儒生博士，可以知道伏生应该是儒生博士。所以，他传的《书》的内容也是以周书为主，周书有十九篇，商书五篇，虞夏书四篇。《周书》有个特点，推崇文、武、周公，特别是周公，有十一篇是以周公为主的。如：《牧誓》讲武王伐纣，《洪范》讲武王访箕子，《金縢》讲武王病，周公祷告，《大诰》讲武庚、三监叛乱而周公东征的动员报告，《康诰》是分封康叔时周公代替成王发表的文告，《酒诰》讲殷人好酗酒，周公以此教训康叔，《梓材》（文有残缺）也是讲周公教训康叔，《召诰》讲召公经营洛邑，周公参与，"周公命庶殷"。《雒诰》讲洛邑造成，周公与成王的对话，《多士》讲殷贵族迁洛邑，周公教训殷多士，《无逸》是周公教训成王要勤于政事。《君奭》（奭是召公的名字）讲召公与周公有误解，周公作解释，教训召公。《多方》与《多士》相近，是周公以成王的命令告于多方贵族。《立政》是周公讲文王如何理政，《顾命》见上，《费誓》将伯禽征淮夷，《吕刑》讲穆王时由吕侯作刑书。除了《洪范》以外，以上十七篇都是西周作品。《文侯之命》讲晋文侯，《秦誓》是秦穆公。文侯在平王东迁时有大功，见《国语·郑语》，秦穆公也是重要人物。这是春秋或更晚时候的作品。今文《尚书》之所以有这两篇，可能是伏生以前的儒生加入的。之所以加晋文侯，与子夏有关，子夏曾在西河教书，是魏文侯的老师，"子夏为王者师"，吴起等也曾受业于子夏。收入《秦誓》，因为伏生是秦博士，所以放进秦国的文献。《尚书》之所以有虞、夏、商书，这也很自然，因为儒家讲究尧舜禅让、汤武革命，这是儒家讲历史最推崇的，是儒家王道和仁政的根据。商书有许多是讲到汤的。

　　《今文尚书》有其特点，《尚书》之学当时被称为"朴学"。《汉书·儒林传》记载倪宽曾从伏生学《尚书》，倪宽后来到汉武帝那里做官，讲经学,汉武帝说:"吾始以《尚书》为朴学,弗好。及闻宽说,可观。"便立为学官,于是便成为经学,与阴阳五行结合起来,董仲舒就讲"天人感应",讲天忌顺从民意,得民心可得天命,这是今文学家的说法。《尚书大传》也并没有真正解释《尚书》,今本《大传》是清人的辑本,没有逐句讲校刊训诂,而是今文派的通病,将阴阳等说加以附会,对解释《尚书》用处不大。从《尚书大传》郑玄的《序》看,伏生死后,欧阳、张生将所听到的写成《大传》,是伏生的学生所写的。《大传》在明代失传,现在的辑本主要有:(1)陈寿祺辑本,(2)王闿运辑《补注》本,(3)皮锡瑞的《疏证》。比较有参考价值的是《大传》所引的一些书,《今文尚书》中已不见,而在《古文尚书》中可见,如《九共》《帝告》《说命》《泰誓》《武成》。不知什么原因,会出现在现在讲今文的大传中。还有《大战》《嘉禾》《冏命》,都是零碎的几句话。段玉裁说,因为这些书本来就是逸书,伏生所回忆的几句话。有人以为《大传》是张生、欧阳所作,时代已经较迟,能够见到古文《尚书》,于是加以引用。这些可以用来研究今、古文问题,其他用处都不大。如:《康诰》:"王若曰:孟侯,朕其弟,小子封。"《尚书大传》的解释十分繁琐,说孟侯是十八岁,其他诸侯来朝见,孟侯要去迎接,问人民的好恶,土地所生(天子太子年十四曰孟侯,孟侯者,于四方诸侯来朝,迎于郊者,问其所不知也,问之人民之所好恶,地上所生义珍怪异,山川之所有无,父在时皆知之)。这显然是没有根据的瞎说。所以,郑玄注:"孟,迎也。"清代今文学家有家派的成见,皮锡瑞引用《大传》说"孟侯"二字大有道理。今文家的这种学风,到后来越来越繁琐,又讲"天人感应"。欧阳派生出来,因为欧阳先为博士。再是大夏侯到小夏侯,尤其是小夏侯,十分繁琐,《尧典》二字释言十多万字,"曰若稽古"讲达三万言,都是讲得他自己附会的东西。所以,古文家取而代之,不是没有道理的。

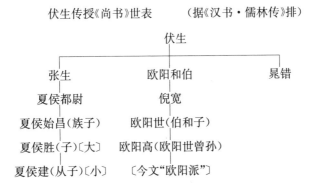

《汉书·艺文志》有《大、小夏侯章句》《大、小夏侯解诂》各二十九卷。有《欧阳章句》卅一篇(加入《太誓》《盘庚》又分为三篇)。

司马迁从孔安国学《古文尚书》,也读过这些书,今、古文都接触过。

《熹平石经》《尚书》今、古文学字有不同,今文学内部又分派,说解不同,文字也有不同,所以到熹平时在太学立石经,由蔡邕、杨赐、卢植等二十多人加以整理。熹平四年起,刻七经:《诗》《书》《易》《春秋》《公羊》《仪礼》《论语》。每一经以一家为主,再用其他各家校刊,如《书》以欧阳为主,经过大约八年才刻成功。七年后,董卓烧洛阳,迁都长安,石经有损,至魏修补过。以后又多次迁徙,宋代有两次出土,在洛阳,宋洪适《隶释》有著录。近年来有出土,罗振玉有影印本,还著有《熹平石经残字集录》,双钩石印本。马衡有集本《汉石经集成》。《尚书》石经用欧阳一派,每行七十三字(一共有三千八百字)。《尚书》八百多字,今年又发现得到一百七十多字,一共有一千多字。

石经《尚书》与今文《尚书》有不同的地方,如《无逸》以殷中宗、高宗、祖甲为例,分别享国七十五、五十九、三十三年,"自时厥后,立王则逸",现在石经为"高宗之飨国百年,自时厥后……"(下阙),段玉裁《尚书古文撰异》指出:可能今本错误了。《汉书·韦贤传》"韦玄成"传下讲到许多宗庙制度,其中有王舜,刘歆的奏章,说:"于殷太甲曰太宗,大戊曰中宗,武丁曰高宗,周公为《毋逸》之戒,举启三宗以劝成王。"段玉裁根据这个指出今本"相甲"应是"太宗"之误,今本是倒了,应该是:太甲、殷中宗、高宗。而且,根据《史记·殷本纪》高宗之后的祖甲不是好皇帝,这是又一个证据。我们认为,现在的本子实际上与古文本是一样的,马融、郑玄所见的就是这样,《史记·鲁世家》也相同,王肃注(《疏》引):"祖甲,汤孙太甲也,……则太甲虽太宗,亦可称祖甲。"马融、郑玄则说是武丁之子祖甲,是因为次序在武丁后面。汉徐乾《中论·夭寿》引次序也是中宗、高宗、祖甲。《帝王世纪》(辑本):"太甲一名祖甲,享国三十三年"(《太平御览》八十三引)。与王肃相同。也可能《古文尚书》面目就是这样,只是倒了,可能"祖甲"应拉到最前面,就是太宗,现在错简。

但是,石经也不样样完全可靠,如"享国百年"的"百",并非原本,可能刻石时改,与历史记载不相符合,过于凑巧。汉代很流行高宗、穆王都享国百年的说法,这样,都要活到一百三四十岁,"百"字可能是今文家根据当时流行的说法而改的,所以,也不可全信。

四、《泰誓》

上面讲过,这一篇是后得的,既不是今文,又不是古文。这一篇问题很多,要特别单独拿出来讲。

首先，我讲怎么叫《泰誓》。先秦作《大誓》，"大"可读成"太"，所以《墨子·尚同》下、《非命》上、中、下都引作"大誓"或"太誓"，《天志》中引作"大明（盟）"，只有《兼爱》下引作"泰誓"。《孟子》《左传》《国语》《礼记》都作《太誓》，只有《荀子·议兵》作《泰誓》，恐怕也是通假字。孙诒让《墨子间诂》说这个字（指《兼爱》下引作"泰"）是后人所改，是对的，是根据《伪孔传》改的。大誓，就是举行大会以誓众（"大会以誓众"《伪孔传》说），孔传的解释应该是对的。字原来作"大"，后来改为"泰"，什么时候改的，有二种说法。一种说法是唐朝开元年间卫包所改，他奉诏把古字改为今字，宋人多这样认为。但是，段玉裁认为是隋朝人改的，因为唐孔颖达《正义》引隋人顾彪解释有："泰，大之极也。"可以证明。

《泰誓》发现的年代，这个问题过去经学家有争论，大体上有三种说法：(1)汉武帝早年，(2)武帝末年，(3)宣帝时。所以要讲一下，因为它牵涉到《泰誓》的学术价值问题。

另一种说法，见刘歆《与太上博士书》讲到武帝时得到，博士以今文读之，后面讲到："故诏书曰：礼坏乐崩，书缺简脱，朕甚闵焉"（见《武帝纪》元朔五年）。陆德明《经典释文》也认为是武帝时得到的。

第二种说法，见刘歆《别录》（《正义》引）讲武帝末年有人在墙壁中得到献出来的。

第三种说法，见《论衡·正说》，说是宣帝年间河南女子得于壁中。又《尚书正义》引《后汉史》也说是这样，和《论衡》所说相同。

这个问题下面再讲。看来是汉武帝早年就发现了，这个说法是正确的。

这个书的发现，今文家编进了今文《尚书》，同时，古文家也用这个《泰誓》，所以这个《泰誓》有好多字的注解中有马融、郑玄的注，见《史记》三家注及孔《疏》。马融对这一篇提出了怀疑，认为这一篇《泰誓》有问题，他有几个理由。一个理由，这个《泰誓》是后来得到的，并不是伏生传下来的，而这个文章比较浅，不像古书那样难读。同时，它的内容讲得比较神怪，里面讲到武王出兵的时候有"赤鸟"，有"火"从天上下来，到屋上变成赤鸟，这个赤鸟又衔道五谷，一种吉祥之兆。他提出这个理由，他说这个不像是真的，因为这个情况《尚书》里其他地方不见，他说是太神怪了。还有更重要的一条理由，就是先秦所引的《泰誓》，这个里面都不见，譬如说，《左传》《国语》《孟子》《荀子》《礼记》所引的《泰誓》，这个里面都不见。这是马融怀疑的意见。

　　这个问题到清代，清代经学家有二派，一派认为马融是对的，一派认为马融的说法是不对的。如江声《尚书集注音疏》就驳马融，他驳的理由有：第一，伏生《尚书大传》已经引有《泰誓》，说伏生原来就传有《泰誓》，只是年纪老了，忘了，记不全了。第二，先秦引《泰誓》所以不见于今本，因为秦焚书，剩下已经残篇了。这个说法恐怕是不正确的。但这个说法很有影响，因为王引之（当时乾嘉学派很有权威的人物）《经义述闻》就认为伏生今文《尚书》有《泰誓》，原来就是二十九篇，为什么说《泰誓》是后出呢，就是刘向、刘歆父子二个他们搞错了，其实早就有了。说马融的说法更是错误，就是因为马融这么一讲，《泰誓》可疑，因此，《伪孔传》另外造了个《泰誓》，现在的《泰誓》是《伪孔传》的，就是东晋人伪造的，因为伪造了这个《泰誓》，原来的《泰誓》于是失传了。他说，考据之学的流弊就是如此，弄得一篇真的《泰誓》失传了。这是王引之的说法，他引了十二条证据，主要是这么几条：(1)《汉书·董仲舒传》的武帝七年对策引《书》曰，就是《泰誓》。

(2)《说苑·臣术》引《泰誓》中一段话"附下而罔上者死,附上而罔下者刑,与闻国政而无益于民者退,在上位而不能进贤者逐"。《汉书·武帝纪》元朔元年有个奏议也引此文,也证明武帝初年已经有了(今本不见)。(3)《御览》这一类书引的《大传》,证明伏生已经看到《泰誓》。而且《尚书大传》里讲到"六《誓》可以观义"(前面讲过),就一定有《泰誓》,否则就没有六《誓》。六《誓》,就是:《甘誓》《汤誓》《泰誓》《牧誓》《费誓》《秦誓》,六《誓》应该包括《泰誓》。(4)《春秋繁露·同类相动》亦引《尚书传》,这个《尚书传》也是讲赤鸟这类的神怪事情的,引的就是《泰誓》。他根据这些理由认为伏生已经看到了《泰誓》,武帝初年已经有《泰誓》,所以《泰誓》应该就在伏生二十九篇之内。

我们认为这个说法不对。因为(1)《泰誓》在西汉时武帝初年已经见到,所以伏生《尚书大传》,董仲舒都可以看得到,可以引用。(2)《尚书大传》这部书,根据郑玄的注文,并非伏生自己的著作,是伏生的学生的著作,是欧阳、张生等人写的,时代比较迟,他可以看到《泰誓》,所以,《尚书大传》里有《尚书》引进去,这个引进去的人不是伏生。所以,我们认为王引之的说法也是不对的。

接下来讲讲近人的看法,就是陈梦家《尚书通论》,他提出一个新的说法,他说《泰誓》有六个本子:(1)战国甲本,又称之为"文王伐邘本"。这个说法我们认为不对,因为他根据《孟子·滕文公》下"侵于之疆,取则于残",他把这里的"于"解释为国名"邘",我们认为是不对的。上一次已经讲过,这个"于"本来是个"去"的意思,不能把它解释为国名的。文王伐邘的事情是有的,但《泰誓》是讲武王伐纣的事情,怎么会变成文王伐邘呢?这个说法是不对的。(2)战国乙本,是战国年间诸子所引的,是"武王伐纣"。(3)《史记》本。《周本纪》引有《泰誓》,《齐世家》也引,三家注还引了马融、郑玄的注,说明是《泰誓》。
(4)《尚书大传》本。(5)河内本,就是河内的一个女子从墙壁里面发现的。(6)《伪孔传》本。这个说法也不对。

我们认为《泰誓》一共只有三个本子:(1)是先秦的本子。(2)西汉的本子。(3)《伪孔》的本子。他所说的战国乙本就是先秦的本子,后面所说的《史记》本等都是西汉的本子。没有其他的本子。

陈梦家的这个书里还十分武断,他认为今文的《泰誓》有三篇。第一篇是讲在孟津有师尚父(太公望)同武王在一起作誓,是上篇。中篇,他说是进军讨伐,有神怪的事出现了。下篇,他说是武王作誓,而且他认为武王作誓里面记载的纣的罪状,同现在的《牧誓》一样,因此,他认为《泰誓》的下篇就是《牧誓》。我们认为是不妥当的,情况是不同的。因为根据《史记·周本纪》:"九年,武王祭于毕,东观兵于孟津",在这个时候,武王做了誓,接下来,太公望(师尚父)也作了誓,这是九年的事,这一次没有去打,因为武王认为时机还没有成熟,就退了回来。又隔了二年,十一年武王认为时机成熟了,再出兵,于是渡孟津,武王在孟津作《泰誓》。接下来,《史记》上又讲,二月武王又到牧野作《牧誓》。所以,作《泰誓》与作《牧誓》是二件事,不能说成一件事。

先秦的《泰誓》与西汉的《泰誓》,两个《泰誓》是截然不同的。先秦的《泰誓》我们认为是真的,它有几个特点(一共分析六个特点):第一个特点,讨伐纣的暴虐,同时不肯祭祀上帝,不能够敬人,《墨子》、《孟子》引用的《泰誓》都是这样的话。《墨子·非命》下加以概括,"谓人有命,谓敬不可行;谓祭无益,谓暴无伤",这是《墨子》的根据。《孟子·滕文公》下引"则取于残",认为纣很残暴。这是符合于当时的状况的。第二个特点，"纣有亿兆夷人，亦有离德，余有乱臣十人，同心同德。"(《左·昭二十四年》《成二年》)，这是符合实际情况的。这是他们认为能胜纣的原因。这个"乱"字应该是治，可能是金文"亂（或'嗣'）"，后来错成"乱"，并不是"乱"字可以解释为治，所以乱臣十人，就是有治臣十人。这个《论语·泰伯》也有讲，"武王曰：予有乱臣十人"，虽未注明，实际引的就是《泰誓》，《左·襄二十八年》讲"武王有乱臣十人"，实际引的也是《泰誓》。这个与《大诰》相同，周公作的《大诰》讲"民献有十夫，予翼"，又说"爽邦由哲，亦惟十人迪知上帝命"，"民献"就是治臣的意思，"民献"是能够治理民的一种贤者。爽，明也。爽邦，就是要有好的国家，就要有哲人。十人、十夫都是一样的意思。原来的《泰誓》作了个比较，为什么能胜，为什么会败，说得很清楚，这是个特点。第三个特点，"天从民意"。《国语》的《周语》《郑语》，《左·襄三十一年》《昭元年》都引《泰誓》"明之所欲，天必从之"，这句话引得很普遍，好几次引用，是讨伐纣的一个理由。因为民要推翻纣，天一定能从民意，一定能把纣推翻，《孟子·万章》上篇引有"天视自我民视，天听自我民听"，就是说天的观察是从人民的观察得到的，天所听到的就是从人民的反映中听到的，这个也是说"天从民意"，这也是先秦《泰誓》的一个特点。第四个特点，讲到做梦与卜。《周语》下引《泰誓》。"朕梦协朕卜，袭于休祥，戎商必克"。这一点，是符合于当时思想情况的。《大诰》讲周公东征也讲到这个"朕卜并吉"，"予得吉卜"，下面有人反对他，讲"王害（曷）不违卜"，又讲"宁王惟卜用"("宁王"是文王，现在《尚书》里好多地方写"宁王"，都是"文王"之误，因为金文里"宁"字同"文"字相近。《尚书》里的"宁王"都是"文王"，见于吴大澂《字说》，有一篇讲这个问题，是对的)。讲卜是符合当时的思想的。第五个特点，《墨子·尚同》下引"小人见奸巧，乃闻不言也，发罪钧"，是讲见了坏的事情隐瞒，发觉了之后同罪，应该是对的。讲《誓》，如《费誓》后面讲到如何要处罚，所以，"誓"是要讲到怎么样处罚的问题。第六个特点，这个《泰誓》称赞文王。《墨子·兼爱》下引"文王若日若月，乍照光于四方，于西土"（《兼爱》中作"昔者文王之治西土若日若月，乍光于西方，于西土"，亦同），这个也符合于事实，因为当时武王讨伐纣时要推崇文王。

这是先秦的《泰誓》，是这样一个内容，是真的，符合于当时的思想情况，符合于实际。

西汉的《泰誓》就不对了，内容与刚才讲的先秦的《泰誓》就不相合了。现在我们看到的清代的经学家把先秦的《泰誓》同西汉的《泰誓》编辑在一起，作为一个《泰誓》，我们认为是不对的，西汉的《泰誓》价值是不高的，同先秦的《泰誓》性质不同。据《史记》引用的西汉的《泰誓》，九年东伐到了孟津，其中有很多夸大的地方，有很多神怪的东西。比如，说诸侯来会有八百诸侯（《周本纪》"是时诸侯不期而会孟津者八百诸侯"，《齐世家》"诸侯不期而会者八百诸侯"），这个很显然是夸大了，现在的今文《尚书·牧誓》就没有八百诸侯，就是带了几个国家，八个国家吧！没有八百个。而且讲得很神怪，讲九年武王出发渡黄河，有一条白鱼跳到武王的船上，武王就把这个祭祀，渡了黄河以后，天上有火下来，到王的屋上变成赤鸟，这个只见于《史记》、《尚书大传》，这个说法看来是后起的。《墨子·非攻》讲到过这件事，伐商王纣时，有"赤鸟衔珪降周社"，下面墨子解释这是天命文王去伐殷，根据郑玄的注解，用阴阳五行来解释：赤，周色（赤者，周之正色也）赤为火德，周属火德。根据邹衍"五德终始说"，周属火德，文王火气盛，所以能得天下。这一个说法，同五行之说，五德终始说很吻合。但是这个说法《墨子》这个时候已经有了，《墨子》讲到禹克有苗、汤克桀，都有这种祥瑞，只是没有变成"五德终始说"。这一个说法时代是迟的，并不能代表西周初期的思想，先秦的《泰誓》中没有这个东西。所以，皮锡瑞的《今文尚书考证》认为这个《泰誓》不可信。清代许多经文学家，家派的成见是很深的，但是皮锡瑞在这些问题上看得还是比较清楚的。他的《今文尚书考证》写得比较好的，里面有好多见解是比较好的。不知什么原因，陈梦家的《尚书通论》不引这部书，张西堂的《尚书引论》也不引这部书，是不是这部很难得，不知道，不清楚。二个人后面的目录里也没有。其实是一部好书。而张西堂实际上是今文学家，今文学家气息很重，凡是今文的都对，凡是古文的都假。他写《尚书引论》时同我在一个房间，还是在抗战第一年，在广西大学（是广东的一个省立大学，在那个地方上课），他编好一章都给我看看，我总是反对，说你这个是经学家，不是历史学家。他后来这个书出了，是陕西人民出版社出的，还是这个样子。他里面还是讲今文的都对，古文的都错，都是采用了今文学家的讲法，都是用康有为的说法。所以，到现在为止，还没有一本很好的书，能够根据历史事实，作出很好的分析。但皮锡瑞这本书许多地方还是不错的。他是个今文学家，他没有像康有为那样路走得太远了。皮锡瑞《今文尚书考证》认为《泰誓》可能是《逸周书》之类的，他说，当时发现的这个书可能是《逸周书》之类，并不是真正的《尚书》，是战国时代的书。王先谦《尚书孔传参正》也认为这个文章与《尚书》不合。所以，西汉的《尚书》我们认为是最后出的，这个书可能并不是汉朝人伪造，可能是战国末期的一种书，的确像《逸周书》那样讲西周历史的一类书，是后人假托的。当然它也有历史根据，但是它掺杂的成分很多，所以，这个书我们认为是价值不高。但是，因为《史记·周本纪》大量引用这个东西，《齐世家》引用一部分，好多人往往从《史记》那里去引用这个材料，所以我们如果从《尚书》的源流来说，这一部分讲西周史的时候是应该注意的，《周本纪》里引的《泰誓》不能够承认它都是事实。

我们如果要引用，应该从先秦书上去引用，先秦书上《泰誓》引用得还不少。两汉的《泰誓》有马融、郑玄的注解，马、郑的注解完全是采用当时迷信的东西，阴阳五行的东西，把它解释进去。比如说，马融解释白鱼为什么会跳到武王的船上去，他说："白者，殷家之正色，言殷之兵众与周之象也"，表示殷要失败。

第三种本子，《伪孔传》的本子。它是怎么搞成功的呢？它是收辑了先秦的《泰誓》，另外加上他自己的一套说法，把他编成功一本《泰誓》。它把许多神怪的东西都删掉了，刚才所讲的，西汉的《泰誓》中的神怪的东西都删掉了，所以这一篇《泰誓》骗了人，以为这篇《泰誓》是真的，把西汉的《泰誓》作为假的，西汉的《泰誓》失传了。但是我们仔细看看这篇《伪孔传》的《泰誓》，就可以看出，这个《泰誓》是收罗一些材料把它编成功的。比如，它讲纣的罪状，收集了好多，如纣曾"剖孕妇"，这个见于《帝王世纪》这个书，剖圣贤人的心这些罪状都是他各方面收罗来的，所以这个《泰誓》的假是很显然的。文章是很通顺的，而且有些理论还容易使人家相信，符合于当时人的思想。比如说，它里面有些话，像"惟人为万物之灵"，就出于《伪孔传》的《泰誓》。

《书序》的著作年代及史料价值

现在的《书序》是一百篇《尚书》的序,一百篇是从《伪古文尚书》中辑录出来的。关于《书序》的著作年代主要有四说:

一、孔子所作。

二、周秦之间的经学家所写,这是宋代朱熹等人开始提出的看法。

三、清代的康有为认为是刘歆伪造。

四、近来有人主张是张霸伪造,说他在伪造百二篇(一百〇二篇尚书)的同时伪造了《书序》,这个主张近来很占优势,顾颉刚的学生写的《尚书与古史研究》持这种观点。顾颉刚写过《书序辨》从康有为说,赵贞信在《书序辨》的序中提出《书序》并非刘歆伪造,此后,金德建在他写的《司马迁所写之书考》中说是张霸伪造。

因为这个问题涉及《书序》的史料价值,因此有必要讨论。我个人认为《书序》并非伪造,《今文尚书》《古文尚书》都有序,这个序应在孔安国之后,司马迁可能看到过。但是现在的序可能经编《伪孔传》

者修改过,是经学家搞的,总之,不是出于伪造。

《书序》的内容

现在的《书序》是一百篇,包括《今文尚书》《古文尚书》的书序及其他的书序,加起来是一百篇。《今文尚书》二十八篇,因《盘庚》分为三篇,《泰誓》分为三篇,所以实际是三十四篇。《古文尚书》十六篇,因《九共》分为九篇,故为二十四篇,还有二十六篇见于《史记》,这二十六篇既非今文,亦非古文,篇名如下:《帝告》《汤征》《汝鸠》《汝方》《夏社》《仲虺作诰》《明居》《徂后》《太甲》三篇。《沃丁》《咸乂》四篇,《太戊》《仲丁》《高宗之训》《分殷之器物》《微子元命》《归禾》《嘉禾》《周官》《贿肃慎之命》《囧命》。

另外还多出十六篇,不见上三者。虞夏书:《槀饫》《釐沃》《疑至》《臣扈》;商书:《河亶甲》《祖乙》《说命》三篇;周书:《旅巢命》《成王政》《将蒲姑》《亳姑》《蔡仲之命》《君陈》《君牙》。

《书序》讲的是《尚书》各篇著作的时间,为何著作,有的还有一定的简单内容。因为《古文尚书》失传了,《今文尚书》的有些篇也失传了,所以,从《书序》中还可以看到一些有关商周的历史情况,有一定的史料价值。

《书序》的年代

现在来讨论关于《书序》的年代的四种说法。

一、孔子所作。见于《汉书·艺文志》,《史记》没有提及,《史记·三代世表》中有"序《尚书》"三字,但"序"是编辑的意思,《孔子世家》中的"序书传","序"字也是编辑之意。《汉书》提到《书序》,并说是孔子所著，《汉书·儒林传》及刘歆《与太常博士书》也作如是说。这个说法是肯定不对的，用不着讨论。

二、周、秦间经学家所作。此说起源于朱熹，朱熹曾说《书序》浅陋，作者并不是高手，不应是孔子的作品，应出自经师之手。这个观点为阎若璩的《尚书古文疏证》所采用。清人也多不同意是孔子所作，顾炎武《日知录》卷二记载：当时有个叫孙宝侗的人讲到，《左传·定公十年》，成王分封鲁、卫、唐三国时，有《汤诰》《唐诰》《伯禽之命》，而现在只有《汤诰》。如果是孔子所作，应该知道三篇都很重要，都应采纳。所以，顾炎武也认为不是孔子著。宋代另一个经学家蔡沈著《书经集传》，对《书序》评价很低，认为它很浅陋，无甚发明，决非孔子所作；还指《书序》的几大缺点，如：《书序》有"成汤既没，太甲元年，伊尹作《伊训》《肆命》《徂后》。"蔡沈认为有错误，因为成汤以后还有外丙、仲壬。下面才是太甲，中间缺了两代。又如："盘庚五迁，将治亳殷，民咨胥怨，作《盘庚》三篇。"蔡沈认为盘庚并没有五次迁徙。再如："康王既尸天子，遂诰诸侯，作《康王之诰》。"他认为"尸"字用得不当。

现在我们知道，蔡沈的批判不一定对，"成汤既没"一条确实缺少两代，但是，古人做文章不一定如此周密。崔述的《考信录》也这么看，他举例道，如"神农氏没，黄帝、尧、舜作。"而神农到黄帝之间还有一大段。关于"盘庚五迁"一句，我以后还要详谈，先说两点：一、"五迁"指第五次迁；二、"将治亳殷"中有错字。

三、《新学伪经考》中康有为极力主张是刘歆伪造。《新学伪经考·书序辨伪》详细论述了他的观点。他相信《尚书》是孔子编的，但只有二十八篇，没有序，《古文尚书》则根本是假的。清代陈寿祺的

《左海经辨·今文尚书有序说》举了十七条证据论证今文《尚书》有序,康有为在书中逐条批驳。

现在的问题是司马迁的《史记》有十分之八与《书序》相同,看来关键是要搞清谁抄谁,即:是《史记》据《书序》,还是《书序》抄《史记》。这里有争论。

康有为认为是《书序》抄袭《史记》,抄袭者是刘歆。康有为引了一条材料。《汉书·王莽传》引《尚书·嘉禾》"假王莅政"。假王就是周公,周公执政,称为假王。《嘉禾》失传,只见于《王莽传》,康有为因此认为《嘉禾》是刘歆伪造。现在有一个问题:康有为认为序也是刘歆伪造,但《书序》并不赞成周公称王,并无周公称王的记载,相反对成王很推崇。《书序》解释《嘉禾》是:"周公既得命禾,旅天子之命,作《嘉禾》。"《史记·周本纪》有相同记载:"周公受禾东土,鲁天子之命。"据《史记集解》引徐广说,嘉亦作鲁,鲁通旅,都是陈述的意思。就是说,周公得到了禾。以后,陈述天子之命,作《嘉禾》。因此,并无即王位之事。而且《书序》解释《君奭》篇为:"召公为保,周公为师,相成王为左右,召公不悦,周公作《君奭》。"这与《王莽传》不同,《王莽传》解释为"周公服天子之冕,南面而朝群臣,发号施令,常称王命。召公贤人,不知圣人之意,故不悦也。"《史记·燕召公世家》的记载与《王莽传》相同:"成王既幼,周公摄政,当国践祚,召公疑之,作《君奭》。"《书序》还有一条与《王莽传》不同,《洛诰》"朕复子明辟"一语,《王莽传》解释为周公将君位("明辟")还给成王。《书序》的解释是:"召公既相宅,周公往营成周,使来告卜,作《洛诰》。"没有讲到还君位。王国维也认为不是将王位还给成王,"复"无非是奏的意思,"子""明辟"都是指成王,"复子明辟"是向成王作报告的意思。

用《王莽传》与《书序》比较,足证《书序》并非王莽时代的刘歆伪造。

《书序》认为许多大事都出于成王而非周公。如:

> 成王既黜殷命,杀武庚,命微子启代殷后,作《微子之命》。

> 成王既伐管叔、蔡叔,以殷余民封康叔,作《康诰》。

> 成王东征淮夷,遂践淮夷,作《成王政(征)》。

> 成王既黜殷命,灭淮夷,还归在丰,作《周官》。

上述功劳都归之于成王,连东征也不完全是周公的功劳,而是成王亲自出征的。可见《书序》并没有提到周公曾经称王及以后的还王位,并没有把周公的地位说得比成王高。由此也可说明刘歆为王莽篡位而作《书序》是不可信的。

四、张霸伪造也不可信。《汉书·儒林传》讲到,汉成帝时,张霸伪造百二篇,他是根据《左传》《书序》《今文尚书》重编的。《论衡·佚文》也这样说,而且说他作经一百篇,序二篇,故为百二篇。那么,百二篇的序应该是张霸根据《书序》伪造的,可见《书序》不是张霸所造。

下面谈《史记》与《书序》的关系及《古文尚书》、《古文尚书》有无序的问题。

《史记》与《书序》有些文句完全相同,而且有些很可以看出《史记》是据《书序》来的,但也采用其他的说法。如《盘庚》,《史记·殷本纪》:"帝盘庚之时,殷已都河北,盘庚渡河南,复居成汤之故居,乃五迁,无定处。殷民咨胥皆怨,不欲徙。盘庚告谕诸侯大臣曰:'昔高后成汤与尔之先祖俱定天下,法则可修。舍而弗勉,何以成德!'乃遂涉河南,治亳,行汤之政,然后百姓由宁,殷道复兴。"这一段是根据《书序》的,但后面又讲小辛即位,殷民思盘庚,作《盘庚》三篇,这后一说法不是根据《书序》。《书序》的解释是："盘庚五迁,将治亳殷,民咨胥怨,作《盘庚》三篇。"司马迁读法与现在的不同:"将治亳,殷民咨怨。"《书序》本身应有错字,因为盘庚是迁殷,而不是迁亳,也没有渡河南,这是个很显然的错误。

孔颖达的《疏》及《正义》讲:晋代人束晳是整理古本《竹书纪年》的,他认为"将治亳殷,民咨胥怨"应该是"将始宅殷",孔子壁中藏书作"将始宅殷",并据壁中古文《竹书纪年》论证之。现在看来束晳是对的,而且还可以知道《书序》不但有今文本,还有古文本。值得注意的是孔颖达疏引的郑玄注认为,"将治亳殷"是治于亳之殷的意思,这是郑玄曲解,实际上是错字。束晳的说法,孔颖达是驳他的,孔颖达认为孔安国的《古文尚书》不会有序,因为《古文尚书》"治"解作"乱",因此,"治"与"始"区别很大,不容易发生错误。据金文看,"乱"作"𤔲",即"司"字,孔颖达的论断不确。

孔安国的《古文尚书》到晋代时不一定保存在国家的书库里,但应该有抄本,因为当时还未经永嘉之乱,秘府中可能有抄本。因为当时与束晳一起参加《竹书纪年》校订的还有个卫恒,他的《四书体势》讲,三国初年还有传《古文尚书》的,邯郸淳曾经抄过《古文尚书》。卫恒的祖父从邯郸淳那里抄得《古文尚书》,而且抄得很像,连邯郸淳也分不出真假。《四书体势》还讲到,魏刻的三体《石经》已经走了样。又说太康年间发掘的战国的汲冢竹书的字体与《古文尚书》的字体犹有仿佛,可见,《古文尚书》的抄本还有流传,卫恒看到过。而卫恒与束晳是同时代的人,与束晳关系密切(参加校订《竹书纪年》,后被楚王杀死,书由束晳完成),束晳又是个古文字学家,据《晋书·束晳传》,有人在嵩山得到竹简,叫束晳识别,束晳断定为汉明帝显节陵的册文。

总之，束皙看到《古文尚书》是可能的，因此，他关于"盘庚五迁，将始宅殷"的见解应该是对的。"五迁"指第五次迁徙，"宅殷"是迁徙到殷的地方去的意思。"宅"字应是不错的，如1963年出土的《何尊》有"惟王初迁宅于成周"；又《晋公盙》有"宅京静"。说盘庚第五次迁移，迁到殷的地方，人民抱怨，因此作《盘庚》三篇，这样解释就文从字顺了。

因为字错，所以司马迁错读为"将治亳，殷民咨胥怨。"但是应该不是司马迁的错，司马迁是根据今文经师来的，主要是欧阳一派的今文经师。（欧阳一派的今文《尚书》在两汉势力很大）。证据如下：《后汉书·杨震传》记载其曾孙杨彪主张将都城从洛阳迁回长安，奏章中举《书序》为据："盘庚五迁，殷民胥怨。"句读与司马迁相同。这种读法出于欧阳派的《尚书》，因为杨震之父杨宝是经学家，搞欧阳《尚书》，杨震年轻时也学欧阳《尚书》，被称为"关西孔子"。杨震子杨秉也是学《尚书》的，桓帝时欲召懂《尚书》者讲学，就是召了杨秉，杨秉子杨赐也学《尚书》被灵帝召去讲《尚书》，杨彪是杨赐之子，可见这是欧阳派《尚书》的误读，同时也证明《今文尚书》、《古文尚书》都有序。

《书序》运用的史料应该是有根据的。如，《史记·殷本纪》："帝中丁迁于隞，河亶甲居相，祖乙迁于邢。"《书序》："仲丁迁于嚣，作《仲丁》；""河亶甲居相，作《河亶甲》；""祖乙圮于耿，作《祖乙》。""敖"、"嚣"是通假字，在荥阳，近于敖山；"相"是河南内黄；"圮"，毁之意，城被毁掉，一作"圮"，一作"迁"，可见《书序》之有根据。"耿"、"邢"同音通假。王国维认为在现在的温县西北，"邢"即"邢丘"，靠近黄河，后被黄河水冲掉。另一种说法是，"邢"是现在的河北省邢台（杜佑《通典》)。看来还是杜佑的说法对,因为据现在的考古发现,那里有商前期的遗址。周公的儿子封于邢,也就是这个地方,周公的儿子的封地就是原来的商的国都。我估计可能是被山洪冲掉的,因为据《嘉庆一统志》记载,这里常常有山洪暴发,城常被冲掉。现在的历史地图已改从杜说。

《书序》有今文、古文两种,因此,《书序》的出现应在孔安国之后,但又为司马迁用。因此可以推定大致在汉武帝时已出现,但不是今本的《书序》。现在的《书序》已有所增减,有些可能是作伪孔传时修改的。

《今文尚书》确有序,《熹平石经》就有序。《熹平石经》是据欧阳来的。解放前出的《石经》有七行序,见于马衡的《汉石经集成》第二百二十四条,共二十二字,其中包括《舜典》《汤誓》《西伯戡黎》《洪范》《召诰》《君奭》《吕刑》等。前二行是《秦誓》残文,末一行是校勘,只有"同异"二字。解放后,发现了序的下半段,序共六行,包括《禹贡》《高宗肜目》《牧誓》《康诰》《酒诰》《梓材》等,见于《考古学报》1981 年第 2 期许景元写的《新出熹平石经〈尚书〉残石考略》。从残石看,《今文尚书》共有二十九篇,有《太誓》,没有《康王之诰》,《康王之诰》是从《顾命》中分出来的。后面单独有序,最后有校记,是据大、小夏侯读校的,因此断定为欧阳派的《尚书》。

由此可见,《今文尚书》是有序的,陈寿祺之说为是,康有为之驳辞全非。

《古文尚书》也有序,证据只有一条,那就是束晳对关于《盘庚》篇的《书序》的比较,但仅这一条就已足证。一百篇的《书序》应出于这两个序之后,是后人合今、古文而编的,但是它是有根据的,可以用作史料。

《书序》推崇成王。有一篇《成王政》,讲成王东征,这是正确的。"政",《经典释文》说,马融的本子作"征"。《史记·周本纪》虽无《成王政》名,但也讲到成王东征的事。据《尚书大传》对《成王政》的解释,"践奄"的"践"是"籍之也,籍之杀其身,执其家,豬其宫。"段玉裁认为失传的《成王政》中一定有这个意思。"践"的这个解释我认为是对的,"杀其身,执其家",就是说把有些杀掉,把他们的家属捉起来作为奴隶。"践"字清代人有种种解释,有人释"翦",有人认为通"残","践"作为"残"可以在甲骨文中找到例证,《林泰辅二·五一·四》:"贞勿乎践呂方","践"解释为打击、消灭的意思,说明《尚书大传》这个说法是有来源的。《伪孔传》也讲到,成王即位后,淮夷有反,成王亲征灭奄,这也是据《书序》来得。

周公东征,果然取得很大胜利,但看来并没有灭奄,因此东夷又反叛,成王便亲自出征。《史记》记载:"召公为保,周公为师,东伐淮夷,残奄,迁其君薄姑",这里当然是指成王。《史记》又讲:"成王自奄归,归自宗周,作《多方》。"《书序》在《成王政》后解释道:"成王既践奄,迁其君于薄姑,作《将薄姑》。""成王归自奄,在宗周,告庶邦,作《多方》。"现在的《尚书·多方》可以证实这些解释:"惟五月丁亥,王来自奄,至于宗周。"关于成王的这一事迹,主要依据《书序》。

分封鲁国、齐国应该在成王东征之后而不是周公东征胜利之后,成王建立巩固西周王朝的功绩是不可抹杀的。这一点西周金文可以作证。

塱方鼎讲到周公伐东尸(夷)、丰白(伯)伐尃古(薄姑)"咸(伤)"。塱刦尊和塱刦卣讲到"王征梦"。禽簋:"王伐梦,周公谋,禽祝。"王即成王,"鼗",郭沫若释"楚",陈梦家释"盖"。我认为应该是盖,盖即奄,"商奄",《墨子》作"商盖"。因此,《书序》关于成王亲自东征灭奄的说法是正确的。禽簋说"周公谋",这与《史记》的"召公为保,周公为师,东伐淮夷,残奄,迁其君薄姑"的记载正合。

《书序》中有许多周的史料。如:"周公既没,命君陈分正东郊成周,作《君陈》"。"分正东郊",成周就是对成周分别加以管理,"君陈",据《毛诗正义》、据郑玄的《毛诗谱》及《礼记·坊记》郑注,是周公的次子。我认为这在西周历史上是一件重要的事,因为从这一点我们可以看到周公是管理成周的,周公的儿子君陈继之。成周是要地,因为许多殷民迁在成周,必须加强管理。

青铜器令彝中周公之子明保:"王令周公子明保尹三事四方,明公朝至于成周,徣(出)令舍三事令。"明公即明保,又曰:"明公用牲生于京宫、康公,咸既用牲于王,明公归自王。""用牲于王"的"王"及"归自王"的"王"都是王城,"京宫""康宫"都是宗庙。这里既有成周又有王城,关于王城的记载不见于西周文献,只见于此器。这个王城的问题我以后再谈。现在看来关于"明保"的解释:

郭老认为明保是伯禽,保是名,明是伯禽原来的封地,伯禽先分封在明,后来才分封在鲁,并且伯禽有兼职,既分封在鲁地,又在王朝当卿士。我认为西周确有诸侯兼职的,但此事似无其他证据。

陈梦家认为明公即君陈,理由是:一、据郑玄注及郑玄的《毛诗谱》,周公分封于鲁,由他的大儿子做鲁国国君,周公又有次子,有采地,也担任王官,因此应是君陈。二、明保在成周尹三事四方,与《书序》的"君陈分正东郊成周"同。尹,正也。把三事四方分开管理就是分正。

为什么叫君陈呢？崔述《丰镐考信录》认为周公之子不可能叫君陈，君者，国君也。《君奭》是召公、周公的谈话。因此地位相等，故可称君，但《君陈》是成王的命书，怎么能称臣下为君呢？因此怀疑它是伪作。

崔述的说法不正确。君之称呼在春秋以后才专称国君，在周作为卿大夫的尊称是可以的，因为西周有的官叫"甲"，有些官叫"君"，如"里君"等，可见不一定是国君。而且明公有的地方称"明公尹"，"君"是"尹"演化的，因此称君陈是可能的。

周公长子叫伯禽，禽与擒同，是打猎以及战争胜利的意思，次子叫陈，是战争的阵势，也是打猎的阵势，因此，从这种联系看，君陈是周公的次子是可能的。

明应是原来的封地，故叫"明公"，等周公分封在周叫"周公"，召公分封在召，叫"召公"。"明保"，保是官名。"大保"，召公做大保。周公作大师，周公的儿子也可以做这类官。总之，陈梦家的观点合理，《书序》解释《君陈》篇也是有根据的。

《书序》又有"康王命作册毕分居里成周郊，作《毕命》"，"分居里"就是"分正"，意同。"成周郊"就是东郊成周，康王时，命毕公管理。铜器繭簋："王若曰：繭，命汝司成周里人众诸侯，大亚"（大亚也是官职，它作为官职在甲骨文中就有）。这个繭簋据郭老的《大系》定在周厉王时代，繭的职责与君陈、毕公应该是一样的，这说明西周王朝把管理成周看作一件重要的大事。

王成与成周

王成与成周究竟是一个城还是两个城？清代学者认为是两个城，东郊成周是根据王城而言，王城以东有成周，故曰东郊成周，而且引郑玄注,成周在近郊五十里地,现在的王城公园距成周确实是四、五十里地。但我认为这个解释不对,《书序》解释《召诰》《洛诰》为:"成王在丰,欲宅洛邑,使召公先相宅,作《召诰》。""召公既相宅,周公往成周,使来告卜,作《洛诰》。"可见洛邑即成周。还有一条,《书序》解释《多士》:"成周既成,迁殷顽民,周公以王命诰,作《多士》。"这里主要是指成周,成周应该是东都的总称,犹如丰镐称宗周。令彝中明公朝至于成周,后来又"用牲于王",即在王城里祭祀,那么,成周与王城在差不多的地方。

但《汉书·地理志》说,汉代的河南是王朝,汉代的洛阳是成周,"成周"就是周公迁殷民的地方,两地相去五十里。受《汉书·地理志》的影响,郑玄在《洛诰》"我乃卜涧水东,瀍水西,惟雒食,我又卜瀍水东,惟雒雒食"("食"通"事","事",治也)的注解中认为前者是王城,后者是成周。但是宋代已有人对此怀疑。王应麟在《通鉴地理通释》中引吕氏(不知何人)之说:洛阳有两个城,而成周是总称,但两城相距不远。这个问题近年来有争论,看来由两城合成成周的说法是对的,王城是东都中居住的城。下面来看看《左传》中的记载:

《左传·僖公十一年》,周襄王时,有许多戎,"同伐京师,入王城"。京师是成周。

《左传·僖公二十五年》,晋文公打败狄,接周襄王回,"王入于王城"。而《国语·晋语四》记载同一事情却是:"王入于成周"。

《左传·昭公二十六年》,周内乱,王子朝夺王位,后来周王也是依靠晋的军队送回,书中写道:"王入于成周"。同时又讲"王入于庄宫",而庄宫就在王城内。《左传·昭公二十年》可以为证。

再看金文材料，何鼎中讲："惟王初迁宅于成周"，后面成王引武王的话道："余宅此中国"，可见，成周应是东都所在地，而非《汉书·地理志》所说的王城是周王之居地，成周是殷人之居地。

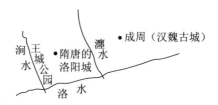

现在看来，王城、成周在虚线所示的区域，但是现在出版的地图还是老的，因为没有确切的根据，而且考古工作者坚持认为两城相去五十里。

陈梦家也认为有两个城，王城是王宫所在地，成周是宗庙所在地，证据是《左传·昭公二十六年》讲，成周有襄宫，是襄王之庙。《左传·昭公二十二年》讲，庄宫在王城，而庄宫是王宫（见于《西周铜器断代》，《考古学报》第十册）。

我认为，宗庙与王宫应在差不多的地方，不应该是两个城。因为周人对宗庙的祭祀是很重视的，不可能把宗庙放得很远。令彝中说用牲于京宫、康宫，后又说用牲于王，说明王城内也有宗庙。

陈梦家又举敔簋为证说，成周有大庙，但有此问题他解释不通。免簋："王才（在）周，昧爽，王格大庙。"吴方彝："王在周成大室，旦，王各庙。"周，陈梦家解释为王城，昧爽是天蒙蒙亮，旦是清早。王一清早就赶到宗庙去祭祀。金文中在"旦"这个时候到宗庙祭祀的很多，而要解释王一清早走五十里地是不可能的。

我认为，王城是个小城，成周是个大城，大城套着小城的一部分，或在旁边,距离很近。

古代城市构造多有这种情况,如临淄,宫城在西南。赵国的邯郸是大城旁边有三个小城,小城是宫殿,大城中居工商业者。郑、韩古城的王宫在西北。总之,王室都在西面,这个制度可能与礼制有关,以西为正。东汉以后,这个制度开始变化,小城移入大城中,一直延续到明清,这种变化与陵寝制度的变化一致。

大城称廓,小城称城,东郊成周指大城。成周郊也是指大城。搞清这个问题是很有必要的,目前还有许多人持旧说。

错误源于《公羊传》。《昭公二十二年》及《昭公二十六年》分别解释王城,成周道:"王城者何?西周也。""成周者何?东周也。"为什么会作出这种解释呢?原因是战国时代有两个周:东周和西周。《公羊传》以战国时代两个分裂的小国的国都来解释,《汉书·地理志》就是据此而来的。这个解释不正确。

东周确有洛阳,苏秦是东周洛阳人,据说就是现在的太平庄。但东周的国都其实不在洛阳,而在巩,即现在的巩县。在一个山上,因为东周是从西周中分裂出来的,分裂时经过战争,所以造得很险要。

洛阳是否做过东周的都城有待考证。可能洛阳商业很发达（这有记载），因此兴起了一个洛阳城。但与成周有相当距离，并不是一个地方，当然这只是一种可能。

丰与镐

《书序》："成周在丰，欲宅洛邑，使召公先相宅，作《召诰》。""成王归自奄，在宗周，诰庶邦，作《多方》。""成王既黜殷命，灭淮夷，还归在丰，作《周官》。"可见宗周是西都的总名，丰是文王的都城，镐是武王所造的都城，宗周有大庙，犹如成周有大庙。周簋、大克鼎都有"各大庙"的记录。

丰在丰水西岸，镐在丰水东岸，在那里搞了很长时间的发掘工作，但直到现在还没有发掘到遗址。只是在两次（1957年、1972年）在丰河西岸的张家坡发现有车马坑，应是墓葬区。丰究竟在何处，现在还很难断定，总之是在丰水西岸，可能离这个墓葬区不远。至于镐在什么地方，据现在的调查，在斗门镇有个庙，叫石父庙，距斗门镇东五里有个石婆庙。据记载，汉武帝过昆明池，没掉镐。在池上造牵牛，织女两石像，两个庙就是由此而来的（见《长安志》），因此，镐可能就在斗门镇附近。据记载，丰、镐相去25里，但看来不至于如此远。

金文中"蒡京"是何地有争论，郭老说是丰，陈梦家说是镐，可能是郭说正确，因为音相通。据金文看，蒡京中有辟雍，有大池，举行射礼，看来解释为丰比较合适。成王只要是在丰，丰在西，镐在东，也符合上述所讲到的制度。

总之，《书序》有史料价值，有许多西周的历史问题可以从中得到资料，而别的典籍中看不到，又有许多分封的诸侯，也仅见于《书序》。如："巢伯来朝，芮伯作《旅巢命》。"旅，嘉的意思。巢伯不见于它书，

应是南方的一个诸侯,在穆王时期的班簋中有"王令毛伯……作四方
亟,秉緐,蜀,巢命。"正相合。

　　《书序》中还讲到了一些大臣,如"成王既伐东夷,肃慎来贺,王俾
荣伯作《贿肃慎之命》。""荣伯"在金文中作"焚伯",金文中多见,荣这
一支在西周是很重要的。《国语》讲到周文王的大臣有"周、邵、毕、
荣",也相吻合。

《伪古文尚书》的出现及辨伪

这个问题不想讲得很多,因为已经是定案,没有什么讨论的余地,但还是有必要讲一下,因为个别等著作还有用《伪古文尚书》的。在《十批判书·古代研究的自我批判》中,郭沫若称他们为阎若璩的程度还没有到。《伪古文尚书》在清代争论得很激烈,在经学领域和思想史领域中都是件大事,是影响清朝一代学术进展的大事。

《伪古文尚书》的出现

《伪古文尚书》是在东晋时出现的,因为孔安国的真《古文尚书》中许多篇不合儒家思想,东汉时已无人敢注,连马融、郑玄也不作注,魏晋时期,特别是经过永嘉之乱,完全散失,于是《伪古文尚书》乘机起而代之。

东晋初年晋元帝时,梅赜(不见于正史。据《世说新语》,号仲真,汝南西平人,官至豫章内史)献书,只缺《舜典》,故分《尧典》后半部分为《舜典》。但当时朝中有很多议论,故没有颁布为正式经书。后传至北方,在北方很流行,遂成为经书。最初是用隶古定写的,"隶古定"就是将古文用隶书定下来。因此怪字很多,如,𢧵(战)、𩂣(禹)、𢧀(戳)。这种本子现在还有流传,如日本流传的唐写本,藏在巴黎的敦煌唐写本,罗振玉、顾颉刚也有部分影印本。这些怪字在五代的郭忠恕编的《汗简》中还有。宋代的晁公武在四川成都将它刻于石上,宋代薛季宣的《书古文训》(保存在《通志堂经解》中)也收了许多怪字。东晋的范宁曾释成楷书,唐玄宗天宝年间,卫包把它全部写改成楷书。据说卫包这个人文字学功底很差,因此改错了许多。开成年间刻成石经,就是现在的唐石经,现在西安碑林。

《伪古文尚书》有《伪孔传》,对这个传,我们应该一分为二,因为它是吸取了前人的成果的。许多我们看不到的东西,被作者吸收在这个传中,甚至把《今文尚书》也收入其中,代表了当时的最高水平。由于它对《今文尚书》、《古文尚书》都句句作解释,而且句句皆通,故很容易被人接受,因为,唐代立为经书,孔颖达《五经正义》就用《伪孔》本。从此《伪孔传》犹被当作真《古文尚书》了,而真正的孔安国的十六篇《尚书》反被认为是张霸伪造。以假为真,以真为假,造成了大混乱,直至宋以后才逐渐廓清。

据记载《伪古文尚书》的渊源是:

郑冲——苏愉——梁柳——藏曹——梅赜

郑冲《晋书》有传,是魏晋之间的人,死于晋武帝时。苏愉见于《魏书·苏则传》,与郑冲同时,是苏则的儿子。梁柳见于《晋书·皇甫谧传》,是皇甫礼的亲戚,阳城的太守。藏曹是阳城人,故梁柳传给藏曹。阳城属济阳郡。梅赜是济阳郡太守的儿子,故又传给梅赜。

这个是否正确还很难说,而且,真不能上溯。

　　《伪古文尚书》收伏生的《今文尚书》二十八篇，从《尧典》中分出《舜典》，从《皋陶谟》中分出《益稷》，从《顾命》中分出《康王之诰》。《盘庚》分为三篇，共为三十三篇，又从《书序》中选出十九篇，编造十九篇假《尚书》，其中《太甲》《说命》《康诰》各析为三，多出了六篇，故比《今文尚书》多出二十五篇。所以，33＋25＝58 篇，现在的《伪古文尚书》就是这样构成的。

　　但是，它又有伪中之伪，因为《尧典》一切两段，下部作《舜典》，于是，《舜典》就没有开头，不称文章。南朝齐明帝时的姚方兴声称在大航头买到《古文尚书》，篇首多十二字："曰若稽古帝舜。曰，重华协于帝"（见《经典释文》）。其实它来源于伪文《尚书》的《大禹谟》的"曰若稽古大禹，曰，文命敷于四海。"根据《史记》记载，舜名重华，禹名文命。姚方兴仿之而造，但这里不是名字。华，解释为文德，称赞舜的文德重合于尧。但下十二字还接不通，于是又有人造了十六个字："睿哲文明，温恭允塞，玄德升闻，乃命以位。"都是称赞舜的文德的。这十六个字不知是何人造的，许多人考证是隋代的刘炫，因为这是刘炫送上去的，据说他伪造过《古文孝经》。现在的《十三经注疏》的《舜典》上的 28 字就是姚方兴和刘炫两人合造的。

《伪古文尚书》的辨伪经过及主要论点

　　《伪古文尚书》出现后，实际上很多人提出了问题，但不敢纠正。甚至还为之辩护。如孔颖达的《正义》，提出了《武成》篇有问题：一、体例有异。一般的《尚书》中叙事少，议论多，而《武成》却是叙事多，议论少。二、头尾都很突然。他解释为出孔壁时有的脱漏。南宋也有许多人提出怀疑，但又有许多人加以弥补、调停，如林之奇的《尚书全解》，提出了今、古文《尚书》显然不同，今文难，古文易，但他解释说，今文难是因为伏生是齐国人，齐国话难懂。

朱熹指出，《伪孔传》是魏晋时代的人写的。可能是伪造《孔丛子》的人写的，不像汉人的文章。汉人弄不清楚的地方不解释，因而不是像伪孔传那样句句解释的。而且没有一个错字，这似乎也不可能。朱熹对传怀疑，但对经还是不怀疑的，他说书有两个体例。一是像伏生那样当面传授的，比较难懂；一是经过修饰的，故文章通顺。可以说，朱熹只是怀疑了一半。吴棫怀疑得较彻底，认为从文章的体例讲，与今文完全出于两人之手，因此都是假的。

明代的梅鷟在《尚书考异》中提出了一些较有分量的论证：一、《汉书》中没有孔安国传授的记载，与《伪古文尚书》传授的记载连不起来。二十五篇古文应不是孔安国的本子；二、《汉书》《史记》中没有讲到孔安国曾经做过注解和传，只有《伪古文尚书》中讲到，而且，据《汉书》记载，孔安国的学生都尉朝、庸生也没有讲孔安国有传，有注解；三、《伪古文尚书》与真《古文尚书》篇目不合，《伪古文尚书》二十五篇，真《古文尚书》十六篇。而且《墨子》引的《尧典》现在在《舜典》，这是作伪古文的人从《尧典》中分出来的，可见是伪造；四、孔安国的子孙和他的弟子也有传授，但这些人中无人提到过二十五篇的内容，可有的汉朝人引《尚书》都没有引到二十五篇的内容，可见它是据某些书伪造的。《尚书考异》首先提出了有分量的证据。

清初的阎若璩在前人的基础上进一步提出怀疑：（一）汉人的传往往与经分开，《公羊传》《穀梁传》《左传》在汉代分开，《毛诗》与传也分开，后才合并。而《伪古文尚书》的传很明显是根据经文写的，连在一起，可见体例上有问题；（二）地理沿革上的问题，《禹贡》的《伪孔传》说："瀍水出河南北山"。但据《汉书·地理志》的河南郡穀城县下注，瀍水出于穀城，并讲，晋代时并入河南。可见《伪孔传》是魏晋人的作品。他还举了一些其他的地理上的问题。（三）篇目不合，伪古文与真古文相同的只有九篇。另外，真《古文尚书》从孔安国传到郑玄作注。《今文尚书》从伏生传到东汉的石经，都有源流，而伪古文则不今不古，故值得怀疑；（四）有些地方由于传本不小心而弄错了。如《大禹谟》："皋陶迈种德，德乃降。"这是根据《左传》来的，庄公八年，齐攻陈，鲁国有一个大夫请鲁庄公伐齐，鲁庄公说，德不够，并引《夏书》："'皋陶迈种德'，德乃降，姑务修德，以待时乎。"根据杜预的注解，"迈种德"是《夏书》的话，但"德乃降"是鲁庄公的话，作伪古文在把后面的话也引进了《尚书》。又如《尧典》："舜纳于百揆，百揆时叙"，"百揆"，《史记》作"百官"，但《伪古文尚书·周官》把"百揆"、"四岳"连起来用，把"百揆"当宰相，"四岳"当大臣，可见是误解了《尧典》。还有把一个地名弄成两个地名的，如《牧誓》："至于商郊牧野"，牧野就是商郊，但伪古文的《武成》却写道："癸亥，陈于商郊，俟天休命，甲子昧爽，受（纣）率其旅若林，会于牧野。"（五）纪年的体例不合，朱熹曾讲过，古文的体例是不记春夏秋冬的，《周书》中都如此，甚至后出的《泰誓》也无春夏秋冬，西周金文中也没有四季纪时。《史记》引《泰誓》："九年，武王上祭于毕，东观兵于孟津。"但伪古文的《泰誓》作"协三年，春，大会于孟津。"（六）抄袭古书的地方很明显。如《大禹谟》："人心惟危，道心惟微，惟精惟一，允执其中。"这几句话被宋理学家视为"传心秘诀"，但这是根据《荀子·解蔽》引的道经"人心之危，道心之微，危微之几，惟明君子而后能知之。……好义本众矣，舜独传一也。故目古及今，未尝有两面而能精者也。"拼凑而成的，"允执其中"则来自《论语》中赞颂尧的话。

阎若璩把《伪古文尚书》的来源都搞清楚了,因此,他是下了很多功夫的,他的《尚书古文疏证》在考据学上是很有地位的,从此《伪古文尚书》一案大致就定了下来。阎若璩的《疏证》并不是一下子写成的,当时,关于《伪古文尚书》有一场大辩论,《疏证》是在辩论前和辩论中写成的。这场大辩论对学术发展很有推进作用,经过这场辩论,阎若璩的《疏证》写得更好。由此我们可以看出,学术的发展应该通过辩论,真理愈辩愈明。

辩论的兴起是有时代背景的。清初学者认为明人空谈理学,写八股文,不重视学术,于是风气转变。在这个转变中,《疏证》及有关于此的辩论是一件大事,因为他推测的对象是经书中的一部分。顾炎武提出讲理学应该以经学为据。阎若璩认为,不但要以经学为据,还要以历史事实为根据。因此,他开始讲考证之学。顾炎武《日知录》提出,考证的目的是为使空虚的研究方法变成踏实的研究方法,他认为搞学术的目的是"拔乱世,兴太平",为时代服务。他还认为,搞八股之学等于秦的焚书,甚至等于坑儒。

阎若璩是太原人,后居江苏淮安,还著过《四书释地》《潜邱札记》。他与顾炎武有所接触,与《日知录》有讨论。从学问上看,阎若璩不及顾炎武广博、深入,但他的《疏证》影响很大,引起一场辩论,这场辩论有好多人参加。

当时怀疑《伪古文尚书》的著名人物还有姚际恒。他著过《九经通论》一百七十卷,辨伪的有二十八卷,其中有《古文尚书通论》十卷,但惜之不传。阎的《疏证》中引了一部分。传下的只有《诗经通论》,解放后出版过。他的《九经通论》收在杭世骏的《续礼记集说》,共收辑有四十万字。顾颉刚曾得到过五册《春秋通论》的残本。1935 年，又从杭州崔家看到《仪礼通论》，抄了一个本子。后被北大教授马裕藻借去。"七·七事变"，顾颉刚从北京逃出，未及要回，经抗战马裕藻死，书遗失，再到崔家去问，也说经战争后就散失了。

姚际恒的书对阎若璩很有影响，他们之间有来往，是一派的。另一派的著名人物李塨、毛奇龄认为《古文尚书》是真的。毛奇龄是肖山人，明末清初参加过抗清斗争，后一度出家。以后又进清翰林院，撰《明史》。他书写得很多，最著名的是《古文尚书冤词》。

《冤词》与《疏证》是同时著的，也都是陆续著成的。《疏证》最初只写了四卷，后来增加到八卷，每卷十六条考证，共一百二十八条考证，但现在只有九十多条，有的仅有目录，有的连目录也没有。原因何在？

毛奇龄出家后，到过淮安，见了阎若璩，逐渐变成了考据家。毛奇龄与姚际恒熟悉，与李塨也认识。康熙三十二年，即 1693 年，阎若璩到杭州，毛将姚介绍给阎。过了四年，李塨到杭州，又见过姚际恒，还与钱晓城见面，钱晓城也是怀疑《伪古文尚书》的，于是发生辩论，毛奇龄参加反对阎若璩一派，写成《冤词》。

但将《冤词》与《疏证》作比较，却看不出辩论的情况。他们都避免点名，《冤词》中只有"甲曰""乙曰""或曰"。有人考证，"甲"指钱晓成，"或"指阎若璩，因为"或曰"的有些条目与《疏证》相合。有人推论，《疏证》有缺就是因为阎若璩通过辩论，认为自己站不住脚而删掉的。《冤词》中有些"或曰"条目，《疏证》中没有，说明就是删掉的。又有些想法有进展，也删掉了。所以，两书中看不出针锋相对的辩论。不过，可以看出，通过辩论，学术有了进展，最后认为《疏证》是定了案。可见,《疏证》不是一个人的意见,他把姚际恒的意见也吸收了,有的地方说明是姚际恒的。可惜只传下姚际恒的《古今伪书考》,而这本书的质量并不高。把《尉缭子》、《六韬》等都视为伪书。顺便提一下,最近《光明日报》报道发现《文子》,这本书在以前也是被当作伪书的。

这场辩论还有一段余波:惠栋等《伪古文尚书考》,进一步找出作伪的根据,并作了排列。程廷祚《晚书订疑》(原书定名为《古文尚书冤冤词》,后觉不妥,改成现名),驳《冤词》。另一方面也有不少人驳《疏证》,直到光绪年间还有人写翻案文章。这其实是浪费笔墨,但也说明顽固势力很强。

关于《伪古文尚书》的作者问题,我不想多谈,只介绍一个说法:梅鷟《尚书考异》认为皇甫谧;丁晏的《尚书余论》认为是王肃。但章太炎的学生吴承仕写的《尚书孔氏传异同考》中提出不是王肃,但也没有说作者是谁;又有人认为是晋代的孔安国冒充汉代的孔安国所作,这种说法也没有什么根据,晋代确有个孔安国,但没有发现与此事有关,而且《伪孔传》说明是汉代的孔安国作的。

总之,关于这个题目目前还没有定论。

今文《尚书》

《虞夏书》的著作年代及史料价值

《尧典》

《尧典》开首有："曰若稽古"，这就说明不是当时的作品，而是稽古而作的，而且又称"典"，与"诰"、"誓"之类不同，着重于祭祀。但是《左传》《孟子》都引过《尧典》，说明著作年代当在此之前。但是近人的研究又往往有过头的地方。康有为据《论衡》认为是孔子所著，因为《尧典》有"蛮夷猾夏"。这句话有问题，尧时不会有夏。梁启超在《历史研究法》中进一步提出证据说，《尧典》有"金作赎刑"，说明是春秋以后的作品，但又认为有一部分是尧时的作品，因为有人考证里面的天文内容与尧的时代相合。实际上这个说法也并不真有根据。

近人郭沫若的证据较硬。他指出，《尧典》的"如丧考妣"，把考妣解释为父母，而据金文及《诗·小雅》《诗·周颂》等书，没有考妣相连的，只有祖妣、考母连在一起，考妣相连只见于战国及战国以来的著作,《尔雅》就是这样解"考妣"的。

顾颉刚的《尚书研究讲义》(在北大讲学的内容)认为,《尧典》是汉武帝时候的著作。证据是秦统一之后,才统一度量衡,而《尧典》有"同律度量衡";秦统一之后,才有皇帝出巡,而《尧典》有出巡。但这个说法不能成立,统一度量衡的事,战国就有。商鞅就统一过,商鞅升就是为此而创造的。商鞅之前,其他的国家也有统一度量衡的。"巡狩"一词也早就有了,《孟子》引晏婴的话中有这个词。而且秦始皇的出巡与此不同,战国时代曾实行过郡县制,发展到汉朝成为刺史制度,秦始皇的出巡属于这一种,是以天子的身份出来视察。因此他要专权,大权独揽,因此不让诸侯而只是他一人视察。顾颉刚又说,战国时代的《禹贡》有九州,而《尧典》却有十二州,这是根据汉武帝时代的十三州去掉中央一个州。但这个观点也不能成为,因为秦的《封禅书》就有祭十二个名山,《尧典》也讲有十二个山,因此,"十二"这个数字不一定是汉武帝时才会出现的。他又说,《尧典》中羲和是管历法的,南到南交,北到朔方,就是交州,朔方郡,也是武帝时的地名。这个说法也不对,《墨子·节用》中就讲到:"尧治天下,南抚交趾。"朔方就是北方,《史记》引《尧典》就写成"北方",与汉的朔方郡无关。顾颉刚还讲到,《尧典》讲到十二牧、四岳、九官,加起来二十五人,但是《尧典》最后讲共二十二人。怎样解释呢?朱熹认为四岳算一个人,但不对。《尧典》明明说是四人。顾颉刚认为十二牧原应该是九牧,因为武帝是十二州,故改为十二牧。但这也没有确切证据,司马迁就是武帝时的人,《史记》抄了《尧典》全文,内容基本上与《尧典》同。说武帝时改成十二牧,作为太史公的司马迁不可能不知道。

陈梦家《尚书通论》认为是秦代的著作,理由是:一、《尧典》是伏生所传,而伏生就是秦博士。二、秦有巡狩,正好是五年一巡,与《尧典》相合。三、整个《今文尚书》都经伏生据秦法修改,秦法有诛三族,《墨子·明鬼》篇中所引的《禹誓》《甘誓》)末了一句没有,而今文《尚书》为"予则孥戮汝",就是秦时加入的。但也不能成立,《左传》就引了《尧典》。

《左传》至少是战国初年的著作,《左传》引《尧典》,说明战国初年就有了,我认为是成书春秋战国之际。

《尧典》是春秋战国之际据当时的传说写成的,其中不仅包括原始传说,还有一部分带有神话性质。如:羲和在《尧典》中是官,就来自于神话。《山海经·大荒南经》曰:羲和,"帝俊之妻,生十日。"是个太阳神。而《尧典》就是据太阳神的神话写成的,把羲和分成四个人,羲仲、羲叔、和仲、和叔,分居四方,羲仲宅阳旸谷,(《淮南子》叫汤谷),是出太阳的地方,"寅宾出日"。"其民析,鸟兽孳尾。"析,分析、生长;孳尾,繁殖。羲叔宅南交,"其民因,鸟兽希革。"希革的意思很清楚,因为南方天热,所以毛少了。"困"的解释有多种。和仲宅昧谷,"寅饯纳日","其民夷,鸟兽毛毨"。"饯"是送的意思,送太阳下去。毛毨,毛长得多。和叔宅朔方,曰幽都,这是神话中的黑暗世界。"其民隩,鸟兽氄毛。"这是根据神话来的。胡厚宣释四方民、四方风就是引了这个材料,它与甲骨文相合,甲骨文有"东方曰析""南方曰彝",可见它渊源流长,保存了一定的原始材料。

《尧典》与神话的关系还可以从音乐中看出。夔"击石拊石,百兽率舞",据神话传说,夔是"一足兽",是兽中之王,所以它一作乐,会百兽率舞。古代传说中管音乐的官都与鸟兽有关,《吕氏春秋·古乐》中讲到颛顼教飞龙效八风之音祭上帝,于是飞龙命令鳝(有人认为通鼍)作乐,"鲜乃偃寝,以其尾鼓其腹,其音英英。"《尧典》又讲到,尧令益为虞作乐,虞是管草木鸟兽的,虞让给朱虎熊罴,可见也有神话传说在里面。

《尧典》讲到禅让,尧先问四岳,四岳推舜,尧曰:"吾其试哉"。将两个女儿嫁给他,又让他干了一系列的事:"宾于四门,四门穆穆。"宾是招待工作。"纳于大麓,烈风雷雨弗迷。"因此,尧禅让给舜。这里,重要的原因还是"弗迷",《五帝本纪》也讲到这个问题,显然带有神话色彩。

于是汉人就展开了争论,一派认为大麓确是山林,确是入其中而不迷,《盐铁论》《风俗通》属于这一派。《风俗通》第三十讲到,"尧传舜于大麓","麓,林在于山也。"《论衡》把"麓"读为"录","大录"即大官。《论衡·正说》:"言大麓,三公之位也,居一公之位,大总录二公之事。"是三公之中地位最高的,因此尧传位给他。《论衡》又进一步解释:"试之于职,妻以二女,观其夫妇之法,职治修而不废,夫道正而不僻。"《伪孔传》就是根据王充这个说法的。但是《论衡·吉验》又说:"试之于职……使入大麓之野,虎狼不搏,蛟蛇不噬,逢烈风疾雨而不迷。"《论衡·乱龙》也讲舜入大麓之野。可见《论衡》尽管作了自己的解释,但还是前后矛盾。

我认为大麓确是大山,否则,下句"烈风雷雨弗迷"就无从说起。这里可以看出带有神话色彩。《尧典》是根据神话传说写成的,有原始社会的影子,但又有神话。我的主张是把传说还原为神话,而根据神话推测历史事实。不能全盘否定,也不能全盘相信,重要的是怎样用神话推测历史。这个观点我在《中国上古史导论》中也讲过。

《皋陶谟》

著作年代可能比《尧典》早,性质则相同。谟是计划,谋划的意思,皋陶向舜提出一套计划。《左传·僖公二十七年》引的一段《夏书》就是《皋陶谟》,《史记·夏本纪》有其全部记载,可见至少是战国初年的著作。从它的内容看,它的著作时代可能比《尧典》早。

《皋陶谟》中讲到舜的臣子有:益、禹、稷、皋陶、夔。益是进鲜食的,鲜食就是生的东西;禹治水;稷管播种;皋陶施象刑;夔作乐。"象刑"有两种解释,一是指用象征的方法处以刑罚,如墨刑用头上蒙一块黑巾来替,另一种说法是把刑罚画成图像摆在宫殿的前面,皋陶施象刑可能是后一种意思。但是《尧典》却有九个臣子,多出契、伯夷、龙、垂四人。契管五教;垂管工;伯夷管礼节;龙管纳言。两篇比较,可知《尧典》说法更完整,因此,可能时代更后。

《皋陶谟》在《尚书》中并不如《尧典》《禹贡》那么重要。

《禹贡》

《禹贡》,共1 100多字,对历史地理学来说很重要。作于战国中期,讲禹如何治水,分九州、导水、导山、五服四个部分。

《禹贡》在先秦古书中不见引用,《墨子》《孟子》都讲到禹治水,但都与《禹贡》不同,可见,在那时流引不广,《墨子》时可能还无此书。关于《禹贡》的年代,考证很多,郭沫若《金文丛考·金文所无考》中有一条"九州",也就是说,金文中没有"九州"一词。郭沫若认为九州的划分是春秋时代开始的,《禹贡》是春秋之际写成的。

但是据内容看,应在战国中期,因为:一、《禹贡》讲到两周进贡的东西有铁、镂(即钢),铁的广泛应用在战国中期以后;二、《禹贡》把中国划分九州的理想应是符合国家统一的需要的,战国中期以后,人们都有这种要求统一的思想,这种著作反映了这种思想;三、有的地方水平很高,如讲土壤,分等级,列举其特点,根据近年来许多人的研究,认为这种分析是比较科学的,有一定水平,只能在战国时代才能达到。

但这篇著作还是以禹治水为内容,因此有些想象。据搞地质学的人的考察,这些水都是天然形成的,并不是治理的结果。当时的作者根据他那时的历史地理水平把全国的山水都很有系统地作了记载,写的范围是比较广的。作者先从冀州入手,因为冀州就是夏,夏的传说主要在这个地区。而且治水的目的是为了恢复生产。据土地等级制定贡赋,因为国家收入的主要来源是贡赋。贡赋的来源靠农业生产,要搞好农业生产要靠水利。水利在当时由国家统一管理,这是古代东方的一个重要特点,《禹贡》体现了这种思想。

治水一方面是为了农业生产,一方面是疏通水道,便于运送贡赋。如兖州:"九河既道,雷夏既泽,雍沮会同,桑土既蚕,是降丘宅土,厥土黑坟。……其田惟中下。"然后讲如何通过水道运送贡赋。可以说《禹贡》代表了当时农业方面的科学水平。因此,其中有些资料可用来解释战国时代的历史,其中贡些什么就反映了当时的农业生产。

但是,其中有些问题不能说成是战国时代的,因为它是假托夏禹治水,因为有些事实的时代可能要早些。如讲少数民族,讲到青州(现山东地区)"莱夷作牧",即莱夷还在搞畜牧。这不符合战国情况。莱夷看来原是搞畜牧的,西周时还很强盛,齐封到山东的时候,曾与齐争土地。春秋时,逐渐被齐灭掉,当时,莱夷已从事农业生产。因此,莱夷作牧不是战国的情况,至少是西周春秋之际的事。

《甘誓》

夏代在甘这个地方同有扈氏打仗时立的誓。有两种本子,一是墨家的本子,一是儒家的本子。《墨子·明鬼》引作《禹誓》,内容基本相同,但认为是禹打有扈,而今本讲是启打有扈,究竟是谁打有扈,这在先秦的古书上本来就有两种说法。扈在何处? 老的说法是:在陕西户县(鄠县);现在的人都认为甘应在洛阳附近。因为春秋时有个地名叫甘,有扈就是春秋时代的雇,在现在的荥阳。杨筠如的《尚书敷诂》就持这种观点。

《甘誓》的著作年代应在《墨子》之前,至少是春秋时代的作品。

商书

商书中最重要就是《盘庚》。商书从文章上看,可能有些材料是商代的,但经西周春秋的人修改过。王国维在《高宗肜日说》中讲到,《高宗肜日》是西周分封时,宋国人把它写成文字的。这是有些道理的:一、《多士》:"惟殷人有册有典",二、周公分封许多国家时,对商留下的文件很重要。如魏国有《康诰》,其中很重要的内容是要康叔保留殷的好的东西,即合适的法律条文和统治方法。《吕氏春秋·慎大览》讲到,周曾问殷遗民为何殷亡,又问应该怎么办。答道,应复盘庚之政,殷亡在没有复盘庚之政。所以,商书中《盘庚》占的分量很大,共有三篇。三、商书中有些特点,如"如何"写成"如台",说明商书可能是一个来源,商留下,经西周或宋国人修改,文法有些已是西周春秋时代的,但内容是商的。

《汤誓》

是汤伐夏而立的誓,但许多语句不是商代的,与甲骨文有很多不同,如"台"作为第一人称,这在商代、西周均不见,而见于春秋时的金文,可见经过春秋人修改。但《孟子》引过《汤誓》,他看到的本子已与现在的本子差不多了。又如,甲骨文不用"天"字,用"帝"、"上帝",称天命是周的习惯,而《汤誓》中既有"上帝"又称"天"。

《盘庚》

《盘庚》共有三篇,现在三篇的次序是颠倒的,应据俞樾的说法改正:第一篇是中篇,第二是下篇,第三是上篇。第一篇是盘庚将迁都时对国人的动员报告,第二篇是迁移以后对百姓作的讲话。"百姓"指贵族,因为当时贵族有姓,平民、奴隶无姓,现在的"百姓"的意思是战国以后开始的。第三篇是迁都以后一个时期,民觉得不合适,盘庚叫一些大臣传达安慰的话,又对许多官吏讲话,要他们着重整顿,防止发生闹事。

《盘庚》后来是商传下来的,但经西周、春秋人修改过。思想还是商代的思想,都假托上帝的意志来讲。还采取威吓的办法,说自己的祖先在天上管理那些国人的祖先,如不听话,那么天上的祖先就要迫使自己的祖先来处罚他。还用刑罚来威胁,说要让不听话者灭绝后代,这种威胁手段是很原始的。

关于文法已是西周、春秋时代,这一点可以看顾颉刚《盘庚》篇的校释。一是《盘庚》多用"天"字(共有五处)而甲骨文多用"帝"字;二是甲骨文中的"众"是特定名词——从事农业生产的人。而《盘庚》中是众多的意思;三是甲骨文中无"德",周代金文才大讲到德,而《盘庚》有十个"德"字;四是金文,甲骨文中,"王若曰"、"王曰"有区别,"王若曰"是大臣代言。"王曰"是王亲言,而《盘庚》中有些地方盘庚直接讲话也用"王若曰",这东西周晚期才出现。

关于它的著作年代有一些争论，顾颉刚认为是商作周改。于省吾认为本来就是周代的。于省吾的说法可能不对，因为，从思想看是商代的。

还有一个问题，盘庚迁殷，"殷"在甲骨文中是没有的，甲骨文中只有"商""大邑商"。"大邑商"大概是指整个王畿地区。究竟殷怎么会称殷？来源如何？郭沫若《卜辞通纂》有一个说法："衣"，是商王打猎地区（甲骨文中多见），在河南省太行地区的东南部，衣与盂、鄂两地相近，应该读为"殷"。在西周及以后，"衣"是可以读为"殷"的，如《康诰》："殪戎殷"，《礼记·中庸》作"殪戎衣"，郑注：齐国人读殷作衣。郭老的意思认为衣即殷，故周称商人为殷。但是，"衣"是否地名有争论，李学勤《殷代地理简论》认为"衣"是一种打猎的方法，"衣"又称"衣逐"，"衣"是合的意思，围猎叫作衣遂，或简称"衣"。

但是周原发现了甲骨文，有一条"惟衣鸡子来降，其执"见于《考古与文物》1982年第3期，解释为"惟殷微子，来降，其执。"这个解释如果正确，那么周人确实称殷为衣（殷）。看来殷墟原来的名字叫衣，或殷，盘庚迁于此，但整个国都的周围地区还是叫作商。

《逸周书·作洛解》："俾康叔教于殷"。实际上，卫国之可以称卫，来源就是由于殷。殷、卫都叫作衣，两字音同。《吕氏春秋·慎大览》有"亲如夏郼"，高注："郼读如衣"。今兖州人谓殷如衣。微子的封于宋也是一样的道理，宋就是"商"，商、宋古音同。

可知盘庚迁殷的"殷"是从"衣"来的，这是西周习惯用的衣称，可见《盘庚》有很高的史料价值，但经周人改过。

关于迁都的原因，一说是水灾，一说是贵族奢侈，剥削太严重，这是天灾人祸，从《盘庚》的内容看，的确如此。

盘庚主张统治者应该努力、勤劳，使人民受到实惠，这个思想与周公的思想有符合的地方，所以，这一篇能够保存起来。

盘庚讲话的对象当然是国人贵族，并不包括劳动人民，因为是把这些人召到王廷讲话，王廷就是后来称为"外朝"的地方，这种制度不仅商代有，还一直延续到明清，天安门前面就是外朝。《周礼·乡大夫》《周礼·小司寇》讲到，国家有大事，要召集众人问讯，《周礼》中的小司寇专掌外朝之政。要"询国危，询国迁，询立君。"《盘庚》就是询国迁，这就是外朝之政。这种制度实质上是贵族内部的民主，一直到西周、春秋还是如此，《左传》上可以看到很多。所以，《盘庚》讲到的对象应该就是国人、贵族，其中的"民""外民""畜民""小人"都应该指国人。有些通史的著作里作了一些解释，很多是错误的。把"畜民"说成是奴隶，"畜民"即"养民""好民"，并没有畜牲一样的民的意思。而且盘庚也没这个意思。盘庚虽然讲得很严厉，但还是有一定的尊重，还是讲"民利""保民"的，而且说，他的祖先的神灵正在天上管理国人的祖先，对奴隶不可能有此说法。

《盘庚》上还讲到"弄"，"若弄服田，力穑，乃亦有秋。"他要叫下面的官吏向"农"学习。这种"农"看来也不是受剥削的劳动人民，也是国人，因为国人有些人是没有完全脱离农业生产的。"士"也是这样，西周、春秋也有这种情况。《礼记·少仪》："问士之子长幼，长者曰能耕。"这应是作为一句老话传下来的，可证之。所以，《盘庚》篇没有涉及劳动人民。

《高宗肜日》

根据《书序》及《史记·殷本纪》，都说是武丁祭汤时，有一只雉飞到鼎上叫，于是，由祖乙训诸王。王国维认为这个说法不对，因为，据甲骨文看,肜是一种祭祀的名称,是祭了又祭,即今天祭了以后明天再祭。根据甲骨文来看,高宗肜日不应该是高宗祭汤,应是高宗的儿子祖庚祭高宗。它的内容无非是讲,人的寿命的长短是由天决定的,天视其德如何而定。看来这篇内容并不重要,只是反映了当时某种思想。

《西伯戡黎》

讲周文王战胜了黎国后,付臣子祖伊急了,奔告纣王,认为"王淫戏用自绝",故殷将亡,问纣王该怎么办。纣王回答,有命在天,不会王。祖伊回答讲,纣王罪大而图靠天命,结果殷一定毁掉。这一段记载可能因为与周文王有关,故被保留下来了。黎在山西省长治县(山西东南),文王攻黎后就可以进一步攻到商郊了,这在当时是一件大事。

《微子》

微子是纣族中的人,后封于商丘(宋国),殷将亡,微子向太师、少师请教,是逃走好,还是抵抗好,太师劝他逃走,从两人的对话中可以看到一些问题。当时商"沉醉于酒";"罔不小大,草窃奸宄";"卿士师师非度"(师师:众官);"凡有辜罪,乃罔恒获";"小民方兴,相为敌仇"。这是微子的话。据太师讲,纣任人不当,官吏不用长辈、老臣;殷民有偷窃祭品而不处罚,赋税很严重。可以看出商代内部的混乱状况。

太师、少师大概是乐师,《史记》记载,三个人后都出走。

《微子》的著作年代与上述四篇差不多,用字也差不多。"殷"、"商"并如。

《商书》的情况就是如此。

西汉《古文尚书》问题

一、孔安国《古文尚书》并非出自孔壁，而是孔安国的家传本

《史记·儒林传》："孔氏有《古文尚书》，孔安国以今文读之，因以起其家。"成为一个家派。《汉书·儒林传》同。

《史记·孔子世家》孔子"故所居堂弟子内，后世因庙藏孔子衣冠、瑟书、车，至于今汉，两百年而不绝。"古代房子有一堂二内，"堂"是孔子所居的大房子，弟子住在小房子——"内"之中。孔子死后，这个地方保存有孔子生前使用过的东西，司马迁在《孔子世家》中说，他曾经到孔宅参观，看到了上述情况。

《史记》所说的"古文"，指古本书，以古字书写。《武帝本纪》"太史公曰：孔子数传，有《五帝德》、《帝系姓》"，"总之不离古文近是"。"古文"指相传的古书。《仲尼弟子列传》说："弟子籍出孔氏古文，近是。""弟子籍"是孔子传授学生时的一个登记簿，记有名字、年龄、籍贯等等。司马迁的《仲尼弟子列传》，即根据弟子籍写成的。

因此我们认为，"孔氏有《古文尚书》"，应该就是孔氏家传的古文，并非出自孔壁。其书原用古字书写，孔安国为了传授学生，以当时流行的隶书——"今文"改写，因而成为一个家派。王引之有此说。《史记·儒林传》又说："逸书得十余篇，盖《尚书》滋多于是矣。"孔安国《古文尚书》之所以多出十多篇，乃是出自家传。

"古文"字义有变化。《史记》所说的古文，指的是古本书。俞正燮《癸巳类稿》说："《史记》言古文者，犹言古字本。"王国维认为：《史记》讲的"古文"指的是古代字体，到了《汉书》以后，变成家派名称。这种说法是正确的。《史记·吴太伯世家》："余读《春秋》古文，乃知中国之虞与荆蛮、勾吴兄弟也。"《史记》中还曾多次提到"古文"，均指古本。

总而言之，孔安国《古文尚书》是真的，绝不像今文家所说的出自伪造。

二、孔壁《尚书》问题

刘歆《移太常博士书》说："鲁恭王坏孔子宅，欲以为宫，而得古文于坏壁之中，《逸礼》有三十九，《书》十六篇。天汉之后，孔安国献之，遭巫蛊仓卒之难，未及施行。及《春秋左氏》，丘明所修，皆古文旧书，多者二十余通，藏于秘府，伏而未发。"《汉书·艺文志》阐述更详："《古文尚书》者，出孔子壁中。武帝末，鲁恭王坏孔子宅，欲以广其宫，而得《古文尚书》及《礼记》、《论语》、《孝经》凡数十篇，皆古字也。……孔安国者，孔子后也，悉得其书，以考二十九篇，得多十六篇。……刘向以中古文校欧阳，大、小夏侯三家经文，《酒诰》脱简一，《召诰》脱简二，率简二十五字者脱亦二十五字，简二十二字者脱亦二十二字，文字异者七百有余,脱字数十。"

由此看来,西汉秘府内藏有《古文尚书》。但是刘歆说法存在一些问题。

(一)根据《史记·孔子世家》,孔安国为武帝博士,早逝,其年龄应在四十岁以下。又据《汉书·儒林传》,倪宽曾受业于孔安国,后补廷尉史,时这尉为张汤。张汤为廷尉在武帝元朔三年(公元前126年),巫蛊之乱则发生在征和二年(公元前91年),两者相差35年。据阎若璩考证,根据汉制,为博士弟子至少要十八岁,博士之官至少要20余岁。那么,这时孔安国年纪至少20多岁,加上35年已近60岁,为何史迁说他早逝?《史记·孔子世家》所载孔子后代,有的六十多岁,有的五十多岁、四十五六岁,司马迁都作了详细的记载,死于40岁以下的称之早逝,年龄为予记载。可见,孔安国年龄当在40岁以下。阎若璩由此得出结论:在巫蛊之乱时孔安国已经逝世,不可能在天汉之后献书。

(二)"武帝末,鲁恭王坏孔子宅"也有问题。景帝前元三年(公元前154年)恭王为鲁王,26年后去世,当在武帝元光六年(公元前129年),死于武帝之初而非武帝末。

荀悦《前汉纪·成帝纪》引刘向曰:"武帝时孔安国家献之。"这里有两种可能:刘歆书脱漏"家"字,或者是荀悦发现矛盾后所加。

因为刘歆上述说法有问题,康有为等今文学家就认为古文均是刘歆伪造,这显然过于武断。

我们认为:孔壁出古文是事实,不是伪造,但是它可能和孔安国无关。因为孔安国曾经传授《古文尚书》,孔壁又出古文,因此刘歆就把二者混为一谈,以便争立学官。西汉时《古文尚书》当时有两种本子:一是孔安国《古文尚书》家传本,以今文读之,成为《今文尚书》。二是藏于秘府的古文本。

孔安国的《古文尚书》传授了许多代,都有明确记载。司马迁曾向孔安国"问故",问的应该就是《古文尚书》。他在《史记·孔子世家》说,他曾赴鲁国,"观仲尼庙堂在服礼器,诸生以时习礼其家。"古代贵族的宗庙,庙和寝是连在一起,寝放生前使用的生活用品。墓旁边可能也有寝,陈列床铺、车子等。孔子死后,他的书籍都放在寝中,经过二百多年之后还存在,其后代、后学世代传习,以举行祭祀和行礼。可知孔家是有古本的,经过许多代传习后,孔安国"以今文读之",已非孔子原来本子。前面说过,孔子门徒的籍贯、年龄都保存在弟子籍中,称《孔氏古文弟子籍》,就是孔府保存的用古文写的弟子籍。司马迁说他"十岁诵古文",诵读古文字的书本。他的父亲为太史令,亦有家传,因此从小就传授古文。

孔壁发现的古文,存于秘府,应该是没有问题的,虽然史籍记载的时间不正确。《汉书·艺文志》说刘向曾以中古本校刊三家《尚书》。《汉书·儒林传》记载,西汉成帝时东莱张霸"分析合二十九篇,以为数十,又采《左氏传》、《书序》为作首尾",造百两篇,将作献上朝廷。汉成帝命人"以中书校之,非是。""中书"指秘府里的藏书。《论衡·佚文篇》也说:"成帝出秘《尚书》以校考之,无一字相应者。"《论衡·□□□》①记载同样事情,称"秘"。西汉秘府有不少藏书,《汉书·艺文志》云:"建藏龙之策,置写书之官,下及诸子传说,皆充秘府。"注引如淳曰:"刘歆《七略》曰:'外则有太常太史博士之藏,内则

---

① 原文如此。——编者注

有延阁广内秘宣之府。'"《文选》卷三十八李注引刘歆《七略》曰:"孝武皇帝敕丞相公孙弘广开献书之路,百年之间,书积如山,故外有太常太史博士之藏,内则延阁广内秘书之府。又曰:《尚书》有青丝编目录。"说明秘府确有藏书。

这些秘府藏书是用什么文字写的呢? 许慎《说法解字序》说,籀文为周宣王时太史籀所著,"古文,孔子壁中书也",古文与籀文不同。《说文》中的古文来自孔壁,许慎曾到秘府参加校对古书,看到过古文,《说文》所引的古文应是可靠的。例如:

《尧典》"肆类于上帝"。肆,《说文》作繠,"㣼,古文繠,《虞书》曰'絺类于上帝'。"金文作絺,和古文相近。段玉裁谓:"许所据盖壁中古文也,伏生《尚书》及孔安国以今文读定之,古文《尚书》皆作肆。"(《说文》段注)

《尚书·立政》"王左右常伯常仕准人。"《说文》伯作敀,"周书曰敀常常任。"敀字见于战国陶文。如齐陶"王卒左敀阳櫓里土""王卒左敀□阳北里五"(《铁弓藏陶》、《古陶琐萃》),王卒,齐王之兵。左敀,军官名。阳櫓里为制陶者所居地名。燕陶"十一年八月,在陶尹,钟疾,敀贺,右陶攻(工)汤"(李学勤《战国地名概说》所引,《文物》57年第7期)。敀是官名,贺是人名。李学勤认为敀是左右部,不对。

《大诰》"西土人亦不静,越兹蠢。"《说文》"蠢"古文作"截",引《周书》"我有截在西"。乃假借字。

以上数例说明,《说文》所保存的一些壁中古文是有根据的,绝非许氏杜撰。

汉代学者又称古文为"蝌蚪书"。《伪孔传》引郑玄《书赞》,说古文字形状若蝌蚪。《晋书·卫恒传》卫恒作《四体书势》，有古文（即蝌蚪文）一体。卫恒说："武帝时，鲁恭王坏孔子宅，得《尚书》《春秋》《论语》《孝经》。时人不复知有古文，谓之科斗书。汉世秘藏，希得见之。魏初传古文者，出于邯郸淳。恒祖敬侯写淳《尚书》，后以示淳，而淳不别。至正始中，立三字石经，转失淳法，因科斗之名，遂效其形。太康元年，汲县人盗发魏襄王冢，得策书十余万言。案敬侯所书，犹有髣髴。"可证汉秘府《古文尚书》到魏晋时还有抄本，其字体和汲冢书一样都是战国文字。王国维《观堂集林·铜乡徐氏印谱序》指出战国陶器、印玺、兵器、货币文字与《说文》《魏三体石经》的古文"皆自相似，然并讹别简率"，又说"此四种文字自为一系，又与昔人所传之壁中书为一系。"

今文家不信古文尚书，刘逢禄《书序述闻》云："马融云逸十六篇绝无师说，则亦《逸周书》之类，未必孔壁中本。"宋凤翔说："案东晋古文固伪，而汉时多十六篇未是，如刘歆所引诸文，太史公不著于《史记》。马、郑又不作注，正以不可信也。"其实，司马迁已经看到了《古文尚书》，并在《史记》中引用过。《古文尚书》二十九篇和今文字句大致相同，字体有异。马融、郑玄对增益的十六篇未加注解，原因有二：一是当时注家都是在前人注释的基础上加以发挥的，古文十六篇，因此马、郑亦来作注，前人无注。二是《古文尚书》在西汉未立学官，王莽一度立之，时间不长，到东汉光武帝时又被取消。儒生为了利禄都学今文二十九篇，因而逸十六篇无人作注。

康有为否认《古文尚书》的存在。他说："孔安国以今文读之"，是古文不可见，皆今文。《史记》并无鲁恭王坏孔宅之事，《汉书》的记载，是受了刘歆的影响。又举出鲁恭王、孔安国卒年问题来证明不存在壁中古文。康有为还认为河间献王没有得到《古文尚书》。康氏论证的方法是将《史记》和《汉书》对读,《史记》所无而见于《汉书》,就是出于刘歆伪造,这种方法显然是武断的。刘歆说法正误混杂,只能结合其他史料加以判别,不能一概否定。

据《汉书·艺文志》记载,倪宽从欧阳和伯学今文尚书,又受业于孔安国。倪宽传于简卿,再传夏侯胜:

康有为据此认为,今古文在倪宽时已经合一、二者没有太大区别。其实,倪宽不一定将《古文尚书》全部学到,西汉今古文并存是很清楚的。

钱玄同在《古史辨》第五册《重论经今古文学问题》一文中,沿袭康有为之说,认为刘歆在汉代还能见到古文,因此能以战国文字来伪造古书。此说武断,没有根据。

总之,古文经是真的,今文家的伪造说不可信。

河间献王的古文本

《汉书·景十三王传》说河间献王刘德"修学好古,实事求是。从民得善书,必为好写与之,留其真,加金帛赐以招之。繇是四方道术之人不远千里,或有先祖旧书,多奉以奏献王者,故得书多与汉朝等。……(献王)所得书皆古文,先秦旧书《周官》《尚书》《礼记》《孟子》《老子》之属。"王国维对此有过推论。献王与鲁恭王是兄弟,恭王早死两年。河间献王得出的古文尚书有可能是鲁恭王孔壁尚书的抄本(《观堂集林·汉时古文诸经有转写本说》)。

古文尚书的传授

据《汉书·儒林传》及《后汉书·贾逵传》，孔安国《古文尚书》的传授关系可见下表：

孔安国——都尉朝——庸生——胡常——徐敖——涂恽——贾徽——贾逵——许慎

又据《后汉书·儒林传》：

杜林的《古文尚书》，由贾逵作训，马融作传，郑玄注解，卫宏作训旨。王鸣盛《尚书后案》认为，《古文尚书》都是从孔安国传下来的。杜林的本子应当就是孔安国之本，他传之贾逵，孔本亦传之贾逵，二者没有两样。贾氏所传的马融，郑玄都是古文家。郑玄《书赞》称孔安国为"我先师棘（稷）下生"。孔颖达《尧典正义》中说，马融、郑玄、王肃所传的《尧典》"我其试哉"，前面脱漏"帝曰"二字，此乃"庸生之徒漏之也"。说明马、郑、王的《古文尚书》是从庸生那里传下来的，与孔安国这一支有关系。马、郑注中引用的古文家说法，应该是有根据的。

马融、郑玄之书，在唐开元年间还存在。《旧唐书·艺文志》中有马融《古文尚书》注十卷，郑玄《古文尚书》注九卷。陆德明《经典释文》说马融注有十一卷（包括序），郑玄注九卷。孔颖达《尚书正义》以及三家《史记注》都引用过马、郑注，保存不少古文家的说法。

今古文尚书异同

古文与今文在一些地方是不同的，例如：

《盘庚》下："无戏怠（怡），懋建大命！今予其敷心腹肾肠，历告尔百姓与朕志。"古文训"敷"为"布"。意思说不要贪图嬉逸，勉立大命。现在我把心肠都掏出来，开诚布公地将我心中的意向一一告诉你们众位百姓。《今文尚书》"心腹肾肠"作"优贤扬历"。这句话在汉代十分流行，如《汉咸阳令唐扶颂》、《三老袁良碑》都曾引用。《魏志·管宁传》赞扬管宁"优贤扬历，垂声千载。"按今文说，优贤，义为敬贤；历，试。意思说不仅尊敬贤人，还要加以试用。段玉裁认为，汉人读《今文尚书》，因此这句话在许多碑刻书籍中被引用。清代学者主张今文说的有江声、皮锡瑞，多数人从古文说。据孔颖达《疏》，"心腹肾肠"出自郑玄本。从文章前后意思看，以古文说为是。顾颉刚先生《盘庚校释》亦持此说。章太炎《古文尚书释疑》主张："历"在石经中均作"鬲"，在此亦应作鬲，通膈，属上读。此说较勉强。

《多方》"天惟五年须暇子孙，诞作民主，罔可念听。"《诗·大雅·皇矣》郑笺引此文"暇"作"夏"，即夏后氏之夏。今文则读"暇"为"假"，谓假予纣五年时间，看他能否改过。俞樾《群经平议》认为夏为是。"以五年须待夏后氏之子孙，欲其诞作民主，而夏后氏之子孙罔可念听"，最后由周取而代之。今人多采用俞说。

古文十六篇问题

上面所讲的《尚书》二十九篇，今文与古文基本相同，只是有些字句不同。多出的古文十六篇，现已失传。

关于古文十六篇的真伪，有争论。今文家认为它是伪作，因为马融说过十六篇无注。刘逢禄《书序述闻》认为它是《逸周书》之类。皮锡瑞《经学通论》谓刘说有据。因为《逸周书》中的《世俘解》，就是古文十六篇中的《武成》。

　　这种说法，来自孔广森《经学卮言》。他提出两个证据：一是《汉书·律历志》引刘歆《三统历》，刘歆为了证明历法，引《武成》三篇，和《世俘》完全相同。二是《书序》"武王伐殷，往伐归兽，识其政事，作《武成》。"今《世俘》序亦有武王得胜后狩获禽兽一节，正合《武成》"归兽"记载。孔广森的两个证据是很有力的。我们还有另一个证据。《孟子·尽心下》说："尽信《书》，则不如无《书》。吾于《武成》，取二三策而已矣。仁人无敌于天下，以至仁伐至不仁，而何其血之流杵也？"现在的《世俘》篇，记武王军队所杀十七多万人，俘三十多万，正是"血流飘杵"，和《武成》一致。东汉王充亦见过《武成》，他在《论衡·语增》篇中说："察《武成》之篇，牧野之战，血流浮杵，赤地千里。"王充以此来驳斥俗儒所谓武王伐殷不杀人的迂腐说教。孔广森因为"孟子所读《武成》有'血之流杵'，《世俘》乃无之，则又未可竟以《世俘》当《武成》。"其实，孟子所说的"血之流杵"乃是形容战争的惨烈，不必文中真的有此四字。王充的话也是用了形容词。古书一篇存于二篇中是可能的。据郑玄注，《武成》在汉光武帝时就已失传，但《世俘》仍流行于世。二者内容极近，究竟是不是同一本子则难于断定。

　　关于"归兽"有两种解释。一、读兽为狩。古代兽、狩音近相通。《史记·周本纪》作"西归巡狩"。皮锡瑞认为是周天子巡狩。二、兽即野兽，归兽指狩猎。古代统治者都有广大的范围，畜养禽兽，直到汉代仍是如此。据史书记载，商王荒淫，田猎无度，其苑囿广大。并有许多野兽。周武王打败商纣王之后，就在京苑内打猎，因此抓获了大量的野兽。此说较妥。

　　关于这个问题，可参考几篇论著：

　　沈延国《逸周书集解》，顾颉刚《〈逸周书·世俘篇〉校注写定与评论》(《文史》第二辑)。

现在进一步讨论《世俘》篇。

《世俘》,大俘也。宗庙太室又叫世室,太子又称世子,古文太大为一字(见朱佑曾《逸周书校释》)。《武成》"著武道至此而成",(孔《疏》引郑注),从篇名看,可知都与抗争和俘获有关。

顾颉刚先生认为《世俘》所记,"容有若干夸张成分,但其著作时代甚早,其所得周初史事之真相远过于战国而下所述,在史料中具有甚高价值。"顾先生提出五个证据证明《武成》早出:

1. 采用西周历法和纪年方式。它用"旁死霸"、"既死霸"、"既旁生霸"等纯阴历的名词和甲子来编定各个月里的日子,符合《尚书·周书》及金文记时法。《说文》"霸大月二日,小月三日。"马融《康诰》注同。刘歆释生霸为望,死霸为朔,非。王国维《观堂集林·生霸死霸考》考订:一月为四分,初吉1—7、8日,既生霸8、9—14、15日,既望15、16—22、23日,既死霸23、24日—29、30日,旁生霸10日,旁死霸25日。这种记日伐到了春秋以后弃置不用。

2. 措辞用语与《周书》相同,如称国为方。杀人言伐,祭祀称"燎",亦见于甲骨金文。

3. 宗法、祭祀形态较原始。如祭祀王烈祖,自太王、太伯、王季、虞公、文王、邑考依次致祭。太伯、虞公是武王的伯祖,邑考是武王之兄,这三人都是旁系亲属。不分嫡庶,兄弟并祭的祭法和商代相同。

4. 杀人祭祀。沿袭商代遗风。春秋以后杀祭被视作"夷礼",废弃不用。如宋襄公杀鄫君,祭于次睢之社(睢水之神),被指斥为"取悦于东夷"。

5. 胜利后举行献俘典礼。蔡邕《明堂论》引《乐记》"武王伐殷，荐俘，馘于京太室。"《吕氏春秋·古乐》"武王归，乃荐俘馘于京太室"，皆据《世俘》。其云："荐引俘王士百人"。这种献俘典礼春秋时代不多见，均献活人，来献馘首。

我认为《世俘》篇有几个问题值得深入研究：

1. 牧野之战激烈艰苦，绝不像儒家所描述那样轻而易举。

《孟子·尽心下》说："武王之伐殷也，革车三百两，虎贲三千人。王曰：'无畏！宁尔也，非敌百姓也。'若崩厥有稽首。征之为言正也，各欲正己也，焉用战！"

《荀子·儒效》说："武王之伐纣也，……厌旦于牧之野，鼓之而纣卒易乡（向），遂乘殷人而诛纣。盖杀者非周人，因殷人也。故无首虏之获，无蹈难之赏。反而定三革，偃无兵，合天下，立声乐，于是《武》、《象》起而《韶》《濩》废。"晋代常璩讲的更加轻松，"武王伐纣，前歌后舞"（《华阳国志·巴志》）。

儒家的这些讲法，完全是为了推行"仁政"学说，把武王美化为"吊民伐罪"的圣人，不战而得天下。

历史事实并非如此。根据《世俘》，武王军队在牧野打败纣王后，大战才真正展开。武王派八路军队从东西南北出击，主要将领有：大师吕尚（太公望），师初义是军官。古代贵族学校——大学以军事训练为主，师也就成为教武的教师，后来教师之称由此而来。大师就是统率。《诗·大雅·大明》"惟师尚父，时惟鹰扬，谅彼武王，肆伐大商。"师尚父军功卓著，但儒家将功劳归于武王一人。还有一些将领的名字未见于他书。如吕他（陀）、侯来、白（伯）弅、陈本、白（伯）韦、新荒。吕、陈，氏名。伯、侯，等级。吕氏属姜氏之族。姜、姬原来是部落联盟,姜出于羌族,英勇善战,太公望率领的就是这支军队,后来周公东征,主要依赖的武装力量也是这支军队。姜姓诸侯主要分封在山东地区。如齐,纪(今寿光)、州(今安丘)、向(今莒南)。这一带地区东夷势力强大,需要分封强悍的姜氏诸侯来加以镇服。《世俘》出现吕望,吕他等姜姓军事统率并不是偶然的巧合。

八路兵马的进军路线是:太公望御方来(商方国),吕他伐越戏方(今荥阳西南),侯来伐陈(今淮阳),百弇伐卫(即韦,今滑县东南),陈本伐磿(今禹县),百韦伐宣方(甲文作亘方,今垣曲东南),又伐厉(今鹿邑),新荒伐蜀(今新郑西南)。

武王出兵伐纣有两次。第一次观兵于孟津而返,在这一带建立了根据地。孟津靠近管,《墨子》称管为"关",在古代是一要地。商朝在此建有大城。如果周人于此没有军事基地,不可能在第二次出兵时那么迅速地渡河。武王最先分封管、蔡,目的就是在这些地方建立据点,以利伐商。蔡应靠近盟津,可能就是祭,在今郑的西北。(朱佑曾说),祭为蔡叔最初的封地。《逸周书·大匡》"惟十有三祀,王在管。"《文政》"管蔡开宗循王"。可能武王伐纣就驻扎在祭、管一带。

八路军队得胜后,皆"告于鼫俘",向武王献捷。战利品除了首级和俘虏外,还有大量的车辆。如"陈本、新荒蜀、磨至、告禽霍侯,俘艾侯、佚侯、小臣四十有六,禽御八百有三十两,告以鼫俘。"据《世俘》记载,武王先后灭掉了九十九国,征服五百六十二国,杀死 1 777 779 人,俘人 300 230 名。这些数字有夸张,因为此篇赞美武王的武功,就要夸大杀人数量和征服国家的数目,这种观念与后来不同。奴隶制时代以勇力为贤。金文贤作"臤",从"臣"从"又","臣"是俘虏,从"又"象用手擒俘虏。《仪礼·乡射礼》把射中目的的勇士称为"贤能"。《石鼓文》中的"多贤",指的是善于擒获的人(详见《古史新探·"射礼"新探》)。可见崇尚武力是当时奴隶制社会的风气,《世俘》篇用夸张的数字来渲染武王的战功也就不足为奇了。

《世俘篇》在将馘和俘的区别记录,这种记事方式和西周金文一直。小盂鼎记载盂征鬼方,第一次提出"聝"(舍)2 人,馘 4 812 人,俘 13 081 人,马若干匹,车 30 辆,牛 355 头,羊 38 头。第二次又提到"聝"1 人,馘 237 人,俘若干人,马 104 匹,车 100 多辆,接着盂就献俘给周王,有一套献俘典礼。记载方式的一致,亦可证明《世俘》时代之早。

2. 献俘典礼

奴隶制时代的战争,将俘掠人口,沦为奴隶作为最大的目的,因此在战争胜利后要举行献俘典礼,向祖宗告捷。《世俘》记载了周武王的两次献俘:

第一次在牧野举行。"王不革服,格于庙,秉黄钺。"祭祀祖先。第三日"癸丑,荐俘殷王士百人","甲寅,谒戎殷于牧野。王佩赤,百旂。龠人奏《武》,王入,进《万》。"谒,告,报告。意思是说在牧野将战胜殷商的消息告知给先王。武王出征时,曾载文王神主于军车之中,自称太子发,战后在牧野之馆室设立临时性的宗庙,把胜利的消息告知庙中行主。春秋时代就存此制。《左传·宣公十二年》说楚庄王在邲战胜了晋军。"作先君宫,告成事而返。"赤百旂是用来指挥作战的两面旂旗。《逸周书·克殷解》说武王在牧野前线"乃手太白以麾诸侯"。黄钺即铜,武王用它斩下纣头,悬于太白旗,以玄钺斩纣妻,悬于小白旗。《左传·定公四年》周公成王"分鲁公以大路,大旂,……分康叔以大路,少帛。"王引之《经义述闻》卷十九谓帛通白,小帛即小白旗。齐桓公名“小白”,与齐国受封时所得的小白旗有关。诸侯只能用小白旗,大白旗则为天子专有。西周天子诸侯狩猎如同军事演习,也要用白旗指挥。

第二次献俘典礼在国都周庙举行,规模更为盛大隆重。“武王朝,燎于周庙……武王降自车,乃俾史佚繇书于天号,武王乃废于纣矢恶臣百人,伐右厥甲小子鼎大师,伐厥四十夫家君鼎师。”“繇”即籀,宣读“天号”当作大室。史官佚宣读祭祀之书,矢疑共之误文。鼎当是鼎刂(则)之文。“小子”亦见于甲骨文,大概是宗族首领。右,右边。伐,甲骨文作社,砍头。“家君”应为冢君之误,《尚书·牧誓》“有邦冢君”。从上文看,杀人是分等级的。武王下令杀纣恶臣百人,大师吕尚责甲小子,师氏杀冢君。新荒、陈本等人职务应是师氏。

《世俘》又云:“司徒司马初厥于郊号”。初当读为处。杀人后,人头用于祭祀,尸体不能埋在国都,由司徒司马送到郊区处理掉。《尚书·牧誓》“司徒、司马、司空”,司徒、司马、司空在作战时负责军队的后勤工作,因此尸体也由他们处理。殷墟王陵有许多排葬坑,多数东北向,少数东西向,共有坑 191 个。南北朝向的都是杀人祭祀坑,尸体无首,每坑有 8—10 人尸架,有规律的排列与杂乱的置放并存。有人认为这些坑靠近王室大墓,是用来埋葬祭墓的殉人。也有人认为是杀人祭祀的场所,共有殉人 1 178 人,分 22 批,用来祭祀殷代各位先王,不是单单祭祀一个墓主。后说较妥。无头的原因与献俘典礼有关,首级悬于大旗,送进庙里,尸体另行处理。

关于献俘典礼,文献中记载最详的就是这篇《世俘》,此外,《春秋左传》也有一些材料。现在结合金文进一步加以阐述。

武王、太师、师氏将在庙外将纣臣处死之后,“乃夹于南门用俘,皆施(弛)佩衣,先馘入。"先把俘虏陈列在宗庙南门两边的夹道上,剥下衣服示众,再献进首级。"武王在祀,大师负商王纣悬首白旂,妻二首赤旂,乃以先馘入,燎于周庙。"将纣和二妻的首级焚烧祭祀。

周夷王时代铜器虢季子白盘铭文云:"搏伐猃狁于洛之阳,折首五百,执噩(讯)五十。……桓桓子白,献馘于王。王孔加子白义。王各(格)周庙,宣廒爰卿(饗)。"讯,甲骨文作𤔔,金文作𤔲,象双手反绑的俘虏。可见献俘典礼是在宗庙举行的,献的是首级和俘虏。《诗经》亦屡言执讯。

敔簋云:"南淮尸(夷)遷(迁)及,内(入)伐滈鼎、参泉、裕、敏陰、阳洛。王令敔追御于上洛、怴谷,至于伊、班。长榜(榜)馘(载)首百,执讯卌,夺(俘)人四百,畠(献?)于娄白之所。……王格于同大庙,武公入右敔告禽(擒),馘百讯卌。"据郭沫若先生考证,"即榜字,用为枋,言族柄也。《克殷解》'悬诸太白''悬诸小白',即此'长枋载首'意。"(《西周金文辞大系考释》)铭文中的"告擒",即献俘典礼。

《墨子·明鬼下》武王"与殷人战争牧之野,王乎(手)禽费仲、恶来。……武王遂奔入宫,万年梓株,纣而系之赤环,载之白旗。""万年梓株"即敔簋铭中的"长榜"。

金文中还有一条重要资料——小盂鼎,铭文公分两段:1."王格周庙……盂以多旂佩鬼方……入□门,告曰:王令盂吕□□伐鬼方,执嘼二人,隻(获)四千八百十二馘,孚人万三千八十一人。""□门"应即南门,"告"言告擒。嘼读为首酋之首。盂将斩获的大量人头悬挂在"多旂"上。第二次征伐盂又"执嘼一人,隻馘百三七馘"。2."王□□□,盂拜稽首,以嘼进,即大廷。王令娄遷嘼。娄乃(乃)即嘼遷厥故。□嘼伯……鬼爛(昏)……。折嘼于□。令盂以厥馘入门,献

西旅，……入，奠周庙。"这段大意是，鬼方酋长被带到大廷，周王命令
荣伯审问入侵的原因。酋长回答说，因为越伯欺侮我们。这几个酋
长被斩首之后，王命令盂提首级入门，献于西道上，随后又燎于周庙。

《古文尚书·旅獒》虽已亡佚，其《书序》尚在，可与《小盂鼎》相互
证。其云："西旅献獒，大保作《旅獒》。"《伪孔传》释为大狗，西方之国
献狗于周。此说非。陆德明《经典释文》引马融注"獒"作"豪"，即酋
豪。孔颖达《正义》引郑玄注："西戎无君名，强大有政者为酋豪。"这
种解释正确。楚国有"敖"，比国君低一级。如若敖、霄敖、郏敖、訾
敖。《𠭯伯毁》"王命公征眉敖，盠公至，告。二月眉敖至见，献賆
（帛）。"眉敖即眉国国君。"西旅献獒"是说在西旅献上所执的酋豪，
不一定是西戎。

<pre>
               王
              ————————
西   大廷   东
旅————南门————旅
</pre>

献俘典礼的目的有两个：1.记功。它把俘虏的人作为战利品献
给上帝，报告自己战争的功劳。2.献俘只杀掉少数人，其余俘虏经过
献俘典礼后就成为奴隶。

金文和《世俘》讲到的"馘"，从首或声，初义是折首。《说文》馘字
或从耳，战争中割掉敌人左耳记功是西周以后才有的。杀头记功是
一种原始的蛮俗。南洋有"猎头民族"，斩获人头越多越勇敢，头颅作
为战利品陈列在家中。秦国地处西方，保留许多戎狄的遗俗。商鞅
通过杀头记功的办法鼓励军功，正是这种落后遗俗的残存。云梦秦
简中还有两人争甲首的记载。这种遗俗，不见于其他诸侯国家。

春秋时代献俘典礼只有一次，城濮之战后，晋文公"献楚俘于王：

驷介百乘,徒兵千,……王享醴。"已无杀人献馘了(见《左传·僖公二十八年》)。《左传·庄公三十一年》"齐侯来献戎捷,非礼也。凡诸侯有四夷之功,则献于王,王以警于夷,中国则否。"诸侯不相遗俘。《左传·成公二年》云:"晋侯使巩朔献齐捷于周,王弗见,使单襄公辞焉。曰:'蛮夷戎狄,不式王命,淫湎毁常,王命伐之,则有献捷。……兄弟甥舅,侵败王略,王命伐之,告事而已,不献其功。'"可知只有讨伐蛮夷戎狄才能向天子献捷。

悬挂人头的旌旗有等级之分。《世俘》"商王纣悬首白旂,妻二首赤旂。"古代旗帜以白为贵。《国语·吴语》记载吴王夫差北上争霸,中军持白旗,穿白衣。由夫差亲自率领,左军色红,右军色玄。

《周礼》成书较迟,已经不见献俘典礼,所讲的旗帜与古文献也不尽相合。《周官·巾车》其中一种兵车名"革路","建大白,以节戎,以封四卫。"商保留一些原始面目。

3. 大狩礼

《世俘》记载,武王打败商朝后,在纣王苑囿"狩,禽虎二十有二,猫二,麋五千二百三十五,犀十有二,牦七百二十有一,熊百五十有一,罴百一十又八,豕三百五十有二,麈十有八,貉十有六,麝五十,麇三十,鹿三千五百有八。"这些野兽,有野生、半野生及畜养三类。擒获这么多野兽,其狩猎规模当然很大。这种"狩"具有狩猎和行礼的性质,即大蒐礼。

大盂鼎云:"易(锡)乃祖南公旂,用畱。"畱应读作狩。毛公鼎云:"易女兹赐,用岁用政(征)。"大狩礼如同作战,需要旌旗。甲骨文中商王有一狩猎区。王国维、郭沫若考定在太行山东南,主要地名有噩(鄂)、盂、衣、雍。从卜辞看,殷代商王的狩猎已经具有大狩礼的性质,狩猎和军习演习合一。《续·3·23·7》云:"丁丑王卜、贞,其遄(振)旅,往迖(弋)于盂,来往亡灾?"振旅有练兵之义,春秋犹见。

7.①古文尚书丧失的原因

古文十六篇,除了《武成》的内容保存在《逸周书·世俘》外,其中的《汤诰》还可以在《史记·殷本纪》中见到一部分。《史记》说:"既绌夏命,还亳,作《汤诰》。"并引其文126字。这篇诰词格调和《尚书》相近,但文字通俗。孙诒让认为司马迁曾向孔安国问故,这篇《汤诰》应来源于《古文尚书》,经过司马迁修改后变得浅显易懂。康有为《新学伪经考》说《古文尚书·汤诰》是刘歆抄自《史记》,不能成立。

古文十六篇在东汉初已经亡佚一小部分。如《武成》,在王充时还可以看到,不久就失亡了。据孔颖达《正义》引郑玄说,"《武成》逸书,建武之际亡。"到东汉后期郑玄还看到一些《古文尚书》,汉魏之际尽佚。

《古文尚书》具有很高的史料价值。为什么会在东汉时期亡失呢?主要原因是儒家思想的统治地位从西汉到东汉逐渐得到强化,而《古文尚书》有许多不合儒家的理论。孟子说"尽信《书》不如无《书》",而这些作品正是这类东西。光武以后,把《尚书》作为皇帝的读本,传经的大儒当然不敢向皇帝讲授这些违背正统思想的篇章,因此古文十六篇无人加以注解,没有师说。

古文十六篇,《周书》只有三篇。其中《旅獒》《武成》讲周王杀人,与儒家仁政学说相抵触。孟子就曾说过:"尽信《书》则不如无《书》。吾于《武成》,取二三策而已矣。仁人无敌于天下,以至仁伐至不仁,

---

① "7"原文如此,疑应作"4"。——编者注

而何其血之流杵也?"另外一篇《毕命》,讲康王命令作册毕"分居里,成周郊",统治成周附近地区。虞夏书七篇:《舜典》《汩作》《九共》《大禹谟》《弃稷》《五子之歌》《胤政》。《舜典》讲尧对舜历试诸难,看他够不够国君的资格。《汩作》《九共》讲尧舜统治,《大禹谟》讲皋陶向禹献谋;《弃稷》讲后稷之事;《五子之歌》讲太康失国,兄弟五人之事;《胤政》讲羲和。商书六篇。《汤诰》讲汤对臣下的告诚。《伊训》《肆命》《咸有一德》讲伊尹训太甲,《说命》讲大戊之臣伊陟训王,均不合儒家君权思想。《典宝》讲汤得胜后俘掠许多宝玉,更是有损"圣王"形象。

其次是今古文之争。这是西汉末至东汉思想界的一场激烈斗争。主要目的无非是为了利禄。据《汉书·儒林传》,武帝设置五经博士,由经学大师充任,"盖利禄之路也"。因此今文也分为几派,争夺这个肥缺。先有欧阳,后有大、小夏侯。武帝时孔安国《古文尚书》成为一个家派,立为博士。其后分为两支:1.孔门家传,东汉时其子孙就有人治《古文尚书》。2.民间传授。主要为了发展学派势力,扩大影响。哀帝时,刘歆欲立《毛诗》《逸礼》《古文尚书》为博士,今文家以"《尚书》为备","左氏不传《春秋》"为理由加以反对。刘歆因此写下了著名的《移太常博士书》加以驳斥。他说古文"传在民间,抑而未施","藏在秘府,伏而未发",民间传授古文者有鲁桓公、赵贯公、胶东庸生。"皆有征验,内外相应",基本上符合历史事实。因为今文学反对,古文在哀帝时未立学官,到了王莽执政。刘歆利用王莽的诠释立古文为学官,王莽也有利用刘歆的地方:

1."刘为尧后,有传国之运。"王莽为舜后,有禅让之运。"刘为尧后",其说见于《左传》,汉昭帝时已有人提出。王莽利用这种古史传说制造篡位舆论（详《上古史导论·刘为尧后说推源》，《古史辨》第七册）。

2. 自比周公摄政。《王莽传》大臣奏章引《逸书·嘉禾》"周公奉鬯，立于所阶，延登，赞曰：假王莅政，勤和天下。"摄政称假王，乃战国时代的说法。《艺文类聚》卷六引《尸子》，武王崩，"周公假为天子七年"。《韩非子·说难》亦有此说。《嘉禾》篇不在古文十六篇中，而在百篇之内。可能是战国作品，亦可能出于汉人伪造。段玉裁认为《嘉禾》出自张霸伪造的百两篇，今文家认为是刘歆伪造。

今古文之争还牵涉到《周礼》，此书亦是刘歆抬举出来的。王莽改革，许多措施来自《周礼》。

总之，原有古文经，刘歆利用王莽立为学官，到东汉光武帝时又被取消。《古文尚书》十六篇既不能作为仕途的敲门砖，又无注解，更由于不合儒家正统思想，因此大部分在东汉亡失了。但古文家中出了许多大学者，如许慎、杜林、马融等等。这些人认识古文字，参与过秘府群书校对，能讲训诂和典章制度，因此民间古文派势力大。汉明帝时，许多古文派大师受到明帝的赏赐。他们所作的注解虽已亡失，还有一些保存在孔颖达《正义》之中。

（据上海图书馆名人手稿馆藏《尚书讲义》）

春秋史讲义

春秋史讲义目录

第一章　春秋的史料及其编纂和研究

（一）春秋时代的史官及其史学

春秋的历史文献都出于当时史官的记述　中国是世界上文明发达最早的国家之一，也是历史学发达最早的国家之一。远在三四千年前的殷周时代，国家机构中已有"史官"的设置。殷末周初的"史官"，有叫"作册"的，本义就是简册的著作者。西周时代的"史官"，有叫"太史"的，也有叫"内史"或"作册内史"、"作命内史"、"内史尹"、"作册尹""尹氏"的。（王国维《观堂集林》卷六《释史》，《观堂别集补遗·书作册诗尹氏说》，郭沫若《金文丛考·周官质疑三》作册）。"史"字从"又"从"中"，就像手执简册的样子。①到春秋时代，周有"太史""内史"等，鲁有"太史""外史"等，晋有"太史""左史"等，齐有"太

---

① 《周礼·春官·天府》："凡官府乡州及都鄙之治中，受而藏之"，《注》说："治中，谓其治职簿书之要"。《秋官·小司寇》："以三刺断庶民狱讼之中"，"岁终则令群士计狱弊讼，登中于天府"。《秋官·乡士》《遂士》《县士》又说："狱讼成，士师受中"。（转下页）

史""南史"等,郑、卫也都有"太史",楚也有"左史"(顾栋高《春秋大事表》卷十《春秋列国官制表》)。由于我国很早设置"史官",不但保存了不少古代的史料,而且有系统的历史记载也很早就出现了。现存的《春秋》一书,就是世界上最早的一部编年史。它是春秋时代鲁国的编年史,起于鲁隐公元年即公元前722年,终于鲁哀公十四年即公元前481年,记载着二百四十二年间的史事。

春秋时代的历史文献,都出于当时各国史官的记述,当时其他的历史记述是没有的。当时文化较高的周王朝和诸侯国家,都有史官累年积月地编写成的编年史和记事、记言的史书。除了鲁有《春秋》以外,晋史名为《乘》,楚史名为《梼杌》(《孟子·离娄》篇)。此外,周、燕、宋、齐等国也还都有记述史事的《春秋》(《墨子·明鬼下》篇),当时人曾总称为"百国春秋"(《隋书·李德林传·答魏收书》引《墨子》)。鲁的《春秋》,由于孔子用作教本,成了儒家的经典,得以留传下来,其他各国的《春秋》都散失了。但是流传到今的春秋史料,还是比较丰富的,在《左传》和《国语》两书中就保存有不少当时各国的历史记载。虽然《春秋》一书曾经孔子的整理修订,《左传》和《国语》两书都出于战国时人编辑,但是他们所依据的,都是春秋时史官的记述。他们最大的贡献,就是把当时史官的记述,经过整理汇编,把它留传了下来,为我们研究春秋史提供了大量的素材。春秋的历史文

(接上页)江永《周礼疑义举要》根据上述史料,认为"凡官府簿书谓之中","此中字之本义,故掌文书者谓之史,其字从右又从中,又者,右手以手持簿书也"。吴大澂《说文籀补》又认为"即 ﹛图﹜ 之省形,册为简策本字,持中,即持册之象也"。王国维《观堂集林》卷六《释史》,又据《周礼·春官·大史》"凡射事,饰中,舍算"等文,认为"中者盛算之器","算与简策本是一物,又皆为史之所执,则盛算之中,盖亦用以盛简","故当时簿书亦谓之中"。总之,古时官府簿书谓之中,"史"字所从的"中"是簿书,是无疑的。

献,既然都出于史官的记述,我们要辨认清楚这些历史文献的来源及其性质,就首先要了解当时史官的性质及其记述历史的目的。

史官原是当时天子和诸侯的秘书　从西周一直到春秋时代,史官实质上是天子或诸侯的秘书,所以政治上重要的文件,都是由史官起草、书写和管理的。当天子或诸侯要"册命"臣下的时候,史官就负责起草"册命",参加"册命"典礼,当场宣读"册命",并把"册命"授于臣下。①春秋时代这类例子很多,例如"周襄王使邵(召)公过及内史过赐晋惠公命"(《国语·周语上》《左传·僖公十一年》),"王命尹氏及王子虎内史叔兴策命晋侯为侯伯"(《左传·僖公二十八年》)等便是。当贵族间订立盟约的时候,也都由史官来起草和书写的。例如公元前550年,鲁季孙氏将要和藏氏结盟,就曾召见外史掌恶臣询问"盟首"("首"读为"道"),掌恶臣就把过去和东门氏、叔孙氏订立的盟约背诵了出来(《左传·襄公二十三年》)。又如公元前541年,郑国的六卿结盟,公孙黑硬要参加,就迫使太史在盟约上"书其名,且曰七子"(《左传·昭公元年》)。

史官既然是天子和诸侯的秘书,因此所有当时贵族间重要的事,

---

①　《仪礼·觐礼》说:"天子赐侯氏以车服,……诸公奉箧服,加命书于其上,升自西阶,东面,太史是右。侯氏升,西面立,太史述命,侯氏降两阶之间,北面再拜稽首,升成拜,太史加书于服上,侯氏受"。《礼记·祭统》篇说:"古者明君爵有德而禄有功,必赐爵禄于大庙,示不敢专也。故祭之日一献,君降立于阼阶之南,南乡,所命北面,史由君右,执策命之,再拜稽首,受书以归,而舍奠于其庙,此爵赏之施也"。这些记述大体上是和西周金文相合的。例如颂鼎铭文说:"佳(唯)三年五月既死霸申戌,王才(在)周康邵宫。旦,王各(格)大室,即立。宰弘右颂入门,立中廷。尹氏受王令(命)书,王乎(呼)史虢生册令(命)颂。王曰:颂……颂拜稽首,受令(命)册,佩以出;反入,堇章"。到春秋时代列国诸侯册命臣下也还如此,例如《左传·襄公三十年》:"(郑)使太史命伯石为卿,辞,太史退而请命焉,复命之,又辞,如是三,乃受策,入拜"。

除了打仗以外，他们都是参加的。在那时，有关农业生产时令和历法，早已由国家来制订和公布，在公布农业生产时令的同时，天子和诸侯等贵族为了掩饰他们的剥削行为，还要举行所谓"亲耕"的籍礼。因为史官是秘书性质，掌握时令和历法这个工作也就成为他们重要职责之一。因此史官们不但是当时贵族的历史家，也还是贵族的天文学家。在每年春耕之前，太史照例要在立春前九天，把天文地理报告给农官，由农官再报告给天子，为天子举行"籍田"典礼作准备。到立春那天天子举行"籍田"典礼时，太史也要前往参加，并同其他官吏一起巡视和监督庶民的耕种（见《周语·国语上》虢文公所述）。剥削阶级为了维护他们的统治，经常用天命、鬼神等说法来欺骗和麻痹人民，不但把天神说成是人间的主宰，还把天象的某些变化说成是对人们责罚的示兆，这时史官们所讲的天文学是和迷信纠缠在一起的，他们就是这样为贵族服务的，所谓"太史司载（"载"读为"灾"），纠虔天刑"（《国语·鲁语下》文伯母语）。史官还带有贵族的顾问性质，有时天上有特殊现象出现，国君往往要向史官请教。有一次宋国落下五块陨石，恰巧周内史叔兴来到，宋襄公就向他请教（《左传·僖公十六年》）。有一次天上有"云如众赤鸟，夹日飞三日"，楚昭王为此派人去请教周太史（《左传·哀公六年》）。这时贵族把祭祀当作大事的，所谓"国之大事，在祀与戎"（《左传·成公十三年》）。这时贵族也很迷信占卜，用蓍草占卜叫"筮"，用龟甲占卜叫"卜"。虽然这时祭祀和占卜，贵族设有专职的官员掌管，但因史官是贵族的秘书，所以也常参与祭祀与筮卜。例如卫太史华龙滑和礼孔就曾说："我太史也，实掌其祭"（《左传·闵公二年》）。又如鄢陵之战，晋、楚两军将交锋，"筮之，史曰吉"（《左传·成公十六年》），"晋献公筮嫁伯姬于秦，史苏占之,曰不吉"(《左传·僖公十五年》)。因此,这时的史官不但是历史家和天文学家,也还是宗教家和占卜家。

当时史官的历史记述是为贵族的政治服务的　历来剥削阶级的历史记述,都是为他们的阶级利益和政治斗争服务的。当时的史官们既然是天子和诸侯的秘书,当然他们的历史记述是为维护天子和诸侯等贵族的统治服务的。公元前607年,荒唐的晋灵公计谋杀死专权的正卿赵盾,赵盾出奔,他的同族赵穿把灵公杀死了,赵盾听到消息马上赶回,晋太史董狐就在史策上写道:"赵盾弑其君",拿来宣示朝廷。后来孔子称赞说:"董狐,古之良史也,书法不隐"(《左传·宣公二年》)。由此可见,当时"书法不隐"的"良史",是十分坚决维护天子和诸侯的统治的,他们反对"臣弑其君",把"臣弑其君"的事著录在史策上,为了要使"乱臣贼子惧",从而达到维护天子和诸侯统治的目的。公元前548年,齐卿崔杼设计杀死齐庄公,齐太史就当朝在史策上写道:"崔杼弑其君",崔杼把太史杀了,太史的弟弟继续再写,两个弟弟先后被杀,一弟又接续写,崔杼才放过了。南史氏听得太史都被杀,手执简册前往准备再写,半路上听得已经写成才回去(《左传·襄公二十五年》)。看吧,当时齐国的史官们是这样的不惜牺牲生命,前仆后继地运用"历史"这个武器,为维护国君的统治而进行斗争。他们是这样坚决地为国君的统治服务的!

在阶级社会里,历史从来是阶级斗争的工具。这时各国史官的历史记述,不仅在于维护国君和贵族的统治,不仅在于用历史来宣扬自己国家的文治武功,对被统治者在精神上进行欺骗麻醉,而且还要从历史中吸取经验教训,以便维护旧制度巩固和加强贵族的统治的。所以《春秋》这类的史书,在儒家用作教本以前,贵族早就用作政治教科书了。晋悼公有一次因为听得司马侯说：叔向"习于《春秋》"，懂得"德义"，能够"以其善行以为恶戒"，便把叔向招来"使傅太子彪"（《国语·晋语七》）。在当时贵族间，除了用《春秋》这类史书作为教科书以外，所有史书如《世》《语》《故志》《训典》等，没有不用作教科书的。当楚庄王"使士亹傅太子箴"的时候，士亹去向楚大夫申叔时请教，申叔时对答说："教之《春秋》，而为之耸善而抑恶焉，以戒劝其心；教之世，而为之昭明德而废幽昏焉，以休惧其动；教之《诗》，而为之导广显德，以耀明其志；教之礼，使知上下之则；教之乐，以疏其秽而镇其浮；教之令，使访物官；教之语，使明其德，而知先王之务，用明德于民也；教之故志，使知废兴而戒惧焉；教之训典，使知族类，行比义（仪）焉"（《国语·楚语上》）。在这里，在教育太子的教科书中，《春秋》就居于首要的地位。其他的史书如记录贵族宗谱的"世"、记述某些贵族重要谈论的"语"、记述过去贵族国家兴废事迹的"故志"和辑录重要历史文件的"训典"，也和礼、乐和令（法令）一样，都成为太子必读的书。所有这些历史教科书的教育目的，也是很明确的，就是在从历史中取得经验教训，即所谓"戒劝其心""休惧其动""使明其德""行比义（仪）焉"。

春秋时代史官的历史记述如《春秋》之类，既然目的在于从中吸取贵族统治的经验教训，以便用作贵族的政治教科书的，那么，他们的历史记述就必然只局限于贵族的一些统治活动，以及他们认为可以作为经验教训的事例，不可能把当时的社会现象比较全面的记录下来。他们的历史记述和对史事的评论，当时都是站在当时贵族的立场的，因而他们是竭力维护旧制度的，反对当时的种种变革，对于"不籍千亩""初税亩"等重大的改革，更是激烈的反对。他们在叙述个别历史事件,无论在内容和措辞方面,也必然是和他们编著的目的一致的,于是有所谓"春秋笔法",所谓"《春秋》之称,微而显,志而晦,婉而成章,尽而不污,惩恶而劝善"(《左传·成公十四年》)。因为这类著作的目的在于"劝诫",除了运用"春秋笔法"在内容和措辞上达到"劝诫"的目的以外,也还称引当时贵族中知名之士的评论,也还有用所谓"君子曰"来加以评论的。现存的春秋史料《左传》和《国语》中都有"君子曰"的评论,成为我国剥削阶级的历史学家对历史事件和历史人物评论的开端。

因为当时贵族利用宗教迷信作为统治的工具,利用"天命"和鬼神来欺骗和麻醉人们,同时史官又参与祭祀和占卜,因而在史官的历史记述中,就不免要夹杂很多鬼神的故事。他们记述鬼神的故事,目的也是为了达到"劝诫"的目的。例如《墨子·明鬼下》篇所引述周、燕、宋、齐等国的《春秋》记得都是冤鬼报复和白日见鬼的事。他引述周之《春秋》说:周宣王冤枉杀了臣属杜伯,杜伯临死前说要三年后报复,三年后周宣王会合诸侯出去田猎,已成为鬼的杜伯忽然出现,乘了白马素车追赶周宣王,把周宣王射死在车上。接着又说:"戒之慎之,凡杀不辜者,其不得不详鬼神之诛,若此之憯速也!"①这种白昼见鬼的故事,当时史官确实把它当作"历史"的,例如《国语·周语上》记述内史过说:"周之兴也,鸑鷟鸣于岐山;其衰也,杜伯射王于鄗。"所谓"杜伯射王于鄗",指的就是《周春秋》所述的这个鬼故事。前面我们已经指出,当时的史官不仅是贵族的历史家和天文学家,也还是

---

① 《墨子·明鬼》篇在叙述这鬼故事后,接着说:"为君者以教其臣,为父者以警其子曰:戒之慎之……",接着又说:"以若书之说观之,则鬼神之有,岂可疑哉"。可知"戒之慎之"这一段,也当为《周春秋》之文。

宗教家和占卜家,他们好谈灾祥、鬼神、筮卜和梦,是很自然的,因为他们职掌如此。

当时史官又是历史文献的保藏者 当时的史官,因为是天子和诸侯的秘书,所以他们不仅是当时重要政治文件的草拟者,当时历史的记述者,也还是历史文献的保藏者。"策命"是当时政治上的重要文件,史官是要抄录副本来保藏的,所谓"内史掌书王命,遂贰(录副)之"(《周礼·春官·内史》)。所有盟约和券书,史官也要录副保存,所谓"凡邦国都鄙及万民之有约剂者藏之,以贰六官"(《周礼·春官·太史》)。至于史官的历史记录如《春秋》之类,也是由史官世代保藏的。公元前540年,晋平公派韩宣子到鲁国访问,曾"观书与太史氏,见《易象》与《鲁春秋》,曰:'周礼尽在鲁矣'"(《左传·昭公二年》)。

古代的典册,是历史文件和历史记录的汇编,是当时贵族重要的统治工具,所以在西周时代,天子分封诸侯的时候,就曾把史官和典册一同赏赐。例如周成王分封鲁国时,在分给"土田陪敦"的同时,还赏给"祝、宗、卜、史,备(读为'服')物、典册,官司彝器"(《左传·定公四年》)。由于史官是当时贵族中重要的专业官员,需要具备专业的知识,因而他们的官职往往是世袭的,司马迁就曾说他的祖先"世典周史"(《史记·自序》)。在晋国,因为孙伯黡这一族世代掌管晋的典籍,后来称为籍氏。因为周平王东迁时史官辛有的二个儿子来到晋国董理典籍,晋国于是有"董史"(《左传·昭公十五年》)。这时史官既是世袭的,典籍又是一代代累积起来的,所以史馆在当时成为收藏典籍最富的地方,成为我国最早的贵族图书馆。他们对于保存古代的历史文献,是有贡献的。因为他们保藏的图书多,见多识广，也就成为当时贵族中最博学的人。楚国有左史倚相，楚灵王就曾称赞他是个"能读《三坟》《五典》《八索》《九丘》"的"良史"(《左传·昭公十二年》)。

春秋时代的史官制度和他们的历史学，对于此后我国封建时代历史学的发展，影响是很深远的。特别是因为《春秋》一书，经过孔子整理修订，成了儒家的经典，对此后史学思想的影响更大。

(二) 春秋时代史官的历史记述和现存的春秋时代文献

当时史官的记述有编年体、记事体、语录体和宗谱等种 当时史官为了贵族统治上的需要和编者贵族教科书的需要，已创造出各种体例的史书，主要有编年体、记事体、语录体和宗谱等种。当时称为《春秋》的史书，就有编年体和记事体两种：编年体的一种，只按年记载大事，记事极其简括。前面所读到的，董狐所记的"赵盾弑其君"，齐太史所记的"崔杼弑其君"，以及现存的《春秋》，都属于这一类。因为字句极其简要，下笔时要字斟句酌。晋代太康年间汲县魏墓出土的魏国史书《竹书纪年》，司马迁著《史记》时所依据的"不载日月，其文略不具"的《秦记》(《史记·六国表序》)，就是战国时代魏、秦史官承接春秋时这类史书的体例继续编写的。记事体的一种，记述每个历史事件，比较详细，既有具体的情迹，也还穿插有生动的语言。《墨子·明鬼下》篇所引的周、燕、宋、齐的《春秋》，便属这一类。

相传古时左史记"动"，右史记"言"，所谓"动则左书之，言则右书之"(《礼记·玉藻》篇)，或者说："左史记言，右史记事"(《汉书·艺文志》)，这样把史官"记言"和"记事"的职务划分开来，不一定是事实。但是春秋时代史官所记述的史书，确偏重于"记事"或

"记言"之分。①我们从前节所引申叔时的话中，就可以看到，当时的史书不但有"耸善而抑恶"的《春秋》，是属于"记事"的，也还有"使明其德而知先王之务"的"语"，是属于"记言"的。②因为他们编著史书是为贵族统治服务的，也作为贵族的政治教科书的，"记事"的史书固然可以记得符合他们政治上的需要，"记言"的史书有选择的记述贵族的言论，更便于达到他们政治宣传的目的。

因为史官是贵族的秘书，他们还有为贵族编修宗谱的职责。当时贵族的宗谱叫做"世"或"世系"，所谓"工史书世，宗祝书昭穆"（《国语·鲁语上》夏父弗忌语）。《周礼》也曾说：小史是"奠世系，辨昭穆"的（《周礼·春官·小史》）。所谓"工史"的"工"，也就是"瞽矇"，"瞽矇"是把贵族世系编成歌诵的，瞽矇的职务是"讽诵诗，世奠系，鼓琴瑟"（《周礼·春官·瞽矇》）。"瞽矇"也或称为"瞽史"，《国语·晋语四》引《瞽史之记》说："康叔之世，将如商数"。又说："嗣续其祖，如谷之滋"。这些四字的歌诵，可能就是"瞽史"在讽诵者的世系后的赞美词。史官既然负责编修贵族宗谱，所以宗族有分离，必须要经过史官

---

①　章学诚《文史通义·书教上》篇不信古代史官有"记言"、"记事"之分，他说："夫《春秋》不能舍《传》而空存其目，则《左氏》所记之言，不啻千万矣。《尚书》典谟之篇，记事而言亦具焉，训诰之篇，记言而事亦见焉，古人事见于言，言以为事，未尝分事与言为二也"。这个说法是不确当的。黄以周《礼书通故》卷三十四则认为左史即内史，右史即太史，并举"佚"为证。他说："《洛诰》之作册逸稿，即史尹佚以内史策命诸侯及孤卿大夫，与《春秋》王命内史策命晋侯为侯伯矣之，盖尹佚内史也"。又说："《史记》成王削桐珪与叔虞，史佚曰：天子无戏言，言则史书之，是史佚为内史记言也"。古时史官的职务虽没有"记言"、"记事"之分，但内史偏重"记言"，当是事实。《周礼·春官·内史》："内史掌书王命"，在西周金文中，所有册命大都是由"作册"、"内史"、"作册内史"、"作册尹"等来办理的，铭文中"王若曰"以下的命辞，也该是由"作册"、"内史"等记述的。因为古代史官有偏重"记事"或"记言"的，所以他们著作的史书如有偏重于"记事"或"记言"的。

②　古时确有"语"一类的书，《国语·郑语》有"训语有之"的话，《荀子·哀公》篇引《语》曰："桓公用其贼，文公用其盗"。

的登记和修订宗谱。春秋晚年晋大夫智果因见"智宗将灭",曾"别族于太史为辅史"(《国语·晋语九》)。晋国在灭亡妘姓的偪阳后,为了使他不灭族,曾"使国的内史选其族嗣,纳诸霍人"(《左传·襄公十年》)。我们认识清楚了当时史官的历史记述,既有编年体的"春秋",又有记事体的"春秋",更有语录体的"语"和宗谱体的"世",对现存的春秋时代历史文献的来源,也就一目了然。

《春秋》 现存《春秋》一书,当孔子依据《鲁春秋》整理修订而成。孟子说:孔子因为看到"世道衰微,邪说暴行有作,臣弑其君者有之,子弑其父有之",因而作《春秋》。又说:"孔子成《春秋》,乱臣贼子惧"。其实原来史官所著的《春秋》,本来就是反对"臣弑其君"和"子弑其父"的,本来就是"惩恶而劝善"的,孔子只是继承了这个传统。我们从古人所引孔子弟子子夏的话,例如说:"《春秋》之记,臣弑君,子杀父者以数十矣,皆非一日之积也,……善持势者,蚤(早)绝奸之萌"(《韩非子·外储说右上》篇引),又如说:"有国家者不可不学《春秋》。不学《春秋》,则无以见前后旁侧之危,则不知国之大柄,君之重任也"(《春秋繁露·俞序》篇引),也可以看到儒家所以用《春秋》作为教本,和当时贵族利用《春秋》作教本的目的是一致的。因此,我们相信,《春秋》一书经孔子整理修订,基本上还是依据史官的记载,并继承了当时史官的史学传统。

《左传》 《左传》一书,旧传为春秋时左丘明所著,用来解释《春秋》的。自从唐代以来,学者们对它的著作年代和著者提出了各种不同的看法。大体上有三种不同意见:第一种意见,认为《左传》是依据春秋时代各国史官的记述汇编而成。例如唐人啖助说:"左氏得此数国之史以授门人","后代学者乃演而通之,总而合之"(陆淳《春秋集传·纂例》）。第二种意见，认为出于吴起之手。例如姚鼐因见刘向《别录》卷一"三传得失议"引说"左丘明授曾申，申授吴起"（《左传》杜预《序》孔颖达《疏》引），认为"其书于魏氏造饰尤甚"，"吴起为之者盖尤多"（《左传补注序》），王筠也说："殆出吴起手"（《菉友蛾术编》卷上）。第三种意见，认为出于刘歆的伪造，例如刘逢禄著《左氏春秋考证》，认为《左传》本是《左氏春秋》，被刘歆附益改窜而成《春秋》的传。康有为著《新学伪经考》，更认为这是刘歆从《国语》中分出，"依《春秋》以编年，比附经文"而成。我们认为第三种意见是不能成立的，《左传》和《国语》两书同记一事而内容不同的很多，①没有任何确切的证据足以证明《左传》是从《国语》中分出的。第二种意见也缺乏足够的论据，只是一种推想。只有第一种意见是比较合理的。

　　我们从《左传》的问题来看，它和战国时代的文风不同，②从《左传》的全书思想来看，也都是春秋时代贵族思想，和战国时代的思想不合。我们从下列四点看来，可知它确是依据春秋时代各国的史书编辑而成：1.书中叙述各国史事，格局各部相同，唉助曾指出这点说："予观《左氏传》，自周、晋、齐、宋、楚、郑等国之事最详，晋则每出一

---

　　①　关于《左传》和《国语》的异点，近人曾作详细比较，两书同记一事而内容不同的很多。例如黄池之会，《左传·哀公十三年》说："吴晋争先"，结果"乃先晋人"，而《国语·吴语》却说：结果"吴公先歃，晋侯亚之"。很显然，《国语·吴语》根据的是吴国的史书，因而和《左传》不同。又如郑人伐滑节中所引《棠棣》之诗，《国语》以为周文公所作，而《左传》以为召穆公所作。我们以《左传》鲁僖公二十四年的事和《国语·晋语四》比较，两书所记年月也不同。《左传》说鲁僖公二十四年记这事用周正，而《国语·晋语》根据晋国史书用的是夏正。像这样的两书同记一事而内容不同的例子，不胜枚举。

　　②　赵汸《春秋师说》："《左氏》乃是春秋文字，或以为战国时文字者，非也。今考其文，自成一家，真春秋时文体。战国文字粗豪，贾谊、司马迁尚有余习"。崔述《洙泗考信录·余录》也说："战国之文姿横，而《左传》文平易简直，颇近《论语》及《戴记》之《曲礼》、《檀弓》诸篇，绝不类战国时文"。

师,具列将佐;宋则每因兴废,备举六卿;故知史策之文,每国各异。左氏得此数国之史以授门人"(陆淳《春秋集传·纂例》)。2.书中杂用各国历法,记述晋国的事有不用"周正"而用"夏正"的,所记年月与《春秋》有出入。顾炎武曾指出这点说:"《左氏传》采列国之史而作者也,故所书晋事,自文公主盟政,交于中国,则以列国之史参之,而一从周正;自惠公以前则用夏正。"(《日知录》卷四"春秋阙疑之书"条)。3.《左传》中有不少地方把一件事误分为两件事,分载在两年中。关于这点,前人指出的很多,详见陆淳《春秋集传辩疑》卷十"定公元年晋人执宋仲几于京师"条、顾炎武《日知录》卷四"城成周"条和"作氏不必尽信"条、于鬯《香草校书》卷四十一(校《左传·襄公十一年》部分)、崔适《春秋复始》卷三十八"误析一事为二事"条。4.《左传》名为解释《春秋》,但有不少地方传与经不相符合。赵翼在论到鲁庄公二十六年的《春秋经》和《左传》时说:"一年之内,经自经,传至传,若各不相涉者,盖亦因经所书之事,别无简策可考知其详,故别摭他事以补此一年传文也"(《陔余丛考》二"《左传》所本"条)。

从上述四点看来,《左传》的作者确是依据《春秋》时代各国史书编辑而成。由于编辑时所得到的史料有限,更由于在编辑中整齐划一的工作做得不够细致,因而出现了上述四种不能整齐划一的现象。前面我们谈到,当时各国史官编著的《春秋》有两种体例,一种是编年体的,记事很简要的,一种是记事体的,记述历史掌故的。很显然,《左传》所依据的是后一种体例的各国《春秋》,也即墨子所见的"百国《春秋》"。《左传》的作者就是把"百国《春秋》"按年编辑起来,用来解释记事简要的编年体的《春秋》,这样就使得我们得到了比较丰富的春秋史料,这是《左传》作者对历史学的一个巨大贡献。啖助说《左传》作者"又广采当时文籍,故兼与子产、晏子及诸国卿佐家传,并卜书及杂占书、纵横家、小说、讽谏等,杂在其中"(《春秋集传·纂例》卷一引)。其实,当时史官本来监管占卜等事,"百国《春秋》"记述的历史掌故本来内容很杂,并不一定是《左传》作者在史策之外又广采当时文籍。

　　《国语》　《国语》的内容和《左传》不同的。两书同记一事,《左传》多记"动"态而略于"言"辞,《国语》多记"言"辞而略于"动"态,①很显然,《国语》出于我们前面所说的"语"一类的史书。《国语》一书,旧说也以为是左丘明所著,实则是战国时人汇编各国的"语"而成的,如同《左传》的汇编"百国《春秋》"而成一样。就这书各国的"语"的内容来看,是各不相同的,姚鼐曾指出这点说:"其略载一国事者,周鲁晋楚而已;若齐郑吴越,首尾一事,其体又异。辑《国语》者,随所得繁简收之"(《惜抱轩文集》卷五《辨郑语》)。就这书各国的"语"的问题来看,也各不相同,崔述曾指出这点说:"《国语》周、鲁多平衍,晋、楚多尖颖,吴、越多恣放,即《国语》亦非一人之所为也"(《洙泗考信录余

---

　　①　我们以《左传》和《国语》同记一事的作一比较,就很清楚的可以看到这点。例如《国语·周语》中"晋文公既定襄王于郏,王劳之以地,辞,请隧焉,王弗许",接下记有一段周襄王的长篇大论,而《左传·襄公二十五年》记这事,所记周襄王的话只有寥寥四句。又如《周语》中"王至自郑,以阳樊赐晋文公,阳人不服,晋侯围之",接下有仓葛的长篇大论,而《左传》僖公二十五年记这事,所记仓葛的话只寥寥五句。又如《鲁语上》记述鲁饥告籴于齐的事,既详述藏文仲和庄公对答之辞,又详述藏文仲到齐告籴之辞,而《左传》庄公二十八年记这事,只说:"冬,饥。藏孙辰告籴于齐,礼也"。这样《国语》详于"记言"例子很多,这里不列举。至于"记事"方面,《左传》就远较《国语》为详,例如《左传》对各次重要的战役,都有很详尽而生动的记述,而《国语》只略记战役中当事人的一些语言。《左传·僖公二十八年》记城濮之战,描写晋师如何击败楚师,绘声绘形,令人读了如同亲历其境。而《国语·晋语十》记述这事,除记述子犯的一段话以外,对这重要战役的经过只用三句话了之:"至于城濮,果战,楚众大败"。像这样的例子也很多,这里不列举了。

录》)。《国语》的作者把春秋时代各国的"语"汇编了起来,也提供了我们不少春秋史料。

《公羊传》和《穀梁传》 《公羊传》和《穀梁传》是儒家专门解释"《春秋》大义"的传,最初只有口说流传,到汉初才写成书。它们是研究战国秦汉间儒家思想的重要资料,所提供的春秋史料很少。

《世本》 《世本》一书到宋代已失传,清代有王谟、孙冯翼、陈其荣、秦嘉谟、张澍、雷学淇、茆泮林等人辑本,1957年商务印书馆曾汇合成《世本八种》(其中王梓材《世本集览》一书仅有《序》《目》《通论》《缘起》),其中雷、茆两辑本较好。《世本》的内容,主要是贵族的宗谱,有《帝系》(或称《纪》《本纪》)《王侯世》《卿大夫世》《氏姓》《作》《舍》《谥法》等篇。张澍因见《世本》有这样的记述:"赵成王丹生悼襄王偃,偃生今王迁"(《史记·赵世家》集解引),认为"作者犹值赵王迁时"(《韩世本·序》)。总之,这是秦汉之际的人把战国以前各国的贵族宗谱(即所谓《世》或《世系》)汇编成的,其中也包括春秋时代各国史官所编的《世》在内。

《诗经》 《诗经》是西周和春秋前期的诗的总集,其中除了《周颂》是西周初期的著作,《大雅》《小雅》是西周晚期著作,《国风》中《豳风》是西周著作,《周南》《召南》大部分是西周晚期著作以外,其余都是春秋前期的作品,大约著作于公元前770年到600年间,是研究春秋前期的重要史料。

《鲁颂》是鲁僖公时告祭祖宗、颂扬武功的诗,《商颂》是宋襄公时祭商先祖、称颂君德的诗(魏源《诗古微》卷六)。在《国风》中,《邶》《鄘》《卫》三风谈到的地名都是卫地,都该是卫国的诗,共有三十九篇,占到《国风》的四分之一,多数是公元前卫国被翟灭亡前的作品,只有《鄘风》的《定之方中》是歌颂卫文公迁到楚丘重建卫国的诗（崔述《读风偶识》卷二、魏源《诗古微》卷三）。在《鄘风》和《卫风》中有确定年代可考的作品，还有《鄘风》的《载驰》是翟灭卫后许穆夫人所赋的诗（《左传·闵公二年》），《卫风》的《硕人》是卫人歌颂卫庄公妻庄姜的诗（《左传·隐公三年》）。此外，《王风》是周东迁后的诗，《郑风》是郑国的诗，其中《清人》是公元前 660 年的作品（《左传·闵公二年》）。《魏风》是公元前 661 年魏国被晋灭亡前的诗，《唐风》是晋国的诗，《齐风》《秦风》《陈风》《曹风》是齐、秦、陈、曹等国的诗，《秦风》的《黄鸟》是秦人哀悼秦穆公殉葬的三"良"的，作于公元前 621 年（《左传·文公六年》）。至于《桧风》，则不一定是桧国（在今河南密县）的诗，桧在西周末年为郑桓公所灭，可能还是春秋前期郑国的诗。

《论语》　《论语》是孔子弟子记述"孔子应答弟子、时人及弟子相与言而接闻于夫子之语"（《汉书·艺文志》）。这是现存的我国古代第一部私家的著述，该就是从当时史官的"语"这类体例著作发展来的。它不仅是研究孔子这个人物以及他的思想的重要资料，也还是研究春秋后起历史的重要资料。

《周礼》　《周礼》一书，刘歆认为是"周公致太平之迹"，而何休"以为六国阴谋之书"（《周礼》贾公彦疏），也有人认为是刘歆伪造的，实际是战国时人编著的一部行政法典。郭沫若曾从西周铜器铭文中的官制来考验《周礼》，证明《周礼》是战国时代的著作（《金文丛考·周官质疑》）。杨向奎也曾从《周礼》中的社会经济制度、政法制度、学术思想来分析，认为这是战国时代齐国的作品（《山东大学学报》1954年第 4 期，杨向奎《周礼内容的分析及其制作时代》）。

这部书的编著，虽然很多出于理想，但是所根据的，很多是战国时代以及春秋以前制度，因此其中有部分记述，可以作为春秋和战国时代的史料。其中《考工记》一篇，是春秋末年齐国官手工业的制作规范，①是研究官手工业和制作技巧的重要资料。

《礼记》《大戴礼》　《礼记》是选集各种论述礼的单篇编成，内容比较复杂，其中有"七十子后学者所记"（《汉书·艺文志》），也保存有讲礼的古书。其中《月令》篇出于晋太史之学，经春秋、战国时代补订而成，②记述有每月的时令及其有关的事物，是研究当时农业生产和有关时令的事物的重要资料。《大戴礼》也是选集各种论述礼的单篇而成，今本已多残缺。其中《夏小正》性质和《月令》篇相同，但记述简略，该是另一种记述月令的书，其时代应较《月令》篇为早，当作于春秋时代。

---

①　顾炎武《日知录》卷三十二"胡"条说："《史记·匈奴列传》曰：'晋北有林胡、娄烦之戎，燕北有东胡、山戎'，盖必时人因此名戎为胡，……《考工记》亦曰：'粤无镈，燕无函，秦无庐，胡无弓车'，春秋北燕仅再见于经，而于越至哀公时始盛，以此知《考工记》亦必七国以后之人所增益矣"。江永《周礼疑义举要》更说："《考工记》，东周后齐人所作也，其言'秦无庐，郑之刀'，厉王封其子友，始有郑；东迁后以西周故地与秦，始有秦；故知为东周时书。其言'橘踰淮而北为枳，鹝鹆不踰济，貉踰汶则死'，皆齐鲁间水。而'终古'、'戚速'、'椑茭'之类，郑《注》皆以为齐人语，故知齐人所作也"。郭沫若《考工记的年代与国别》（1947年出版，《开明书店二十周年纪念文集》）补充了方言的证据，举出"菑"、"章（獐）"、"终葵"等也是齐的方言，并从《考工记》所用的量器为鬴、斗，证明《考工记》实系春秋末年齐国所记录的官书。

②　从《月令》篇的官职来看，在孟春既"命相布德和（宣）令，行庆施惠"，在孟秋中又命"将帅选士厉兵"，这样的设置"相"、"将"的官职，是起于春秋战国之际的。《月令》篇说："命太尉，赞桀俊，遂贤良，举长大"，与战国时赵国的中尉"选练举贤，任官使能"（《史记·赵世家》列侯六年）也相同。但从《月令》篇的其他政治制度来看，有很多不是战国时代的制度，而是春秋时代的制度，曾于仲夏、季秋两次谈到"百县"，而没有涉及郡。从《月令》篇采用夏正等情况来看，该是晋人的著作，是出于晋太史之学，经春秋战国陆续补订而成。《吕氏春秋·十二纪》是出于抄袭，《吕氏春秋·音律篇》据《月令》篇之论，其强为割裂《月令》篇的字句，编为四字句的韵语，痕迹显然。详拙作《月令考》（1941年出版《齐鲁学报》第2期）。

　　《仪礼》《仪礼》十七篇是记述各种礼的仪式的，自成一格系统（详凌廷堪《礼经释例》）。有认为周公制作的（如梁崔灵恩、唐陆德明、孔颖达、贾公彦等），有认为是孔子订定的（如清邵懿辰、皮锡瑞等），有认为"作于战国之世"的（崔述《读风偶识》卷一）。陈公柔曾以其中《士丧礼》、《既夕礼》中所载的丧葬制度，和今天考古发现的器物、制度相结合考察，证明《仪礼》的丧葬制度大体上流行于春秋末期和战国初期，其成书当在战国初期至中叶（《考古学报》1956 年 4 期，陈公柔《士丧礼、既夕礼中所记载的丧葬制度》）。但是这些礼仪的形成，有它的长久的历史，因此其中很多部分足以作为我们研究春秋时代礼仪的资料。

　　春秋时代的贵族是很讲究礼的，除了《左传》《国语》中保存有这方面的丰富材料外，上述这些论述礼的书也可作为我们研究这方面的重要资料。

　　除了上述这些有关春秋史的主要文献以外，《古本竹书纪年》《史记》，战国诸子如《墨子》《韩非子》《吕氏春秋》等书，述及春秋史事的，也是值得我们注意的。

　　现存的春秋时代历史文献，虽然不少，但是大都出于当时史官的记述，原来是用作贵族的政治教科书的，不仅有他们的立场和观点，而且局限于贵族的一些活动，局限于他们认为可作经验教训的言论和事例。当时人民群众解决斗争和生产斗争上的活动，以及这种活动对历史发展所起的重大作用，都是被抹杀的。因此，在今天，我们要恢复这个时期历史的本来面目，写出当时劳动群众生产斗争和阶级斗争的历史，写出当时生产力和生产关系发展的历史，就需要对这些史料作深入细致的搜索和批判。

(三) 春秋史料的编纂、考古发掘的成就和春秋金文的考释

对春秋史料的分类编纂　自从宋代以来,有不少学者对于春秋史料作了分类编纂的工作。在宋人的著作中,有沈棐《春秋比事》二十卷(《四库全书珍本丛书》本)、吕祖谦《春秋左传类编》三册(《四部丛刊续编》本)、程公说《春秋分纪》九十卷(《四库全书珍本丛书》本)、李琪《春秋王霸列国世纪编》三卷三十九篇(《通志堂经解》本)。在元人的著作中,有齐履谦《春秋诸国统纪》六卷(《通志堂经解》本)。在明人的著作中,有孙范《春秋左传分国纪事》二十卷。在上述这些著作中,李琪、齐履谦、孙范的著作都来用分国编辑的方法,沈棐、吕祖谦、程公说的著作都兼用分国和分事的编辑方法。其中以程公说的《春秋分记》编辑得比较详细,计有年表九卷、世谱七卷、名谱二卷、书二十六卷、周天王事二卷、鲁事二卷、大国世本二十六卷、次国二卷、小国七卷、四夷附录三卷。二十六卷的"书",分为历法、天文、五行、疆理、礼乐、征伐、职官等七个部门,《疆理书》还附有各国的地图和地名考释。清代顾栋高的《春秋大事年表》五十卷和《舆图》一卷(清乾隆年间刻本、《清经解续编本》),是这类书中最后出而较细密的一种。它把春秋列国史事分类列表,有时令、朔闰、长历拾遗、疆域、爵姓存灭、列国地理犬牙相错、都邑、山川、险要、官制、姓氏、世系、刑赏、田赋、吉礼、凶礼、宾礼、军礼、嘉礼、王迹拾遗、鲁政下逮、晋中军、楚令尹、宋执政、郑执政、争盟、交兵、城筑、四裔、天文、五行、三传异同等排列成表,都有序文,并附有考释或论断,很便于检查。至于清代末年姚彦渠所著的《春秋会要》四卷,只是搜集了有关吉、凶、军、宾、嘉五礼的史料,加以编辑而已。所有这些分类编辑的春秋史料书,虽然

他们也做了不少整理资料的工作,有着一定的成绩,但是因为他们的资料工作是为封建时代的历史学服务的,所采取的编辑办法,都不外乎封建时代历史家对典章制度的分类方法,或者是分国编辑的方法,因而并不符合于我们今天对春秋史研究的要求。原来春秋的史料都出于当时史官之手,记述的都是当时贵族的一些活动,而这些春秋史料的整理者,依然偏重于贵族的文治武功方面,因而关于这时期社会经济和文化、学术、思想方面的史料,还需要我们细密的搜索并加以整理。

采用纪事本末体和传记体对春秋史料的编纂　在战国以前,历史记载都出于史官累年积月的记述,因而他们的史书体例必然是编年体的。但战国秦汉间这个历史重大的转变时期,由于"时势造英雄",有不少进步的历史人物在历史转变过程中起了推动作用,因而传记体的历史作品也应运而产生,到司马迁著作《史记》,这种传记体的史书就到达成熟阶段。到宋代,历史家为了使史事叙述有本有末,又创造了纪事本末体的史书。从来封建时代的历史家,除了典章制度来用分类叙述的办法以外,所有记述史事的史书就不外乎编年体、传纪体和纪事本末体三种。因此,封建时代历史家对原来编年体的春秋史料的整理,就跳不出纪事本末体和传纪体两种范围。

采用纪事本末体来重新编纂春秋史料的,主要有宋代章冲《春秋左氏传事类始末》五卷(《通志堂经解》本)、明代唐顺之《左氏始末》、傅逊《春秋左传属事》二十卷、清代马骕《左传事纬》十二卷、高士奇《左传纪事本末》五十三卷、李国华《春秋左国公穀分国纪事本末》二十四卷。其中以马骕和高士奇的著作较为细密,马著以事的先后为网,分列标题,把《左传》按纪事本末体重加编纂。高著以《左传》为主,分国采用纪事本末体编辑,并搜集《左传》以外的史料做成"补逸"
"考异""辨误""考证"等,附在正文之后。采用传纪体重编春秋史料
的,宋代有王当《春秋列国诸臣传》三十卷(《通志堂经解》本),清代有
李凤雏《春秋纪传》五十一卷。《春秋纪传》采用春秋史料,分别编成
本纪、世家、列传等。马骕还有《绎史》一百六十卷,是采集秦以前的
古书原文,用纪事本末体,从古一直编到秦。更有李锴《尚史》一百零
七卷,是根据《绎史》再编成纪传体的。这两书都包括有春秋时代的
部分。

　　此外,明清时代的学者也有对春秋史料作了一些搜集补充工作。
明代薛虞畿的《春秋别典》十五卷(《岭南丛书》、《墨海金壶》、《守山阁
丛书本》),曾采集《春秋》三传以外的史料加以编排,以补《左传》之不
足。清代陈厚耀的《春秋战国异辞》五十七卷(《四库全书珍本丛书》
本),也曾采集群书所记,有和《春秋》三传、《国语》、《战国策》有异同
的,分国加以编辑。

　　上述这些春秋史料的编纂,只能供给我们研究时参考之用。

　　春秋时代文物的出现和考古发掘的成就　春秋时代的遗存,我
们已发现不少。1923 年 8 至 10 月间,河南省新郑县南门外春秋墓葬
中一百多件铜器的出土,是近年春秋时代遗物的首次重要发现。在
这批铜器中,只有一方盧有铭文"王子婴次庑之盧"七字,王国维认为
婴次即是婴齐,是楚令尹子重在鄢陵战役中遗留郑国的,墓葬的年代
当在公元前 575 年(鲁成公十六年)鄢陵战役之后(《观堂集林》卷十
八《王子婴次盧跋》)。郭沫若认为婴次即是郑子婴齐,墓葬的年代当
在公元前 680 年(鲁庄公十四年)后的三五年间,这盧的制作当在郑
子做公子的时代,至迟当在鲁庄公元年即公元前 693 年(《殷周青铜

器铭文研究》卷二《新郑古器之一二考核》)。虽然目前对这墓的年代还没有得出公认的结论,但这是春秋中期的文物是无疑的。它提供了我们研究春秋时代中期的物质文化的重要资料。著录这批文物的,有《新郑古器图录》二卷(关百益编,1929 年影印)和《新郑彝器》二册(1937 年影印)。

解放以来,发现不少春秋时代的遗物,我们在考古发掘中更得到了好几个重要的春秋时代遗存。1953 年河南郏县因农民积肥,发现了铜器 190 多件,它的特点是保持有商代的传统的作风,如"日火甗"的花纹和形制都属春秋时代,而有商代"族徽"形的文字,再如龙纹盘的花纹布置,也带有商代遗风。这是春秋早期铜器的首次重要发现(《文物参考资料》1954 年 3 期《河南郏县出土的铜器群》)。

最重要的发现之一,是黄河三门峡水库地区的陕县上村岭的虢国墓地。在 1956—1957 年间,一共发掘了二百三十多个墓,包括四个车马坑。其中三十八个墓都出土有铜器,1052 号墓出土铜器有二百多件,包括一件有"虢太子之徒戈"铭文的戈,也许便是这太子的墓。较大的墓都出土有鸡血石或玻璃制的珠子等组成的项链或镯子。玻璃珠、青铜短剑和铜镜是首次在这样早的墓中出土(《考古通讯》1958 年 11 期 1957 年《河南陕县发掘简报》)。虢国是公元前六五五年被晋国灭亡的,这批文物多数是属于春秋早期的,但也还有些是西周晚期的遗物,郭沫若已经指出:其中"虢季氏子段鬲"与"虢文公鼎"的子段同为一人,是周宣王时遗物(《文物》1959 年 1 期郭沫若《三门峡出土铜器二三事》)。记录这次发掘的报告有《上村岭虢国墓地》(在印刷中)。

另一个有关春秋遗存的考古发掘,是 1954—1955 年间河南洛阳中州路的发掘。这次发掘对春秋时代文物的分期，首次提出了一些线索，其中第 2415 号墓出土的文物是属于春秋早期的，属于春秋中期的有五六个墓，属于春秋晚期的有一个墓。记录这次的发掘报告有《洛阳中州路》(1959 年 1 月科学出版社出版)。

属于春秋晚期的遗存的重要发现，有安徽寿县的蔡侯墓和河南信阳的楚国木椁墓。蔡侯墓是 1955 年 5 月治淮工程中发现的，出土铜器 480 多件，包括编钟和编鼎等，连同玉器等共出土有 1 000 件以上的文物。这批铜器中附有铭文的很多，重要的有“蔡侯盘”、“歌钟”和“吴王光鉴”等，这个蔡侯，据郭沫若的考证是声侯(《考古学报》1956 年 1 期郭沫若《由寿县蔡器论到蔡墓的年代》)，而唐兰定为昭侯。蔡国于公元前 493 年(蔡昭侯二十六年)迁到今寿县，于公元前 447 前(蔡齐侯四年)被楚灭亡，这墓的年代总该在公元前五世纪前半叶之内。记录这墓发掘有《寿县蔡侯出土遗物》(1956 年 12 月科学出版社出版)。

信阳长台关的楚国木椁墓，是 1957 年发掘的。规模较大，出土了很多精美的铜器、木器和漆器。特别值得注意的是：发现了整套的编钟和瑟、鼓等乐器，又发现了许多有字的竹简和一个装有毛笔、笔筒、小刀和小锯的木盒。编钟有大小不同的十三个钟组成，中央音乐学院民族音乐调查组曾经测音(《文物参考资料》1958 年 1 期《信阳战国楚墓出土乐器初步调查记》)。这墓的年代，最初定为战国时代，但郭沫若根据第一钟的铭文“佳(惟)翟篙屈栾晋人，救戎于楚竟(境)”，认为是公元前 525 年(鲁庄公十七年)晋灭陆浑戎时事，断定这墓属于春秋末年(《文物参考资料》1958 年 1 期郭沫若《信阳墓的年代与国别》)。记录这次出土文物的，有《河南信阳楚墓文物图录》(1959 年 9

月河南人民出版社出版)。

关于春秋时代遗址的发现,主要有山西侯马古城和河南洛阳在周时代城址。山西侯马古城,可能是晋都新田的遗址,在1957—1958年间发现了它的城墙、建在土台上的宫殿废址、铜器和骨器的作坊、陶窑等。这城大概延续到战国时代仍有居民(《考古》1959年5期《侯马古城发掘》,又见《文物参考资料》1957年10期、1958年12期)。洛阳东周时代城址,发现于洛阳西郊。1958年曾把城墙调查清楚,周围约十二公里,城中曾掘到住宅、道路、陶窑、骨器作坊等(《考古学报》1959年2期《洛阳涧滨东周城址发掘报告》)。

上述这些春秋时代文物的发现,和解放以来考古发掘上的重大成就,大大补充春秋文献的不足,使得我们对于当时手工业生产、社会生活和文化艺术,得到了进一步的了解。

春秋铜器铭文的考释和铜器形制花纹的研究　西周春秋战国的金文(铜器铭文),是我们研究古史的重要史料。这些金文曾引起宋代和清代学者们的注意,编著出版了不少的图录和考释。关于这方面的研究,在清代学者中以孙诒让的成就较大,所著有《古籀拾遗》三卷和《古籀余论》三卷。《古籀拾遗》是考释薛尚功《钟鼎彝器款识》、阮元《积古斋钟鼎彝器款识》、吴荣光《筠清馆金文》三书著录的金文的,《古籀余论》是考释吴式芬《攈古录金文》著录的金文的。在他所著的《籀顾述林》卷七中,也有这方面的著作。在近代学者中以王国维的成就较大,除所著有《观堂古金文考释》是考释五种西周的重要金文外,有很多考释金文的跋和论及金文的论文散见在他所著《观堂集林》、《观堂别集》、《观堂别集补遗》中。但是他们所做的,都只是零碎的金文的考释,没有对所有金文作有系统的整理和研究。郭沫若的《两周金文辞大系》包括《两周金文辞大系考释》三册、《图录》五册，首次对铜器做作了全盘有系统的整理和研究，得到了巨大的成就，以金文中有年代可考的铜器作为标准，从这些标准器中的人名和事迹来推证其他铜器铭文，并从文字的体例、文辞的格调以及器物的花纹形制来加以参验，由此把许多重要铜器的国别和年代考订清楚了，不仅使得这些铜器铭文发挥了应有的史料作用，而且对铜器形制和花纹的发展也提供了很清楚的线索，使得我们对当时青铜工艺的发展过程有了比较清晰的认识。从他所著《彝器形象学试探》一文（见《两周金文辞大系图录》和《青铜时代》），是系统地研究铜器花纹形制的第一篇文章。在他所著《两周金文辞大系考释》的下编中，所列举的各国金文，除少数是西周后期和战国的铜器以外，多数是春秋时代的铜器，提供了不少春秋史的重要史料。以齐国的铜器为例，如"国差䤮""叔夷钟""素命镈""洹子孟姜壶"等，都有比较长的铭文，可以补春秋时代齐国文献的不足。对金文考释有贡献的，还有杨树达的《积微居金文说》，他运用经史诸子校勘训诂之学来研究铜器铭文，读通了不少铜器铭文，也考释出了若干史事，便利了我们把它作为史料来运用。

（四）关于春秋史的研究

对中国古代社会进行研究的开始　自从马克思列宁主义传播到我国以后，我国历史的研究才开始进入到科学研究的阶段。

郭沫若在1928—1929年间写成的《中国古代社会研究》（1929年11月初版），是我国第一部运用马克思列宁主义对中国古代社会进行探索的结果。他根据可靠的古代史料如殷代的卜辞、周代的金文

（铜器铭文）、《诗经》、《书经》等，对中国社会历史的发展阶段作了探讨，认为中国社会的历史由奴隶制转入封建制，是在西周东周之交，"春秋的五伯（霸），战国的七雄，那才是真正的封建诸侯"。这部书的著作，是对我国古代史进行科学研究的开始。接着，吕振羽 1933—1935 年间写成了《殷周时代的中国社会》（《中国社会史》第 2 册，1936 年 11 月初版），又对我国古代社会提出了不同的看法，他断定西周时代是"初期封建制度形成的过程"，春秋战国时代属于初期封建制度发展及其演变的阶段。他认为春秋时代领主的土地占有制居于支配形态，到战国时代、公元前 3 世纪的上半叶，便为新兴地主的土地所有制形态所代替。与此同时，地租形态也从力役地租向实物地租转化。范文澜在 1940—1941 年间写成的《中国通史简编》，也同样认为春秋战国时代是领主土地所有制转化为地主土地所有制的时期，春秋时代正是这种转化的开始，推动这个转化的力量主要是大小宗族的兼并战争，人口增加于生产工具进步，加强了推动社会前进的力量。翦伯赞在 1943 年写成的《中国史纲》第 1 卷（史前史、殷周史），也同样断定春秋战国时代是初期封建社会发展及其转向的阶级，他认为：由于铁器的普遍应用于生产，提高了社会生产力，因而引起了社会生产组织的改变，于是庄园制（即领主土地所有制）经济便转化为佃耕制（即地主土地所有制）经济，采邑制便转化为郡县制，地租形态也从力役地租转化为实物地租。

郭沫若在 1944 年 7 月，又写成了《古代研究的自我批判》一文（收入《十批判书》，1945 年出版），对自己原有的见解作了补充和修改。他认为：周厉王时代的"散氏盘"铭文所谈到的田已不是井田，而是矢族的私田，足以证明这时作为土地国有制的骨干的井田制度已经动摇,私田已经产生。同时"曶攸从鼎"铭文又谈到了田邑的"且"(租),足以证明这时地主形态的人确已存在。周厉王是被新起的地主阶层和工商阶层会赶跑的,十三年的"共和行政"是一次早产的、结果是夭折了地主政权。周宣王的"不籍千亩"是表明井田制下的仪式已经形式化而不被遵守了,周宣王的"料民于太原"是想把涣散了的奴隶统治从新编配,藉以维持其反动政权。到春秋中期,公元前594年(鲁宣公十五年)"初税亩",才正式宣布废除井田制,公开承认田地的私有而一律取税,这就是地主制度的正式成立。但是他又认为:"这样的变革在当时中国并不是平衡地发展起来的。大多数的国家都比鲁国迟,……但在战国年代所有存在的国族都先先后后起着变革,一直变到秦始皇并吞六国,乃至陈、吴、刘、项的奴隶大暴动的成功为止,才达到了它的最后的终结"。这样,他把这个变革的界线从西周东周之交,改移到秦汉之交。

侯外庐在1940—1945年写成的《中国古代社会史论》(原名《中国古代社会史》),也同样把这个变革的界线定在秦汉之际,他断定中国奴隶社会开始于殷末周初,经过春秋战国,到秦汉之际终结。但是他认为中国古代的奴隶社会,是属于东方类型的,其特点是:奴隶主土地国有的生产资料和集体氏族奴的劳动力的结合。西周的土地是国有制,即生产资料的氏族贵族专有,奴隶是以家室计的集体生产者。春秋时代齐桓公的"相地而衰征"和鲁宣公十五年的"初税亩",是由于"隶农"过渡形态的萌芽而产生的。郡县制的产生,使劳动力从束缚于邑转变到束缚于郡县的过程,是和奴隶转化成隶农的过程、土地公有向私有转化的过程相适应的。商鞅变法,废井田、开阡陌,才有些封建因素的萌芽,经过秦始皇的统一,经过汉初一系列的法制形式,封建机构才典型地完成。

解放以来有关春秋史的研究　解放以来,在党的"百花齐放,百家争鸣"的方针正确指导下,历史科学研究得到了繁荣和发展。关于古史分期问题,开展了热烈的讨论,史学家曾发表了许多专著和论文,已编成论文集的有《中国奴隶制与封建制分期问题论文选集》(1956 年 6 月三联书店出版)、《中国古史分期问题讨论集》(1957 年 7 月三联书店出版)等种。涉及春秋史研究的,不外乎下列四种意见:

第一种意见,认为春秋是中国奴隶社会逐步瓦解的时期。郭沫若在 1952 年 2 月写成了《奴隶制时代》一文(收入《奴隶制时代》一书)进一步确定奴隶制的下限在春秋与战国之交。他认为:"铁的作为耕器的使用,出现在周室东迁前后。这一重大因素提高了农业生产的生产力,逐渐促进了井田制的崩溃,因而也就招致了奴隶制的崩溃。"由于生产力的提高,臣工尽量榨取奴隶们的剩余劳动,把荒田开垦成为私田,私田可以因任地形自由摆布,私田在起初又完全无税。就这样私田逐渐超过公田,土地国有制遭受着削弱,私家财富也逐渐超国家。在井田制崩溃过程中,私田和公家的斗争日益激烈,私家为了争取民众作为自己的战斗员,不得不逐渐提高他们的身份,因此"力于农穑"的庶人在周初是"人鬲"中的最下等,在家内奴隶之下的,而在春秋中叶以后便提高到家内奴隶之上了。在春秋末年,庶人的地位,至少在晋国已经提高到公卿大夫之下,而在工商皂隶牧圉之上了。这就意味着社会的主要生产者——庶人即农夫已经从最下贱的奴隶地位解放了出来,成为半自由人。东周列国的发展是不平衡的,带头的鲁国在宣公十五年(公元前 594 年)"初税亩",表明鲁国正式宣布废除井田制,合法地承认公田和私田的私有权,而一律取税,这就是地主制度在鲁国正式成立。其他各国都还要迟些,如楚国在鲁襄公二十五年(公元前 548 年)才整理田制,开始"量入修赋"。又如郑国在鲁昭公四年(公元前 538 年)才"作丘赋"。秦国更迟,直至公元前 350 年的秦孝公十二年才"废井田,开阡陌",真正改变了制度。

第二种意见,认为春秋是封建社会的时期。李亚农在 1954 年写成《中国的奴隶制与封建制》一书,又在 1956 年写成《西周与东周》一书,两书断定中国奴隶制和封建制的界线在西周东周之交。他认为周厉王的被驱逐,逃舍于彘,是奴隶跟着丧失了土地的自由农民暴动的结果。周宣王为了缓和人民的反抗,也为了奴隶的来源枯竭,施行了重大的政治改革,废止了奴隶制的生产。周宣王的"不籍千亩",就是放弃了对奴隶集体耕作的监督,把千亩的田地分割成无数小块交给这些奴隶去自行生产,这样奴隶主蜕变成了封建领主,奴隶蜕变成了农奴。周宣王的"料民于太原",是因为奴隶既然解放出来变成了半独立的人,变成了对于国家负有义务的半独立的人格者,宣王就非去"料"一下不可。中国历史从周宣王时代起,开始转入封建制,春秋就成为封建领主进行封建割据的时代,封建割据的形势不单是形成于诸侯与周天子之间,或卿大夫与诸侯之间,并且形成于家臣与卿大夫之间。春秋时代主要生产部门中担当主要生产任务的已是农奴,服兵役和劳役的人也大都是农奴。

第三种意见,认为春秋是初期封建社会发展并开始转化的时期。范文澜的《中国通史简编》第一编,在解放后曾作两次修订,在修订本进一步充实了自己的见解。他认为周宣王"不籍千亩",是由于不能维持"力役地租"的公田制度,天子亲耕籍田失去了装饰作用,也就是改力役地租为实物地租,这是生产力发展的结果。到春秋时代,由于铁器在农业上的使用,生产力提高了。由于兼并战争的推动,既破坏了宗族制度,又扩大了华夏文化地区。生产力的提高和兼并战争的推动,促使社会发生大变化,最基本的变动是宗子世袭不得买卖的土地所有制向个人私有可以买卖的家族土地所有制转化,也就是开始由领主土地所有制向地主土地所有制转化。鲁宣公十五年的"初税亩",是废除西周以来的公田制,改为按亩收税的税亩制,因为有田人缴纳税、赋后不再受其他干涉,自然形成了土地私有权。春秋后半期战争愈益激烈,为奖励军功,士得受赏田,田既赏给立功的士,自然就成为士的私产,这样拥有小块田产的新兴地主阶级出现了。由于铁制农业工具的使用,生产力的提高,私人开垦荒地即归私人所有,地主数量不断增加,促使宗族制度加速趋于崩溃。

徐中舒在《试论周代田制及其社会性质》一文(《中国的奴隶制与封建制分期问题论文选集》),也认为春秋时代是封建社会开始"开制"的时期,但是他对这个时期社会的认识,与范文澜很不同。他认为:西周的公田和私田,导源于村社中的公田和私田(份地)。周的统治阶级首先撤取村社的公田,称为"撤田"或"籍田",也就是掠夺了村社的公地及其成员在公地上的剩余劳动,属于封建社会的劳役地主。周宣王的"不籍千亩",停止举行亲耕的仪式,说明在周宣王以前已废除籍田而征收份地的生产税,也就是把劳役地租改为实物地租,统治阶级在村社成员的私田上确立了所有权。周宣王的"料民于太原",是由于统治阶级在村社成员的私田上确立所有权后,村社成员的隶属关系由村社向周王朝过渡。在诸侯国家内,周的统治者和他的部族居于国中,称为"国人",他们统治的对象是村社共同体。居住在广大的村社中的是被征服部族,称为"野人"。"国人"对"野人"的统治,也是掠夺了过去村社的公地及其成员在公地上剩余劳动。春秋时代列国的"改制",主要是对村社统治的改变。晋国在公元前 645 年作爰田,作州兵,是晋国统治者对村社成员,一面扩大他们的耕地,便成为"自爰其田"的爰田,一面要求他们和"国人"同服兵役。齐鲁对于直隶于公室的井田,用十进制加以改编,也是使井田区的人与"国人"同出军赋,同服兵役。鲁的"初税亩""作丘甲""用田赋",是对采邑井田的改变,"作丘甲"和"用田赋"也是使采邑井田区的人与"国人"同出军赋,同服兵役。郑国子驷的"为田洫",子产使"田有封洫,庐井有伍",是使采邑主的田都改隶于公室,子产的"作丘赋",也是使采邑井田区的人同出军赋,同服兵役。

第四种意见,认为春秋是古代东方类型的奴隶制时期。主张这一说的学者,理论上是根据苏联学者对于古代东方社会研究的成果的。他们认为殷周时期是早期的奴隶社会,同时保存着以公有财产为基础的村社组织,当时主要的直接生产者是村社农民。奴隶主国家就是建立在这些村社的基础之上,成为村社土地的最高所有者和唯一所有者,村社农民的剩余劳动表现为贡纳等形态。原来村社中有一部分"公田",是共同耕作的,用来支付公共支出的,另有一部分"私田"(份地),是定期分配给个别农民耕作,以维持生活的。后来"公田"被奴隶主国家掠夺,村社农民就成为负有义务作徭役劳动和缴纳贡赋的人,西周的"籍田"便是属于这个性质,鲁的"初税亩",是对村社"私田"开始征税。周宣王的"不籍千亩"、晋的"作爰田"、鲁的"初税亩"和秦在商鞅变法时"废井田"、"制辕田",都表示村社土地所有制逐渐在破坏。

目前这个学术讨论正在继续讨论中。虽然这个古史研究上的重大问题还没有得出一致的结论，但是成绩是很巨大的。大家提出了不少带有关键性的问题，讨论越来越深入，联系的面也越来越广阔，不仅在理论上进行了研究，在资料工作上也下了很多功夫，使得这方面研究的科学水平有了很大的提高。在讨论过程中，大家一致地认识到了当时全国各地社会发展的不平衡性，大多数同志都认为井田制的瓦解是这时期历史中的关键问题，但是，大家对于这时期历史属于怎样的类型的社会发展阶段？井田制度究竟怎样的性质？井田制度的瓦解是怎样的社会变革？当时是否存在着村社组织？当时全国各地社会不平衡发展的具体过程怎样？推动当时社会发展的主要动力究竟是什么？还存在着不同的意见，需要我们作深入而细致的研究。在党的鼓足干劲、力争上游、多快好省地建设社会主义的总路线的指导下，目前历史学界正在反右倾，继续鼓足干劲，在大跃进的基础上继续跃进，我们相信这方面的科学研究会随同历史科学的飞跃发展，随同近代史现代史研究继续跃进，同样在短期间能够取得更灿烂的成就，使我们对中国历史发展的规律得到进一步认识，从而使我们在历史科学研究上"古为今用"的原则得到进一步的贯彻。

（据上海图书馆名人手稿藏《春秋史讲义》）

史学研究法讲义

史学研究法讲义目录

序　论

　　世人于历史之著作，每多误解，以历史之著作，只须将旧史抄节杂糅即成，历代杂抄而成之史书固多，此则"史抄"，非"史学"也。凡历史之著作，必先之以史料之搜罗咨访，继之以史料之辨伪校正，再继之以事实之考证排比，然后终之以史文之组合著作，其间之经历，实至艰巨，非可率尔成也！搜采史料务求其博，辨正史料务求其精，考证事实务求其严，编比事实务求其当，然后笔之于书，出以问世，史家之能事乃尽。

　　吾国史家，首推司马迁，子长自封元二年为太史令，即绌石室金匮之书，又南游江淮，北过涿鹿，西至空峒，东渐于海，所至闻口说，考遗迹。征和而后，历时已二十余载，百三十篇犹未完成。此其何故？亦无非欲求其博，求其精，求其严，求其当而已。司马光之《资治通鉴》，温公自治平二年即受诏撰，温公罢脱官署，并聘人分属其事，汉则刘攽，三国迄于南北朝则刘恕，唐则范祖禹，皆各因其长而分工，至元丰七年十一月乃得书成进呈。其采用之书，正史而外，杂史小说见于考异者，凡三百二十余种，其成书之艰巨，盖亦可见。此其何故？亦无非欲求其博，求其精，求其严，求其当而已。在司马迁时，其所读之书，仅汉以前之作，其所治之史，仅汉以前之史；在司马光时，其所读之书，仅宋以前之作，其所治之史，仅宋以前之史；其艰巨已如此，何况今日？此研究方法之所以不能讲求也。

吾国史籍，虽称宏富，而纯粹研究史法之作，尚属寥寥，学者每多病之。实则吾国论史法之书非不有，特未有人为之通条连贯耳。吾国论史法之书，当首推汉王充《论衡》。《论衡》中有《道虚》、《语增》、《儒增》、《艺增》、《正说》诸篇，考论史迹之虚实，多所允当。西洋之论史法，不过近二百年来事，其论史法之书，首推朗格罗亚与塞诺波（Ch. V. Langlois and Ch. Seignobos）合著之《历史研究法入门》（Introduction aux Etrudes Historiques），出版于 1897 年（光绪二十三年），离今不过三十年耳。其以校勘与考证，但及史册之文字，称为外证 external criticism。又以衡事实之虚实，则涉作者之心术，名之为内证 internal criticism。稽之《论衡·对作篇》有云："论则考之以心，效之以事，虚浮之事，辄立证验"。所谓"考之以心"，"效之以事"，非所谓内证乎？内证运用之方术，此二语可为尽致矣。吾国论考辨史实之虚实者，莫过王充《论衡》与崔述《考信录提要》。论文史之异同与史法者，当莫过于刘知幾《史通》与章学诚《章氏遗书》，此二书议论之宏通精审，决不在西洋史家之下。论典籍之真伪，当莫过于《四库总目提要》与姚际恒《古今伪书考》。考证文字之正误者，当莫过于王念孙《读书杂志》、王鸣盛《十七史商榷》、钱大昕《廿二史考异》、赵翼《廿二史札记》等书。中外史家所用之史法，虽命名有不同，其方法初无二致。且其间若干过程，吾国已各有专门学科为之驾驭。论史料之搜索,吾国则有目录学。论版本校勘,吾国则有校勘学。论史料之诠释,吾国则有训诂学。论史事之考订,则吾国有考据学。吾人如能悉心研究,发凡起例而观其会通,则较之西洋史法之作,必无多攘焉。

善乎章学诚之言曰:

> 夫工师之为巨室度材,比于燮理阴阳;名医之制方剂炮炙,通乎鬼神造化。史家诠次群言,亦若是焉已尔。是故文献未集,则搜罗咨访,不易为功。观郑樵所谓八例求书,则非寻常之辈所可能也;观史迁之东渐南浮,则非心知其意不能迹也,此则未及著文之先事也。及其纷然杂陈,则贵抉择去取。人徒见著于书者之粹然善也,而不知刊而去者,中有苦心而不能显也!既经裁取,则贵陶熔变化。人第见诵其辞者之浑然一也,而不知化而裁者,中有调剂而人不知也!即以刊去而论,文劣而事庸者无足道矣。其间有介两端之可,而不能不出于一途;有嫌两美之伤,而不能不忍于割爱。佳篇而或乖于例,事足而恐徇于文,此皆中有苦心而不能显也。如以化裁而论,则古语不可入今,则当疏以达之;俚言不可杂雅,则当温以润之。辞则必称其体,语则必肖其人。质野不可用文语,而猥鄙须删,急遽不可以为宛辞,而曲折仍见。文移须从公式,而案牍又不宜徇。骈丽不入史裁,而诏表亦岂可废!此皆中有调剂而人不知也。(《与陈观民工部论史学书》)

其于历史研究之法,著作之法,可谓曲尽其妙。所谓"搜罗咨访""抉择去取""陶镕变化",此三者即史法之必经步骤。"搜罗咨访"即西洋史法之所谓"初基知识","抉择去取"即西洋史法之所谓"分析工作","陶镕变化"即西洋史之所谓"综合工作"。吾人今日所欲研究者,亦若是三者而已矣。

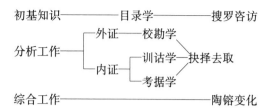

我国清代汉学家于校勘训诂之学,用力不可谓不勤,其所成就,盖不可以偻指数。惟其于史实之考订,除梁玉绳《史记志疑》等书外,他不多见。清代汉学家之为学,顾廷林《日知录》、崔述《考信录》、赵翼《陔余丛考》、俞正燮《癸巳类稿》《存稿》,则概乎未之能及,此其大弊。章学诚《文史通义·博约》中篇,尝为抨击,其言曰:

> 博学强识自可以待问耳,不知约守而只为待问设焉,则无问者,儒将无学乎?且问者固将闻吾名而求吾实也;名有由立,非专门成学不可也,故未有不专而可成学者也。或曰:……王伯厚氏搜罗摘抉,穷幽极微,其于经、传、子、史,名物制数,贯串旁骛,实能讨先儒所未备。其所纂辑诸书,至今学者资衣被焉,岂可以待问之学而忽之哉?答曰:……王氏因待问而求学,既知学,则超乎待问矣。然王氏诸书,谓之纂辑可也,谓之著述则不可也;谓之学者求知之功力可也,谓之成家之学术则未可也。今之博雅君子,疲精劳神于经、传、子、史,而终身无得于学者,正坐宗仰王氏,而误执求知之功力,以为学即在是尔。学与功力,实相似而不同。学不可以骤几,人当致攻乎功力则可耳,指功力以谓学,是犹指秫黍以谓酒也。

此章氏论功力与学术之不同,即分析工作与综合工作之异,章氏论纂辑与著作之不同,亦即史料与史学之异。清儒用力与校勘训诂之功力,既勤且精,此吾人可以恣意取用者。

史学研究法史料篇

第一章　概说

一、何谓史料

历史研究法者,简言之,即论如何构造历史之科学方法也。其研究之对象即为史料,史料者,即过去人类思想行为所留之遗迹,为今日吾人所得见者。章学诚言六经皆史,苟以史料之眼光观察,其实一切往古典籍,无非过去人类之遗迹,故章氏又谓:"盈天地间,凡涉著作之林,皆是史学。"其所为史学,即吾人之所谓史料也。史料与史学著作实不同,史料为史学著作之原料,史料之本身不可即谓之史,而史之组织,固非由史料不可也。史料不备,即无史之可言,无史料斯无史学也。史料与史实亦不同,史料不免有失实,故不必为史实,史实之考得,又惟史料是赖。孟子曰:"鲁之《春秋》,其事则齐桓晋文,其文则史。"孔子曰:"其义则丘窃取之矣。""事"即史实,"文"即史料,义者史学。《史通·史官建制》篇有云:

夫为史之道，其流有二。何者？书事记言，出自当时之简；勒成删定，归于后来之笔。然则当时草创者，资乎博闻实录，若董狐、南史是也；后来经始者，贵乎俊识通才，若班固、陈寿是也。必论其事业前后不同。然相须而成，其归一揆。

刘氏所谓"当时之简"，即指史料；所谓"后来之笔"，即指著作。郑樵于其《夹漈遗稿·寄方礼部书》亦尝曰：

有文有字，学者不辨文字；有史有书，学者不辨史书。史者官籍也，书者儒生之所作也。自司马以来，凡作史者皆是书，不是史。

其中"史"为官籍，盖则史料；其以"书"为儒生所作，盖即著作。章学诚《文史通义·书教》篇有云：

易曰："筮之德圆而神；卦之德方以智。"间尝窃取其义，以概古今之载籍。撰述欲其圆而神，记注欲其方以智也。夫智以藏往，神以知来，记注欲往事之不忘，撰述欲来者之兴起。故记注藏往似智，而撰述知来拟神也。藏往欲其赅备无遗，故体有一定而其德为方；知来欲其决择去取，故例不拘常而其德为圆。

章氏所谓"撰述"即著作，所谓"记注"即史料。章氏《文史通义·答客问》又云：

唐人整齐晋、隋故事，亦名其书为一史，而学者误承流别，不复辨证其体焉。……史之大源，本乎《春秋》，《春秋》之义、昭乎笔削。笔削之义，不仅事具始末，文成规矩已也。以夫子"义则窃取"之旨观之，固将纲纪天人，推明大道。所以通古今之变而成一家之言者，必有详人之所略，异人之所同，重人之所轻，而忽人之所谨，绳墨之所不可得而拘，类例之所不可得而泥，而后微

茫杪忽之际,有以独断于一心。及其书之成也,自然可以参天地
而质鬼神,契前修而俟后圣,此家学之所以可贵也。……若夫君
臣事迹,官司典章,王者易姓受命,综核前代,纂辑类比,以存一
代之旧物,是则所谓整齐故事之业也。开局设监,集众修书,正
当用其义例,守其绳墨,以待后人之论定则可矣,岂所语于专门
著作之伦乎!

其所谓专门著作与整齐故事之别,亦即史学与史料之别。盖整
齐故事之业,未经分析之工作,未尝用力于校勘、训诂、考据之学,抉
择去取,多所未当,故性质犹为史料,非史学之著作也。

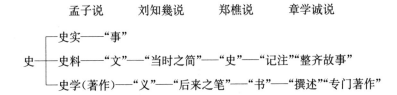

二、史料与史学

史料乃过去人类思想行为之遗迹,前人思想行为之留存于今者
不多,而遗迹之能千古不灭者尤寡,古籍之因天灾人祸之散佚者尤比
比皆是,无遗迹之留存,即无历史之可言,故无史料,即无历史。《论
语·八佾篇》云:

子曰:"夏礼吾能言之,杞不足征也;殷礼吾能言之,宋不足
征也,文献不足故也。足,则吾能征之矣。"

所谓"文献"亦即史料之一部,文献不足,即不能征,即不能有史,
孔子所谓"吾能言之"者。亦传说,亦史料之一部,不足以言史学也。

史料与史学著作关系之密切,刘知幾已见之,故云:"相须而成,

其归一揆。"章学诚所言，教诸刘氏尤为清晰。其《报黄大俞先生》有云：

> 古人一事，必具数家之学，著述与比类两家，其大要也。……两家本自相因而不相妨害。拙刻《书教》篇中所谓圆神方智，亦此意也。但为比类之业者，必知著述之意，而所次比之材，可使著述者出，得所凭藉，有以恣其纵横变化。又必知己之比类与著述者各有渊源，而不可以比类之密而笑著述之或有所疏。比类之整齐而笑著述之有所畸轻畸重，则善矣。盖著述譬之韩信用兵，而比类譬之萧何转饷，二者固缺一而不可，而其人之才，固易地而不可为良者也。

章氏于此论史料与著作之关系，至为深切。当搜集史料、比类史料时，必先于著作之意旨与范围存于心，而史料既得搜罗次比，即可凭此随心所欲组合而成著作，此二者互用之关系，章氏以韩信用兵、萧何转饷二语喻之，益觉显然。

史料与史学之区别，前已论之，史料与史学之关系，前已论之矣。我国过去史学界之通弊，即在不明史料与史学之关系，与乎史学与史料之区别。我国历代正史家，目击司马迁《史记》以纪传体而得美名，遂模拟法效，历千载而曾不稍革，从事于貌同心异之工作，若《新五代史》《明史》诸书，不伦不类，非驴非马。以言史学，不能"圆而神"，不能"独断一心"。以言史料，又不能"方以智"，不能"赅备无遗"。

三、史料之分类

史料之为物，以内容分，有属原始，有属孳生。原始史料，或系古迹实物，或系古书实录，出诸亲见亲闻，其可靠性自较大。孳生史料，或因袭他书，或取材旧籍；非出自目睹，出于辗转相传，传说、神话，多属此类,鸿篇巨著,亦往往属此。

$$
史料\begin{cases}原始史料:古迹实物、古书实录\\孳生史料:文史之作、传说神话\end{cases}
$$

原始史料固较孳生之史料为近真,然年代湮远,原始史料大部不传,故吾人治史不得不借重于孳生史料。孳生史料虽不免讹传失真,惟孳生史料出诸名家援引,或经考证参验,亦皆可备吾人之取用。

史料苟以形式分,则有遗物与传说之别,文字记录与非文字记录之别。遗物即指留存今日之实物,传说之中又可别为笔传、口传、画传三者。笔传即为古籍所记之事,口传即十口所传之说,画传即指画影之所写实。兹据约翰生·亨利(Herry Johnson)所著《历史教学法》(The Teaching of History)立表如次:

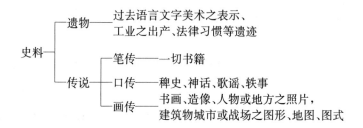

至于记录、非记录之分,梁启超所著《中国历史研究法》,则有下列之分类:

史料

文字记录者:旧史、关系史迹之文件、史部以外之群籍类书及古书逸辑本、古逸书即古文件之再现、金石记其他镂文、外国人著述

在文字记录以外者:现存之实迹及口碑、实迹之部分的存留者、已湮没之实迹其全部以外发现者、原物之实存或再现者、实物之模型及图影

　　文字记录以外之史料，多所实物，自较为原始，然传世实物不多，一鳞片爪，往往不能恣意探讨，时间、空间皆受限制，有失历史之连续性，非有待于考古学、生物学等之长足进步，不易为功。且历史之目的，在考明前人之思想行为，关于思想与若干不留遗迹之行为，实物即无利用之余地，故欲探究过去社会之全部活动，其必不能不乞灵记录也。

　　史料苟以来源分，则又有"有意传沿"与"无意传沿"之别，所谓"有意传沿之材料"（Relics, or Unconsciously testimeny）系此物作者本有示信后人之意，其传之今日，非出偶然。反之，所谓"无意流传之佐证"（Consciously Transmitted Information）则此物多无确定之作者，其得流传至今者，非由时人之保藏传后，或出自然之传沿，偶然未佚者。兹据英史家文生脱 Vincent 所著《历史之研究》（Historical Research）之分类法，表列如次：

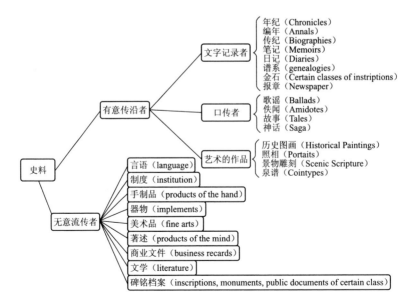

史料之有意传言者,其间不免因作者之历史观念不同,与事实相远离。其出诸无意流传者,自较有意为可信,但无意、有意往往亦不能严为之别。例如一新闻纸,其所记载,自为有意之造作,但同时新闻纸不但为直接物质之遗体,且可作为当时之实录,无意中可以反映当时之风尚、趣味、欲望与精神也。

第二章　记录之史料

一、史书之分类

中国记录之史书,汗牛充栋,二十四史,两《通鉴》,九通,五纪事本末乃至别史、杂史,不下数万卷,自阮孝绪《七录》以迄《四库书目答问》诸书,莫不史目纷繁。刘歆《七略》、班固《艺文志》之无史类,而以《世本》以下诸书,附于《六艺略》春秋家之后。盖春秋之后,惟秦汉之事,编帙不多,故不必特立史部。秦汉以后,史书渐多,而体例复不一,势不得不分部别类也。阮《录》分史部为十二部:(一)国史,(二)注历,(三)旧事,(四)职官,(五)仪典,(六)法制,(七)伪史,(八)杂传,(九)鬼神,(十)土地,(十一)谱状,(十二)簿录。《隋书·经籍志》因之,分史部为正史、古史、杂史、霸史、起居注、旧事、职官、仪注、刑法、杂传、地理、谱系、簿录等十三目。正史、古史所以记纪传编年,即阮《录》之所谓国史,杂史一目为《隋志》所创。盖杂史以传奇体,非史书之正,如《逸周书》《越绝书》即属之。霸史即阮《录》之伪史,起居注即阮《录》之注历,仪注、刑法即阮《录》之仪典、法治,阮《录》之鬼神一门,《隋志》则纳入杂传中,然鬼神祥异之说,出诸幻想传说,非其实事,与传记之记实者不同,今《隋志》混而同之,非是也。《隋志》之地理,即阮《录》之土地,谱系即阮《录》之谱状,其余则相同。此后自《隋志》下迄《书目答问》,其史部分类,虽间有增损,大致皆不出《隋志》之窠臼,今名之曰:正史派之分类法。

其不依正史之范围,亦往往有另辟蹊径,自为体系者,亦有多家,今名之曰别录派之分类法。至于刘知幾、章学诚辈,亦各有其分类之主张,今名之史论派之分类法。

1. 正史派之分类法

《隋志》既别有史书为十三类,两《唐书》皆因之,《旧唐书·经籍志》云:"乙部为史,其类十有三。一曰正史,以纪纪传表志;二曰古史,以纪编年系事;三曰杂史,以纪异体杂记;四曰霸史,以纪伪朝国史;五曰起居注,以纪人君言动;六曰旧事,以纪朝廷政令;七曰职官,以纪班序品秩;八曰仪注,以纪吉凶行事;九曰刑法,以纪律令格式;十曰杂传,以纪先圣人物;十一曰地理,以纪山川郡国;十二曰谱系,以纪世族继序;十三曰略录,以纪史策条目。"惟其目中则又改称"古史"为"编年","霸史"为"伪史","旧事"为"故事","略录"为"目录","谱系"为"谱牒"。《新唐书》分类同于《旧唐书》,《旧唐书》于正史类下有一子目曰"都史",《新唐书》于正史下有子目曰"集史",皆以梁武帝《通史》至姚康复《统史》属之,即今之所谓"通史"也。《新唐书》又于"起居注"类下有子目曰"实录"、"诏令",杂传记类下有子目曰"女训",实为后世史志子目之所由仿。

宋王尧臣等奉敕撰《崇文总目》:分正史、编年、实录、杂史、伪史、职官、仪注、刑法、地理、氏族、岁时、传记、目录十三类,盖径称"起居注"为"实录",又改称"谱牒"为"氏族",去"旧事"类而别立为"岁时"一类。宋晁公武《郡斋读书志》分史目为十三:正史、编年、实录、杂史、伪史、史评、职官、仪注、刑法、地理、传记、谱牒、目录,其特立"史评"一类,至为有见。陈振孙著《直斋书录解题》,分史类为十六:即正史、别史、编年、起居注、诏令、伪史、杂史、典故、职官、礼注、时令、传记、法令、谱牒、目录、地理。盖"典故"即"旧事","礼注"即"仪注","法令"即"刑法","时令"即"岁时",而于"起居注"之外别立"诏令"一目。郑樵《通志·艺文略》亦分史部为史类十三:乃正史、编年、霸史、杂史、起居注、故事、职官、刑法、地理、谱系、食货、目录,盖去"仪注"一类而增"食货"一类。其"食货"一类中分子目六:(一)食货,(二)器用,(三)豢养,(四)种艺,(五)茶,(六)酒,能于史事之记录外,兼及实物之著录与研究,虽然郑氏非目睹其书,不能详究其原为,亦有足多者!至于焦竑《国史·经籍志》则分十五类。盖又于《隋志》十三类外,加"时令""食货"二类也。

《宋史·艺文志》分史类亦十有三:曰正史,曰编年,曰别史,曰史抄,曰故事,曰职官,曰传记,曰仪注,曰刑法,曰目录,曰谱牒,曰地理,曰霸史。其有"别史"而无"杂史",无"起居注"而别立有"史抄"一类,"史抄"之内又兼函"史评"。《明史·艺文志》则分史类为十,曰正史,曰杂史,曰史抄,曰故事,曰职官,曰仪注,曰刑法,曰传记,曰地理,曰谱牒。盖函"编年"于"正史"中,而去"目录""霸史"二类。及《四库全书总目》,又总括群书,分十五类:"首曰正史,大纲也。次曰编年,曰纪事本末,曰别史,曰杂史,曰诏令奏议,曰传记,曰史钞,曰载记,皆参考纪传者也;曰时令,曰地理,曰职官,曰政书,曰目录,皆参考诸志者也;曰史评,参考论赞者也。旧有谱牒一门,然自唐以后,谱学殆绝。玉牒既不颁于外,家乘亦不上于官,徒存虚目,故从删焉。"其于编年之外,别立纪事本末,于史抄又别立史评,至为允审。

卢《补宋史·艺文志》分史类为十六:正史、通史、编年、杂史、霸史、史学、史抄、故事、职官、时令、食货、仪注、传记、地理、谱牒、簿录。乃特立"通史"一类,亦分"史抄"与"史学"为二,并收"时令""食货"二类。而卢《补辽金元艺文志》又分为十六:国史、正史、编年、杂史、霸史、史学、史抄、故事、职官、食货、仪注、刑政、传记、地理、谱牒。盖进"国史""刑政"而退"通史""时令",此分类较前为进步,其于《补宋志》特"通史"一类,而吾国通史之作实罕见,于是以编年纪事为本末体足之,名实相乖也!"时令"一类,古今所同,历史性尚少,其去之亦宜。钱《补元史·艺文志》,亦分史类十有四:正史、实录、编年、杂史、古史、史抄、故事、职官、仪注、刑法、传记、谱牒、簿录、地理,大体不越前人范围。张之洞《书目答问》,出诸门下士缪荃孙之手,其分史部为十四类:正史,包二十四史、二十一史、十七史合刻本,正史补注表谱考证。编年,包司马《通鉴》、别本、纪传、纲目。杂史,包事实、掌故、琐记。地理,包古地志、今地志、水道外纪杂地志。政书,包历代通志、古制、今制。谱录,包书目、姓名年谱、名物。金石,包金石目录、金石图像、金石文字、金石义例。史评,包论史法、论史事。其不列"食货"而专立"金石"一类,较郑樵均为尤允审焉。

2. 别录派之分类法

与正史之分类稍异其趣者,首推宋尤袤撰《遂初堂书目》,分史为十八门:正史、编年、杂史、故事、杂传、伪史、国史、本朝杂史、本朝故事、本朝杂传、实录、职官、仪注、刑法、姓氏、史学、目录、地理。其特异者在"国史"类外,别于"杂史故事""杂传"中分出"本朝杂史""本朝故事""本朝杂传"三种,实则"国史"类中本可兼容此三者,即"国史"类为"纪传"一体所专有,则一朝著述,亦决不此三者,挂一漏万,无当也。

王应麟撰《玉海》，分史为八类：古史、正史、杂史、编年、实录、记注、政要宝训、论史。其特异者有"记注""政要宝训"二类。政要保训一类，《夏政典》《唐开元政要》《宋景定圣训》等属之，实与"旧刑政"一类相仿佛。记注一类，《周公记注》《汉著记》《晋古今注》等属之，实与旧"历注""起居注"相仿佛，与"实录"义亦相近。《文献通考·经籍考》分史类为五，正史、编年、起居注、杂史、传记，其简略。明杨士奇《文渊阁书目》，史部仅分史、内附、史杂三类，盖已将实录、谱牒、政刑、仪注、地理等类，驱出史部之范围，无当也。明朱睦㮮《万卷堂书目》，分史为十三门：正史、编年、杂史、史评、起居注、奏议、官制、仪注、法家、谱传、书目、地志、杂志，与正史之分类，初无二致，所异者"杂志"一类耳。明陈第世《善堂书目》分史为十有八类，正史、编年、鉴选、明朝记载、稗史杂记、语怪各书、实录、偏据伪史、史论、训诫书、四译载记、方州各志、典制、律例、诏令、奏议、谱系、类编，颇多不当。"鉴选"者，《历代通鉴纂要》《历代鉴选要》属之，此则大可附之"通鉴"之下。"稗史杂记"与"语怪各书"，实亦可合为一，神话传说初无清晰之界限。又四译载记者，《鸡林类事》至《职方外纪》属之。方州各志者，东方朔《十洲记》至周汝成《九边志》属之，实则东方朔之《十洲记》，作记亦为四译。其怪异亦不减于《神异经》，而陈氏以《神异经》归"语怪各书"中，且《神异经》与《山海经》相类，本亦地志之性质，陈氏分析未清，宜其分类淆乱矣。高儒《百川书志》分史部为二十一类：正史、编年、起居注、杂史、史抄、故事、御记、史评、传记、职官、地理、法令、时令、目录、姓谱、史诗、谱牒、文史、野史、外史、小史。其特异者为"史诗""文史""野史""外史""小史"，大抵"野史""外史""小史"，可当于史志之"别史""杂史"。而"史诗""文史"二类，是其独创，其

"史诗"类所含有杨廉夫《铁崖咏史》至邹璧通《史学遗》。"史评"本重要史料之一，古人于传奇，往往出之吟咏，今高氏别为一类，至当也。明祁承𤊹《澹生堂藏书约》，其区分史类为十五：曰国朝史，曰正史编年史，曰通史，曰约史，曰史抄，曰史评，曰霸史，曰杂史，曰记传，曰典故，曰礼乐，曰政实，曰图志，曰谱录。"国朝史"分目为御制、敕纂、汇录、编述、分纪、武功、人物、典故、时务、杂记、行役、风土。"通史"分目为会编、纂要，"编年史"分目为通鉴、纲目、纪、纪事，"史抄"分目为节详、摘要，"史评"分目为考正、论断、读史，"霸史"分目为列国、偏霸，"杂史"分目为野史、稗史、杂录，"记传"分目为裒辑、垂范、高贤、汇传、别传、忠义、事迹、行役、风土。"礼乐"分目为国礼、家礼、乐律、祀典，"典故"分目为故实、职掌，"政实"分目为时令、食货、刑法、官守事宜。"图志"分目为统志、约志、省会通志、郡邑志、边镇山川、揽胜、园林、祠宇、梵院、题咏。"谱录"分目为统谱、族谱、年谱、世家、科第、姓名、书目。其分目较他书为细，虽所分未必当，为后世取法甚多也。

清黄虞稷《千顷堂书目》，所录皆明一代之书，其分史为十八门：国史、正史、通史、编年、别史、霸史、史学、史抄、地理、职官、典故、时令、食货、仪注、刑政、传记、谱系、簿录，大抵承明焦竑《国史经籍志》之旧。惟焦氏"食货"类，所函兼及于古器物之著录，而黄氏于古器物之著录既归之"簿录"类，故于"食货"类所录大抵多关民生之论著。故《四库总目》评之曰："其簿录一门，用尤袤《遂初堂书目》之例，以收《钱谱》、《蟹录》之属，古来无类可归者，最为允协。至于'典故'以外，又立'食货'、'刑政'二门，则赘设矣。"其实"刑政"与"典故"二门，本不重复，亦犹《隋志》之有旧事又有刑法也。此目既限有明一代，"编年"一类实与"国史"类相重,"国史"所函为"实录",而"实录"又为"编年",二者初无二致。钱曾《读书敏求记》分史之支有十:曰器用,曰食经,曰种艺,曰豢养,曰传记,曰谱牒,曰科第,曰地理舆图,曰别志,大体仿欧阳修《集古录》之意。《四库总目》目录类存目斥之曰:"其分别门目,多不甚可解,如纪传、编年、杂史之类并为一,而器用、食经类乃多立子目。又如种艺、豢养本农家而入史,则配隶无绪。至于《朱子家礼》入礼乐而《司马氏书仪》、《韩氏家祭礼》则入史,以至《北梦琐言》本小说而入史,《元经》本编年而入子,编列失次,不一而足。"余谓其以器用之实物谱录别为一类,亦有足取者。钱曾又著有《述古堂书目》,分史为十二类:史部杂史类、传记类、编年类、年谱类、杂编类、姓氏类、谱牒类、政刑类、文献类、女史类、较书类,《四库总目》目录类存目称其:"其分隶诸书,尤舛谬颠倒,不可名状,较《读书敏求记》,更无条理。如《班马异同》《两汉刊误》《补遗》《后汉书年表》,乃正史之支流。《两汉博闻》乃类书,《唐阙史》乃小说,而列之杂史。《资治通鉴》入正史,乃收《甲子纪元》之类;《政和五礼新仪》入礼乐,而《大金集礼》入政刑;《五木经》李翱所为,本为博戏,《禁扁》王士点所作,杂记宫殿,而均入之营造;《东国史略》之类入外夷,而《高丽图经》《真腊风土记》《安南志》《越峤书》《西洋番图志》又入别志。《激水志》本地理而入之于掌故,《释名》本小说而入之杂子。《伯牙琴》本别集,《入蜀记》本传记而入之小说。……撰人乖舛者,尤不可毛举。"清昆山徐乾学《传是楼书目》,分目为三十有七:正史、通史、编年记录、运历、霸史、杂史、实录、起居注、时政、故事、职官、时令、仪注、法令、器用、酒茗、食经、种艺、豢养、耆旧、孝友、忠烈、明贤、高隐、家传、列女、科第、名号、冥异、谱系、家谱、簿录、地志、别志、朝聘、行役、蛮夷,盖去食货、传记、簿录、杂记、地理等总目而散用子目也。部次失之淆乱。王闻远《孝慈堂书目》分为三十一目：正史、通史、编年、杂史、史学、史传记、政事、职官、谥法、国玺篆刻、执掌、律令、时令、宝货器用、酒茗食名、树艺豢养、遗逸、仙佛、较书、方舆郡邑、行役、属夷、川渎、名山、陵寝、名胜、人物、文献、谱牒、姓氏、年谱、书目。姚际恒《好古堂书目》分史目为二十：正史、编年、霸史、杂史、集古、时政、礼仪、传记、典故、职官、仪注、刑法、传记、地志、谱牒、簿录。其并史抄、史评于正史中，并纪事本末于编年中，而于食货中乃分出器用、虫鱼，又于地理中分出方物名胜、川渎。汪宪《振绮堂书目》分史部为十七类：正史、霸史、外史、史补、别史、史论、编年、杂史、诏令、故事、职官、仪注、刑法、传记、地志、谱牒、簿录。其有"诏令"而无"奏议"，有"史论"而无"史抄"，分"霸史"为"别史"，而另立"史补"一目，以《三国志补注》等属之。孙星衍《孙氏祠堂书目》分史为八类：正史、编年、纪事、杂史、传记、故事、史论、史抄。盖孙氏以全史之要，首推正史、杂史、政书三者，故以地理、金石、谱系、杂记、书目排之史学之外，"地理"、"金石"独自为类，而以"谱系"、"书目"入类书，"杂记"入"小说"。

综上所述，可见吾国史目之纷繁。郑樵《校雠略》云："人守其学，学守其书，书守其类。"章学诚《校雠通义》有云："家法不明，著作所以日下；部次不精，学术所以日散。"（卷一）

又云：

> 盖部次流别，申明大道，叙列九流百氏之学，使之绳贯珠联，无少缺逸，欲人即类求书，因书究学。

目录之学，即在"欲人即类求书，因书究学。"今吾国史目繁琐，部次不精，各目多所异同。同一书也，而归附有殊，同一类也，而所函不同。李延寿之《南北史》,《唐志》以之入正史,《崇文总目》入之杂史,《东观汉记》,旧志多入正史,而《四库总目》则归别史,然此区别犹易。其最不能明者,莫如传记、杂史、故事之类,《通志·校雠略》云:"古今编书所不能分者五,一曰传记,二曰杂家,三曰小说,四曰杂史,五曰故事。凡此五类之书,足相紊乱。"《文献通考》亦云然,而章学诚则曰:"其书本在两可之间,初非著录之误。至于《隋志》既以《嘉瑞记》入'五行',又见之于'杂传'(《隋书·经籍志》)。《西京杂记》既入'故事',又互见于'地理'(《唐书·艺文志》)。是岂足以知古人互见之法耶!特忘其已登著录重复而至讹错者尔。"

诸家书目之所以多舛谬者,自有其故。郑樵尝明言之,其《校雠略》有云:"编书之家,多是苟且,有见名不见书者有看前不看后者。"郑氏且著有《编次之讹论十五》,以正前世著录。明焦竑《国史经籍志》,其末亦附有纠谬一卷,驳正《汉书》《隋书》《唐书》《宋史》诸艺文志及《四库丛目》、《崇文总目》、郑樵《通志·艺文略》、马端临《经籍考》诸家之误。诸家史目,类例既无严格之标准,而于诸书之内容又未尝一一明辨。吾人搜索其间,辄以为苦,今日自应别编一科学之分类史目与提要,以应学人之需要,庶几使学人可以达"即类求书"之目的。章学诚之所以模仿朱竹垞《经义考》著《史籍考》,盖即此旨。(见《论修史籍考要略》)惜乎未见成书,或谓美国国会图书馆有其书,亦不知究如何。吾人今日于新目与提要未有人完成以前,仍不得不唯旧目是赖。

3. 史论之分类

刘知幾《史通·杂述篇》以史有正史,史流之分,其分史流有十:一曰偏记,二曰小录,三曰逸事,四曰琐言,五曰郡书,六曰家史,七曰别传，八曰杂记，九曰地理书，十曰都邑簿，以为"其流尽于此"。今约举之如次：

（1）偏记类者，"权记当时，不终一代。"若陆贾《楚汉春秋》、乐资《山阳载记》。

（2）小录类者，"独举所知，编为短部。"若戴逵《竹林名士》、王粲《汉末英雄》等。

（3）逸事类者，"前史所遗，后人所记。"若《汲冢纪年》、葛洪《西京杂记》等。

（4）琐言类者，"街谈巷议"，"小说卮言"。若刘义庆《世说》、裴荣期《语林》等。

（5）郡书类者，"矜其乡贤，美其邦族。"若陈寿《益都耆旧传》、周裴《汝南先贤传》等。

（6）家史类者，"事惟三族，言止一门。"若扬雄《家牒》、殷敬《世传》、《孙氏谱记》等。

（7）别传类者，"贤士贞女"，"各为之录"，若刘向《列女》、梁鸿《逸民》、赵采《忠臣》等。

（8）杂记类者，"求其怪物，有广异闻。"若祖台之《志怪》、干宝《搜神记》等。

（9）地理书类者，"万国山川"，"风化异俗"。若盛弘《荆州记》、常璩《华阳国志》等。

（10）都邑簿类者，"宫阙、陵庙、街廛、郭邑。"若潘岳《关中》、陆机《洛阳》等。

其所谓"家史"即史志之"谱牒"，"偏记"即史志之"杂史"，"小录""别传"即史志之"传记"，"逸事"即史志之"别史"，"琐言""郡书"即史志之"杂传"。"都邑簿",史志亦归之"地理"。此其分类,亦无甚客观之准则。

章学诚《史籍考》总目,则又分史为十有二部:

(1) 制度部

(2) 纪传部　正史、国史、史稿。

(3) 编年部　通史、断代、记注、图表。

(4) 史学部　考订、义例、评论、蒙求。

(5) 稗史部　杂史、霸国。

(6) 星历部　天文、历律、五行、时令。

(7) 谱牒部　专家、总类、年谱、别谱。

(8) 地理部　总载、分载、方志、水道、外裔。

(9) 故事部　训典、章奏、典要、吏书、户书、礼书、兵书、刑书、工书、官曹。

(10) 目录部　总目、经史、诗文、图书、金石、丛书、释道。

(11) 传记部　记事、杂事、类考、法鉴、言行、人物、别传、内行、姓名、谱录。

(12) 小说部　琐语、异闻。

章氏之所分,较刘氏尤为允审。其以史志之杂史、霸史合并成稗史,所谓制度,殆即史志之职官、仪注、刑法,所谓星历当即史志之岁时、时令,惟较岁时、时令范围又加广耳。章氏既欲仿《经义考》以作《史籍考》,而杨椠乃亦欲仿以作《史籍考》。(见《沅湘通艺录》卷二拟仿朱氏《经义考例》纂《史籍考》)据《经义考·御注》,敕撰、本经、群经、逸经、谶纬、拟经、师承、宣讲立学、刊石、书壁、镂板、著录、通说、家学等目,亦创立御注、敕撰、本史、群史、逸史、刊石、镂板、著录、通说、谶纬、师承、书壁、拟经、译史等目。以二十四史为本经,以通鉴、编年、纪事本末、杂史、诏令、奏议、传记、载记、时令、职官、地理、政书、史抄、史评、史目,总为"群史"。以金石书之与史相发明者为"刊石",考史书之板本源流为"镂板"。以书之己发凡而为成者为"著录",又以全祖望之《稽疑》、梁玉绳之《考异说》及《全史》,编为《通说》,而以五行为"谶纬",削足适履,未为允当也。

治史必先通目录之学,乃不至于谫陋差误。书籍既多,指示门径之作,尤不容缓,惟史书之源流,考辨已非易事,其善否尤难判断。不特如《四库提要》,以一二人之意,略加考证抨击者,未足餍学人之求。即如朱竹垞《经义考》,尽抄其书之序例者,亦嫌不足于用。吾人渴望有更完备之史籍提要,备录前人之考证评论,作为长编,则不仅有裨初学已也。

二、史书之应用

我国史家,向分史实为理乱兴衰、典章经制二类,即今日政治史与文化史之别。正史之纪传,即详理乱兴衰,正史之书志,即纪典章经制。纪传体以人为主,而编年体则以时为主,纪事本末体则又以事为主。编年与纪事本末亦无非纪理乱兴衰,而政书则详典章经制,就正史言,又可谓各得正史之一体。

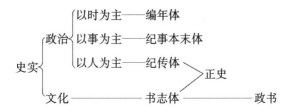

1. 正史

史本无所谓正不正，然史实纷繁，不能无要不要之分，一时代之学者，认为其要，即以为正史，认其为不要，则以为杂史矣。要与不要，正与不正，初无一定之标准，诸史各因其时代之不同，史学之目的不同，作者性格学识之相殊，其内容即随之各异；其在史料上之价值，亦随而各异也。我国过去史书之大弊，在乎仅为贵族而作，为死人而作，不在广布于当前之大众。"孔子成《春秋》而乱臣贼子惧"，是《春秋》乃以供当时贵族中为人臣子者之读也；司马光之《资治通鉴》，顾名思义，即可知其以供治者阶级之读，吾辈非治者即不在其所求读者之列。自余诸史之目的，大体皆同。史名亦冠以朝代之名，是明告曰此为一朝之主人而作也。其读者皆求禄士之家，充其量不过及于通儒硕士而已，司马迁自序所谓"藏诸名山，传与其人"者是也。我国史书，既为少数特殊阶级所读，其所记载，亦无非少数特殊阶级之事，社会之变迁，文化之演化，则阙如也。刘知幾《史通》尝痛切言之：

> 自三公以下，一命以上，苟沾厚禄，莫不备书。……赞唱为之口劳，题署由其力倦。具之史牒，夫何足观？……声不著于一乡，行无闻于十室，而乃叙其名位，一二无遗。……

此固史家之好献媚于贵族。彼贵族者，亦往往"耻当年而功不立，疾没世而名不闻"，故无不欲名刊史册，以垂不朽，于是历代正史、列传分量之滥，无可伦比。《史通》亦尝慨乎言之：

> 其间则有生无令闻，死无异迹，用使游谈者靡征其事，讲习者罕记其名，而虚班史传，妄占篇目。若斯人者，可胜纪哉！
> （《列传》篇）

> 今之修史者则不然，其有才德阙如，而位宫通显；史臣载笔，

必为立传。其所记也，止具共生前历官，殁后赠谥，若斯而已矣。虽其间伸以状迹，粗陈一二，么么恒事，曾何足观。

列传所记，无非若干武夫、政客、贵族之出没起伏，或中间点缀以若干涂民耳目之诏令、奏议，整个社会文化，非所及也。且唐以后书皆官撰，而成于多人之手，著者本无责任心，《史通》亦尝伤之："每欲记一事载一言，皆阁笔相视，含毫不断。故头白可期，汗青无日"（《史通·忤时》篇）。我国史书，尚有一大弊，即在隐恶扬善，例如《春秋》记杞伯姬事，前后凡十余地，以全部不满万七千字之书，为此一夫人占如许篇幅，则亦曰借以奖励贞节而已。试问杞伯姬之贞节事，究于春秋之社会，有若何之影响？吾人敢断其必有微细。至于后世，奖励虚荣之方术益多，无形中一变而为帝王驾驭臣属之工具，臣属亦以留名青史为其唯一之目标。试观明清两代，饰终之典，莫不以"宣付史馆立传"为莫大恩荣，驯至世间一切荣辱，乃不在当时之事迹刑誉，最后荣辱，即系于史书所立之传。正史之功用，盖如是而已矣。是正史固一无所用乎？是不然！今日所传历代史书，内容较富者，自当推正史，正史之所载，其本意固非欲纪社会文化，然人皆不能远离环境而生存。其叙人时不能不涉笔以叙其环境，故吾人运用正史，所欲求之史料，求诸正笔而不得者，求诸涉笔反能得之也。

明焦竑《国史经籍志》有云：

> 马记班书，始变编年之体，后之为史者祖之。顾二子皆因父业莫传而成书，况迁既收功于商毂，固仍丐馥于逵歆，谚云："千金之裘，非一狐一腋。"非虚言也！继是作者代兴，胜劣互异，然莫不钩深故府，囊括辞林，一代兴衰，赖以考见。倪谓迁固亡而无史学，不亦谬乎！

此言是也。旧作正史，虽因其宗旨体例之不当，损失不少宝贵之史料，然其书体大，行文时无意间或流露不少有社会、经济、文化之史料。吾人深入其中，细密求之，往往可得，犹如沙中淘金也。例如《晋书》之所以不餍人望者，以其修史年代与正史相隔太远，而又官局分修，无人负责。自刘知幾以下，共讥其杂采不纯，其体例固不纯固也；又如《魏书》所以不餍人望者，以魏收人格不高，意至市佳传以骄侪辈，其污秽失实固也；然其间能将当时社会之大小情态多附其书以传，亦足贵矣。又如《元史》猥杂已极，其中半录官牍，鄙俚一仍原文，较之陈寿《三国志》字字精严，笔笔锤炼，较之令狐德棻《北周书》文章尔雅，行文必《尚书》，出语皆《左传》，固孰为可贵？《史通·言语》有云：

> 时人出言，史官入记，虽有讨论润色，终不失其梗概者也。夫三传之说，既不习于《尚书》；两汉之词，又多违于《战策》。足以验甿俗之递改，知岁时之不同。而后来作者，通无远识，记其当世口语，罕能从实而书。方复追效昔人，示其稽古。……伪修混沌，失彼天然，今古以之不纯，真伪由其相乱。

据此则《元史》所载，于史学上之价值反较《三国志》、《北周书》为高矣！《三国志》此书，苟无裴松之为之注，吾人必将失去若干宝贵之史料也。刘知幾《史通》之评唐以前诸史，病其史实之滥载，斥其"虚班列传，妄占篇目"（《列传》篇）。章学诚亦颇病史家之贪奇嗜琐。其《邵与桐别传》云：

> 余尝语君："史学不求家法，则贪奇嗜琐，但知日务增华，不过千年，将恐大地不足容架阁矣。"君抚膺叹绝，欲以斯意刊定前史，自成一家。时议咸谓前史榛芜，莫甚于元人三史，而措功则《宋史》尤难。君遂慨然自任。

其《亳州志掌故例议上》又云：

> 然迁、固书志，采其纲领，讨论大凡，使诵习者，可以推验一朝梗概，得与纪传互相发明足矣。至于名物器数，以谓别有专书，不求全备，犹左氏之数典征文，不必具《周官》之纤悉也。司马《礼书》末云："俎豆之事，则有司存。"其他抑可知矣。自沈、范以降，讨论之旨渐微，器数之加渐广。至欧阳《新唐》之志，以十三名目，成书至五十卷，官府簿书，泉货注记，分门别类，惟恐不详。《宋》、《金》、《元史》，繁猥愈甚，盈床叠几，难窥统要。

《仪例中》又云：

> 且《唐书》倍汉而《宋史》倍唐，……倘后人再倍唐宋而成书，则连床架屋，无论人生耳目之力，必不能周，抑且迟之义久，终亦必亡。是则因度数繁重，反并史亡而亡之矣。

按《史记》诸书，乃后人增补而成，故空言多于名物。《汉书》诸志已稍详名物事实，已非讨论大凡。欧阳修《新唐书》以下，记载名物制度之详远远胜前代。吾人若以旧史作史学著作谈，则《史》、《汉》犹不敢妄许。若作史料读，则二十四史互有短长。刘、章诸氏，欲以此作史读，故颇病其繁琐，谓"人生耳目之力，必不能周"。若作史料读则惟恐其不杂博，杂博乃能扩吾范围，可以咨吾取舍。刘氏病其"妄占篇目"，章氏病其"连床架屋"，吾人则惟求篇目愈多，史料愈富耳。章氏又恐度数繁重，易于亡失，此亦杞人之忧。古今保存典籍之方法不同，自印刷术昌明，虽繁重亦不失。古者书用竹简，虽《尚书》之简短，难免于亡逸。《宋史》、《明史》虽繁重，不失也。章学诚虽病宋、元诸史连床架屋，而于掌故之重要，亦未尝不见之。章氏《与史余村书》云：

《新唐书》以至宋、元诸史书志之体不免繁芜,而汰又似不可,则不解掌故别有专书,不当事事求备也。

此亦章氏欲诸氏作史读,乃欲以掌故别为专书也。今日吾人又于正史之当作史料读,万斯同已明言之。万氏作《明史稿》,尝自言曰:

> 昔人于《宋史》已病其繁,而吾所述倍焉,非不知简之为贵也。吾恐后之人务博而不知所裁,故先为之极,使知吾所取者有可损,而所不取者必非其事与言之真而不可益也。

此言至为有见。章学诚《文史通义·书教篇》云:

> 后世失班史之意,而以纪表志传,同于科举程式,官府之簿书,则于记注撰述,两无所取。

章氏病后世正史两无所取,但吾人谓,非不足取,所取乃为"记注"为史料耳。

二十四史本互有短长,未易以一言断之,如新旧《唐书》,《新唐书·艺文志》所载唐代史书,为旧书所无者,无虑数十百种,则修旧书之史料,实不如修新书之多。旧书成于晋开运二年,时刘昫为相,任监修之职,实则监修是书者为赵莹。其书自长庆以前,多仍旧史,讳饰不能得实;会昌以后则杂取朝报史牒,补缀成之。本纪则诗话、书序、婚状、狱词,委悉具书,语多支蔓;列传则多叙官资,曾无事实。新书修撰时,太平已久,文事正兴,旧时记载,多出于世。宋初绩学之士,亦各据所闻,各有撰述,宋祁、欧阳修辈又皆能文之士。其结构组织自较旧书为胜,然旧书多杂取原有史料,未加融会消化,有若干部分史实之原相,吾人反可从此得之。《新唐书》叙事亦不无舛谬,故颁行未几,即有吴缜进《新唐书纠谬表》。吾人以史料观点察之,固无可偏废。

又《五代史》亦有新旧,旧史成于宋开宝六年,监修者薛居正。薛等乃本五代各朝实录而成,未尝参验考辨,故其成书至远。新史出于欧阳修,本系私书,神宗熙宁五年诏刊行之。金章宗太和七年,诏用新史,旧史从此渐湮。清开四库馆,乃从《永乐大典》中辑出,并采宋人征引补充之,始复成完帙。实则新旧二史,亦互有短长,旧史文固不佳,而事较详。然新史所本,非仅实录,故所记事,亦多有出旧史之外者,同记一事,日月亦多不同,此亦不可偏废也。

《元史》亦有新旧,明初得《元十三朝实录》以修史,总裁者为宋濂、王祎,成书既速,草率特甚。自清人由《永乐大典》辑出《蒙古秘史》,始得元人自述开国史料,洪钧译拉特施特等之书,以为《元史译文补证》。又得异域,于是欲修元史者,有魏源之《元史新编》、屠寄之《蒙兀儿史记》,皆未完工。而柯劭忞之《新元史》二百五十七卷,则得于民国十一年刊行,其文与事,皆远处旧史之上。然旧史半录官牒,鄙俚一仍原文,吾人亦可由此得知当时实情,以史料眼观观之旧史仍不能废也。

至私家所撰纪传之作,若宋叶隆礼《契丹国志》系孝宗时奉敕所撰,虽所多据中国人书,然以《辽史》之简略,得此亦足贵矣。又如宋宇文懋昭之《大金国志》,以《金史》简略之甚,亦可宝也。明柯维骐之《宋史新编》,列金、辽于外国,盖为争正统之间。至于宋萧常之《续后汉书》,以吴魏为载、记,元郝经之《续后汉书》,以吴、魏为列传,盖亦皆为争帝蜀而作,此于史料上之价值不甚高。

2. 编年

编年之体,以事系日,以日系月,详一国之治体,盖本《春秋》。有历代之编年,《竹书纪年》以下是也;有一代之编年,《汉纪》以下是也。编年有二长,一则便于考见一时代之大势,以其以年月为纲领,在同一时代中,各方面之情形亦可毕具,《史通·二体》篇所谓:"中国外夷,同年共世,莫不备载其事,形诸目前。"一则可以省去反复考察之周折,以其按时排列,数人同时有关之事,可于同时见之,《史通》所谓"理尽一言,语无重出。"编年体既按时排列,史实之舛谬,有不待考而目见者。如王国维所著《竹书纪年辑校》,钱穆所著《先秦诸子系年·考辨序言》,无不据真本《竹书纪年》,以证《史记》之舛谬。

编年体之利,即在可以避纪传体事迹分隶凌乱之弊。自汉献帝以《汉书》繁博难读,诏荀悦要删为《汉纪》三十卷,此后每易一朝,纪传之家既作一书,编年家复为作一纪。若张璠、袁宏之《后汉纪》,孙盛之《魏春秋》,习凿齿之《汉晋春秋》,干宝、徐广之《晋纪》,裴子野之《宋略》,吴均之《齐春秋》,何之元之《梁典》等皆是。今存者仅荀、袁二家。编年家既多据纪传家而作,其在史料上之价值自又次一等。故荀悦亦自谓:"省约易习,无妨本书"。宋司马光之修《资治通鉴》,欲以续《春秋左传》,上纪战国,下终五代,按年记载,一气衔接,学者便之。《通鉴》之后,朱子复有《纲目》之作,窃比孔氏之《春秋》。其体例却较《通鉴》为优。《通鉴》既起于战国,后人颇有补其前者,有刘恕《通鉴外纪》、金履祥之《通鉴前编》、胡宏之《皇王大纪》。续其后者有元陈泾《续通鉴》、明胡粹中《元史续编》等,自毕沅《续编》出,更为详核。续其后者,又有陈克家之《明纪》、夏燮之《明通鉴》。又有以《通鉴》繁重而节要者,宋江贽有《通鉴节要》、明李东阳有《通鉴纂要》,清乾隆时又改订而名之曰《御批通鉴辑览》。《辑览》既成,又用为底本,而成《通鉴纲目》。《通鉴》及《纲目》,通贯历朝,颇便考览。至于仅记一朝者,若宋尹洙之《五代春秋》、李焘之《续资治通鉴长编》、陈均之《九朝编年备要》、李心传之《建炎以来系年要录》等,此等书士人罕复诵习,然要足为考据之资。

3. 纪事本末

纪事本末之体,始于宋之袁枢,以一事之起讫为纲纪,袁枢本以隐括《通鉴》,乃于无意中创此新体。踵之者有明陈邦瞻之《宋元两史纪事本末》、清谷应泰《明史纪事本末》、李有棠《辽金二史纪事本末》。用此体以修《通鉴》以前之史者,有清高士奇《左传纪事本末》,马骕之《左传事纬》及《绎史》。章学诚称此体“决断去取,体圆用神”,此固然矣。然此体本以抄旧史为职志,有钩玄提要之功,于史料之价值殊不及旧史也。《绎史》博引古籍,排比先后,各冠以本书之名,其相类之事,则随文附注。或有同异为舛。以及穿凿附会,并于条下疏通辨证。实为一史料集成,颇便省览。

4. 政书

政书有通记历代者,以唐杜佑《通典》、马端临《文献通考》为最著,宋郑樵《通志》,虽以通史为体,然学者所取,仅在《二十略》,则亦政书也。《通典》上自黄帝,至于唐天宝之末,每事以类相从,举其始终历代沿革废置及当时群士议论得失,靡不条载。《文献通考》篇目尤较繁备,征引亦较杂博,颇便翻检。其专纪一朝之事者,以宋代为最多,彭百川之《太平治迹统类》、江少虞之《皇朝事实类苑》、李攸之《皇朝事实》、李心传之《建炎以来朝野杂记》等,皆可贵之史料。自清代敕撰“续三通”及“皇朝三通”,“三通”亦成为官纂之书,其后刘之藻尝《续清文献通考》,亦私家之巨构。又自唐人创会要之体,后人或沿具例,施之古书,如宋徐天麟《西》《东汉会要》,亦属此类。典章经制,宜乎通观历代,此体较正史断代之书便多多也。

以上于正史、编年、纪事本末、政书,粗述梗概。吾人于最初步应用时,自以编年、纪事本末、政书三体为便,然正史之史料较为原始,编年、纪事本末、政书三体,往往以正史改作,故最终仍非根据正史不可也。然编年政书之作,其史料亦有出正史之外者,则若干部分又不能不据编年政书也。孙星衍氏《祠堂书目》云:

朝章国典,著述渊薮,举而措之,若指诸掌,则政书尤要云。

其说是也。

5. 杂史、野史

《史通·杂述》篇云:

逸史者,皆前史所遗,后人所记,求诸异说,为益实多。

又云:

街谈巷议,时有客观,小说卮言,犹贤于己。故好事君子,无所弃诸。

《隋书·经籍志》亦云:

灵、献之世,天下大乱,史官失其常守。博达之士,愍其废绝,各记闻见,以备遗亡。

《崇文总目》亦云:

若乃史官失职,畏怯回隐,则游谈处士,亦必各记其说,以申所怀。

其所记或但具一事之始末,非一代之全编;或但述一时之见闻,只一家之私记,要皆遗文旧事,足以存掌故,资考证。孟子因《武成》"血流漂杵"之文,乃叹尽信书不如无书,谓以至仁伐至不仁,不应如此。推孟子之意,则《逸周书》中《克殷》《世俘》诸篇,益为伪作无疑其实孟子理想中之"仁义之师"，本非历史上所能有，而《逸周书》叙周武王残暴之状，或转为真相。近人谷霁光以若干篇《逸周书》与《尚书》作文体、文法之比较，明证两者相类，且或同出一源。日本小川琢治作《先秦蕃族考》(《支那历史地理研究续编》)亦确认《逸周书》之确有其渊源，新城新藏著《东洋天文学史研究》，并以天文证《逸周书》之确有周时制作者。盖史之杂不杂，本无一定标准。且我人之于史料，务求其博，务求其真，初无正不正、杂不杂之别，虽贩夫走卒所著书，其在史料上之价值，初不减于大史学家或大文学家也。世之病杂史、野史者，以其未尝作尽力搜辑之工作，且未尝用考核之功。赵翼《廿二史札记·序》有云：

> 间有稗乘胜说，与正史歧互者，不敢遽诧为得间。盖一代修史时，此等记载，无不搜入史局。其所弃而不取者，必有难以征信之处。

此言诚然，然杂史野史，尽有修史时所未见者。又有虽间而未尝参考或考之未精者，其足补正正史之处正多。且正史与杂史、野史，初无标准，随时代而不同。昔人视为杂、视为野者，吾人则或以为不必杂不必野。亦且前人所修纂正史，取舍本亦不精博，杂史、野史所载，一鳞一爪，苟能加以搜辑，通条连贯，亦有能成一完善之系统为吾人所渴望者。今日有系统而新作之史，皆属此类。

6. 稗史小说

《隋书·经籍志》云：

> 小说者，街谈巷语之说也。《传》载舆人之诵，《诗》美询于刍荛。古者圣人在上，史为书，瞽为诗，工诵箴谏，大夫规诲，士传言而庶人谤。孟春，徇木铎以求歌谣，巡省，观人诗以知风俗。

过则正之，失则改之，道听途说，靡不毕纪。

《四库书目》云：

> 小说流别，凡有三派：其一叙述杂事，其一记录异闻，其一缀
> 辑琐语……然寓劝诫，广见闻，资考证者亦错出其中。班固称
> "小说家流，盖出于稗官"，如淳注谓："王者欲知闾巷风俗，故立
> 稗官，使称说之。"然则博采广搜，是亦古制，固不必以冗杂废矣。

是则稗史小说，本出于史，亦史料也。例如《山海经》一书，《四
库》以之入小说。其所记固多神话性之史料，然其间确有若干贵重之
史料出乎群经诸史之外者。王国维《殷卜辞所见先公先王考》已尝明
证《大荒经》之帝俊即卜辞之高祖夋，王亥即卜辞之高祖亥。《山海经》
所载古史传说，既与《楚辞·天问》相同。《山海经·大荒东经》云：

> 有困民国，句姓而食，有人曰王亥，两手操鸟，方食其头。王
> 亥托于有易河伯仆牛，有易杀王亥，取仆牛。

郭璞注引《竹书纪年》亦云：

> 殷王子亥宾于有易而淫焉，有易之君绵臣杀而放之，是故殷
> 王甲微假师于河伯以伐有易，克之，遂杀其君绵臣也。

如《海内经》云：

> 帝俊赐羿彤弓素矰，以扶下国，羿是始去恤下地之百艰。

《天问》亦云：

> 帝降夷羿，革孽夏（即下）民。

《山海经》不特与《天问》同，亦且与古《尚书》相类，《墨子·非乐
篇》引《武观》云：

> 启乃淫溢康乐，野于饮食，将将铭苋磬以力，湛浊于酒，渝食
> 于野，万舞翼翼，章闻于天，天用弗式。

《大荒西经》亦云：

> 开（即启）上三嫔于天，得《九辩》与《九歌》以下，此天穆之野高二千仞，开焉得始歌《九招》。

古史传说往往由神话演成，《山海经》之神话传说，或可反得其初相。

7. 方志

往昔方志归诸地理类，自章学诚出，始大声疾呼，援以入史，力倡方志为史之说，以为"志属信史"（《文史通义》外篇三《修志十议》），"夫方志比与古者，列国史书尚矣"（《章氏遗书·湖北通志政略叙例》）。并谓：

> 且有天下之史，有一国之史，有一家之史，有一人之史。传状述志，一人之史也；家乘谱牒，一家之史也；部府县志，一国之史也；综纪一朝，天下之史也。（《文史通义》外篇一《州县请立志科议》）

其说是也。

古今方志，种类繁多，有通纪，有断代，而通纪为多，约略言之，可别为下列诸类：

（1）统志　记述统国多出之帝王诏命编修，如唐之《郡县志》，宋之《寰宇记》，元之《一统志》，明之《通志》皆是。

（2）总志　总合一省或二省之志，如徐学谟之《湖广总志》是。

（3）通志　一省之志，多曰通志，如明魏朴《四川总志》是。

（4）郡县志　五代以前，郡县无志，有之，自宋始。明清以来府厅州县，类皆有志，如唐李吉甫《元和郡县志》。

（5）合志　综合二县或数县之事者，以其地相连，风土相近，史事又不容强分,因并为志。清代若江苏之宜与荆溪,常熟、昭文,与昆山、新阳均有合志。

(6)乡土志　乡邑为志。昉自元之镇志,其后江南浙西多有之,如乾隆董士宁《乌青镇志》、嘉庆徐达源《黎里志》是。

(7)杂志　多记一地之掌故,若边镇志、卫志、关志、盐井志之类。

他如《三辅黄图》及元王士点《禁扁》等,则专志宫殿;后魏郦道元《水经注》、明归有光《三吴水利录》等,则专志水道;元元明善《龙虎山志》、刘大彬《茅山志》等专志山岳;唐莫休符《桂林风土记》、宋范致明《岳阳风土志》等,则专致风土;明祁光宗《关中陵墓志》、李安仁《石鼓书院志》等,则专志古迹;《西湖繁胜录》及明姚士粦《日畿访胜录》等,则专志胜景;明李昭祥《龙江船厂志》等,则专志实业。他若唐玄奘《大唐西域记》、宋法显《佛国记》、元周达观《真腊风土记》及明董越《朝鲜赋》等,则又专志外藩者也。

方志之书既记偏一方一事,自甚详尽,其间包藏史料之丰富,殆无可伦比。故章学诚以方志为国史要删,至为有见。年来方志学之所以特盛,由附庸蔚为大国。迩来如上海徐家汇藏书楼、南洋中学等处图书馆之收藏,已有可观。近朱士嘉《中国地方志综录》所载,已洋洋乎大观矣!惜乎宋、元以来,方志编纂,义法未能尽醇,迄乎明、清两代,因修《一统志》而征志各省,地方官吏一旦奉命督责,往往徒应功令,匆促网罗,率尔以成。官吏视同具文,文人资以糊口,以为粉饰太平之具,出之惟恐不速。或则因袭旧志,曾无增益,欲求一良善之方志,苦不易得。故四库开馆广搜群籍,独于方志一门,所收不过百五十部。虽一则出于轻视方志,结习使然,一则实亦较优之作太少。

章学诚虽力援方志以入史,而其《论史籍考要略》亦云:

> 其书计数盈千,又兼新旧杂糅,不下三千余种。而浅俗不典,迂谬可怪,油俚不根,猥劣可憎者,殆过半焉。若胥吏簿书,经生策括,犹足称为彼善于此者矣。是以言及方志,搢绅先生每难言之。

著方志者颇多无史识,其迂谬油俚,固所难免,因为搢绅先生所难言。吾人或因其文不雅驯,反可得若风俗人情之真相也。

明王世贞《序万历通志》曰:

> 今志犹古史也,古者千乘之国,与附庸之邦,皆有史官,以掌记事,第不过君卿大夫言动之一端。而所谓山川、土地、民物风俗、兵防之类,意别有图籍以主之,则无所不备矣。

盖方志犹今历史与人文地理,一地之地理沿革、政治经济、学术文献、社会风俗、人物列女、无所不备。内容既富,其包涵之史料自多,如顾炎武之《天下郡国利病书》、朱彝尊之《日下旧闻》、钱辛楣之《辽史拾遗》、陆心源之《宋史翼》,多取资于方志。且方志之所载既无所不包,各地社会文化之演进,正史往往不易考见者,转可于方志得之。正史之与方志,犹贵族与平民之异,正史所载,不过圣功王道,专注一帝一姓之兴亡,书志列传,间及民间,仅一鳞片爪。至于方志,则大异于是。诸如社会制度,礼俗习尚,民生利病,正史之不详者,地方志中每可得其委曲隐微。正史之作,曲笔阿世,或出传闻,未可尽信。至于方志之取材,官府文书外,有私家著述,有金石遗文,有图像谱系,有方志风谣,其史料不一而足。地近易覈,时近迹真,章学诚已尝论之。历朝人物应登正史而未列,或当时史官以为无入正史之资格者,在吾人史学眼光观之,觉其人与社会文化关系至巨者,亦往往得于方志见之。事迹有正史所未详,而方志于乡贤事迹往往以见闻较多记载较详者。例如诸葛亮南征事,《三国志》正史仅寥寥二十字,而《华阳国志》所载乃得七百余字,吾人能得知此役之始末赖此。又如刘九经《郿志》前幅载《武侯木牛流马图》,亦宝贵之史料也。方志之史料尤足珍视者,即社会、学术、经济等史料,如物产、物价等类记载,皆不易见诸正史者。我人欲探究各地经济之变迁与实业者,正史之《食货志》等书,实多不餍吾人所求,非博采方志,不易为功也。方志本有繁简二派,而于赋役一事,则均主详悉。考究国计民生之递变,此实唯一无二之良好资料。方志所载建置之兴废,可以窥见文化升降之迹。古迹金石,可以补正史及文字之遗缺者。氏族之分合,门第之隆衰,亦可以与他互证也。其杂志文征诸类,亦为社会史料之渊薮。更就瞿兑之《方志考稿甲集》所举而论。于乾隆《永清县志》则记北街贾氏以女真部族而汉化之事;于乾隆《丰润县志》则杂记特产工业,如桃花城、丰胰、麦笠、煤窑、埂酒等事;于乾隆《景州志》则附镌刻工价(卷尾识语);于康熙《宣化县志》则记宣府左卫军官里宅之事;于光绪《曲阳县志》则记石工杨、王二氏同业世婚事;于光绪《宁河县志》则记禁建回民礼拜寺事;于康熙《新城县志》则记明中叶风俗及物价之事;于嘉庆《禹城县志》则记漯川韩氏村人民世奉西洋教事;于同治《宁海州志》则记金元间传道传说之事(外事一篇,有《海山真人考》);于光绪《益都县图志·风俗志》则记明清两代风气大概之事(《赵行志》《执信》二文);于乾隆《新安县志》风土门则记工匠日价之事;于康熙《内乡县志》则记吁请豁免额解黑铅之事;于乾隆《榆林县志》卷三则记匠价沿革事;于光绪《五台新志》生计篇则记农工商贾之生活状况;于同治《苏州府志》则记太湖渔船及孙春阳南货铺沿革事。凡此皆为研究社会经济史重要之史料。苟有人出而详搜博采，即能成一伟大之中国社会变迁史或经济史。

郑樵《通志·校雠略》论搜书之法有出八，其三即为"因地以求"。章学诚论治书之法，谓当责成州县学校师儒，讲习考求为著录籍。《文史通义·方志立三书议》云：

> 方州虽小，而所承奉而施布者，吏、户、礼、兵、刑、工，无所不备，是则所谓具体而微矣。国史于是取裁，方将如《春秋》之藉资于百国宝书也，又何可忽欤？

《州县请立志科议》又云：

> 州县志书，下为谱牒传志持平，上为部府征信，实朝史之要删也。

其说是矣。《明史》与《清史稿》之修纂，亦属广搜地方之志（乾隆《沧州志例》、洪肇楙序乾隆《宝坻县志》，亦称康熙开馆修《明史》，诏天下各县，各以志上。）其他诸史，想取材于方志者亦多也。近人考证史事，藉助于志书，尤不可偻指数也。

8. 谱牒

谱牒古小史所掌，其体有二：其一，但记世谥，而不详其君之立年，在位数年，如《世本》《大戴礼·帝系》篇是。《史记·十二诸侯年表序》所谓"谱牒独记世谥"者也。其一，则兼记其君之立年，《秦始皇本纪》后重叙秦之先君，即此一体，此即《六国表》所谓"独有《秦记》，又不载日月"者也。自魏晋迄于六朝，族望渐崇，学士大夫辄访太史世家遗意，自为家传。齐梁之间，此风益盛，郡谱州牒，并有专书。惟家谱家乘行状多不免虚荣溢美，不能全认为实录也。然氏族之兴亡分布，人口之增加死亡，于此亦可得其梗概。

9. 外国人著述

外人记载,有关我国古史者盖寡,有关于近世史者较多。唐时仅有阿剌伯人侨商中国作游记,内有述黄巢陷广东情况者,它不多见。元代则因中西交通渐开,有关之著作见多,《马哥波罗游记》其最著者。又有拉施特,波斯人,仕元西域宗王合赞,奉命修国史,书成,名曰《蒙古全史》,以波斯文写之,今仅有抄本,俄、德、法、英皆有摘要译本。清洪钧使俄,当参以他书成《元史译文补证》三十卷,至为精审,但多蒙古人征服世界事,而于中国本部事迹甚少,足供西北缴沿革兴废之参考而已。至于近世有关外交或国际战争者,则西人之著作颇有足供取材者。例如庚子联军统率瓦德西(Waldersee)《拳乱笔记》(中华有王光祈译本),实为研究义和团与八国联军之直接史料。又如民国《胶澳志》亦多取材德日人之著述。

10. 其他

他若近史所刊之年鉴、游记,亦治近世史者至要之史料。

三、经、子、集中之史料

1. 经

古者史附于经,史者亦所以垂教训。《汉书·艺文志》以《史记》附于春秋经者以此。自著录家尊经为甲,抑史为乙,尊经之观念重,经书遂与史书分途,积习忘返,学者病之。刘知幾《史通·六家》篇,以《尚书》《春秋》《左传》与《国语》《史记》《汉书》并列为六家,且以《春秋》《左传》并为一家,不分主辅,其《杂说上》论《公羊传》者二条,《申左》篇更详"三传"得失,其能援经以入史,其识卓矣。章学诚《论修史籍考要略》即云:

> 古无经史之别,六艺皆掌之史官,不特《尚书》与《春秋》也。

今六艺以圣训而尊，初非以其体用不入史也。而经部之所以浩繁，则因训诂解义音训而多，若六艺本书，即是诸史根源，岂可离哉！今如《易》部之《乾》、《坤凿度》，《书》部之《逸周》诸解，《春秋》之《外传》《后语》。韩氏传《诗》，戴氏记《礼》，俱与古昔史记相为出入。

此言诚然。《礼记·玉藻篇》云："动则左史书之，言则右史书之。"郑注曰："其书，《春秋》《尚书》尚存者。"《汉书·艺文志》云："左史记言，右史记书，言为《尚书》，事为《春秋》。"《尚书》、《春秋》出诸史官，其本为史，固无论矣。虽然《尧典》《禹贡》《洪范》等篇之制作年代，近人颇疑其晚出，（刘节有《洪范疏证》，见《古史辨》第三册，疑《洪范》之作出于战国之世。顾颉刚疑《尧典》出于汉武帝后，见其《尚书研究讲义》，于《禹贡》半月刊。《禹贡》梁启超已多致疑，近人论列更多，亦详《禹贡》半月刊，文繁兹不具引。）然其所举亦当为后世传说，非出臆造，仍不失为治古史之史料也。至于《周书》中《吕刑》《军奭》《立政》《康诰》《多士》诸篇，由其用词传传说，要可断为西周之作品，皆较为原始之史料也。

《诗》三百篇中其所函纯粹之史料至多，如《玄鸟》篇、《长发》篇、《生民》篇等述商周开国之迹，如《玄鸟》篇云：

> 天命玄鸟，降而生商，宅殷土芒芒。古帝命武汤，正域彼四方。……

《长发》篇云：

> 洪水芒芒，禹敷下土方。外大国是疆，……有娀方将，帝立子生商。……

《生民》篇亦云：

厥初生民，时维姜嫄。……履帝武敏歆，攸介攸止载震载
夙，载生载育，时维后稷。

此皆以民族祖先为上帝所降生，此本先民应有之观念，此史料至
为原始。不特我由此等观念可判其史料之原始，即其用词，亦在在
可以明证。"帝"之一词，初意为上帝而非人王，著作年代较作之《诗》
《书》，其于"帝"字无不专作上帝解。又如"下土"对"天""地"而言，著
作年代较早之《诗》《书》，亦无不称"天下"为"下土"或"下国"。秦公
钟亦云：

秦公曰：不（丕）显朕皇祖，受天命，奄有下国。

至于《易经》之卦辞爻辞，亦即殷周之际绝好史料，其爻辞《既济》
九三云："高宗伐鬼方，三年克之。"《诗·大雅·荡》之篇亦有云："内
奰于中国，覃及鬼方。"今鬼方此名，于金甲文皆有实证，如宣城季氏
所藏小盂鼎，其文作"威方"。潍县陈氏所藏梁伯戈，其文作"魃方"，
盖即昆夷猃狁匈奴，详王国维《鬼方昆夷猃狁考》。顾颉刚尝据卦辞
爻乱以探索殷周之故事（见其《易卦爻辞中的故事》，《古史辨》第三
册），郭沫若亦尝根据《易》《诗》《书》以探索古代社会（见其《中国古代
社会研究》）。

不特《易》《诗》之为古代史料，即《周礼》之一部亦可认为战国史
料；二戴《礼记》亦可认为周末汉初之史料也。至于小学类，如《尔雅》
《说文》等书，吾人亦可由文字之起源于训诂以推索古代社会之情状。
虽然甲金文之研究，年来颇多建树，欲以文字推索古代社会，固非上
溯金甲文不可，然仍不能借助于旧小学之书也。

2. 子

子部之书，如先秦诸子儒、墨、道、法诸家，其为哲学史或学术思

想史之主要史料。又如天算、医学之书，其为科学史之主要史料，固无论矣。诸子之书，意在立说求用，亦颇多引据古史传说，以证实其论。其引据古史，本在考其史实之真否，故取舍多所不同。康有为尝著《孔子改制考》，谓孔子已叹夏殷之礼不足征，不应后此载籍，反较加详，其说甚是。先秦诸子，谈辨古史，旨在自建哲学，其托古以立说，固所不免。《墨子·节葬下》云：

> 二子者言则相非，行则相反，皆曰吾上祖述尧、舜、禹、汤、文、武之道者也。

《韩非子·显学》篇亦云：

> 孔子、墨子俱道尧舜，而取舍不同，皆自谓真尧舜。尧舜不复生，将谁使定儒、墨之诚乎？

然则诸子所引据之古史，皆出臆造乎？是又不然，近蒙文通著《古史甄微》，其自序当条辨诸子所引之古史，断为邹鲁、晋、楚，三方传说之源流本相殊，非尽出诸子臆说，当列举十有四证，其说诚确不可易。蒙氏云：

> 鲁人宿敦礼义，故说汤武俱为圣贤；晋人宿学功利，故说舜禹皆同篡窃；楚人宿好鬼神，故称虞夏极其灵怪；三者所称述之史说不同，盖原于其思想之异。

其说至是。惟蒙氏以"三晋之学，史学实其正宗，则六经《天问》所陈，翻不免于理想虚构"，此则不然。尧舜禅让之说，《荀子·正论》篇不过以理论非难之耳，谓乃"不知逆顺之理，小大至不至之变也。"而《韩非·说疑》篇乃又以尧舜为偪伐，而其《五蠹》篇忽又认尧舜当让天下，"是去监门之养，而离臣虏之劳也。"蒙氏以《孟子》证《孟子》，或自相违反，今以《韩非子》证《韩非子》，亦前后牴牾。孟子与墨子所述之古史,固往往而同,蒙氏已证之,盖自有其渊源,韩非之论反出于臆说也。吾人今日考辨古史,除上考《诗》《书》,旁及《楚辞》《山海经》及《国语》《左传》等书外,于较早之诸子如《论语》《墨子》《荀子》诸书尤非深究不可。尧舜等传说不见于《诗》《书》(《尧典》《皋陶谟》《禹贡》除外),而初见于《论语》《墨子》《荀子》。伏羲、太皞、燧人氏等传说又初见于《荀子》,五帝之名见,初见于《孟子》《荀子》,三皇之名初见于《吕氏春秋》,吾人苟非探索其间,则无以辨其演变之迹而明其初相也。

至于《韩非子·储说》诸篇,《吕氏春秋》《淮南子》《说苑》《新序》《韩诗外传》《列女传》等书,论述古事尤多,治史者亦当有所考览。《史通·杂述篇》尝云:

> 子之将史,本为二说。然如《吕氏》、《淮南》、《玄晏》、《抱朴》,凡此诸子,多以叙事为宗,举而论之,抑亦史之杂也。

其《采撰篇》又云:

> ……但中世作者,其流日烦,虽国有册书,杀青不暇,而百家诸子,私存撰录,寸有所长,实广见闻。

盖诸子中史料实藏之富,刘氏已见之。章学诚《论修史籍考要略》亦云:

> 诸子之书,多与史部相表里,如《周官》典法,多见于《管子》《吕览》,列国琐事,多见于《晏子》《韩非》。若使钩章铫句,附会史裁,固非作书体要;但如《官图》《月令》《地圆》诸篇之鸿文巨典,《储说》《谏篇》之排列记载,实于史部,例有专门,自宜择取要删。

其说是矣!诸子书中述及前代史迹,因为史料,至若记述其与时人对答与经历考,尤可视为当时之实录,在史料上有极高之价值。例如《史记·魏世家》称:"惠王三十六年,卒,子襄王立。襄王元年,与诸侯会徐州,相王也,追尊父惠王为王。……十六年,襄王卒,子哀王立。"与《竹书纪年》不合。"而《孟子》书,其对惠王无不称之为王者,则非追尊之辞明矣。司马子长亦知其不通,而改之曰'君'。然《孟子》之书,出于当时,不容误也。杜预《左传集解》后序言:……《古书纪年》篇:惠王三十六年改元,从一年始至十六年而称惠成王,卒,即惠王也。疑《史记》误分惠成之世,以为后王年也;哀王二十三年乃卒,故特不称谥,谓之今王。今案惠王即位三十六年称王改元,又十六年卒,而襄王立,即《纪年》所谓今王,无哀王也。襄、哀字相近,《史记》分为二人,误耳。"此顾氏据《孟子》以证《史记》之误《竹书》之是。《史记》载燕哙之乱在齐湣王时,而《竹书纪年》(后缺)①。

---

① 此下底稿原缺。——编者注

中国古器物学讲义

中国古器物学讲义目录

序　论

一、古器物之意义及其方法

古器物学这一门学科，在中国还在萌芽时期，他的比较能有系统的研究，还在近二三十年来的事。现在许多学者虽然在那里费了很大的力量去搜集材料，在那里用比较的方法去研究它，但是终因为中国过去古器物的材料太散乱了，我们一时还无法作全部的整理，并且有许多部分我们还感觉到材料的贫乏，所以这一学科至今还说不上怎样的成功。我们中国过去对于古器物，只是一种玩赏和宝藏的意味，对于它的历史文化上的价值和地位，是不去研究的。他们所研究的，是哪一种东西精巧，哪一种东西比较稀少，哪一种东西要值钱，对于它的源流和来踪去迹，是不考究的。所以我们对于这种学问，只可以说是"古董学"，不是我们所要讲的"古器物学"。因为他们所研究的，不是古器物和文化的关系，而是古器物和钱的关系。古董学是一般古董商和一部分收藏家所有的，我们研究问题考辨历史的人们，当然要不得！我们要拿科学的、比较的方法去研究许许多多流传下来的古器物，异同在那里，它们的关系在那里，我们要考订它的年代，要推究它的来源，要辨别它在文化上的价值与地位，我们不但要知其然，还要研究它的所以然；研究了它的所以然之故，便可根据它来考察它在历史文化上的价值。它在过去社会里人们怎样制造它，怎样利用它，人们又怎样改进它，人们又怎样的放弃它，它的形式有怎样的演变，它的纹饰又有怎样的演变，我们这样的去研究，才配称"古器物学"。所以古器物学，我们可以说是一种研究古器物的本身以及它和历史文化关系的科学。

　　一般人的误解，以为古器物学所研究的对象，便是古董商所重视的古董。其实我们所研究的，不一定是古董商所认为贵重的，古器物学的研究，小至一片破铜烂铁，只要它可靠，只要它有特点，只要它有文化上的价值，我们都有研究的必要。一般古董商，他们看得古铜器是值钱的，古陶器是不值钱；一般的古董商，看得铜器有铭文款识的是值钱的，没有铭文的便不值钱；一般的古董商，看得玉器是值钱的，石器便不值钱。但是在我们看来，铜器和陶器在文化上的价值，并没有两样，他们同样是古代社会里遗留下来的东西，都可以供给我们作研究古代社会文化艺术的对象，它们同样是原始的史料，我们都不能忽略，不能有什么轻重的区别。铜器上有铭文的和无铭文的，我们也同样把它看得重要，我们不能把没有铭文的，就算没有研究的价值，任它毁灭。其实铜器的研究，实在不止文字一方面，文字固然是重要，它在古文字学上，在史料的考订上，自有它的价值，但是更重要的，我们是要研究它的形式，研究它的花纹，我们还要研究它形式的来源和演变，我们研究古器物，形式、花纹和铭文，是要三位一体，不能特别偏重在一方面。凡是一件古物，总有它的时间性，还有空间性。怎样说有时间性，因为一个时代的东西必定有一个时代的作风，在同一时代里面，一地方也往往有一地方的作风，同是一个民族和另一个民族之间，更有它的特点。譬如石斧这东西，虽是石器时代中外民族所共有的，但是在中国，有个特点，便是有孔的，中国玉器中的璧，是石斧的演化，它也同样地〔有〕个圆孔的特征。

　　一般人遂有个误解，以为研究古器物，仿佛有什么秘诀的，其实古器物学所用的方法，也是科学的方法，不是玄学的，更没有什么神奇妙术在里面。我们只要好好的搜集材料，我们精精细细的用科学的方法，把它比较分析，我们一定要寻出它们的同异，我们要同中见异，异中见同，从同异之中，寻出它们的来源。固然，研究古器物，经验也是必要的，关于古器物的色泽，我们如果没有怎样看得多，不免要受古董商的欺骗。古董商为了图利的缘故，往往要仿造假古董来欺人，他们也费了很大的力量，费了很久的功夫，造成了一个假古董。他们为了色泽的关系，把它埋在地下，经过相当的时间，再拿出来卖，假使给有经验的人，一上手，便可以知道是假的。但是我们相信，古器物学是有科学的理论做基础的，对于辨伪的方法，我们应用已经发现的学理去推究，不是没有办法的。

　　人们对于古器物的重视，可以说自古已然，许慎《说文序》说："郡国往往于山川间得鼎彝。"可见那时古器物的出土，已经很重视，或者竟把它当作一种祥瑞，只是没有人搜集研究。宋代虽然曾经一度把古彝器著录，像《宣和博古图》，吕大临《考古图》，无名氏《续考古图》，薛尚功《钟鼎彝器款识》，王厚之《复斋钟鼎款识》，可是只是昙花一现，没有人作继续研究的工作。到清代中叶以后一直到现在，可以说盛极一时了,但是在这样短促的时间里面,尤其在考古学不发达的中国,所有一切成绩还不能使我们满意。

古器物中像铜器,本来很为人重视,也很容易宝藏的。但在中国,也因为特殊的原因,尤其是为了钱币不够用,把许多古铜器都销毁了,从周秦到现在,据潘祖荫的计算,中国铜器一共遭了六次的厄运。他在《攀古楼彝器款识·自序》里面说:

> 古器自周秦至今,凡有六厄:(一)《史记》曰:"始皇铸天下兵器为金人。"兵者戈戟之属,器者鼎彝之属,秦政意在尽天下之铜,必尽括诸器可知。此一厄也。(二)《后汉书》:"董卓更铸小钱,悉取洛阳及长安钟簴、飞廉、铜马之属以充铸焉。"此二厄也。(三)《隋书》:"开皇九年四月,毁平陈所得秦汉三大钟,越三大鼓,十一年正月以来陈所得古物多为祸变,悉命毁之。"此三厄也。(四)《五代会要》:"周显德二年九月敕两京诸道州府铜像器物诸色,限五十日内并须毁废送官。"此四厄也。(五)《大金国志》:"海陵正隆二年诏毁平辽宋所得古器。"此五厄也。(六)《宋史》:"绍兴六年敛民间铜器,二十八年出御府铜器千五百事,付泉司。"此六厄也。

中国铜器经了这样六次厄运,其损失当然不知多少。我们现在研究古器物,所感觉困难的,有二点:一是中国收藏家,收藏了古器物,不能公开,我国大规模的博物馆太少,材料不够我们研究的对象,我们现在所藉以研究的只是许多不完备的图录。二是中国过去古物的出土,有的是从古坟墓掘出来的,有的是偶然的发现,都没有经过科学的方法来发掘,也没有科学的记录和图录。古坟墓里盗掘出来的古物,往往一会儿就分散了,失掉了它的联系,因此我们就不知道哪一件和哪一件是同地出土的,哪一件是出于哪一个古墓,因此这类古物在学术上的价值,大为贬损。偶然的发现,更不必说,就是有许多金石书上所载的出土地方,也多出之于古董商的传说,有时竟至胡说。例如民国十六七年间洛阳金村韩君墓的盗掘,有大群的铜器、金银器出土,最著名的屬氏编钟,也就是这坟墓所出土,甘斿杯也是这坟墓出土,周铜尺(即屬钟尺)也是这坟墓出土,《隋书·律历志》说用尺和新莽铜斛尺长度相等,我们把这周铜尺和故宫博物院所藏的新莽嘉量比较,知道《隋志》的话丝毫无误,周汉的制度,便得了一个有力的实证,这都是很好的古器物材料,但是终因出土方法的不科学,至今还有怀疑它。又如屬氏编钟的出土,不但铭文是史料,而且是研究古乐器绝好的资料,但是那时同时出土的大小编钟究有多少,至今还是疑问。所以有人说以前不科学的出土愈多,在古器物学上的损失愈大,这是不错的。

我们还有一件可痛心的事,中国精美的古物,都陆陆续续的跑到国外去,就是前面所举洛阳金村出土物,大部分早已到了美国,一部分也早已到了日本。每一次古物的出土,都被外国人捆载以去,我国在国内就失却了研究的资料,不得不参考外国人所出的图录。我们现在所能欣慰的,便是中央研究院历史语言所考古组所主持的殷墟等地的发掘,它的确给我们不少研究的材料,像这次第二次全国美术展览会所展览的,已经是洋洋大观了。除了这些以外,中国古器物的损失,真不可胜数。古墓的发掘,至今民间还当作一种副业,有一班人们,竟把它当作一种财富,其于中国文化学术上的损失,可以说是中外古今所没有的。

还有一件事,我们听到了应该奋起。日本人因为材料的便利,学术空气的浓厚，他们能够随心所欲的在那里研究中国古器物，他们所研究古器物的成绩，尤其是铜镜的成绩，都很精密，这是我们毋庸讳言。他们研究铜镜的方法，是把有纪年的镜作根据，以为各时代的标准器，再由此标准器之形式、花纹、铭文的字体，分类研究，这样铜镜的系统大致可以确定了。至于铜器，吾们固然希望有大规模系统的发掘，但以往来历不明的铜器，在今日照相、印刷术大为发达的时候，出版铜器之书，有图像铭文可资参考的，亦近二千余器，我们也可拿可以确定年代的作断代的标准器，再由此等标准往上往下往右往后的推论比较，由此等标准器的形式、花纹、铭文三者以求它器的年代，如此辗转相求，铜器的年代，便大致可以确定。年代既确定，然后再求其形式、花纹、铭文三者时间、空间的关系，看它是经过怎样的演化，这样铜器研究的体系也就大致可以完成。郭沫若的《两周金文辞大系》和《两周金文辞大系图录》，便是根据这方法而研究的。总之，我们研究古器物学的方法，第一搜集材料要完备，第二要用科学方法去比较分析，第三步然后融会贯通去辨明它的源流和演变。古器物本身便是史料的一部分，我们所用的方法，当然也不外乎同史学研究法同样的步骤。史学研究法的步骤：第一要有初基知识，便是搜罗材料。第二是分析工作，便是鉴别材料的真伪，考察制作的年代，以及比较和分析材料的各部分。第三是综合工作，便是融会贯通的去辨明它的源流和变化。

我们研究古器物所注意的，除了上面所举形式、花纹、铭文应三位一体外，器物的成分也很重要。关于形式、花纹的研究，郭沫若合起来把它叫做"形象学"。关于铭文的研究，在中国已有很久的历史，自从宋代一直到最近金石家所注意的，只在铭文一方面，这叫做"金石学",或是彝器款识学、形象学的研究。在现在只在开始的当儿,关于成分之研究,像铜器的化学分析,也只在开始的时候。铜器的形象学因材料远太丰富,终其得到了一个约略的系统,关于化学的分析,因为分析的结果还不多,还得不到正确的结论。

二、中国古器物的类别和它的演化

古器物是同文化一同演进的,所以近代史家对于历史时代的划分,都根据工具的演化的,他们分为石器时代,铜器时代和铁器时代。人类在原始时代最初以土、石、竹、木和兽角、兽骨等作工具,最初应用的是粗石器,后来渐渐知道磨光了。近代史家把石器时代分为始石器时代、旧石器时代和新石器时代,到新石器时代,石器磨炼得已经很光了。在新石器时代的末期,人们以偶然的机缘,发现了自然铜,便是紫铜,但是紫铜太软,不大中用。所以还不能支配整个时代,一切的工具还是大部用石,这时期近代史家叫做紫铜器时代或石铜兼用时代,后来渐渐进步,知道用锡加进去来得比较坚固,便合成了青铜。既有了青铜,便全部夺了石器的地位,取而代之,这便是青铜器时代了。石器在这时一方面演进而为铜器,另一方面又演进而为玉器。玉的色泽美丽而和润,为一般人所欢喜,本来在石器时代的石器里面,已有不少玉质的了。石器的所以能演进为玉器,玉器的色泽固是祭祀和殉葬的作用。古器物我们假使拿用途来分,都有三种用途,第一是实用,是当时社会一般人士所用的。第二是祭祀用,是用来拜天地祭祖宗用的。第三是殉葬用,是随着死人一同葬在坟墓里。实用的,我们叫它为"用器",祭祀用的,我们叫它为"祭器"或"礼器",殉葬用的我们叫它为"明器"。在青铜器时代,铜用器已经代替了石用器的地位，但是祭祀、殉葬所用的，还是石器，因为人类免不了有一种怀旧的心理，而古人对于自然又免不了因惊异而发生崇拜的心理，对于神道免不了要崇拜，对于祖先也免不了要崇拜，于是就产生祭祀的仪式。在行祭祀祖先仪式的时候，又不免要联想到祖先所用的工具，于是拿祖先所用的工具当作祭祀时的一种礼品。殉葬的器物也是同样的意义，因为他是生前所用的，所以死后仍旧随着他一同葬下，古人的意思是要让他死后仍旧可以应用。在铜器时代初进的时候，人们所用的是铜器，而祭祀、殉葬用的仍旧是石器，相沿便成了习惯，好比我们现在对于铜容器是毫无所用的了，可是在祭祀的时候，像祭孔的时候，还沿用铜器。在铜器时代，石器之用于祭祀、殉葬，也是同样的原理。这时的文化已渐进，石器在这时只是祭祀、殉葬之用，自然要求其精致美观，而且他们为了要尊重天地祖先，制作自然要格外的精致，其改用玉器，也是自然的趋势。玉器的形式，全部是玉兵器演化而成的。玉礼器中主要的是璧，璧是环状的玉器，这和石兵器中主要的石斧，同样有一圆孔的特征，这我们在以前已提到过。我们推测起来，大概石斧是石器中最普遍的利器，在原始人类都挂在身旁作防身的利器用的。在祭祀、殉葬的时候，自然要拿他最亲切的东西来供奉，最初所供奉的，必定大都是石斧，所以后来的祭祀中的璧，也是主要的礼器。

$$
石器\begin{cases}用器 —— 铜器\\祭器\\明器\end{cases}\Big\}玉器
$$

陶器的起源很早，在新石器时代已有，在新石器时代末期已经有很精美的彩色陶甕,所谓仰韶期的彩陶便是。大概陶器的起源是这样:在新石器时代的一般原人,已经懂得编织方法,他们把树枝藤竹等编成了篮子,用来盛东西。可是只能盛大的固体的东西,而不能盛粉碎的,或液体的东西。于是他们想法把泥土涂上,等它干了之后,再来盛液体的东西,后来又发现这泥土干了之后,再来盛液体的东西,后来又发现这泥土干了以后,外面不用篮子,也能盛东西,这便成了陶器的初型,所以初期的陶器外面都有编织纹。最初人类所用的容器,都是天然物,像瓢匏兽角之类,自从陶器发明了之后,便有"起而代之"的形势,陶器也就模仿瓢匏兽角之类的形式。所以陶器的形式很不一。陶器这东西有三种缺点:一不坚固,二不整洁,三不美丽。虽然后来知道陶器用火烧,比较坚固了。后来陶器又进步,便是发明了绿釉,用绿釉涂在陶器上,一则避免龌龊,一则又美观。在殷墟的发掘,已有绿釉的陶器发现,可是绿釉还不高明,还很容易剥落。

　　陶器毕竟是粗笨而不坚固、不清洁的东西,自从发明了铜器,铜器又坚固,又整洁,又美观,陶容器的地位便从此降低了。但是陶器制作便利,不大值钱,所以一般平民阶级还是利用着陶器。陶器靠了它制作便利不值钱这一点,勉强维持它的地位,然而它是衰落了。它本身这时虽然衰落了,但是它的子孙却有替它祖先争气,这时它本身敌不过铜器,而它的子孙竟出来压倒了铜器,是什么呢? 是瓷器。在汉代陶器的绿釉已很进化,便渐渐演进而成为瓷器,瓷器是绿釉的进化。自从有了瓷器之后,瓷器已比较要坚固,又比铜器更清洁,铜器容易氧化发生铜绿,而瓷器是没有丝毫变化的。于是铜器的地位,又给瓷器抢了回去。陶器既经进化成了瓷器,陶器本身的应用,更减少了,可是它有个出路,什么出路? 是明器的出路。殉葬的明器,自从汉代一直到唐宋,像俑和灶井之类,都是用陶土来制作的。它的所以有这出路,也是在它制作便利不值钱这一点。

　　铜容器的命运,自从有了瓷器,就差不多完了,虽然铜器后来也曾一度的进化,这进化是什么? 便是珐琅。珐琅在中国从前叫做"发蓝"。这发蓝最初怕不是中国所发明,是外来的。发蓝在明代比较的盛行,尤以景泰年间的最著名,所谓景泰蓝是也。传世的景泰蓝的容器虽不少,那时虽然一度的盛行,仍挽回不了铜器的厄运。

　　竹木器本来也是原人所惯用的东西,因取材方便,到处都有,制作容易,不过这类东西不容易保存,古的竹木器,我们没法再看见的了。竹木器既然容易损坏,容易腐烂,不容易保存,自从有了铜器、陶器之后,竹木的容器也渐渐的衰落,竹木的使用只是用于家具了。虽然木器后来也进化成了漆器,关于腐烂的缺点弥补了,可是容易损坏这缺点,仍然是无法解决,所以漆容器毕竟不能应用得十分广。漆容器的应用,大概汉代比较广的,近来日本学者在朝鲜乐浪汉墓的发掘,便可证明。在这些汉墓里有漆盘、漆盒不必说,最可注意的是出土的漆耳杯很多,和汉铜器中的羽觞,同其形制。其余还有漆的扁壶,我从此可见汉时漆容器也和铜容器一样,用来盛酒或食物的。

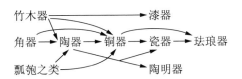

　　至于货币,它另有来源,它是同饰物兵器农具,都有渊源的。我

国最初应用的货币是贝,大概殷商时已应用,这在殷墟卜辞同殷器铭
文可以明证的。贝是海介虫,很美丽,在陆地的人不容易得到,所以
把它当做宝贝,当做装饰品。朋,《说文》"颈饰也",大概古人都把贝
贯成一串,挂在颈里,"婴"字便像女人挂贝的形状,他们因贝随身带
着,比较普遍,当他们以物易物的时候,则比较最便利,无形之中便有
了交易的媒介物,这贝于是就变成了货币,这我们叫做贝货。但是真
贝太不坚固,容易损失,人们便想法用铜来铸成贝的样子来作货币,
大概行于周初,这我们叫做"铜贝"或"铜代贝"。一般古董家把它叫
做"蚁鼻钱"或"鬼脸钱",因为他们以为它形似蚁鼻或鬼脸。其它也
有骨制的和玉制的,我们叫做"骨贝""珧贝"。

在东周代遂有二种通行的货币,一是刀币,形似小刀,一是布货,
形似小铲,刀货像刀。不用说是由兵器中刀的演化;大概古人刀是挂
在身旁的防身武器,人人多有,也人人有用,当以物易物的时候,便无
形中成了媒介物,成了货币。但是大刀太笨重,在交易繁盛的时候,
应用上很不便利,于是便产生小型的刀,是为"刀货"。布货像铲,而
"钱"《说文》又解释为农具,布货之由农具中的铲所演化,也是无疑
的。大概这时已入农耕社会,农具家家都有,也家家都用,因此成
了交易的媒介物,但是农具太笨重,于是便筑成小型的铲来,是为"布
货"。至于后世圆形方孔的圆钱,它的来源,有人以为由于刀圆,因为
刀货运用不便,便割取刀圆以作货币。此说虽巧,但是根据在新莽的
钱上,新莽的圆钱固然与它刀货的刀圆同其大小,但我们无从明证古
代的币制,也曾有过这样的制度。据一般考古家的推测,圆钱就是穿
孔的铜贝所演化。

$$饰物—贝—铜贝—圆钱$$

$$工具\begin{cases}兵器—刀—刀货\\农具—铲—布货\end{cases}$$

至于服御器的产生,也应事实的需要,各有各的来源,我们别的不讲,举一铜镜为例:铜镜的来源,无疑是由于铜容器,古人取初照影的是水,是河中的水;江里的水或是地上的水,后来进步了,用铜盆盛了水来照,镜鑑的鑑本来是铜盆的意思,鑑本来初形作"監","監"便是像一个人在那里向铜盆俯首照影的样子,后来又发觉铜盆擦亮了不盛水也能照人,于是发明了专作照影工具的铜镜。

至于度量衡器的起源,也是出于自然的。最初原人度量东西,大概用手和普通竹木或骨的容器,所谓"按指知寸,布手知尺",后来文化日进,应用日繁,便产生了专门精密的度量器。

以上把各类古器物的来源和演化,很约略地作了一个叙述,我们归纳起来,古器物的来源和演化,不外乎三个原则:

(一)由自然的进而为制作的;

(二)由普通的进而为专门的;

(三)由粗疏的进而为精美的。

三、古器物在历史文化上之价值

器物本来是人类活动结果的一部分,所以古器物的本身就是史料。它是有固定的实质的,它和空洞的记载不同,记载往往会失实,实物既有实质,只要不是出于伪造,这史料当然是原始的。史料就性质分,可以分为原始史料和孳生史料二大类,当时的实物和当时的实录,都是原始史料,其可靠性最大。但是当时的实录,很不容易流传到现在,尤其是比较远古的,而古器物上的铭文却是千真万确的实录,除非出于后人的伪刻。所以古器物在史料上,往往有两重的价值。

古器物的演化和整个社会的演化,关系最为密切,所以近代史家都根据古器物的演化,以为历史的分期。古器物不但本身的演化有历史的价值,我们固然可据以考见工艺上的技巧。我们根据了古器物还可以考论古代的一切习惯风俗制度,我们根据饮食器、烹饪器可以考见古时烹饪、饮食的习俗,我们根据了礼器可以考见古时礼仪的制度,根据了乐器可以考见古乐制度,我们根据了明器可以考见古时殉葬制度,我们根据货币,可以考见古时货币制度,……例如俎的形制以前无从推考的,自从民国二十二年安徽寿县发现了俎以后,俎的作用也可想象而得了。

古器物的来源,我们可以分为二类:

(一)经人收藏保存下来没有入土的;

(二)后世出土的。

本来古器物的性质,也可分为二种:

(一)能再发现的;

(二)不能再发现的。

例如绘画绣织以及一般衣服器具,若不经人好为保存,决不能流传到现在。在古代没有公共博物院,保存古器物的属之帝王的宫廷和贵族的家庭,他们的原意在玩赏,可是在我们看来,那是绝好史料。惟这样保存下来的古器物并不多,中国现在所保存的绘画,隋唐的画已很难得,至于衣服和其他寻常的用具,明代的已很难得,不要说再远了。至于石、铜、陶、瓷、玉、瓦等器,可以埋于地下经千年不坏,我们现在可以由发掘而得。所以我们今日古器物学所研究的对象，只能以这部分为多。至于服饰和日常用具，我们固然不能直接取得实物，我们还可以从其他的古器物来推考。例如服饰的研究，我们可以从古画上、从陶俑上加以推考。

我们从各地古器物的比较上，还可以得到各地文化的关系，例如以中国各地陶器文化比较分析，可以考见中国陶器文化有三个系统；殷墟的白陶文化是一系统，而彩陶文化，其遗物分布于中国北部辽宁、山西、河南、陕西、甘肃各地；又有黑陶文化，其遗物分布于河南东部及山东全境。又我们从古器物出土地点和原料的产地和远近，也约略可以考见当时交通的情况。例如我们看到周代玉器应用的繁盛，便可以推荐古代和产玉区域——于阗一带交通往来之密。

古器物上铭文的价值，向来为我国金石家所注意，例如盂鼎铭文和周初《尚书·酒诰》的相似，所以郭沫若曾经有过这样的一个想象，以为现在《尚书》的文字，也许就是古器物铭文的集录。铜器铭文可作史实考证的很多，像散氏盘的可以考见周厉王时失散二国的分田，虢季子白盘可以考见周宣王的伐猃狁，本来周宣王伐猃狁，只《诗经》上约略见到一点，自从小盂鼎、虢季子白盘、不其簋、梁伯戈诸器出世，经学者的悉心考证，对于这一役的年月战线战略兵数，都可以知道，王国维有《鬼方昆夷猃狁考》和《不𡂡敦盖铭考释》二篇，对于这一役，有很多新解。又如关系西周时民间债权交易准圻的状况和民事案件的裁判，古书无法可考。自从曶鼎出土以后，便可以约略的推得。至于克鼎、大盂鼎、毛公鼎，字数的长，都当得起一篇《尚书》，典章制度可以从这里考出的不少。

中国古器物学铜器篇

第一章　铜器的起源

1. 铜兵器与石器、角器

铜兵器的起源于石器,像斧钺的起源于石斧,铜戈的起源于石戈,铜矛的起源于石矛,都是很显然的。《越绝书》说:

> 轩辕、神农、赫胥之时,以石为兵;黄帝之时,以玉为兵;禹益之时,以铜为兵。当此之时,作铁兵。(卷十一)

不但近代史家明了这一点,古人也早已知道了。

我们再进步的研究,知道石兵器有一部分是起源于角器的。郭宝钧《戈戟余论》(《中央历史语言集刊》第五本第三分),他以为戈的来源,由于兽角。角本来是兽的武器,初民狩猎的时候,兽都以角御人。人类因此知道兽的利害,便辗转拿兽角当作武器,用来狩猎打仗。后来为便于发挥武力,便缚角于梃,使增长勾琢的效力,时代演进,便改为石制为铜制,但是样式还不变角的典型。郭氏提出的理由有四：

（一）戈角同声。

（二）戈形丰本锐末，然微曲，与角相似。

（三）铜戈尚以角为饰。

（四）戈制必有所昉，即云石戈，亦非无因而来。

戈古象形字有"弋"形（《书契前编》六卷三十八页），"形（八卷三页），"戈"形（休盘），戈首都作歧形。民国二十二年发掘河南濬县辛村得"形物十多件，都是角质，都和戈一同出土，半面削平，半面歧出，有穿孔可以缚，歧出面和戈"内"同向，因此郭氏断定这些便是柲首的饰物。戈的起源于兽角，所以进化到铜戈的时候，还沿用兽角作饰物。

2. 铜容器与石器

关于石容器，除了罗氏先前已搜集得的鬲形钵形器，日本守屋孝藏氏又藏有一石制簋，上部有牺首和巴状涡文，下部为直文。圈足有虺文，和铜制的簋，形式、花纹都同，其余从殷墟出土石容器的碎片上，也可以想象得其全形。据梅原末治的推论，其中一杯状的是豆的碎片，比殷墟出土的白陶的豆片，形式一致，它的手法、花纹也和石制簋相像。还有几种钵形容器的碎片，有一遗存半器形，一方有扁平的耳，在耳的两旁有浮雕的怪兽形。又有一小钵形的残片，在器侧饕餮纹带之上，并列有三角形虺纹。还有一石雕的角形器，形似细长瓶形，器体的下部是斜削的，在那还嵌入有柄，上端呈圆顶状，有涡纹，体部作三角纹和一涡卷纹。河南开封博物馆以前发掘殷墟时也已发现了同样的角器。据梅原末治的推断，它是石兽形器的兽角，和铜器的怪兽形兽角同其样式(详梅原末治《河南安阳发现之遗物》,见《东方学报》京都第七册)。近年中央研究院的发掘,发现有大理石所雕之虎头人身容器,又有怪异之鸥鹗形容器,与铜器的形式花纹都相像。根据以上所说,我们虽然不能断定铜容器是由于石容器,至少也渊源有关的。

3. 铜容器与陶器

铜容器的取法于陶器和竹木等器以及果壳之类,也很明显,这在古人也早已见到。前汉桓宽《盐铁论》说:

> 古曰污尊杯饮,盖无爵觞樽俎。及其后,庶人器用,即竹柳陶瓠而已。唯瑚琏觞豆而后雕文彤漆。今富者银口黄耳,金罍玉钟。

所谓竹柳便是指竹木器,陶即陶器,瓠即果壳,古代竹木器的先驱器形,因资料性质的不易保存,在现在不能见其实物的了。然人类在原始必曾应用这类自然材料,我们可以想象得到,征之现在的土俗,例如北欧各国木制容器使用之盛,实出吾人想象之外。又北美土俗器中,也有类似中国古铜容器花纹中繁缛雕刻的动物花纹的。在中国苗黎民族之间,其于竹木器的应用,也很可惊,木器上的雕刻也很精细,也有动物花纹的雕刻,而应用最普遍的花纹也是雷纹(回)。

烹饪器中的鬲,在中国史前的陶器中,已有同等的形式了。安特生在河南渑池县仰韶村发现了新石器时代的陶鬲很多。在辽宁锦西县沙锅屯的洞穴里,也发现了二块陶器,是三足器的足,虽都破碎,还可以推定为鬲之足无疑(见其所著《中华远古文化》)。最近山东城子崖也有陶鬲的发现。铜鬲的由于陶鬲演化,固无可疑。

我们再拿殷墟出土的陶器，和铜器比较，也很看得出铜器照抄陶器的痕迹。殷墟出土的陶鬲比较仰韶期鬲的足，空的程度已浅，已和铜鬲差不多，更可见铜鬲起源于陶鬲的。又殷墟的陶釜和铜器中的鍑相似，尤其似《西清古鉴》的周垂纹鍑、《西清续鉴》的汉大宫鍑，只是没有圈足。甗以两耳广肩的为正宗，有时带鼻，殷墟的陶甗，和这形式正同，其为铜类所自出，很少疑问的。又殷墟陶瓿大腹短颈敛口圈足和《西清古鉴》的周素瓿同形，铜瓿之起于陶瓿，也很显然。殷墟的陶器中也有簋，也有簠，也有洗，簋有圈足无耳，簠足在二旁，当然也是铜簋、铜簠、铜洗之所自出。还有可注意的，殷墟出的陶片，大概是陶爵的一部，就花纹说那雷纹和饕餮纹，和铜爵的花纹竟无二致，可见铜器不但照抄了陶器的形式，还抄袭了陶器的花纹（见李济《殷商陶器初论》，刊于《安阳发掘报告》第一期）。

我们再以古器物的文字论，以"罍"，或作"櫑"，或作"鑘"，"盤"，或作"槃"，或作"鎜"（见白侯父盘），"盂"，或作"杅"，或作"錳"（见都公鼎），其偏旁，或从"皿"，或从"缶"，或从"木"，或从"金"。拿形声的条例来看，皿是统称，缶是陶制，木是木制，金是金属制。从这些字形上也可以见到古器物是经过了这些阶段的。又如豆，《说文》除了"豆"字以外，还有"梪"字，云："木豆谓之梪"，又于"籩"云："竹豆也"，又于"登"云："瓦豆谓之登"。《诗·大雅·生民》篇"于豆于登"，《毛传》说："木曰豆，瓦曰登"。这也是因为物质的不同而变异它的字形名称。我们从这些字上，也可见到这器物，以前也曾经过竹、木、瓦的时期。

铜器中的鼎和甗，也是陶器的演化。日本滨田耕作有《鼎与鬲》一文，（收《狩野博士还历纪念支那学论丛》及《东亚考古学研究》）他

根据初期鼎下的款足（即空足）三股和鬲的一样，证明鼎的演化。鬲

的金文是： 盂鼎　鬲叔鼎　單伯鬲

　　而鼎字初期的金文作： 鼎、象形鼎　卣文

　　从这些字形上，也可以见得他们的渊源有关。不过安特生另外有一个主张，他以为鼎和鬲的起源是独立的，鬲的起源由于三个尖底陶瓶的合并；而鼎的起源是为了便于煮烧，因在一个陶碗之下加上了三块泥。这个说法，虽然也有一部分的理由，可是没有滨田的说法有实证。甗是甑和鬲的结合，这可无疑的，至于铜容器的往往有圈足，也是陶器中常见的。

　　前三四年相传在安阳侯家庄大司空出土的有二群铜器，后来流到了日本，其中有三大盉，高至二尺四寸左右，器形的复杂，铸造的精良，是空前的。体作柱状，下为四个空足，鋬作怪兽形，在它方斜着长流。在鋬侧开了一心脏形的口，和从来的盉大大不同。柏林国立博物馆东洋美术部所藏的也和这器相似，只是质薄罢了。据梅原末治的意见，以为这盉类似城子崖出土的陶鬶和甘肃齐家期的陶壶。城子崖的陶鬶，在鬶上附加有注口。齐家期的陶壶，上边有斜斜突起的注口，在其侧也有心脏形的小口（这陶壶安特生购自兰州，但其特征确属齐家期）；可见铜盉和陶鬶、陶壶都有密切关系。不过就陶壶的大把手形态来观察，似乎不是陶器的原形，是模仿铜器而来。但由其空足一点，盉的导源于鬶，也是可能的。

　　至于殷墟出土的白陶器，也很多，和铜器有关，有豆的碎片，梅原末治殷墟白色土器的研究中，曾想象的推得其原形。

4. 铜器与竹木器

铜容器和竹木器的关系，我们从簋、簠二字的从竹，也可知道。古竹木器不能流传到现在，我们没有方法作比较的研究，但是从古器物名字的起源上，能很清楚的看出。《庄子·天地》篇说：

> 百年之木，破为牺尊，青黄而文之。

《淮南子·俶真》篇说：

> 百围之木，斩而为牺尊，镂之以剞劂，杂之以青黄，华藻镈鲜，龙蛇虎豹，曲成文章。

从这里可见古代木制牺尊到晚周秦汉，还很普遍。而且木制牺尊镂刻有"龙虎蛇豹，曲成文章"，这不是和铜制牺尊的有鸟兽纹，同一步调么？盧这容器，本来初形也是树枝编成的。《说文》于"盧"字说"饭器也"。于"匚"字又说"匚盧，饭器也，以柳为之。象形，凡匚之属皆从匚。笾，或从竹去声。"

《周礼·昏礼注》又说：

> 筊，竹器而衣者，其形盖如今之筥、笾、籧矣。

可见盧也可写作"籧"从竹，是初为竹木器，很可想见的。何况《说文》又明说："以柳为之"。徐灏说：

> 从由盖本竹木之器，后以陶瓹为之，故又从皿作盧，盧即古罏字。

它的由竹木器而进至陶器，再陶器而进为铜器，从字形上，已很清楚。王筠《说文释例》："五篇之匚，去鱼切；十二篇之凵，丘玉切。本是双声，吾疑其即是一字，匚下云：'匚盧，饭器也，以柳为之，象形。'凵下脱去说义之词，但存说形之词，曰'象器曲受物之形'，上文《匸部》说曰：'受物之器，象形。'两部相比，推知凵形亦是受物之器。

许君又引或说'曲，蚕薄也'，虽仍是受器之物，然既区为别义，则知凵形仰盂，当是饭器。以此字义推之，而知其可合也。匚有籀文'匚'，则'凵'亦当依梦英作'凷'，即是籀文凵。匚、匚同向右，凵、凷同向上，分繁省耳。且簠之古文'医'，簋之古文'匭'及'匬'。笾之古文'匡'，栖之古文'匡'，论其字则口皆向右，是以《凷部》'匘'字，《集韵》有'匮'，则一侧一仰，尚可通假；何同此向上者，不为一字乎？"

凷、凵、匚、匚，都像竹木器之形。……

簋是竹豆，曲是蚕薄，字或作苗，或作笛。《月令》说："具朴曲莒筐"，《诗·豳风》"八月萑苇"，《毛传》说："豫畜萑苇可以为曲也"。簠、簋、卢之类容器，本来也同筐，是由竹木编织而成的。

又如卣者容器，从文字的变迁上，也可以看出它曾经竹器、陶器的阶段。《说文》于"甾"字，说："东楚名缶曰甾。"戴侗说：

> 甾，竹器也。畚、𤬫、𤮑皆从'甾'，以是知为竹器。

这说疑是。"甾"字正像编竹之形。又卣和"甾"，古文形、声都近，二者必也渊源有关。王国维《释由上》说：

"又'卢'字篆文从'甾'，晚周古文从'由'，更溯之春秋以前之古文，则乃从'卣'作。取卢子商盘'卢'作'𧆚'。弘尊有'膚'字作'𣎴'，从'𧆚'；簠鼎之'簠'字从'𦦥'，酅侯敦之'酅'字从'𦦥'。其所从之'膚'，皆从'𠙹'作。'𠙹'者，古文'卣'字也。'卣'字，古文作'𠮁'（孟鼎），作'𠙹'（毛公鼎），作'𠙹'（伯晨鼎），作'𠙹'（录伯敦及吴尊簋）。石鼓文'逌'字亦作'𠙹'，而殷虚卜辞盛鬯之卣则作'𠙹'（《殷墟书契前编》卷一第十八叶），作''（同上卷六第四十一叶。《戬寿堂所藏殷墟文字》第二十五叶同。其辞曰'邕五'，知确为'卣'字矣）。知''所从之'乚'、'乚'，即''之省文，又知《说文》'虗''盧'二字，一从''，一从''，即''与''之变，实一字，而繁简异也。卣为尊属，惟缶亦然。许君云'东楚名缶曰'，与'卣'同音，盖三代遗语也。"

是不但和卣是一个字，卣和缶也是同音同义，缶本由陶器而进为铜器的，本竹器，我们从这里便可知道卣这铜容器，也曾经过竹陶器二阶段。

梅原末治关于中国青铜器时代（见《史林》第十九卷第三号，第二十卷第二号、第四号，我国有胡厚宣译本，名为《中国青铜器时代考》），又以为尊这类容器，是由于竹筒的变形，也有相当理由。

铜容器大概也起于竹木器，现在中国苗、黎民族还应用木铎、木铃等。

5. 铜酒器和角器牙骨器

在未开化民族里，角器的应用很发达，想来中国的古人也这样。铜器中的酒器，像角便直接用角字，觥、觚、觯也都从角，觥在《诗·卷耳》《丝衣》二篇里都连称兕觥，觥即觵，《说文》："觵，兕牛角，可以饮者也。"段玉裁说："其他不以角为而字从角者，盖上古食鸟兽之肉，取其角以饮，饮之始也。故四升曰角，犹仍角名，而觚觯字从角与"？其实不但角、觚、觯、觥的由于角器，一切饮酒器，无非是由于角的演化，像爵、斝也无非是角的演化。王国维《古礼器略说》以为"角"和"爵"古同音，是兽角系统中饮酒器的总名。

拿兽角作酒器的，各地土俗器都有。例如希腊之□□□□□□，欧洲中世纪的纹角和日本正仓院中的犀角杯都是。这都是自然发生的，尤其是北方游牧民族和嗜好狩猎的民族，他们得到兽角容易。爵有三足和鋬和二柱，一端有流，一端有尾，斝无流和尾，角两端都有尖锐的尾而无柱。滨田耕作《爵与杯》一文（收《市村博士古稀祝贺东洋史论丛》），他以为斝的起源是由于兽角的根干横平的切断，而爵的起源是由于像蒙古人那样的斜切。

殷墟的发掘，又发现了无两柱而有三足和流的土制爵器，李济的《俯身葬》（《安阳发掘报告》第三期）以为这是铜爵早一期的古形。但也有人以为这是明器，是模造铜爵而简单化的。滨田氏也承认铜爵之前已有陶爵的存在，但以为土爵仅是礼器，新烧的土爵盛酒和水，必有一种土臭及其浸透性，决不能实际用作饮器，因此在祭祀、丧葬的礼器之外，实际都用角器作饮器的。

爵既然是由兽角切断而成，但角底是尖的，不能安置平稳，很不方便。假使作礼器，更须要安置在平面上的，那非有足不可。滨田氏的意见，以为三足和鋬都是进为铜器之后所附加，其附加足的理由是：（一）不稳；（二）便于温酒；斜切使二端成尖锐，是便于嘴唇的喝酒，又为便于把握起见，便加上土器上通行的把手——鋬——添上。滨田又以为觥觚是爵的演化，匜又是觚的演化，因为它们的形式都是相去不远的。

近来郭宝钧又以为爵角斝的有三足，并不在演成陶器或铜器之时，而角器的原形已有的了（见其《古器释名》，刊《蔡元培六十五岁纪念论文集》）。他的推想是：那时因角底尖锐不能安置，就在角的两旁，缚上两根棒来帮助它直立，作竹形。这两棒的下端和角的尖底，后来就形成了三足，而两棒上端升而角上的，后来就形成了二柱，角的无柱是由于原形所缚的两棒没有升在角之上。他还有个推想，他以为觚的形成，是由于上下两角的相互连接，也因为角底尖锐不能安置，就用另一角切去了底倒置，拿这一个角插下安放，作Ⓧ形。

殷墟出土的象牙器中有一象牙作的角形容器，饰有细双钩刻的动物纹，在弯的内侧的稜上并蝉文，在两侧有相称的虬龙纹，但这些纹样若由内侧看来，蝉文恰当饕餮的鼻梁。这些花样都是殷商铜器中常见的。这角形容器可为饮器由于角器的说法，作有力之实证。

殷墟出土的象牙碎片很多，都有惊喜的饕餮、虬龙、夔凤、蝉等花纹。有一部是筒形器的碎片，其中一片中部有浮雕饕餮纹，最可注意的是上端穿有一纵长的孔。更在其两侧，有一个小孔，梅原以为这是提梁的所在，推其原形，大概和卣的筒形相差不远，也许是卣的先驱形式。殷墟出土象牙碎片中，类此形式的很多，此可以推知这类的骨制卣在殷商时数目也不在少，只是不容易整个保全，我们无从得见其全形。筒形容器，本来利用细长之骨时自然做出之形。

《战国策·赵策》说：

> 赵襄子最怨知伯，而将其头以为饮器。

《汉书·张骞传》说：

> 时匈奴降者，言匈奴破月氏王，以其头为饮器。

《匈奴传》又说：

> 以所破月氏王头，共饮血盟。

以头骨作饮器，大概也是东方民主普遍的现象。郑师许先生著《饕餮考》(《东方杂志》二十八期七号)以为饕餮纹是由于人头器的演化。这很确实。殷墟出土的牙骨器有饕餮纹,饕餮纹便是像一凶恶之人面,它的起于人头器是很可能的。

6. 铜容器和果壳

瓠、瓢等果壳,古人往往是把它当作容器的,这也可想象得到的。勺这器无疑的是由于瓠、瓢的演进。《说文》:"斗,勺也",《通俗文》:"木瓢为斗。"

还有朝鲜乐浪汉墓和辽东墓屡屡出土的两耳杯,(即羽觞)形浅而椭圆,两侧有长而平的耳。至于漆器中的两耳杯,通常外部为黑漆内部涂朱色,在辽东古迹所见的许多瓦制明器,也有相同的步调,这虽盛行于汉代。战国时大概已有,日本细川氏所藏甘旿银杯(见《周汉遗宝》),是晚周的制作。滨田氏断定这些是继爵等酒器而兴的酒器,是瓠瓢或贝壳的演化,在乐浪的漆杯、铭里杯或写作椑,可见初为木质,也是瓠的演进。

第二章　铜器的演化

青铜器时代是跟新石器时代、石铜兼用时代而来的。青铜器时代在历史上所占的时间很短,一方因为铜的不耐用,一方又因铁的发现很早。并且人们很晓得将熔铜的方法来熔铁,所以铜器时代很早的被铁路所占去,华策斯以为中国铜器时代起于纪元前二千六七百年左右,这是根据中国古书传说而定的,不足据信。

在中国工艺中,铜器的铸造,可说是最精美了。在科学昌明的今日,也许不定能有这样的技巧。我们不能不承认古代已有相当化学的经验。虽然在西洋,像希腊、罗马的铜像也十分秀丽,但终比不上中国铜器形式的独特和意匠装饰的奇怪,尤其是殷商时代。但这样的精美铜器,我们相信不是一时突发的,它一定经过胚胎的时期和摇篮的时期。

过去中国金石家,以为夏代已经有铜器,以为夏代的铜器纹样很精细,并且还有金银错的。例如赵希鹄《洞天清录集》说:

> 余尝见夏雕戈,于铜上相嵌以金,其细如发,夏器大抵皆然。

但是宋人的所谓夏器,都出伪造,到现在从没有夏器的发现。在古传说,禹铸九鼎,是鼎鼎大名的了。《左·宣公三年传》王满孙说:

> 昔夏之方有德,远方图物,贡金九牧,铸鼎象物,百物而为之备,使民知神奸。故民入川泽山林,不逢不若,魑魅魍魉,莫能逢之,用能协于上下,以承天休。

《史记·封禅书》说这九鼎后来迁殷迁周,周末姬氏德衰,末于泗水。在《周本纪》《秦本纪》又说九鼎入秦的。而《墨子·耕柱》篇说:

> 昔者夏后开(即启)使蜚廉折金于山川,而陶铸之于昆吾,是使翁难雉乙卜于白若之龟,曰:"鼎成三足而方,不炊而自烹,不举而自藏,不迁而自行,以祭于昆吾之虚,上乡(即尚飨)。又乙三兆之由曰:飨矣!逢逢百云,一南一北,一西一东,九鼎既成,迁于三国。"

九鼎是启铸的,古人把九鼎说得十分神秘,说可以"使民知神奸",这都只是一种传说。所以铸九鼎的或说是禹或说是启。在战国时秦竟兴师临周求九鼎,颜率说齐救周而以鼎许齐,其后齐将求鼎,颜率问何涂之从而致之,且曰:"昔周之伐殷得九鼎,凡一鼎而九万人挽之,九九八十一万人,士卒师徒,器械被具,所以备者称此"(见《战国策》卷一)。这样说来,这鼎之大,实可惊人,怕不是事实。马衡的

《中国之铜器时代》(见《考古学论丛》第一册),他便否认九鼎的存在。虽然《尧典》也说:"金作赎刑",《禹贡》又说梁州"厥贡璆、铁、银、镂、砮。"但是《尧典》《禹贡》的著作时期很晚,近人已多论证。近年来又有人在《考古社刊》上主张九鼎的存在,还说可以发掘得到,那我们所不敢信的。

铜器制作年代的判定,本来不是件容易的事,除研究它的本身外,还得要能从它出土地层和伴出物上去考究。但是中国过去铜器图录,除了考古图略载出土地和伴出物,有些考古学的意味之外,其余多注重在铭文款识上,他们的图录,是"无文不录"的。他们辨别制作年代的方法,也在铭文上。像赵希鹄《洞天清录集》说:

> 识文:夏用鸟迹篆,商用虫鱼篆,周以虫鱼大篆,秦用大小篆,汉以小篆隶书,三国用隶书,晋宋以来皆用楷书,……三代用阴识,谓之偃囊,其字凹入也。汉以来或用阴识,其字凸,间有凹者,或用刀刻如镌碑。盖阴识难铸,阳识易为,决非三代物也。

这种说法,在今日看来,也无价值。鸟虫书根本是晚周南方一带的作品,绝对谈不到夏、商的。

过去金石家的功夫,都用在铭文上,但也没系统的研究。其余有的拿这类礼器和古礼经的记载相对比,以为研究礼乐之助。过去铜器的研究,是金石学的一部门,同时又是经学的一部门,对于铜器的形式、花纹和出土地点以及伴出物,都不注意。

现在一般学者对于铜器的研究,已渐渐的注意到形象方面,郭沫若对于毛公鼎时代的考证,他不但根据铭文,同时还注意到形象学的比较,使古铜器学开始纳入正轨。一时代的铜器有一时代的作风,形式、花纹、铭文三者都有相互关系,偏于一方面的研究,都容易武断的

弊病。现在值得我们介绍的,比较有系统的论文,有四篇:

(一)郭沫若:《彝器形象学试探》(《两周金文辞大系图录考释》)

(二)郭沫若:《周代彝铭进化观》(收《古代铭文刻汇考》)

(三)唐兰:《参加伦敦中国艺术国际展览会铜器说明》(见出口图说)

(四)徐中舒:《铜器的艺术》(第二次全国美展特刊)

郭沫若的论文,注意在时代的演化,虽然讲得很简单,比较已是有系统的了。唐兰还约略注意到铜器地域的不同,徐中舒又根据了殷墟发掘的结果来修正和补充他们的说法。

1. 石铜兼用时代

在石铜兼用时代,用的是紫铜,大概都是小铜器,而且以兵器为多,如箭、镰、刀、剑之类。中国地层的发掘,只是在萌芽的时代,所以成绩非常不能使人满意。安特生把甘肃史前的文化,分为六期,前三期为新石器时代,后三期为石铜兼用时代,石铜兼用时代的三期是:

(一)新店期　这一期始有铜器的发现,但发现不多;这期铜器极小,其中少许类似刀、剑之类。

(二)青圭期　在狄道县之寺圭山附近仰韶期的错落古址,发现一葬地,在葬地之中,获得小许铜器,在西宁县之下窟及下西河又发现了许多小件铜器于墓葬中,这一期铜器已较前为多。

(三)沙井期　在镇蕃县附近寻获古址多处,为沙丘所没,在葬地遗址及村落遗址之中,采获了无数的小件铜器,内有带翼的铜镞。甘肃除了发现了紫铜外,青铜器至今未发现,而后期铜器的发现多在黄河流域,尤以河南、山东为最多,所以有许多人便主张殷商的铜器文化是由甘肃来的。

2. 殷商和周初

(1) 商器的发掘和著录

殷商的铜器在宋人的图录上已有著录。吕大临的《考古图》还指它的出土地点,像亶甲觚,据说:"得于邺郡亶甲城",足迹鼍据说"在洹水之滨亶甲墓旁得之",兄癸卣(《考古图》作兄龔癸)也说得之于邺。他所记的地点,便是现在正在发掘的殷墟,殷墟便是《汉书·项籍传》项羽在那里打过仗的殷墟。应劭和颜师古都说:"洹水之边,殷之故都"。据出土的卜辞,大概是武乙盘庚以后的都城。宋人误以邺为相,认为河亶所居,这是错误的。

中央研究院的发掘殷墟,已经很多次了。当民国二十一年春从事第六次发掘的时候,发现的器物除了陶器、石器、蚌器、骨器等以外,还又出现了一些铜器和铜范以及红烧的土碎块,木炭,"将军盔"(红黄色形陶器),炼渣和未冶炼过的铜矿砂。这些铜器都是小铜器,有镞、刀、戈和礼器的残片。中央研究院的殷墟发掘,在二十一年第七次发掘后,告一段落。而当地村民,目击这地下古董宝藏的丰富,致使附近盗掘之风甚盛。他们所盗掘的多是古墓,以小屯北方靠洹水的武官村附近为多,一直到司空侯家庄四盘磨村的无数大小古墓,都最先遭遇了盗掘。滕固《征途访古记述》说:

> ……历大司空村、小司空村、武官村;沿途盗掘坑穴,累累皆是。坑作长方形,穴口宽约二尺,长四尺或一丈不等。余等下车探视深度,或深三四尺,或深七八尺。间有周数丈之坑穴,而其深度更可为可观。此等坑穴,……不下数百处。此仅限路傍所见,而视线所不及处,不知尚有几千万也。

这是滕固和黄仲良在民国二十三年十二月所见。中央研究院于是再开始大规模的发掘,梁思永等前后三次的调查,共得千余坟墓。因屡被宋代屡次掘凿,内容完全的可说没有,在第二次的调查中,曾掘得大规模构造的坟墓,遗物的出土有相当的数量。虽没有甲骨文字,但和从来殷墟出土的遗物同其形象。在羡道部位上有高超二尺大的方鼎,还有数十个铜兜。此外有爵、斝、瓿、觯、尊、卣、罍等铜容器和戈,戚等铜兵器,在另一个墓中,还发现了虬龙纹的小铜器。

过去殷商铜器的采获和著录,有罗振玉的《殷虚古器物图录》和《殷文存》。关于中央研究院发掘所得的铜器,有刘屿霞《殷代冶铜技术之研究》和李济《殷墟铜器五种及其相关问题》。(刘文见《安阳发掘报告》第四期,李文见《庆祝蔡元培先生六十五岁论文集》)。至于盗掘殷墟古墓所得的铜器,怀王教 Bishop White 在《伦敦绘图新闻》(The Richest Archaeol Ogical □ite in China,Illustrated London News,March 23rd,1935)所发表的,黄伯川的《邺中片羽》,梅原末治的《河南安阳与金村的古墓》(《史学杂志》第四十七编第九号),《传河南安阳出土的二个尊彝》(《国华》第四十六编第一号)和《河南安阳发现的遗物》(《东方学报》京都第七册),都属于这一类。其中最重要的,在前三四年曾有二大铜器群,流布到日本,传说其一为侯家庄所出土,他一为大司空村古墓所出土,其中有三个大盉,高至二尺四寸左右,其大可比中央研究院的大鼎。还有一尊高一尺二寸八分,罍高一尺六寸八分,都是少见的大器。

(2)殷商和周初铜器的铭文

前人往往把人名之用干支的或文句简单,或文字近于图像的,便以为商器铭文的特征。马衡《中国之铜器时代》一文,以为这标准不

尽可凭,因为周初器同此例的很多,他因此另举四点,作为商器的特征:

(一)商人之纪年月日,必先书日,次书月,再次书年;而书月必曰"在某月",书年必曰"惟王几祀"。

《周书·洛诰》之文,尚沿此习。乙酉父丁彝首书"乙酉",末书"惟王六祀";乙酉成命彝首书"乙酉",末书"在九月,惟王十祀"。兄癸卣首书"丁巳",末书"在九月,惟王九祀"(以上三器见宋薛尚功《钟鼎彝器款识》)。戊辰彝首书"戊辰",后书"在十月,惟王廿祀";舲尊首书"丁巳",后书"惟王十祀又五";庚申父辛角首书"庚申",后书"在六月,惟王廿祀昱又五"。

(二)商人祀其祖妣,必用其祖若妣之名之日。其妣皆曰"爽",其祭名或曰"遘"。乙酉父丁彝"用乙酉日遘于武乙";戊辰彝"用戊辰日遘于妣戊,武乙爽"。

(案"爽"字当作"奭",乃配比意,此云:"妣戊武乙'奭'",犹卜辞言:"大戊'奭'妣壬""大贾'奭'妣辛",郭沫若《戊辰彝考释》断为古母字之异文,左右所夹者乃二乳之象形,与母字之二点同意)。

(三)商人祭祀之名有曰"肜日",曰"肜日"者。乙酉戊命彝、《兄癸酉》、戊辰彝皆曰"肜日";乙酉父丁彝、舲尊皆曰"肜日"。

(四)甲骨文恒见征人方之事,而般甗曰:"王徂人方";舲尊曰:"惟王来征人方"。

这四点大致不误。其实不但人名用干支,周初器也有,上列四点,也不能一定断为商器,令彝作于周初,也有"爽"字。周初的文化,本来都是承受商代的,周初铜器不但铭文同商器,形式、花纹也不异,所以我们划为一时期。

关于这其中的图形文字，近人很多不同的见解。沈兼士有《从古器款识上推寻六书于谦之文字画》文（见《考古学论丛》第一册），以为这是将有文字时所用的符号。郭沫若《殷彝中图形文字之一解》（见《殷周青铜器铭文研究》），竭力排斥这等的说法。以为：

> 所谓"文字画"者，乃文字形成之前阶级，即野蛮或原始民族在未有文字时所用以为意思表现之符征。此种未成形之画语，在现存未开化民族，如北极附近之埃克西摩人，美洲之印迭安人，于今均犹见使用。然殷彝中之图形文字若作为"文字画"解时，有一根本之困难：即殷代文化已远远超过此阶段，而已有行将完成之文字系统。且……于周彝中犹见使用。

图形文字中最流行的，像"𦐇𠦃𤉢"，从宋儒以来，都释为"析子孙"，王国维说是"象大人抱子置诸几间之形。子者，尸也"（见《观堂集林》卷三《说俎下》）。又像"𤕝𤔔"，旧释为"子孙"，容庚说是"象陈牲体于尸下而祭"（见《宝蕴楼彝器图录》周献侯鼎注），也同王国维一样的见地。郭沫若既反对文字画的主张，对于王、容这二说也加以驳斥，以为商妇甗、妇鬲、父丁鬲也都有一个图形文字，子孙父癸盘、周子孙匜也有后一个图形文字，甗、鼎、鬲是烹饪器，匜、盘是盥洗器，都不是祭器，不应也有祭祀的象形文字画。郭氏主张：

> 此等图形文字乃古代国族之名号，盖所谓图腾之孑遗或转变也。

他的证据是：

（一）父戊方鼎铭："𤉢𤔔作父戊彝"，以彝铭通例"某甲作某乙器"例之，可知此图形文字当作器者之名。

（二）甲寅父癸角铭："甲寅锡△❉ 觥贝，用作父癸尊彝"，则知此图形文字当为"觥"之族号。

（三）所谓"析子孙作父辛彝"卣，与上父戊方鼎例全同。

（四）文父辛尊铭："子光□子❉❉ 啟贝，用作文父辛尊彝"。

（五）敆彝铭："❉❉ 敆作祖癸宝尊彝"。

（六）图形文字中常见之"❉"，即卜辞之"小臣❉"（《龟甲兽骨文字》第二十五叶第十片）字在"小臣"之下，则其为人名或氏族名，尤为显著。

他既明证这些图形文字国族名号，他更进而于这些图形文字作解释：

（一）"❉❉"读"天黿"，轩辕即天黿之音变，古有此氏姓，后人附益于黄帝。

（二）"❉"当即"旅"之初字，许书"旅古文以为鲁卫之鲁"，鲁本有古国，卜辞有"贞今一月在❉"（《铁云藏龟之余》第十一叶第一片）以卜辞及金文案之，当是地名，即鲁字（见郭氏《戊辰彝考释》）。

近人对于这类图形文字的诠释，很多异说。像❉❉丁山又释"冀"，这在我们还不能认为定论。郭氏一面反对文字画的主张，一面又以为是"初字"，实相矛盾。其实这些图形文字不妨说是文字画，也是文字的"初字"，这也确是一种名号，相沿成习，就一直沿用到周初。

关于这类图形文字，我也曾有所诠释，例如：

（一）"❉"当即"兽"之初字，卜辞"兽"作"❉"或"❉"等，"❉"盖兵器，卜辞"史"亦作"❉"，即像手执兵器。此乃像以兵器猎兽之状。

（二）"中木"当即"战"之初字，即干戈之合文。"中"盖干（即盾）之象形，"𢧵"亦象上有羽饰之盾。卜辞"單"作"𤰫""𤰫"，金文"干"作"Ψ""Ψ"，單干字形相同，又为双声，本为一字（见拙作《释"𧓸"》，刊《上海市博物馆周刊》第十期）。

图形文字还有个特征，就是象形文字往往围有"亞"形。从宋以来对这亞字形，很多神秘的解释，有人以为像宗庙之形，有人以为是"两己相背"，有人以为是"两弓相背"。近人又以为这是空心十字，十即古文甲字，等于后字签押。他们拿钜鹿出土的宋瓷都有签名作亞字为证，但殷与宋相去年代太远，不必有连带的关系。郭沫若以为这些装饰等于后人印章的加花边：

> 今知亞形中字大抵乃氏族称号或人名，则此亞形者不过如后人之刻印章加以花边耳。此由亞形之可有可无已可证，又如父己殷（即簋）之 🔲，于亞形中范以"箕侯"二字，此为单纯之文饰，毫无疑义也。

这说很近理，埃及象形文字在帝王的名字，往往围有 ◯ 形，也和亞形同样的意义。我们还有一个想象：古代陶文与玺印是有密切关系的，现在已有坚强的证据，详黄宾虹《古玺陶文合证》，大概在陶器制作的时候，他为了记识起见，把玺印打在陶器上，也许这时铸造铜器范的时候，也是这样，亞形连亞形中的图形文字，也就是由于玺印盖在范上而铸成的。《邺中片羽》中有亞形变的玺印著录，便是实证。

还有可注意的，在图形文字之下，往往有"册"字，像令彝、令殷在

整个铭文之下,有"🐦册",郭沫若《令彝令毁与其它诸器物之综合研究说》:

> 鸟形当是做册矢令之家征,乃图腾之孑遗。……册谓书写,周公毁用册王令,作周公彝。

"册"便是等于我们现在写"某某识""某某记""某某书"的"识""记""书"。

总之,这一期铭文的文例,不外下列多种:

(一)最规整的是:

"某时某人因某事为某作器"。

例如:甲寅父癸角:"甲寅,子锡🧍🧍敔贝,用作父癸尊彝。"

(二)次简的是:

"某甲作某乙器"。

例如:父戌方鼎:"🧍🧍作父戌彝"。

(三)更简的是:

标一图形文字,于其下附以父戌父癸等名。

例如:父庚卣:"🧍🧍父庚"。

这是原始文字简省去了动词,图形文字是作者自记,父庚等名是表明为某而作的。

(四)最简的是:

只有一图形文字或父辛等名。

例如:🧍爵(《殷文存》卷下第三叶)父辛鬲。"父辛"只有图形文字,也许是为自身作器的,这是作者自记,犹如今人于所有物或所造上盖章或签名。

以上把殷商和周初器的铭文,约略论列一过。郭沫若《周代彝铭进化观》曾替这一期下一简单的短语,现在引来作为这节的结论:

仅在自名,自勒其私人之名或图记,以示其所有。

这里还有一件事,要特一笔提的,就《大学》所引的汤之《盘铭》(以下缺)。

（据广东省立中山图书馆藏《中国古器物学讲义》）

历史教学法纲目讲义

第一章　历史之目的与教学历史之目的

一、过去中国史家目的之错误

1. 为贵族

《春秋》之为乱臣贼子

《资治通鉴》之资治

旧史列传之滥及其原因

所谓"为亲贤讳"

2. 为死人

旧史之隐恶扬善

明清两代宣付史馆立传之荣典

方志之忠义节孝传

所谓"盖棺论定"

3. 求教训

《春秋》之褒贬

《史记》之欲上继《春秋》

后世史家之取法《春秋》

荀悦之立典五志

刘知幾之增目三科

章学诚之主"纲纪天人，推明大道"

所谓"笔削大义"

二、过去西洋史家目的之错误

1. 为娱乐——传奇派之史家

史之起源于娱乐

希罗多德之搜辑遗闻

海克底厄斯之搜辑传说

中古时代史家之喜载变异

夫垒沙特编年史中现代式稗史体

2. 为政治——政治派之史家

以政治解释历史

德国之政治派史家

偏狭之爱国主义

3. 求教训

修昔迪底斯之求用将来

波里必乌等之所谓实例的哲学

形成伦理学或传教学之一部门

三、历史的目的

1. 明现在

人类之得有现在由于过去文化之遗传

历史为现在之来源

历史无定律不能直接应用

新史学之精义及其发展

求真实

有真实之历史,然后能彻底明了现在。

除去人情之好增饰

除去旧史之好虚伪

2. 重演化

事物皆在演进,过去现在本无绝划界限。

退化说之误失(古代本非黄金时代)

循环说之误失(如孟子等一治一乱及五行三统之说)

四、教学历史目的不正确

1. 制造工具

作宣传主义之工具

作国家政策之工具

2. 训练记忆

训练记忆非历史所独有

养成崇拜过去之心理反使人消极悲观

尼采之怀疑历史功能(以历史为生活上之负担,能限制压迫吾人之活动)

3. 扩充理解

历史之想象远不如神话小说

旧史家史论之迂阔

4. 增进道德

教科书中少数之史迹尤不能示人教训

道德之判断又出之教师之主观

五、历史教学目的应有之方法

1. 规定教学目的之方法：

A. 客观法：就学科内容，以找寻当前需要，以决定目的。

B. 主观法：就当前需要，于学科中搜求材料，以配合目的。

2. 过去历史教师之用主观法

结果必至改造历史内容

应采客观法以规定目的

教学历史之目的应合历史之本有目的

六、教学历史之目的

1. 可使明了现在社会制度之来源设法应付或改良（学历史为使人记忆之推广）

2. 发展生活文化演进之观念

3. 养成正当之国家观念

4. 养成伟大之民族精神

5. 养成不虚伪之实踏精神

6. 陶养关心社会之倾向

7. 涵养探求知识之兴趣

8. 陶冶真善美之情操

9. 训练分析事实之能力

10. 发展协作互助之精神

本章参考书

刘知幾:《史通》

邵念鲁:《古今治平略序》

章学诚:《文史通义》

梁启超:《中国历史研究法》

何炳松译:《历史教学法》

胡哲敷:《历史教学法》

何炳松译:《新史学》

何炳松、郭斌佳译:《西洋史学史》

李思纯译:《史学原论》

姚德润、许绍桂:《最近各国的历史教学》

徐则陵:《学校设历史一科以何者为目的》(《史地学报》二卷二期)

第二章　教材之选择与配置

一、选择之标准

1. 应合历史教学目的——明现在,重演化

方法:

A. 时间性——适合新时代思潮

多注意近世

叙述以前史迹须与现代作比较

B. 空间性——适合现代环境

不能全部赞美过去制度

不能发挥古人不合时代之观念

2. 适合学生心理　根据学生已有经验方法

A. 由浅入深

B. 由近及远

C. 由已知及未知

3. 保存史学精义　求真实方法

A. 不可因教学目的而颠倒史实

B. 不可因学生心理而谈奇说怪

二、选择之范围

1. 教材之类别

A. 以内容分

社会活动

个人活动

B. 以形式分

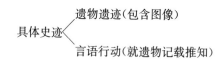

抽象史迹——感情思想

2. 选择之困难　文字记录之缺陷

A. 文字描写不充分

使吾人无法再造过去

B. 文字意义不固定

往往文字所表示之思想感情可因人而异

3. 选择之据点

A. 由物质状况推知心理状态

B. 由具体史迹推知抽象史迹

C. 由特殊史迹推知普通史迹

D. 由个人活动推知社群活动

4. 选择之要求

（美斯之五条历史发达线）

A. 社会（中心为家庭社团）注意社会制度、物质生活、精神生活、风俗习惯、人口流动、男女地位等。

B. 政治（中心为政府）注意中央政治、地方政治、外交军事等。

C. 经济（中心为农工商业）注意金融制度、货币制度、农工商业等。

D. 教育（中心为文化教育机关）注意学术演化、教育沿革等。

E. 宗教（中心为寺庙教堂）注意宗教之流布及其发生之影响等。

三、教材之配置

1. 配置之困难

A. 因无一定原质——无固定不变之内容

B. 因无一定程序——无一定由简入深之原理

2. 配置之方法

A. 年代法——顺时代编次

利：便于明了一时代之大势

　　便于明因果演化

弊：不适合儿童心理

　　容易疏忽近代

B. 纪传法——以特殊人物为单元

利：可以明了特殊任务之事迹

　　具体化

　　有兴趣

弊：无系统

　　不能使儿童了解整个历史

C. 纪事本末法——以事实之始末为单元

利:可以明了一事之始末

　　有兴趣

弊:不能了解整个社会制度

　　不能了解文化之演进

D. 天然兴趣法——根据儿童兴趣

利:儿童容易了解

　　有兴趣

弊:治历史之态度将随儿童年龄改变

E. 文分分期法

原理:个人心理之进步与人类心理之进步同其历程

方法:(白利兹《小学中之历史》)

(1) 根据人类发达之进程

低年级——古代史

中年级——中代史

高年级——近代史

(2) 根据历史观念发达之进程

低年级——神话、奇闻、寓言

中年级——半历史、半神话

高年级——批判之叙述

利:可使儿童知其与他们已经得到之同样程度的人种文化

有兴趣

弊:低年级儿童了解古代并不较近代容易,治历史之态度将因年
龄而改变。

原理之不可通：(波阿斯之驳难)

各民族文化进步不一致须视环境而定(如工艺)

进步不一定由简而繁(如言语)

野蛮人与文明之心理相类而儿童与成人之心理有变化

F. 由近及远法

原理：近易明白

根据较近之实物可成直觉之知识

方法：(此法适用低年级)

家庭活动→学校活动

学校活动→本地活动,国家活动,民族活动

当地之古迹古物→过去之史迹

今日之本地活动→过去之本地活动

今日之国家活动→过去之国家活动

今日之民族活动→过去之民族活动

利：重视近代

　　根据学生经验

弊：不易组织成系统

　　近代史迹过于复杂

四、结论

小学——由近及远法、传记法

内容：物质状况

　　　具体史迹

　　　特殊史迹

　　　个人活动

范围:由最近推至东西文化接触(近世史)

初中——由近及远法、传记法

内容:由物质具体特殊个人之史迹略及抽象普通社群之史迹

范围:由近代推至秦汉(中古史近世史)

高中——年代法、纪事本末法

内容:应分单元研究

采取抽象之普通史迹

范围:由上古至近代(通史)

本章参考书:

何炳松译:《历史教学法》

胡哲敷:《历史教学法》

《教育大辞典》历史教学法条

卢绍稷:《史学概要》

第三章　传记之教学

一、中国过去之英雄传记

旧史列传之内容

二、传记教学之发展

罗素之主张传记教学

欧美中小学之传记教学

三、传记教学之优点

A. 传记描写生动易生兴趣

B. 以个人为单位多特殊事实易得深刻印象

C. 以个人为单位容易了解

D. 能扩大儿童经验

E. 发展向上进取之心理

F. 特殊人物或可代表社群由个人可推知社群

G. 个人皆有时代背景可由此推得其时代

H. 特殊人才于后世每方面影响可由此见其社会之变迁

四、传记教学之流弊

（朋海、布尔道之反对理论）

A. 养成个人主义

英雄为个人主义之成功

B. 养成命定论之观念

旧史家描写英雄多出身神异别具天才

C. 造成学生过失

英雄故事往往不得模仿

D. 不能窥见社会全体

英雄豪杰不足代表社会全体

E. 养成以成败论英雄之陋习

一事之成败非真理之是非

F. 养成虚浮夸大之病

旧史传记多溢恶溢美之辞

五、选择传记材料之困难

A. 人物之伟大与声名之高下有别

声名或出之偶然或出之宣传

B. 有声名之人不必能代表时代

C. 声名亦无标准

当时有名或后世无名

当时无名或后世有名

D. 道德亦无标准

各时代之道德标准不同

各个人之道德观念不同

（如近人于王莽、曹操、秦桧、岳飞之争辩）

六、传记教学之方法

A. 应以社群为目标

讲一种活动之代表人物应顺带述及活动始末

讲伟人传记应明其时代背景及其后世影响

讲述伟人传记应研究：

他是怎样一等人？

他什么家庭里出来的？

他受过怎样的教育？

他在社会有怎样地位？

他本身特性是什么？

他职业是什么？

他的私人生活怎样？

他的邻居怎样？

他在公家服务如何？

他的朋友是何人是何等人？

他的仇敌是何人？因何而起？结果如何？

他的忧愤是什么？

他的思想是怎样？

B. 讲述传记所选择之人前后应有相互关系，使发生连续性而明其社群演进之迹。

C. 应作切实之叙述

不神怪不夸大

亦不得过平淡过抽象

D. 应以时势与大众为一事物之主动力

偏重时势造英雄

说明英雄造时势其主动力仍在大众

E. 评论个人应以社群利益为标准

F. 使儿童知其曾受伟人恩惠养成远大之道德与人格

七、传记教学之年限

罗素主十八岁以下须讲十多年

法国——三年

英国——七年或八年

美国——六年

欧美抑或延长至中学

本章参考书

《史通·列传》诸篇、《书事》篇

何炳松译:《历史教学法》

胡哲敷:《历史教学法》

《大英百科全书》"论传记"一篇

第四章　通史之教学

一、绪说

A. 通史与政治史之区别及其意义

（政治史所述非状况而是事实,甚易按时编述,通史则反是。）

B. 中国通史体之发展

梁武帝通史之名不符实

《旧唐书》之所谓都史,《新唐书》之所谓集史

邵念鲁《古今治平略》《史略》——文化史之初型

邵念鲁《姚江书院传》《三门弟子传》——学术史之初型

章学诚之新通史见解

C. 西洋通史体之发展

(发现普通人与普通事物之重要性)

福尔退尔《路易十四的世纪》——社会史之初型

福尔退尔《风俗论》——文明史之初型

黑伦之追溯商业发达史

莫色之于历史中发现农民地位

须罗色之世界史

皮特曼之文明史主张

兰普来克脱之文明史主张

二、通史教学之利弊

利:能明整个历史之演进

　　能明各时代社会之状况

　　能切近吾人之生活状况

弊:忽略特殊人物之言行

　　社群特性研究之困难

　　过于抽象普通

三、通史教学之初步方法

A. 图画示意法

皮特曼十二德国文明史图画

B. 文化分期法

将同一发达步骤之民族集合研究

C. 社会形式分别教学法

分年讲授家庭史、机械发明史、智识生活史等

D. 由近及远法

家庭→学校→社群

（1）从研究服务社会入手

（2）从研究邻近有关之特种职业工艺入手

（3）从注意附近各种显著进步入手

建筑之兴废→人类居住史、建筑史

商业之开辟革新→商业史

交通工具→交通史

工厂→工业史、经济史

（1）从注意当地特种发达事业入手

研究农产品：

以生产者为主：种植→农耕之沿革

购肥料→肥料之改革

收获→农产物之历史

运销→交通史

出口税→赋税史

存款→经济史

以购买者为主：买进→物价之变迁

用途（如为煮食→饮食史）

研究工业品：

以物为主：制造→工业品之沿革

　　　　　　运销→交通史、赋税史

　　　　　　原料→原料之沿革

以资本家为主：资本→资本主义发达史

　　　　　　　利润→经济史

以劳动阶级为主：劳力→劳动阶级发生史

　　　　　　　　生活→工人生活史

以生产工具为主：机器→机器发明史

E. 从本地之人与物推及其他

由物品之运出研究运至他地后之用途与需要

由物品之运入研究其由何地运入，如何生产

由旅客之来往研究其来往之任务及地方与地方之关系

四、通史之教学法

A. 事实内容之分类

（一）物质的状况

（1）身体的研究

（a）人类学、解剖学、生理学，各种变态同病理上之特点

（b）人口学（人数、男女性、年龄、生育、死亡、疾病）

（2）环境的研究

（a）自然地理的环境（形势、气候、水、土壤、植物、动物）

（b）人为的环境森林（种植、建筑物、道路、器具等）

（二）知识的习惯（不是强迫的）：

（1）语言、文字（生字、章句法、语言学、字体）、书法

（2）艺术

（a）石膏的艺术（产生的状况、观念、方法、作品）

（b）表情的艺术、音乐、跳舞、文学

（3）科学（产生的状况、方法、结果）

（4）哲学同道德（观念、格言、实践）

（5）宗教（信仰、实践）

（三）物质的习惯（不是强迫的）

（1）物质的生活

（a）食物材料、烹饪方法、刺激品

（b）衣服同装饰品

（c）住室同家具

（2）私人的生活

（a）时间的使用（沐浴、卫生、餐膳）

（b）社交的仪节（葬同婚嫁、庆典、仪式）

（c）娱乐（运动的方法同游猎，游戏同奇观，社交的集会旅行）

（四）经济的习惯

（1）生产

（a）农业同畜牧

（b）采矿

（2）制造：运输同工业；专门的方法、分工、交通机关

（3）商业：交换同贸易、信用

（4）分配：财产制度、转移、契约、分利

（五）社会的制度

（1）家庭

（a）组织、权力、女子及其孩童状况

（b）经济的组织

（2）教育同教训（目的、方法、人品）

（3）社会的阶级（分别的原理，往来的规则）

（六）公共的制度（强迫的）

（1）政治的制度

（a）君主（人品、方法）

（b）行政、职务（战争、司法、财政等）

（c）选举的权力、议会、选举的团体（力量、方法）

（2）教会的制度（同样的区分）

（3）国际的制度：

（a）外交

（b）战争（战争的习惯同战术）

（c）私法及商业

B. 事实之选择

普通现象　由每人活动相似处、影响处着手

特殊事实

C. 普通现象之教学

（一）决定发动普遍现象之社群

社群决定之困难——无绝对标准

（1）其组成此社群者为何等人

（2）其结合之原因何在

（3）其共通之现象为何事何物

（4）其何种活动与他群相异

（5）此社群中当如何分析为更细之群类

（二）分别彼此殊异之各个体之关联形式

（1）执权者之权力如何

足为一群之表率否，有权指挥群众否

（2）个人事实之影响如何

（三）分别原始现象与承续现象

（1）注意创始人物（专家及风习之导起人）

（2）实际应用此风习之民众

（3）单独事实之足以说明普通现象之起始者

（四）由各时期之现象推论其演变

（1）决定何种事实为吾人所欲研究其演进者

（2）确定其演进之交替时期

（3）确立其演进时各殊异之阶级

（4）考察其演进由何故而成

（五）时代之划分

（1）当依多种现象之演进而定——一时代一事件同时可以表著数种事实之起讫者

（2）当据事实划分不可妄自均分

本章参考书

何炳松：《通史新义》

何炳松译：《历史教学法》

李思纯译：《史学原论》

薛澄清译：《历史方法概论》

第五章 西洋史之教学

一、在中国学校教西洋史之目的

A. 明了世界大势

B. 帮助了解中国之国际关系与国际地位

C. 比较中西文化之异同,使能进一步之了解中国文化

二、过去中国西洋史教学之误失

A. 于西洋史重教学法而不重教材

B. 教科书不适合国情

C. 担任西洋史者往往不明国史,不能作比较与联络

三、西洋史选材之标准

A. 政治方面择其与中国有关者

各国与中国之一切交涉

各国对华政策之发展

各国对华之一切侵略

(例如鸦片战争于英国史不甚重要,而于中国特有关系)

B. 应详于吾国有关者略于吾国无关者

例如宗教之争为西洋史重要因素而于吾国关系至小,而西洋宗教传入中国之历史则与中国至有关

C. 应注意各国文化之发展

例如法国:

罗马文化之继承

宗教运动之策源

封建制度之开展

革命运动之爆发

近世文化之演进

例如英国：

工业之发展

民主政治之确立

帝国主义之成立

侵略中国之发端

D. 应注意中西文化之沟通

中西交通之发展

西洋宗教之东传

西洋文化之东传

各国文化侵略

本章参考书

齐思和：《论我国现今西洋史教学之失及改进应循之途径》（《大公报·史地周刊》六十九期）

第六章　历史教科书之选择与使用

一、教科书之类别

A. 大纲式——表示事实之骨骼

B. 便览式——记载比较完备之故事，尚留补充发挥之余地

C. 课本式——各事本末详尽

二、教科书之功用

A. 于听讲后可用以整理记忆

确定名字与时期

B. 便利教师讲授

于讲授前可凭以搜集补充材料

讲授时可有所凭借

三、应用教科书之流弊

A. 教师以教科书为万能

B. 学生以教科书为学问

C. 深浅详细不能适合

四、教科书之选择

A. 内容须明显切实

B. 观点须正确

C. 分量轻重及编排方法须适当

D. 图画地图

是否与课本有密切关系

是否明白正确

有否说明

来源如何

图画能否代表实物

想象图是否得当

E. 参考书

有否分类说明指示

是否适合学生程度

是否能在普通图书馆找到

F. 问题是否提纲挈领

G. 大纲结论是否得当

H. 目录是否详尽

I. 有无索引

J. 文章是否明白晓畅

K. 兴趣问题

兴趣是否足以妨碍历史之连贯

兴趣之性质如何

不可过分描写

不可任情臆断

五、教科书之使用

A. 过去之历史教学

(1) 背稿——指定功课背诵

理由:学生需要知识容易记忆

流弊:不求甚解

于事实之选择与组织不注意

(2) 口授——讲、读、问

理由:提出问题可激起比较与推想

用口语复述书中事实较背诵为有效

方法:

发展式——以基本教材供给学生

提出问题引用学生已知材料比较推理

消息式——纯粹由教师介绍

发问使学生明白领会

演讲式——先由教师演讲,学生笔记,然后再读教科书

B. 教科书之复习方法

(一) 大纲式教科书之教学

低年级——先讲述后由学生复述,待了解后再看教科书。

理由:低年级了解力比记忆力大,应由教师供给必要资料,将教科书作为指导。

高年级——课外参考书可常增加以替教师之供给,由学生自动将参考书与教科书联络而研究之。

理由:高年级已有阅读力,应使其自己领会其所以然之故,领会后即能记忆。

利:低年级用口授以补充教材,效力较大。

大纲式教科书有空暇时间可供教师发挥。

弊:无口授训练或历史无较高知识不能适用,无完备图书馆足供参考不能适用。

(二)便览式教科书之教学

指定课本预习应视学校环境学风而定

有否空暇时间预习

有否优良自修学风

应明白说明必要研究之事物

教以读书方法,使学生用书中段题节问题大纲,寻出应该研究之事物。

(三)大纲式分析研究

大纲由书本或教师供给

类别:消息式大纲——将内容要点总括,颇有益记忆

指导式大纲——将历史外形要点指示

利:能表示是重要处,能便利说明其因果关系

弊:只注意大纲之提示部分,教科书之其他部分与参考书必将忽略

（四）主题之集中研究

过去的教学法指定课本之流弊：

若干课本排列合理，每□不合作单位之指定

忽略真正讲授

学生视为苦□，减小求学兴趣

指定研究题目之利益：

指定主题研究较有兴趣并能思索

补救谈话式教学之空洞

指定研究题目之前应有步骤：

先口述大纲由学生笔记

于授大纲时明白说明其要点

讲授详细说明

用问答

由学生复述──→问其是否明了

检查学生笔记

（五）独立研究之训练

方法有三种：

（1）令学生先读教科书，不加指示，上课后加以考问。

但学生恐不能因此激起读参考书。

（2）令学生解剖功课，自作大纲。

上课时择一学生将大纲抄上黑板共同讨论，交于教师批阅校正。

但结果将使讨论大纲外，别无所论。

（3）预令学生学习课本，于上课时加以指导。

初步指导,令学生注意:

本课题目是否与内容相合

内容中何事是本章本段主旨

其记事件与本章本段题目有何关系

解剖本段文字

分析各部名称

推寻因果关系

经相当练习,即令自作大纲,上课时亦须:

选择学生当堂发表意见,共同讨论。

最后由教师加以讨论,引入主题。

使学生用已知材料与之比较推论。

(六)以补充资料作比较推论

上课时专事讨论,不作演讲式之教学。

(七)用上课时间由学生作大纲或结论,由教师加以说明。

(八)用一种以上之教科书作比较研究

利:可由比较而明了事实真相

可由比较而明了各书得失

可得比较研究之习惯

弊:教师无法作周密之教学

(九)口试之复习

(1)发问应明白切实

(2)发问之内容:

事实——可根据课本答复者

思想——用比较推理之方法

（3）发问之方式

（a）是否的问题

利:训练学生记忆与反思能力

记录成绩有标准

（b）引导的问题

利:使学生作进一步之讨论

测验学生注意力(有时可引错的方法,以试探学生注意力)

（c）指明主题之问题

（d）比较的问题

应从特种行为、特种思想入手。

以前后史实相类似作比较。

（e）发问的时间

急发问题之可训练记忆

（十）笔试之复习

（a）笔试之时间

每天可有五分钟

每周可有十五分钟

临时或可作全部时间之笔试

（b）笔试之评定

由教师评定

（据广东省立中山图书馆藏《历史教学法纲目讲义》）

后　记

　　"杨宽著作集"第二辑中的四本:《杨宽书信集》《杨宽史学讲义六种》《杨宽史学拾遗》《杨宽学术随笔》由我负责整理。《杨宽书信集》已于2019年12月由上海人民出版社出版,其余三种也即将付印。在此之际,不用掩饰,我的心里还是有一丝丝的激动和喜悦。从2014年开始搜集杨宽先生的资料,到现在即将全部出版,也已有6年的时间,其中发生了很多值得回忆的事情。

　　2009年本科毕业后选择了读研,本科学的是哲学,我选择报考了华东师范大学历史学系张耕华老师的研究生。非常有幸,伴着当年专硕扩招的春风,进入了面试,也蒙张老师不弃,跟随张老师读研。硕士三年,除了以家教谋生外,基本上都在图书馆度过。硕士论文选择了"历史想象"这一课题,也算顺利完成。2012年研究生毕业后,本计划继续跟随张老师读博,但张老师说他要退休了,不准备招博士生了,于是便把我介绍到胡逢祥老师门下,跟随胡老师学习。后来张老师"并没有如愿",因为2013年朱政惠老师去世后,朱老师的一个博士生胡青松被分派给张老师指导。虽然我不再跟随张老师学习,但一直参加张老师从不间断的周三学生见面会。有一次见面会中,张老师提到杨宽先生,说他是吕思勉先生的学生,学术成果颇丰,值得研究。我开始关注杨宽先生了,并着手收集相关的资料。

2014年,利用师大境外访学的机会,我申请去台湾政治大学访学。幸运的是,政大人文中心热情欢迎我去学习。2014年3月至7月,在台湾访学期间,除了寻找与博士论文相关的文章外,我还去寻找与杨宽先生有关的信息。在王孝廉先生指导的博士生论文里,看到一封杨宽先生给王孝廉先生的信。7月,返回上海后,我尝试着寻觅与王先生联系的线索。

网络是一个好东西,很快发现师大中文系的田兆元老师曾经请王孝廉先生在师大作过讲座,便一封邮件请问田兆元老师如何能联系到王先生。田老师很快回复说,王先生在日本西南大学,并告知我王先生家的电话。有个有趣的事情值得一说,当告知田老师,我正在搜集杨宽先生的相关材料,田老师以为我要以这个题目为博士论文,便建议我不要写这个题目。他认为杨宽虽然有才,但作这个研究有点太浪费时间,博士论文写这个,太没有发展空间,应该作一些更有意义的事情。再说,在师大写复旦,没有这样的逻辑。田老师特别补充到:"这个我的意见,不足为据,不要影响你的选择。"其实,杨宽先生不仅是师大前身光华大学的学生,1932年至1936年曾就读于光华大学中国文学系,而且在1946年1月至1951年1月期间,杨先生还在光华大学兼职代过课,因此,杨先生可谓是实实在在的师大人。

当我得知王先生家的电话时,马上去联系。接电话的是王夫人,电话那头是日本语,我听不懂。我说明了情况,并告诉王夫人我想找王先生。王夫人用中文告诉我,王先生此刻不在日本,他去中国东北搞田野调查去了,便把王先生在中国大陆的联系电话告诉我。王夫人说话的声音很温柔,给我印象深刻。我又打电话联系王先生,王先生说他现在在东北,但马上回日本,途径上海,到时可以一见。到了约好的时间,我便去南京路的一家酒店赴约。初见王先生,他面容和善,留着长头发,很有"艺术范",王先生是搞神话学研究的,著有《中国神话世界》《水与水神》《花与花神》《中原民族的神话与信仰》等。他是从《古史辨》里知道杨先生的,并于上个世纪80年代写信向杨先生请教,但当时杨先生已赴美,辗转联系上了杨先生,此后,二人书信不断。我冒昧提出,能否将这些信件复印一份给我。王先生非常慷慨,说这些书信他早已请台湾东吴大学的鹿忆鹿老师扫描存档,并告知我鹿老师的联系方式。当我联系鹿老师说明情况后,鹿老师很快将这个扫描档传给我,有25封之多。这是我寻得的第一份关于杨先生最重要的材料。王先生是杨先生晚年的一位贵人,因为杨先生在台湾出版的《历史激流:杨宽自传》《西周史》《战国史》《战国史料编年辑证》,都是经王先生介绍,在吴继文先生主持下的出版社出版的。吴先生曾任时报公司总编辑、台湾商务印书馆副总编辑,著有长篇小说《世纪末少年爱读本》《天河撩乱》等。我曾于2016年6月致函吴先生请教杨先生的一些事情,吴先生回复说:

> 王孝廉先生是我广岛大学学长,我们都从《古史辨》《战国史》认识杨先生、尊敬杨先生。所以为杨先生做那些事都是理所当然的。

> 我一九八六年从日本搭鉴真号第一次去上海,未经打探联系即前往复旦想拜望杨先生,到历史系一问才知道他已经去了

美国。后来我到时报文化出版公司，因为孝廉先生居中安排，出版杨先生自传，才真正开始结缘。由于杨先生夫妇都信任我，我们的合作也一直顺利愉快。

杨先生与王孝廉先生、吴继文先生之间的深情厚谊值得在此特别记述。

我将寻觅所得向张耕华老师汇报，张老师给我带来了杨先生致吕翼仁女士的8封书信和杨先生为吕思勉著作所写未刊序言的手稿，并告知我上海古籍出版社的姜俊俊老师是杨先生的学生，她曾编辑出版过杨先生的《中国古代陵寝制度史》《中国古代都城制度史》。我写信到上海古籍出版社，很快姜老师有了回信。我和姜老师相约在上海古籍出版社，姜老师和我谈了他与杨先生交往的一些故事，其中提到，杨先生在去美国前，特别约胡道静，还有她一起吃饭告别。姜老师提供了12封书信。有了这些书信打基础，我便开始了《杨宽先生编年事辑》的工作，随时发现材料随时补充。

2014年，曹旅宁老师的《黄永年先生编年事辑》在中华书局出版。10月，我邮件请问曹老师，是否有黄先生与杨先生有书信往来或者相关资料，曹老师说没有发现。12月16日，曹老师来信说："日前开会，遇到中华书局俞国林、李天飞先生，我向他们推荐了您所编辑的《杨宽编年事辑》一书，他们很有兴趣，希望将来能在他们那里出版。"这个事情是我没有想到的，因为当时只是在搜集资料，根本没有期许能出版。现在有了能出版的机会，博士论文又早早完成。于是我便不停的跑上海图书馆、上海档案馆、复旦大学档案馆、华东师范大学档案馆查资料，上海图书馆和上海档案馆去的次数最多，至于去了多少次已不记得。

曹老师还告诉我,刘影老师曾在上海人民出版社工作过,他编辑出版过杨先生的著作。我一查,刘老师已调到师大传播学院。我写信向刘老师说明情况,刘老师提供了 10 余封书信复印件。我又通过网络,联系到了杨先生的日本学生高木智见老师,他也非常支持我的工作,将自己所藏杨先生的信件扫描给我。2018 年在师大开会,碰到了李远涛老师,李老师曾经给仓修良主编的《中国史学名著评介》中杨先生的《战国史》写过评介,评介写的全面而深入,是一篇很好的文章。李老师又是杨先生《西周史》的责编,我主动询问相关情况,会后,李老师传来 5 封书信。

2016 年 3 月,无意间在微博上看到上海人民出版社编辑张钰翰老师发布广告,说"杨宽著作集"第一辑即将出版。我留言建议将其它零散文章一并整理出版,并告知我已作了杨先生的著作目录,所编《杨宽先生编年事辑》也已完成。我将著作目录寄给张钰翰老师,于是也就有《杨宽书信集》《杨宽史学拾遗》《杨宽学术随笔》《杨宽史学讲义六种》列入了"杨宽著作集"第二辑的出版计划。

2016 年 9 月 28 日,上海人民出版社联合上海图书馆、上海博物馆、复旦大学历史学系、上海社科院历史所、上海历史学会在上海图书馆举办"杨宽著作集"出版座谈会。会上,上海图书馆馆长吴建中先生表态,支持配合"杨宽著作集"第二辑的出版。会后,上海图书馆历史文献中心主任黄显功先生向上海人民出版社提供了杨先生的所有手稿复印件,因第二辑大多由我整理,社里便将材料转交于我。

《杨宽书信集》所收书信 100 余封,是目前所能搜集到的所有杨宽先生往来书信,除了老师们提供的,还有上海图书馆手稿中的,档案中的,孔夫子网上的图片,自己购买的等等。首次印刷出现了一些本该避免的问题,已在重印中进行了修改。在此,向读者朋友们致以诚恳的歉意。

《杨宽史学拾遗》《杨宽学术随笔》选收了杨先生未整理的绝大部分零散文章。相对而言,这两本整理起来比较麻烦。因为很多文章都是发表在民国期刊的报纸、杂志上的,尤其是发表在报纸上的文章,因为有些报纸印刷质量颇差,识别起来特别困难,让人苦不堪言。有些文章太过模糊,就放弃收入。

《杨宽史学讲义六种》中的《先秦史讲义》这一信息是复旦大学钱林书老师最先告诉我的。钱老师曾经是杨先生的助手,我打电话请教过,钱老师告诉我杨先生当年曾经编过一本《先秦史讲义》。我偶然在孔夫子网上看到,就买下来。当我就此事问及高智群老师时,高老师是杨先生的学生。高老师说不是杨先生编的,是教研室集体编写的。这搞得我无所适从。庆幸的是,在上图提供的杨先生手稿中,也发现了《先秦史讲义》,并且杨先生有大量的修改。《史学研究法讲义》是由师大历史学系李孝迁老师提供的,他告诉我藏在广东省立中山图书馆。李老师见多识广,《杨宽学术随笔》中的几篇文章也是李老师提供的。1937年9月至1938年夏,杨先生曾在广东勷勤大学工作过,而这些材料都保存在广东省立中山图书馆。2018年8月,我去广东省立中山图书馆查阅资料,又发现了《中国古器物学讲义》和《历史教学法纲目讲义》。再加上手稿中的《尚书讲义》、《春秋史讲义》,于是《杨宽史学讲义六种》就列入出版计划。

饮水思源,能有这样的收获,幸赖师友们的帮助,《杨宽书信集》《杨宽史学讲义六种》《杨宽史学拾遗》《杨宽学术随笔》在资料搜集和整理过程中,承蒙张耕华、姜俊俊、刘影、许倬云、曹旅宁、黄显功、李远涛、李孝迁、钱林书、高智群、李绍崑、虞云国、汤仁泽、胡逢祥、王东、田兆元、俞国林、谢宝耿、李柏华、杨善群、高智群、刘根良、张钰翰、方继孝、李天飞、李碧玉、邓琦、高笑红、邵冲、汪糵甫、周保明、王应宪、王传、赵太和、杨懿、周鼎、施晴、王孝廉、吴继文、周惠民、古伟瀛、彭明辉、李素琼、鹿忆鹿、萧淑慧、高木智见诸位先生惠予指教和帮助,我的家人也给我提供了很大的后勤保障,亦得特别感谢。上海人民出版社、上海图书馆领导的大力支持,使得本书能够顺利出版。

杨宽先生治学领域广泛,再加上编者能力有限,编校中定会有错误,祈请读者朋友谅解。同时,读者朋友如果发现任何问题,请不吝赐教,以便有机会重印时修订。我的邮箱:lovejpt@126.com。

2020 年 10 月,贾鹏涛写于延安大学

图书在版编目(CIP)数据

杨宽史学讲义六种/杨宽著;贾鹏涛整理. 一上
海:上海人民出版社,2020
 (杨宽著作集)
 ISBN 978 - 7 - 208 - 16776 - 6

Ⅰ.①杨… Ⅱ.①杨… ②贾… Ⅲ.①史学-文集
Ⅳ.①K0 - 53

中国版本图书馆 CIP 数据核字(2020)第 207812 号

责任编辑　高笑红　邵　冲
封面设计　夏　芳

本书为国家社科基金一般项目《杨宽与 20 世纪中国史学研究》(20BZS006)阶段性成果

杨宽著作集

杨宽史学讲义六种

杨　宽 著

贾鹏涛 整理

出　　版　**上海人民出版社**
　　　　　　(200001　上海福建中路 193 号)
发　　行　上海人民出版社发行中心
印　　刷　常熟市新骅印刷有限公司
开　　本　890×1240　1/32
印　　张　16.75
插　　页　5
字　　数　368,000
版　　次　2020 年 11 月第 1 版
印　　次　2020 年 11 月第 1 次印刷
ISBN 978 - 7 - 208 - 16776 - 6/K・3008
定　　价　88.00 元